After Effects 7.0

MEDIOS DIGITALES

TÍTULO DE LA OBRA ORIGINAL:
Adobe After Effects 7.0 Classroom in a Book

RESPONSABLE EDITORIAL:
Eugenio Tuya Feijoó

TRADUCCIÓN:
Mª Jesús Fernández Vélez

DISEÑO DE CUBIERTA:
Cecilia Poza Melero

After Effects 7.0

ANAYA MULTIMEDIA

Edición española:

© EDICIONES ANAYA MULTIMEDIA (GRUPO ANAYA, S.A.), 2006
Juan Ignacio Luca de Tena, 15. 28027 Madrid
Depósito legal: M. 29.182-2006
ISBN: 84-415-2062-3
Printed in Spain
Imprime: Gráficas Muriel, S.A.

DE LOS AUTORES

Bienvenido a la guía autodidacta de Adobe® After Effects®7.0. Este libro reúne los esfuerzos de colaboración de un equipo de expertos formado por animadores digitales, artistas de vídeo digital, ilustradores profesionales y diseñadores gráficos en 2D y 3D. Gracias a las valiosas aportaciones de estos grandes genios, hemos elaborado un amplio abanico de proyectos creativos que le ayudarán a conocer el funcionamiento de esta herramienta estándar de composición y animación orientada a la producción de diseños gráficos con movimiento y efectos visuales para películas, difusiones, DVD y la Web.

Ya sea usted un novato en el campo del diseño gráfico con movimiento o un artista de vídeo digital experimentado que busca mejorar sus habilidades, no dude que este libro tiene algo para usted. Principiantes o veteranos, a todos aconsejamos lo mismo: empezar por la lección 1 para familiarizarse con el entorno completamente nuevo de After Effects 7.0, y de ahí pasar a explorar las múltiples e interesantes opciones del programa, como las recogidas en el capítulo 4, que combina técnicas de vídeo digital con ilustraciones animadas para crear una presentación multimedia dinámica; o las del capítulo 11, que explora la nueva herramienta Diferencia de tiempo utilizada para reducir y acelerar las secuencias de vídeo. Por supuesto, la genialidad de un proyecto de vídeo digital depende en gran medida de la calidad del resultado final, y de ahí que el último capítulo esté dedicado a profundizar en cuestiones relacionadas con el procesamiento y la producción final.

Ojalá que trabajar estas lecciones le resulte, como mínimo, la mitad de entretenido que a nosotros crearlas, pues eso significará que estará disfrutando y avanzando a la vez en el camino de convertirse en un experto en After Effects. Es todo cuestión de creatividad, así que no dude en probar y experimentar todo lo que quiera. ¡Y quién sabe, quizás el día de mañana seamos nosotros quienes tengamos que consultarle a usted para escribir una nueva edición de este libro!

Andrew Faulkner y Anita Dennis

COLABORADORES

Mark Christiansen es autor del libro *Adobe After Effects 6.5 Studio Techniques* (Adobe Press). Ha colaborado como creador de efectos visuales y animaciones en numerosos largometrajes, televisiones de red, juegos de ordenador y varias empresas de alta tecnología. Entre las empresas que han engrosado más recientemente su lista de clientes se hallan Adobe Systems, Inc., The Orphanage (para Dimension Films), Telling Pictures (para The History Channel) y Couturie Company (para HBO), además de Seagate, Sun, Intel y Medtronic; y entre los largometrajes más conocidos destacan *El día de mañana* y algunas películas dirigidas por Robert Rodriguez.

Takeshi Hiraoka Arrancado del paraíso en Honolulu, Hawai, y llevado a la fría ciudad de San Francisco en el invierno de 2002, decidió matricularse en la Academia de Bellas Artes de la Universidad, donde se graduó en mayo de 2004. En la misma academia conoció a Sheldon Callahan, con quien dirigió y produjo el largometraje en formato de vídeo digital llamado *Origin*. Además de trabajar como productor de vídeo digital, Takeshi es también animador en 2D y 3D.

Stephen Schleicher ha recorrido casi medio Estados Unidos trabajando como editor, diseñador gráfico, videógrafo, director y productor de vídeo en proyectos de menor y mayor envergadura. Actualmente, imparte clases sobre diseño para medios de comunicación y desarrollo Web en la Universidad Estatal de Fort Hays, lo cual no le impide participar en vídeos y proyectos independientes de agencias y organizaciones estatales y locales, y en proyectos propios. Stephen es colaborador habitual de Digital Media Net (www.digitalmedianet.com).

Anna Ullrich es una magnífica artista digital que vive en Seattle, Washington, aunque su corazón donde realmente está es en Minesota, al lado de su dinámica y vitalista abuela democrática. Es Licenciada en Artes Visuales por la Universidad de Washington en Seattle y tiene un Máster en Artes Visuales por la Universidad de Notre Dame en Indiana (ambos en la especialidad de Fotografía).

PRÓLOGO

De parte de todo el equipo de After Effects, queremos darle las gracias por elegir este libro. Independientemente de si lleva usted tiempo usando After Effects o de si está dando sus primeros pasos en el mundo del diseño gráfico con movimiento y de la creación de efectos visuales, estamos convencidos de que este manual le ayudará a ampliar sus conocimientos sobre After Effects. El libro no sólo explora las utilidades nuevas que aparecen por primera vez en esta versión de After Effects 7.0, sino que cubre, además, muchos de los conceptos de After Effects Professional, como el seguimiento del movimiento o la estabilización de movimiento, conceptos que contribuirán a que los usuarios nuevos avancen rápidamente y logren en tiempo récord sacar el máximo partido al programa.

Gracias por su interés y su apoyo,

Steve Kilisky
Director de Producto Sénior, After Effects.
Adobe Systems, Inc.

ÍNDICE DE CONTENIDOS

CAPÍTULO 6. TRABAJAR CON MÁSCARAS 171

CAPÍTULO 7. INCRUSTACIONES 193

Introducción

Introducción

Introducción

Adobe® After Effects® 7.0 ofrece un conjunto integral de herramientas 2D y 3D que ayudan a los expertos del diseño gráfico con movimiento, los artistas de efectos visuales, los diseñadores Web y los profesionales de vídeo y cine, a crear excelentes composiciones, animaciones y efectos para sus proyectos. Las aplicaciones de After Effects en la posproducción digital de películas, vídeos, DVD y la Web, son inmensas, ya que permite componer las capas de distintas formas, aplicar y combinar sofisticados efectos visuales y de audio, y animar tanto objetos como efectos.

SOBRE ESTE LIBRO

Adobe After Effects 7.0® forma parte de la serie de formación oficial en aplicaciones gráficas y herramientas de publicación de Adobe. Los capítulos del libro están diseñados para que cada uno pueda personalizar convenientemente el proceso de aprendizaje y establecer un ritmo propio de trabajo. Si es la primera vez que trabaja con After Effects, lo primero es familiarizarse con las funciones y conceptos básicos que se necesitan para usar eficazmente el programa, para pasar, más adelante, a estudiar funciones más avanzadas y aprender trucos y técnicas especiales a fin de sacar el máximo partido a esta última versión de la aplicación.

En esta edición ofrecemos la oportunidad de poner en práctica nuevas técnicas y estrategias, como por ejemplo, producir animaciones con ajustes y acciones predeterminados para ahorrar tiempo reduciendo el número de tareas necesarias a través del navegador de archivos visual Bridge® de Adobe; sacar el máximo rendimiento de los formatos de archivo descomprimido; aplicar originales efectos creativos; editar fotogramas clave en el nuevo Graph Editor; trabajar en una interfaz rediseñada que incorpora múltiples ventajas nuevas, y mucho más.

REQUISITOS PREVIOS

Antes de empezar el manual, asegúrese de tener el sistema correctamente configurado y de instalar todas las aplicaciones y dispositivos de hardware requeridos. Es necesario tener conocimientos prácticos básicos sobre el ordenador y el sistema operativo, saber manejar el ratón y los menús y comandos estándares, y conocer cómo se abren, guardan y cierran los archivos. Si estima conveniente repasar estas operaciones, consulte la documentación impresa o en línea que acompaña al software Microsoft® Windows® o Apple® Mac® OS instalado en su ordenador.

INSTALACIÓN DE AFTER EFFECTS

El programa Adobe After Effects 7.0 debe adquirirse de forma independiente a este manual. Para saber cuáles son los requisitos del sistema y conocer las instrucciones sobre cómo instalar la aplicación, consulte el archivo `ReadMe.html` que se encuentra en el DVD de instalación. También es necesario tener instalado QuickTime 6.5.2 o superior.

Instale After Effects del DVD de instalación de Adobe After Effects 7.0 directamente en el disco duro de su ordenador, ya que no es posible ejecutar el programa desde el DVD, y siga las instrucciones que vayan apareciendo en pantalla.

Tenga a mano el número de serie del programa a la hora de instalar la aplicación. Encontrará este número bien en la tarjeta de registro o en la parte posterior de la funda del DVD de instalación.

OPTIMIZACIÓN

En los ordenadores de sobremesa, crear películas es una tarea que consume gran cantidad de memoria. After Effects 7.0 requiere un mínimo de 512 MB de memoria RAM, si bien lo recomendable es tener 1 GB o más. Cuanta más memoria RAM tenga After Effects disponible, más rápido operará.

Soporte OpenGL

OpenGL es un conjunto de librerías que optimizan la gestión de los gráficos en 2D y 3D. Si bien After Effects puede operar perfectamente sin él, OpenGL consigue acelerar algunos procesos, reduciendo, por ejemplo, el tiempo de previsualización en pantalla.

Para sacar a esta utilidad el máximo rendimiento en After Effects, es necesario tener una tarjeta OpenGL que soporte OpenGL 2.0, así como de texturas Shader y NPOT (Non Power of Two). El requisito mínimo para usar OpenGL con After Effects es disponer de una tarjeta que soporte OpenGL 1.5. Al iniciar After Effects por primera vez, el programa trata de determinar si su tarjeta OpenGL cumple los requisitos, para activar o desactivar el programa, según corresponda.

Para ver las características de su tarjeta OpenGL, así como activar o desactivar OpenGL en After Effects, seleccione Editar>Preferencias>Vista previa. Active OpenGL marcando la casilla Habilitar OpenGL y haga clic en el botón **Información OpenGL** para saber más sobre su tarjeta.

Para saber más sobre el soporte OpenGL en After Effects, consulte la ayuda de After Effects.

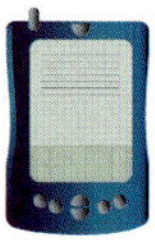

NOTA: AL SELECCIONAR Editar>Preferencias>Memoria y caché (SOLO WINDOWS), HAY UNA CASILLA LLAMADA Impedir la fragmentación del espacio de dirección DLL QUE APARECE MARCADA POR DEFECTO. ESTA OPCIÓN PERMITE ASIGNAR A AFTER EFFECTS MÁS MEMORIA CONTIGUA EN SISTEMAS CON GRAN CANTIDAD DE RAM; SIN EMBARGO, EN ALGUNOS CASOS PUEDE PRODUCIRSE UN PROBLEMA DE INCOMPATIBILIDAD CON ALGUNOS CONTROLADORES DE OPENGL, LO CUAL BLOQUEARÍA EL ARRANQUE DE AFTER EFFECTS. CUANDO ESTO OCURRE, EL PROGRAMA DESMARCA AUTOMÁTICAMENTE ESTA OPCIÓN PARA EVITAR QUE VUELVA A FALLAR EL INICIO DE AFTER EFFECTS.

INSTALACIÓN DE LAS FUENTES DE LOS CAPÍTULOS

Para que los capítulos aparezcan en su sistema siempre con las fuentes correctas, es probable que tenga que instalar algunas. Los capítulos de este libro usan fuentes incluidas en el DVD de aplicación de After Effects. Si comprueba que ya las tiene instaladas en su sistema, no hay más de qué preocuparse, pero si no es así, deberá instalarlas copiándolas en la carpeta Archivos de programa/Common Files/Adobe/Fuentes (Windows) o Macintosh HD/Librería/Application Support /Adobe/Fonts (Mac OS) de su disco duro. Cuando se instala una fuente Type 1, TrueType, OpenType o CID en estas carpetas locales de fuentes, solo está disponible para las aplicaciones de Adobe.

RESTAURAR LAS PREFERENCIAS PREDETERMINADAS

El archivo de preferencias configura el modo en que aparece la interfaz de usuario After Effects en la pantalla. Las instrucciones de este libro parten de la base de que usted está viendo siempre la interfaz predeterminada del programa para describir la apariencia de las herramientas, opciones, ventanas y paneles, etc. Por ello, es buena idea restaurar las preferencias predeterminadas, sobre todo si es la primera vez que trabaja con After Effects.

Cada vez que se sale de After Effects, la posición de las paletas y los ajustes de determinados comandos quedan grabados en el archivo de preferencias. Si al entrar de nuevo en el programa, quiere que las paletas recuperen su posición y ajustes originales, lo que tiene que hacer es borrar el archivo de preferencias activo de After Effects. (En cada operación de inicio, After Effects crea un nuevo archivo de preferencias, si no existe ninguno.)

Restaurar las preferencias predeterminadas es especialmente útil cuando ya hay otra persona que ha configurado y personalizado After Effects en el mismo ordenador en el que usted va a trabajar. Pero si la copia de After Effects que tiene instalada en su ordenador es completamente nueva, el archivo no existe, así que no tiene que preocuparse.

Importante: Si quiere guardar los ajustes personalizados activos, una posibilidad es renombrar el archivo de preferencias en vez de borrarlo. De este modo, cuando quiera volver a recuperarlos, no tendrá más que cambiar el nombre y comprobar que el archivo se encuentra en la carpeta adecuada de preferencias.

1. Localizar la carpeta de preferencias de After Effects en el ordenador:

- En Windows XP: .../Documents and Settings/<nombre de usuario>/Datos de programa/Adobe/After Effects/7.0.
- En Mac OS: .../<nombre de usuario>/ Librería/Preferences.

NOTA: (SOLO WINDOWS) SI NO VE EL ARCHIVO DE PREFERENCIAS, SELECCIONE Herramientas>Opciones de carpeta Y COMPRUEBE SI ESTÁ ACTIVA LA OPCIÓN Mostrar todos los archivos y carpetas ocultos, DENTRO DE LA OPCIÓN Archivos y carpetas ocultos DE LA FICHA Ver.

2. Borrar o renombrar el archivo de preferencias de Adobe After Effects 7.0.

3. Iniciar Adobe After Effects.

ADVERTENCIA: TAMBIÉN SE PUEDE PULSAR **CONTROL-ALT-MAYÚS** (WINDOWS) AL INICIAR AFTER EFFECTS PARA REESTABLECER LOS AJUSTES PREDETERMINADOS.

ACERCA DE LOS CAPÍTULOS

Los capítulos de este libro ofrecen instrucciones detalladas paso a paso orientadas a crear uno o más elementos específicos de un proyecto real y auténtico. Las hay que parten de proyectos de capítulos anteriores y las hay que describen la creación de un proyecto único de principio a fin, pero todas siguen una línea de continuidad en términos de conceptos y destrezas. De ahí que la mejor estrategia de aprendizaje sea seguir el orden secuencial del texto, ya que el libro incluye técnicas y procesos, por ejemplo, que se explican con detenimiento solo las primeras veces que se aplican, y a partir de ahí se dan por supuestas.

NOTA: MUCHAS DE LAS FUNCIONES DE AFTER EFFECTS SE PUEDEN EJECUTAR DE MÁS DE UNA FORMA POSIBLE, A TRAVÉS DE UN COMANDO DE MENÚ, DE UN BOTÓN, ARRASTRANDO ELEMENTOS O MEDIANTE MÉTODOS ABREVIADOS DE TECLADO. EN ESTE LIBRO SE INCLUYEN UNA O DOS FORMAS DE REALIZAR CADA PROCEDIMIENTO A FIN DE QUE PUEDA APRENDER MÉTODOS DISTINTOS DE TRABAJAR AUNQUE SE TRATE DE TAREAS REPETIDAS.

Los capítulos de este libro se han organizado siguiendo una estructura basada en el diseño y no en las funciones, es decir, que usted trabajará con capas y efectos de proyectos de diseño reales a lo largo de varios capítulos en vez de limitarse a uno por capítulo, como ocurre en el "Manual de usuario de After Effects 7.0".

RECURSOS ADICIONALES

Este guía autodidacta de After Effects 7.0 no pretende sustituir, en modo alguno, la documentación que acompaña a este programa. El objetivo de este libro es, sencillamente, explicar los comandos y opciones que se usan en los capítulos, y trabajar para que usted adquiera ese grado de seguridad y de dominio de las destrezas necesarias para que pueda empezar a crear sus propios proyectos. Pero, sin duda, aún hay mucho que aprender sobre After Effects, así que si desea ver información más exhaustiva sobre funciones específicas del programa, le recomendamos que consulte:

- El "Manual de usuario de After Effects 7.0", incluido con el programa Adobe After Effects 7.0, que contiene descripciones de muchas funciones.

- La Ayuda de After Effects, que incluye una completísima guía de usuario y mucho, mucho más. Se accede a ella desde dentro de la propia aplicación seleccionando Ayuda>Ayuda de After Effects.

- El sitio Web de Adobe (www.adobe.es). Si dispone de conexión a la *World Wide Web*, puede acceder al sitio Web desde cualquier navegador o haciendo clic en la opción Más recursos de la ventana Adobe Help Center, a la que se accede desde Ayuda>Ayuda de After Effects. La página Soporte técnico en línea de la Ayuda de After Effects propone enlaces a secciones interesantes del sitio Web de Adobe.

- *Resource Center* de Adobe (http://www.adobe.com/es/misc/adobestudio.html), donde encontrará un rico abanico de trucos, tutoriales, plug-ins, acciones y otras inspiraciones artísticas y contenidos educativos.

CERTIFICACIÓN DE ADOBE

Los Programas de Formación y Certificación de Adobe están diseñados para ayudar a los clientes de Adobe a mejorar y fomentar el dominio de manejo de sus productos. Existen tres niveles de certificación:

- Experto Certificado de Adobe (*Adobe Certified Expert*, ACE).

- Instructor Certificado de Adobe (*Adobe Certified Instructor*, ACI).

- Centro de Formación Certificado por Adobe (*Adobe Authorized Training Center*, AATC).

El programa de Experto Certificado de Adobe (ACE) sirve a los usuarios expertos para elevar el nivel de sus credenciales y como medio de obtener un aumento de sueldo, de encontrar un puesto de trabajo o de promocionar, simplemente, sus capacidades.

Si es usted formador y ya ha obtenido la certificación ACE, el programa de Instructor Certificado de Adobe promociona su nivel de conocimiento al siguiente nivel y facilita el acceso a una amplia gama de recursos de Adobe.

Los Centros de Formación Certificados por Adobe ofrecen cursos y talleres de formación sobre productos de Adobe impartidos exclusivamente por Instructores Certificados de Adobe. Para ver un directorio de todos los centros existentes, consulte la Web http://partners.adobe.com.

Y si desea información adicional sobre los programas de certificación de Adobe, visite la página http://www.adobe.com/support/certification/index.html.

Capítulo 1

El flujo de trabajo de After Effects suele ser básicamente el mismo, ya lo usemos para animar la sencilla secuencia de título de un DVD o para crear efectos especiales muy complejos. La interfaz de After Effects facilita el trabajo y adapta cada etapa de producción.

Familiarizarse con el flujo de trabajo

Familiarizarse con el flujo de trabajo

El flujo de trabajo básico de After Effects responde a los siguientes cinco pasos: importar y organizar materiales de archivo; crear composiciones y trabajar con capas; animar elementos y aplicar efectos; previsualizar el trabajo y procesar y producir la composición final para que puedan verla los demás. En este capítulo, aplicaremos este flujo de trabajo para crear un sencillo video animado, y en el viaje, familiarizarnos con la interfaz de After Effects.

La duración aproximada de este capítulo es de 1 hora.

PUNTO DE PARTIDA

Compruebe que los siguientes archivos se encuentran en la carpeta AE7_CIB>Lessons>Lesson01 de su disco duro. Si no es así, cópielos ahora desde el DVD que incluye este manual.

- En la carpeta `Assets`: `DJ.mov`, `kaleidoscope_waveforms.mov`, `pulsating_radial_waves.mov`, `bgwtext.psd` y `gc_adobe_dj.mp3`.
- En la carpeta denominada `Sample_Movie`: `Lesson01.mov`.

Abra y reproduzca el archivo `Lesson01.mov` para ver el resultado de lo que va a crear en este capítulo. Cuando termine, salga del reproductor de QuickTime. Una vez visto, puede borrarlo, si quiere, para liberar espacio en su disco duro.

CREAR UN PROYECTO E IMPORTAR MATERIALES DE ARCHIVO

Antes de empezar cualquier capítulo de este libro, le aconsejamos restaurar siempre las preferencias predeterminadas de After Effects. Esto se hace aplicando un sencillo método abreviado de teclado.

1. Pulse **Control-Alt-Mayús** durante el inicio de After Effects para restaurar los ajustes predeterminados del programa. Cuando aparezca la ventana que le pregunta si está seguro de que desea eliminar el archivo de preferencias, haga clic en **Aceptar**.

After Effects se abre y muestra un proyecto vacío y sin nombre. Un proyecto de After Effects es un archivo que guarda referencias de todos los materiales de archivo usados en él y que contiene composiciones, es decir, contenedores individuales usados para combinar materiales de archivo, aplicar efectos y, en última instancia, producir resultados.

VEA LA PELÍCULA

Películas Total Training: Importar materiales de archivo

PARA APRENDER MÁS COSAS SOBRE EL ESPACIO DE TRABAJO DE AFTER EFFECTS (CÓMO IMPORTAR MATERIALES DE ARCHIVO O CÓMO PREVISUALIZARLAS EN BRIDGE, Y CÓMO IMPORTAR ARCHIVOS CON CAPAS DE PHOTOSHOP EN AFTER EFFECTS), VEA LAS PELÍCULAS TOTAL TRAINING INCLUIDAS EN EL DVD QUE ACOMPAÑA A ESTE LIBRO. SON ARCHIVOS DE QUICKTIME QUE ENCONTRARÁ EN LA CARPETA `MOVIES`. LA PELÍCULA QUE TRATA CÓMO IMPORTAR MATERIALES DE ARCHIVO SE LLAMA `IMPORTINGFOOTAGE.MOV`. (VÉASE LA FIGURA 1.1.).

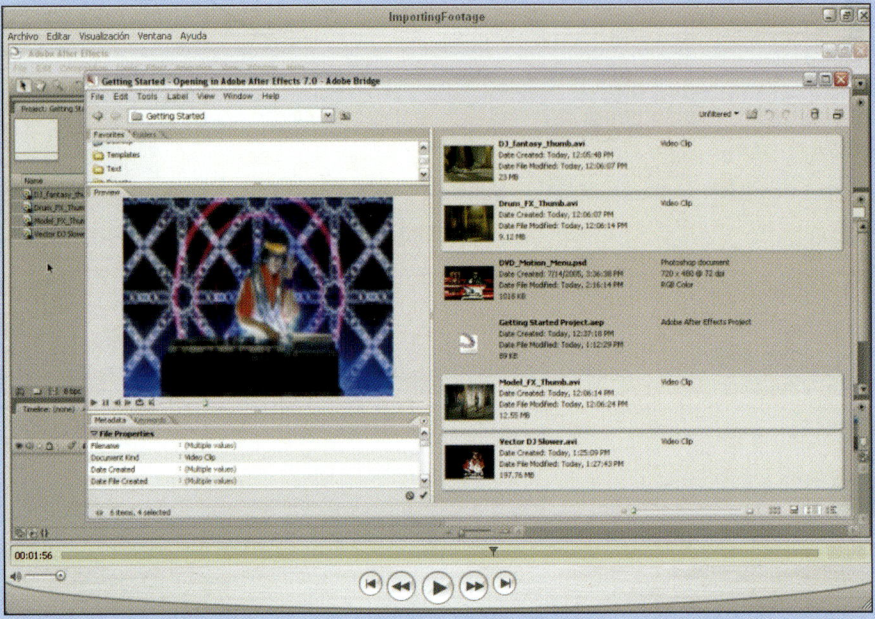

Figura 1.1.

Sobre el espacio de trabajo de After Effects

AFTER EFFECTS OFRECE UN ESPACIO DE TRABAJO FLEXIBLE Y PERSONALIZABLE. LA VENTANA PRINCIPAL DEL PROGRAMA SE LLAMA VENTANA DE LA APLICACIÓN. LOS DIFERENTES PANELES SE ORGANIZAN EN ESTA VENTANA EN UNA DISPOSICIÓN DENOMINADA ESPACIO DE TRABAJO. EL ESPACIO DE TRABAJO PREDETERMINADO CONTIENE GRUPOS DE PANELES Y PANELES INDEPENDIENTES (VÉASE LA FIGURA 1.2).

EL ESPACIO DE TRABAJO SE PUEDE PERSONALIZAR ARRASTRANDO LOS PANELES Y DISPONIÉNDOLOS DE LA FORMA QUE MEJOR SE ADAPTE A SU ESTILO DE TRABAJO. PUEDE ARRASTRARLOS A NUEVAS UBICACIONES, DESPLAZARLOS DENTRO Y FUERA DE UN GRUPO, COLOCARLOS UNOS AL LADO DE OTROS, Y DESBLOQUEARLOS DE MANERA QUE FLOTEN EN VENTANAS NUEVAS SOBRE LA VENTANA DE LA APLICACIÓN. CADA VEZ QUE APLICAMOS UN CAMBIO Y REORGANIZAMOS UN PANEL, LOS DEMÁS SE REDIMENSIONAN AUTOMÁTICAMENTE PARA ADAPTARSE A LA VENTANA.

CUANDO ARRASTRAMOS UN PANEL PARA CAMBIAR SU UBICACIÓN, SE RESALTA EL ÁREA SOBRE LA QUE PUEDE SOLTARSE O MOVERSE, LO QUE SE LLAMA LA ZONA DE COLOCACIÓN. LA ZONA DE COLOCACIÓN DETERMINA DÓNDE Y CÓMO SE INSERTA EL PANEL EN EL ESPACIO DE TRABAJO. AL ARRASTRAR UN PANEL A UNA ZONA DE COLOCACIÓN SE PRODUCE UNO DE LOS DOS COMPORTAMIENTOS SIGUIENTES: ACOPLAMIENTO O AGRUPAMIENTO.

SI COLOCAMOS UN PANEL JUNTO A OTRO PANEL, GRUPO O VENTANA, SE "ACOPLA" AL GRUPO EXISTENTE, REDIMENSIONANDO TODOS LOS GRUPOS PARA ALOJAR EL PANEL NUEVO.

SI COLOCAMOS UN PANEL EN MEDIO DE OTRO PANEL O DE UN GRUPO, ASÍ COMO EN LA ZONA A LO LARGO DEL ÁREA DE FICHAS DE UN PANEL, SE AGREGA AL GRUPO EXISTENTE, COLOCÁNDOSE EN LA PARTE MÁS ALTA DEL ORDEN DE APILAMIENTO. AL AGRUPAR UN PANEL NO SE REDIMENSIONAN LOS DEMÁS GRUPOS.

Familiarizarse con el flujo de trabajo

TAMBIÉN SE PUEDE ABRIR UN PANEL EN UNA VENTANA FLOTANTE. PARA ELLO, SELECCIONE PRIMERO EL PANEL QUE QUIERA ABRIR HACIENDO CLIC SOBRE ÉL Y LUEGO LA OPCIÓN **DESACOPLAR PANEL** O **DESACOPLAR CUADRO** EN EL MENÚ DEL PANEL. O BIEN, ARRÁSTRELO FUERA DE LA VENTANA DE LA APLICACIÓN.

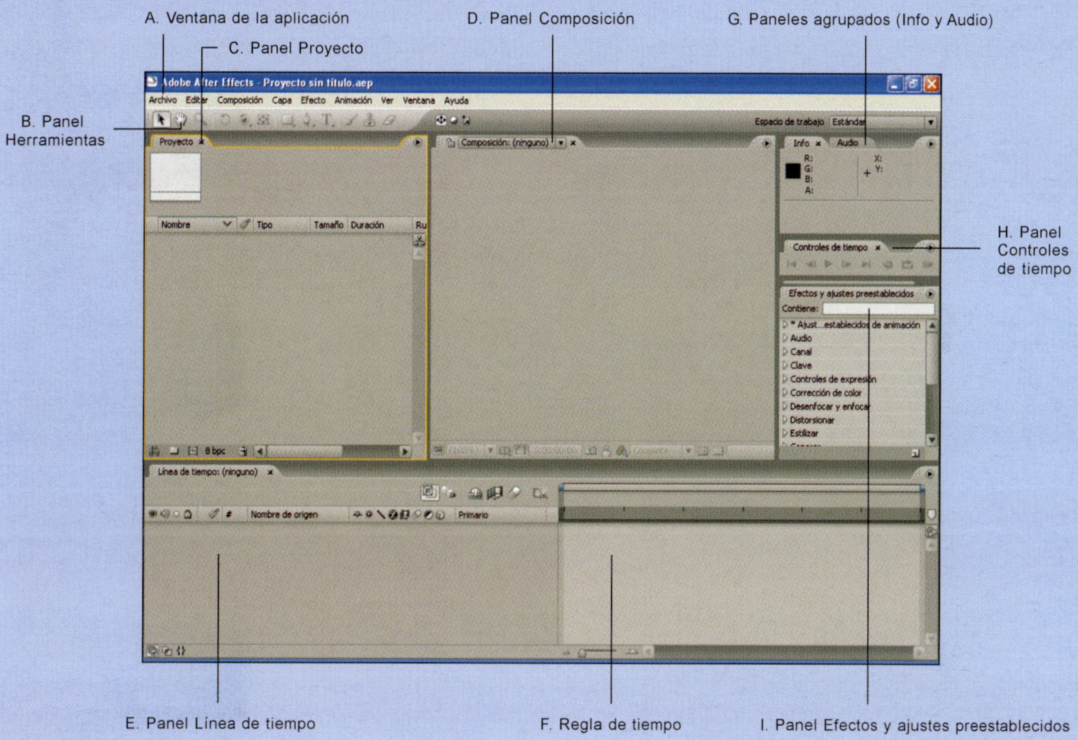

Figura 1.2.

TRUCO: SE PUEDE MAXIMIZAR RÁPIDAMENTE UN PANEL QUE SE ENCUENTRA DEBAJO DEL PUNTERO PULSANDO LA TECLA (~). (NO PULSE LA TECLA **MAYÚS**.) PULSE NUEVAMENTE LA TECLA (~) PARA QUE EL PANEL RECUPERE SU TAMAÑO ORIGINAL.

Cuando empiece un proyecto, lo primero que debe hacer es agregarle un material de archivo.

2. Seleccione Archivo>Importar>Archivo o pulse **Control-I**.

3. Acceda a la carpeta `Assets` que está dentro de AE7_CIB>Lessons>Lesson01, haga **Mayús**-clic para seleccionar todos los archivos de la carpeta y luego clic en **Abrir**.

ADVERTENCIA: AL IGUAL QUE OCURRE CON MUCHAS FUNCIONES DE AFTER EFFECTS, SON VARIAS LAS FORMAS DE IMPORTAR MATERIAL DE ARCHIVO A UN PROYECTO APARTE DE LA YA MENCIONADA. SE PUEDE HACER DOBLE CLIC EN EL PANEL PROYECTO PARA ABRIR EL CUADRO DE DIÁLOGO Importar archivo; O USAR EL COMANDO Archivo>Importar>Archivos múltiples PARA SELECCIONAR ARCHIVOS UBICADOS EN VARIAS CARPETAS DIFERENTES, O TAMBIÉN EMPLEAR ADOBE BRIDGE, QUE PERMITE BUSCAR, GESTIONAR, PREVISUALIZAR E IMPORTAR MATERIAL DE ARCHIVO.

Un elemento de material de archivo es la unidad básica de un proyecto de After Effects. Es posible importar archivos de imagen en movimiento, archivos de imágenes fijas, secuencias de imágenes fijas, archivos de audio, archivos con capas procedentes de Adobe Photoshop y Adobe Illustrator, así como otros proyectos After Effects o creados en Adobe Premiere Pro. Cuando se genera un proyecto, se puede importar material de archivo en cualquier momento.

Dado que uno de los elementos de este proyecto es un archivo con varias capas procedente de Photoshop, After Effects nos pregunta en qué modo queremos importarlo.

4. En el cuadro de diálogo bgwtext.psd, seleccione Importar tipo>Composición para importar el archivo de Photoshop como una composición. Luego, haga clic en **Aceptar** y verá aparecer el material de archivo en el panel Proyecto (véase la figura 1.3).

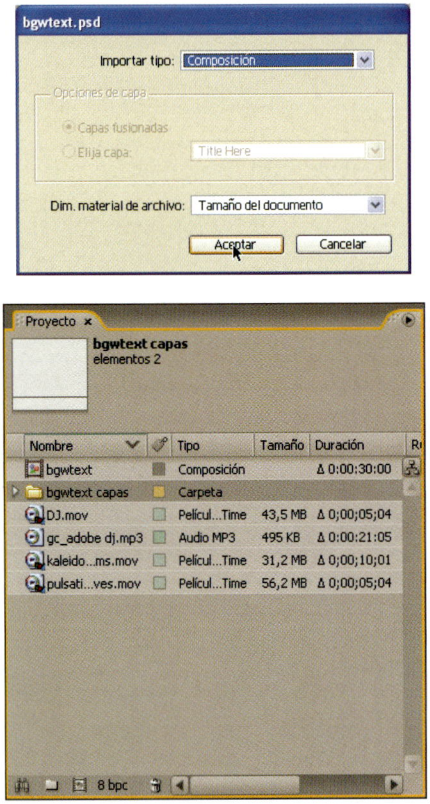

Figura 1.3.

5. En el panel Proyecto, anule la selección de todos los elementos de material de archivo y haga clic para seleccionar uno, el que quiera. Verá que en la parte superior del panel Proyecto, aparece una vista en miniatura del archivo, mientras que en las columnas de la derecha, aparece información sobre el tipo de archivo y su tamaño, entre otros datos (véase la figura 1.4).

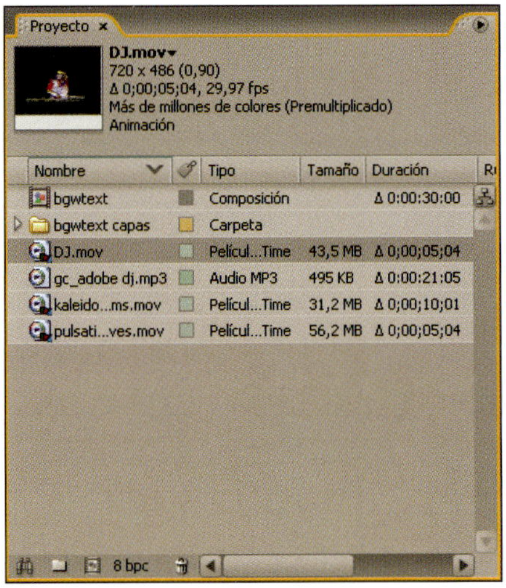

Figura 1.4.

Cuando se importan archivos, After Effects no copia el material de archivo en el proyecto, sino que crea un vínculo de referencia en el panel Proyecto a fin de ahorrar espacio. Si usa otra aplicación para modificar el material de archivo de un proyecto, los cambios aparecen en After Effects la próxima vez que se abre.

Para ahorrar tiempo y minimizar el tamaño y la complejidad de un proyecto, lo mejor es importar el elemento de material de archivo una sola vez y usarlo tantas veces como se quiera en la composición. De todos modos, puede ocurrir que necesite importar el mismo elemento más de una vez, como por ejemplo, cuando se quiere usar a dos velocidades de fotograma distintas.

Y ya está bien de hablar de las importaciones de material de archivo, así que vamos a ver ahora cómo se guardan los proyectos.

6. Seleccione Archivo>Guardar o pulse **Control-S** (Windows) o **Comando-S** (Mac OS), y en el cuadro de diálogo Guardar como, navegue hasta la carpeta AE7_CIB>Lessons>Lesson01>Finished_Project, asígnele el nombre `Lesson01_Finished.aep` y haga clic en **Guardar**.

CREAR UNA COMPOSICIÓN Y TRABAJAR CON CAPAS

La siguiente parte del flujo de trabajo consiste en crear una composición. En este contexto, el término composición se define como el lugar en el que se crean las animaciones, las capas y los efectos. En After Effects, las composiciones están formadas por un componente espacial y un componente temporal llamado duración o longitud.

Cada composición se compone de uno o más elementos de material de archivo (vídeo, audio, imágenes fijas) dispuestos en el panel Composición y en el panel Línea de tiempo. Los proyectos más simples constan de una sola composición, pero hay también proyectos altamente complejos que están formados por varias composiciones que organizan grandes cantidades de material de archivo o enrevesadas secuencias de efectos.

Una advertencia: nunca cree una composición seleccionado los elementos de material de archivo y arrastrándolos al panel Línea de tiempo.

1. En el panel Proyecto, haga **Control**-clic para seleccionar la composición bgwtext y los elementos DJ, gc_adobe_dj, kaleidoscope_waveforms y pulsating_radial_waves.

2. Arrastre los elementos seleccionados todos juntos al panel Línea de tiempo. Al soltarlos ahí, debe aparecer el cuadro de diálogo Nueva composición a partir de selección (véase la figura 1.5).

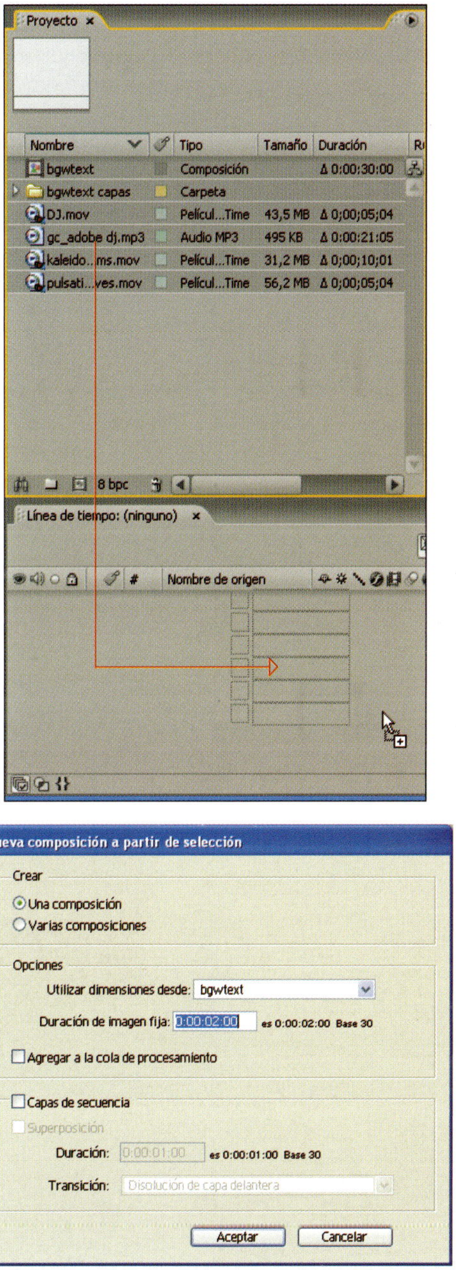

Figura 1.5.

After Effects ajusta el tamaño de la nueva composición al material de archivo seleccionado.

En este ejemplo, todo el material de archivo adopta el mismo tamaño, así que acepte los ajustes que aparecen por defecto.

3. Haga clic en **Aceptar** para crear la nueva composición. Ahora, los elementos se presentan como capas en el panel Línea de tiempo, y aparece una vista de la composición, llamada bgwtext 2, en el panel Composición (véase la figura 1.6). Cuando se agrega material de archivo a una composición, cada elemento nuevo pasa a constituir el origen de una nueva capa. Las composiciones pueden estar formadas de cuantas capas queramos, e incluso es posible añadir una composición como capa en otra composición, organización que recibe el nombre de anidamiento.

En esta composición, hay cinco elementos de material de archivo y, por lo tanto, cinco capas en el panel Línea de tiempo. Dependiendo del orden en que se hayan seleccionado al importarlos, es posible que aparezcan de forma distinta que en la figura 1.6. Pero es importante que las capas sigan un orden concreto a la hora de añadirles efectos y animaciones, así que vamos a aplicar una serie de pasos para subsanar las diferencias.

4. Arrastre bgwtext al final del grupo si no está ya ahí, y luego las otras cuatro capas para disponerlas en el orden que se muestra en la figura 1.7.

A partir de este momento, es necesario hablar en términos de capas y no de elementos de material de archivo, así que:

5. Haga clic en el título de la columna Nombre de origen en el panel Línea de tiempo para cambiarlo a Nombre de la capa.

6. Seleccione Archivo>Guardar para guardar los cambios.

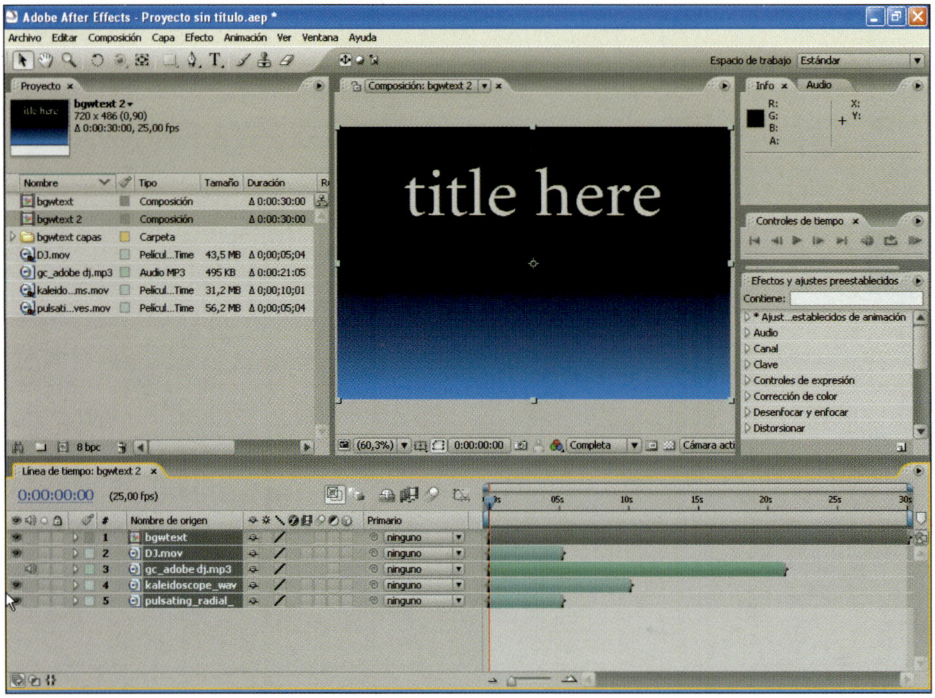

Figura 1.6.

Familiarizarse con el flujo de trabajo

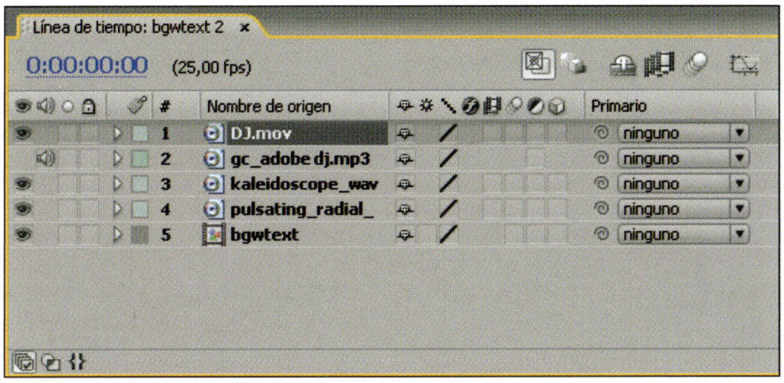

Figura 1.7.

Sobre las capas

LAS CAPAS SON LOS COMPONENTES DE LOS QUE SE PARTE PARA CONSTRUIR COMPOSICIONES. TODOS LOS ELEMENTOS QUE SE AÑADEN A UNA COMPOSICIÓN (YA SEAN IMÁGENES FIJAS, ARCHIVOS DE IMAGEN EN MOVIMIENTO, ARCHIVOS DE AUDIO, CAPAS DE LUZ, CAPAS DE CÁMARA U OTRAS COMPOSICIONES) SE TRANSFORMAN EN CAPAS NUEVAS. SIN ELLAS, LAS COMPOSICIONES ESTARÍAN FORMADAS POR MEROS FOTOGRAMAS VACÍOS.

USAR CAPAS PERMITE TRABAJAR CON UN ELEMENTO DE MATERIAL DE ARCHIVO DENTRO DE UNA COMPOSICIÓN SIN MODIFICAR LOS DEMÁS. ES DECIR, PODEMOS MOVER, ROTAR Y DIBUJAR MÁSCARAS EN UNA CAPA SIN INTERFERIR EN LAS DEMÁS, O INCLUSO USAR EL MISMO MATERIAL DE ARCHIVO EN MÁS DE UNA CAPA Y APLICARLE DISTINTOS USOS EN CADA UNA. EL ORDEN DE LAS CAPAS EN EL PANEL LÍNEA DE TIEMPO ES EL MISMO ORDEN DE APILAMIENTO QUE APARECE EN EL PANEL COMPOSICIÓN.

Sobre el panel Herramientas

EN CUANTO SE CREA UNA COMPOSICIÓN, AUTOMÁTICAMENTE SE HABILITAN LAS HERRAMIENTAS DEL PANEL HERRAMIENTAS SITUADO EN LA ESQUINA SUPERIOR IZQUIERDA DE LA VENTANA DE LA APLICACIÓN. AFTER EFFECTS INCLUYE TODO UN CONJUNTO DE HERRAMIENTAS DISEÑADAS PARA MODIFICAR ELEMENTOS DE LA COMPOSICIÓN, ALGUNAS DE LAS CUALES (LA HERRAMIENTA SELECCIÓN Y LA HERRAMIENTA MANO, POR EJEMPLO) YA LE SONARÁN SI HA TRABAJADO ANTES CON OTROS PRODUCTOS DE LA FAMILIA ADOBE COMO PHOTOSHOP. PERO HAY ALGUNAS COMPLETAMENTE NUEVAS. LA FIGURA 1.8 MUESTRA TODAS ELLAS.

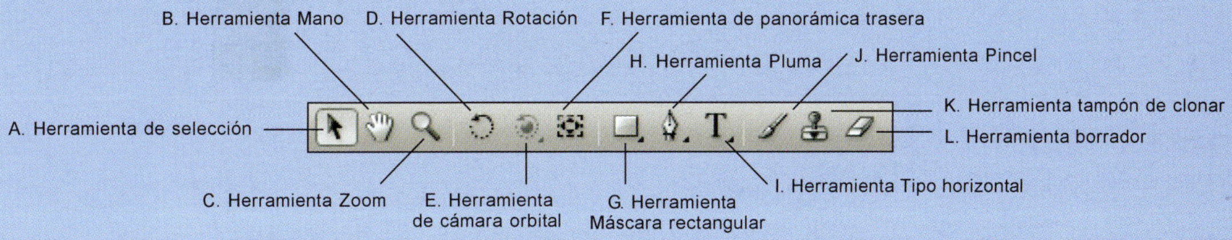

Figura 1.8.

PASE EL PUNTERO DEL RATÓN POR ENCIMA DE CUALQUIERA DE LAS HERRAMIENTAS Y VERÁ QUE APARECE UNA ETIQUETA CON SU NOMBRE Y UN MÉTODO ABREVIADO DE TECLADO ALTERNATIVO. ALGUNAS DE ELLAS TIENEN UN TRIANGULITO EN LA ESQUINA INFERIOR DERECHA DEL ICONO QUE INDICA QUE HAY UNA O MÁS HERRAMIENTAS ADICIONALES OCULTAS. PARA ACCEDER A ELLAS, SOLO TIENE QUE HACER CLIC EN EL ICONO Y NO SOLTAR EL RATÓN HASTA QUE APAREZCA LA QUE QUIERA USAR, DESPLAZARSE A ELLA Y SELECCIONARLA SOLTANDO EL RATÓN.

AÑADIR EFECTOS Y MODIFICAR PROPIEDADES DE LAS CAPAS

Una vez que ya tenemos la composición, es hora de empezar a divertirse aplicando efectos, haciendo transformaciones y añadiendo animaciones. A partir de ahora puede agregar todas las combinaciones de efectos que se le ocurran y modificar las propiedades de las capas a su antojo: tamaño, ubicación u opacidad. Al aplicar efectos, se puede alterar el aspecto o el sonido de una capa, e incluso generar elementos visuales completamente originales. La forma más sencilla de empezar es aplicar cualquier de los cientos de efectos que incorpora After Effects.

NOTA: ESTE EJERCICIO ES SOLO LA PUNTA DEL ICEBERG. ENCONTRARÁ MUCHO MÁS SOBRE EFECTOS Y AJUSTES PREESTABLECIDOS A LO LARGO DE TODO ESTE LIBRO.

Preparación de las capas

Lo primero que vamos a hacer es duplicar las capas seleccionadas (la capa DJ y la capa kaleidoscope_waveforms) para aplicarles los efectos a fin de mantener intactas las originales en caso de que podamos necesitarlas más adelante.

1. Haga clic en la capa 1, DJ.mov, en el panel Línea de tiempo y seleccione Editar>Duplicar para crear una exactamente igual. La nueva tiene el mismo nombre y aparece arriba del todo, es decir, ahora las capas 1 y 2 son las dos DJ.mov.

2. Seleccione la capa 2 y asígnele un nombre distinto para evitar confusiones: pulse **Intro**, escriba el nombre DJ_con_efectos y luego vuelva a pulsar **Intro** para aceptar el nombre nuevo (véase la figura 1.9).

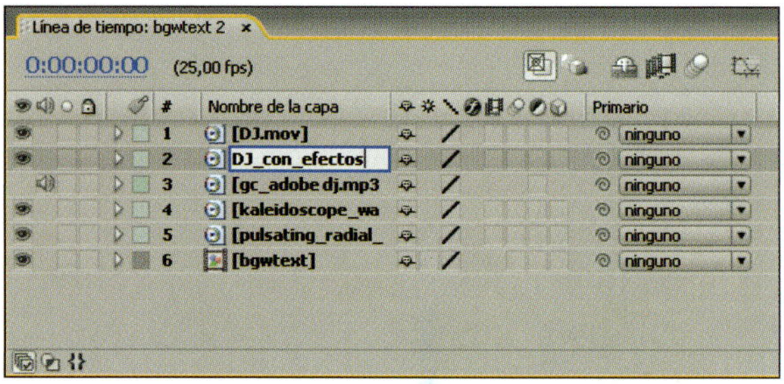

Figura 1.9.

3. Seleccione la capa kaleidoscope_waveforms y haga dos duplicados. Cámbieles el nombre a kaleidoscope_izq y kaleidoscope_dcha.

TRUCO: USE EL MÉTODO ABREVIADO DE TECLADO **CONTROL-D** PARA DUPLICAR LAS CAPAS MÁS RÁPIDO.

4. Reorganice, si es necesario, las capas en el panel Línea de tiempo para que aparezca en el siguiente orden (véase la figura 1.10):

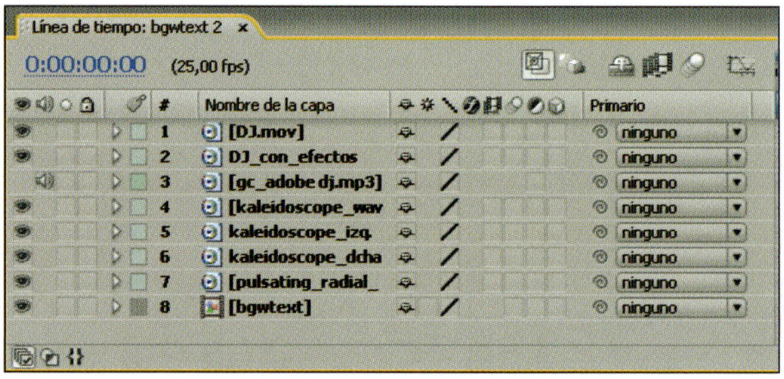

Figura 1.10.

Efecto Desenfoque radial

Ahora vamos a aplicar un efecto llamado Desenfoque radial a la capa DJ. Este efecto crea un desenfoque alrededor del punto que decidamos en la capa simulando el movimiento de una cámara que rota o que emplea el zoom.

1. Seleccione la capa DJ_con_efectos en el panel Línea de tiempo y observe las anclas que aparecen alrededor de la capa en el panel Composición (véase la figura 1.11).

Figura 1.11.

2. En el panel Efectos y ajustes preestablecidos que está a la derecha, escriba **desenfoque radial** en el campo Contiene para que el programa localice los efectos y ajustes preestablecidos que contienen esos caracteres. Antes de que termine de escribir las dos palabras, After Effects mostrará el resultado (véase la figura 1.12).

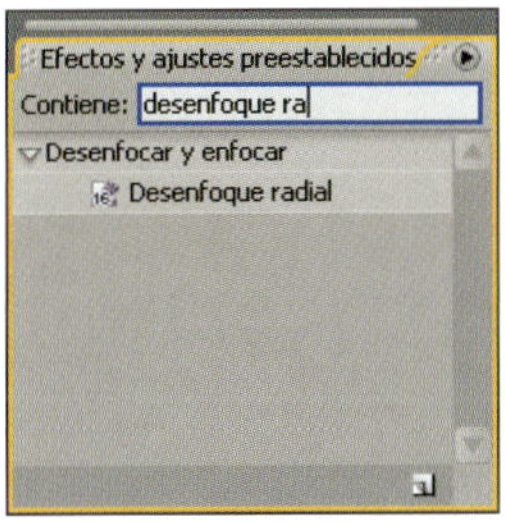

Figura 1.12.

3. Arrastre el efecto Desenfoque radial a la capa seleccionada en el panel Línea de tiempo para que After Effects lo aplique y abra automáticamente el panel Controles de efectos en la parte superior izquierda del espacio de trabajo (véase la figura 1.13).

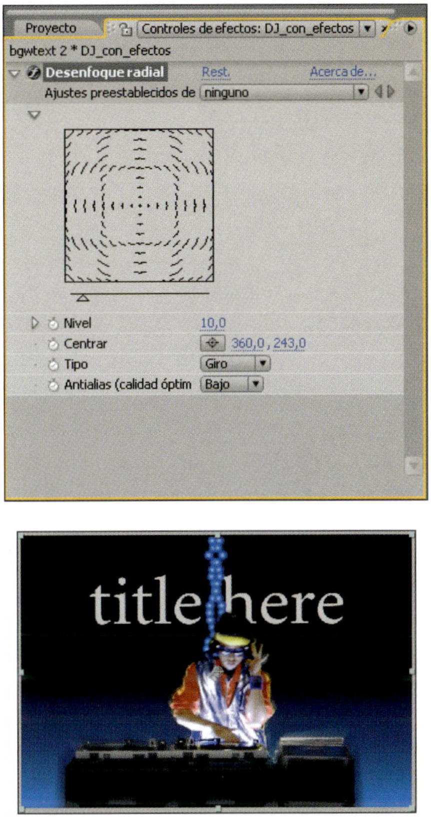

Figura 1.13.

Ahora, personalizaremos los ajustes.

4. En el panel Controles de efectos, seleccione Tipo>Zoom (véase la figura 1.14).

5. En el panel Composición, mueva el punto central del desenfoque hacia abajo arrastrando el cursor de cruz ⊕ hasta situarlo ligeramente por encima del teclado. Observe que al arrastrar, se actualizan los datos del campo Centro en el panel Controles de efectos. Los valores izquierdo y derecho corresponden a las coordenadas x e y, respectivamente. Sitúe el desenfoque a aproximadamente **375** y **450** (véase la figura 1.15).

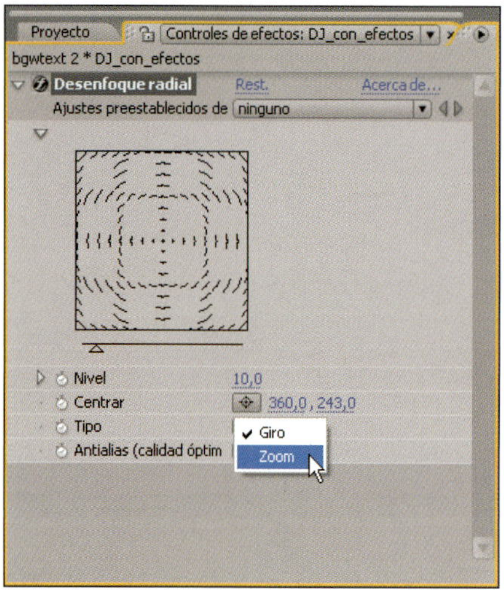

Figura 1.14.

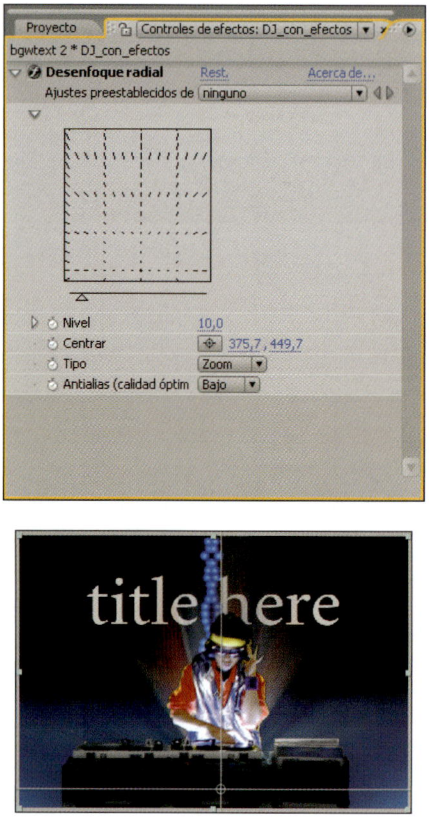

Figura 1.15.

TRUCO: TAMBIÉN PUEDE ESCRIBIR LOS VALORES DE X E Y DIRECTAMENTE EN LOS CAMPOS DE COORDENADAS DEL PANEL CONTROLES DE EFECTOS, O COLOCAR EL PUNTERO DEL RATÓN ENCIMA DE ELLOS HASTA QUE APAREZCA EL ICONO DEL DEDO QUE SEÑALA Y ARRASTRARLO HACIA LA DERECHA O HACIA LA IZQUIERDA PARA AUMENTAR O DISMINUIR LOS VALORES, RESPECTIVAMENTE.

6. Finalmente, aumente el valor de Nivel a 200,0 (véase la figura 1.16).

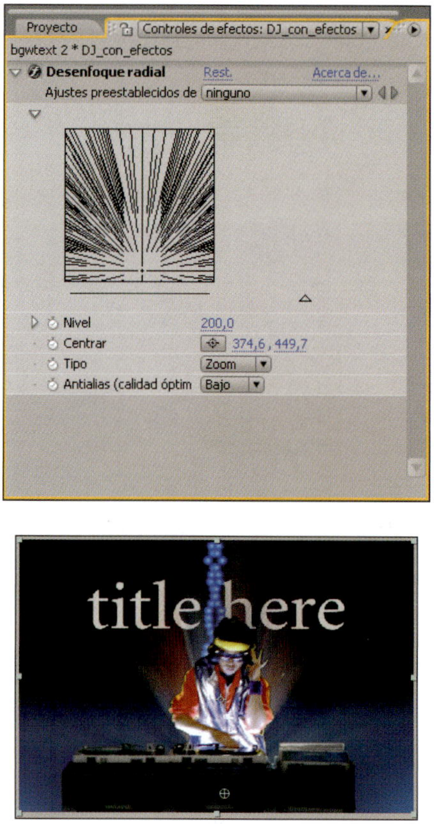

Figura 1.16.

Efecto Exposición

A continuación, aumentaremos el brillo de la capa usando, para ello, el efecto Exposición de Corrección de color, efecto que permite aplicar ajustes de tono al material de archivo simulando el resultado de modificar los ajustes de exposición o abertura del diafragma (medidos en f-stops) de una cámara.

1. Localice el efecto Exposición en el panel de Efectos y ajustes preestablecidos. Para ello, puede:

- Escribir **Exposición** en el campo Contiene.

- Hacer clic en el triángulo que hay a la izquierda de la palabra Corrección de color para ver los efectos de corrección de color en orden alfabético (véase la figura 1.17).

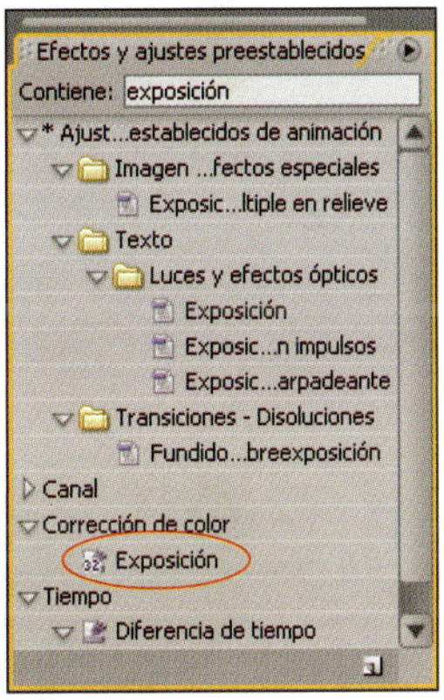

Figura 1.17.

2. Arrastre el efecto Exposición de la carpeta Corrección de color a la capa DJ_con_efectos en el panel Línea de tiempo. After Effects lo aplica y lo incluye en el panel Controles de efectos debajo del efecto Desenfoque radial.

ADVERTENCIA: ASEGÚRESE DE ELEGIR EL EFECTO Exposición DE LA CARPETA Corrección de color Y NO EL EFECTO Exposición DE LA CARPETA Luces y efectos ópticos, QUE ES UN AJUSTE PREESTABLECIDO DE ANIMACIÓN DE TEXTO (VÉASE LA FIGURA 1.18).

3. En el panel Controles de efectos, haga clic en el triangulito que señala hacia abajo y que está justo al lado del efecto Desenfoque radial, para ocultar sus ajustes y tener mejor visión de los del efecto Exposición.

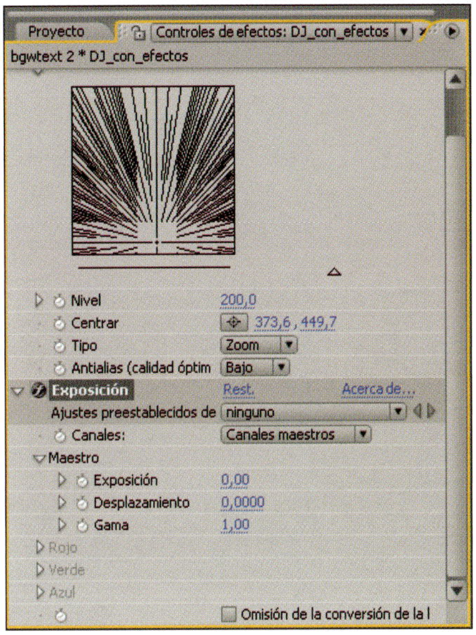

Figura 1.18.

4. En Maestro>Exposición, escriba **1,60** a fin de aclarar el área enfocada dando la impresión de que la imagen estuviera sobreexpuesta (véase la figura 1.19).

Transformar propiedades de las capas

El DJ se ve ya fantástico, así que ahora nos vamos a concentrar en las ondas caleidoscópicas que decoran el fondo detrás de él. Para ello, reubicaremos las copias creadas antes para crear un efecto innovador.

1. Seleccione la capa kaleidoscope_izq (capa 5) en el panel Línea de tiempo.

2. Haga clic en el triangulito a la izquierda del número de la capa, y clic de nuevo en el siguiente triangulito para abrir las propiedades Transformar de la capa: Punto de anclaje, Posición, Escala, Rotación y Opacidad (véase la figura 1.20).

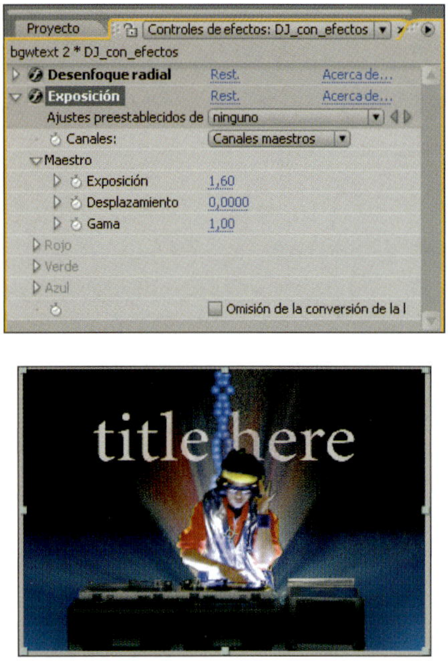

Figura 1.19.

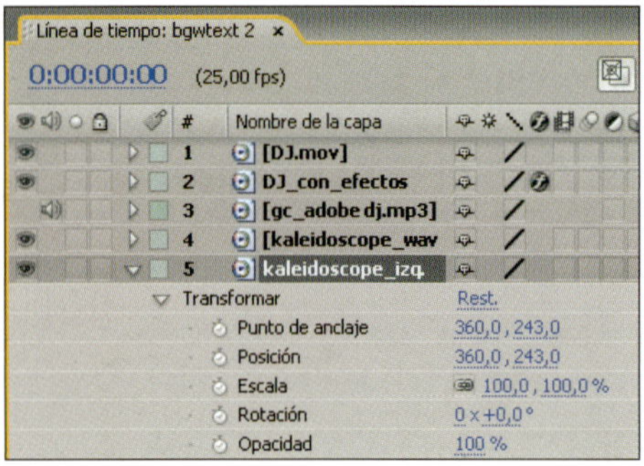

Figura 1.20.

3. Si no las ve, desplácese hacia abajo moviendo la barra de desplazamiento que encontrará a la derecha del panel. O mejor aún, vuelva a seleccionar el nombre de la capa y pulse **P** para resaltar solo la propiedad Posición, que es la única que nos interesa porque es la única que vamos a modificar en este ejercicio.

ADVERTENCIA: EXISTE UN MÉTODO ABREVIADO DE TECLADO PARA ACCEDER A CADA UNA DE LAS PROPIEDADES DEL CONJUNTO Transformar, PERO ES NECESARIO QUE TENGAMOS SELECCIONADA UNA CAPA EN EL PANEL LÍNEA DE TIEMPO PARA QUE FUNCIONEN. SON: **P** PARA Posición, **A** PARA Punto de anclaje, **S** PARA Escala, **R** PARA **ROTACIÓN** Y **T** PARA Opacidad.

Ahora, vamos a mover la capa hacia la izquierda unos 200 píxeles.

4. Escriba **160,0** como nuevo valor para la coordenada x y mantenga la coordenada y en **243,0** (véase la figura 1.21).

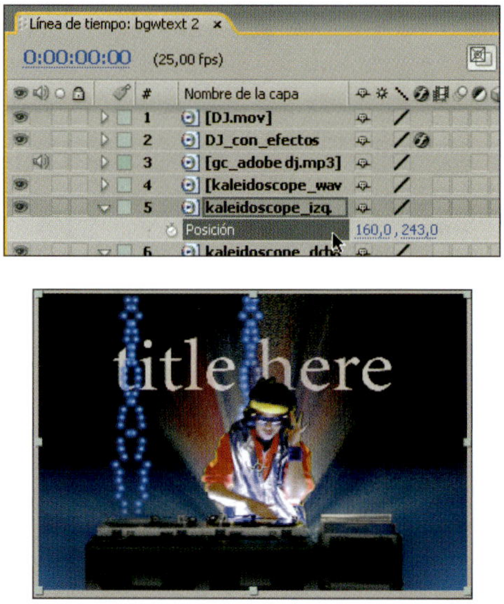

Figura 1.21.

5. Seleccione la capa 6, kaleidoscope_dcha, y pulse **P** para acceder a sus datos de Posición y moverla hacia la derecha.

6. Escriba **560,0** como nuevo valor para la coordenada x y mantenga la coordenada y en **243,0**. Ahora ya es posible ver tres formas

onduladas (una a la izquierda, otra en el centro y otra a la derecha) en el panel Composición, colgando como una cortina de lentejuelas (véase la figura 1.22).

Figura 1.22.

Para contrastar las formas onduladas de la izquierda y de la derecha con la del centro, hay que reducir su opacidad.

7. Seleccione la capa kaleidoscope_izq en el panel Línea de tiempo, pulse **T** para acceder a sus propiedades de opacidad y fije ésta al **30 por 100** (véase la figura 1.23).

Figura 1.23.

8. Seleccione la capa kaleidoscope_dcha y pulse **T** para fijar la opacidad también al **30 por 100** (véase la figura 1.24).

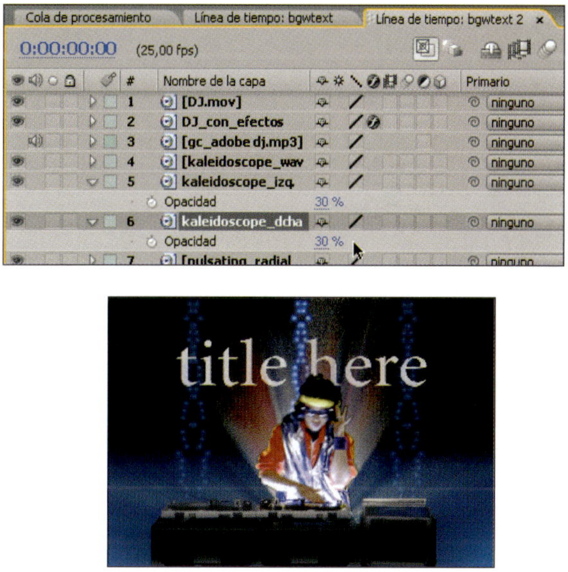

Figura 1.24.

La figura 1.24 muestra el aspecto que debe tener ahora nuestra composición.

9. Seleccione Archivo>Guardar para guardar los cambios.

APLICAR ANIMACIÓN A LA COMPOSICIÓN

Resumiendo lo que hemos hecho hasta ahora, hemos empezado un proyecto, hemos creado una composición, hemos importado material de archivo y hemos aplicado algunos efectos. Y el resultado es magnífico, pero ¿y si incluyéramos movimiento? Al fin y al cabo, After Effects es un programa de diseño gráfico con movimiento, y de momento todos los efectos que hemos usado eran estáticos.

En After Effects se pueden combinar cambios progresivos y temporales de todas las propiedades de capa creando fotogramas clave convencionales, expresiones o empleando asistentes. Muchos de los métodos posibles se explican con detenimiento en distintas partes de este libro, pero en este ejercicio nos centraremos en animar la propiedad Posición de una capa de texto usando fotogramas clave, y luego aplicaremos una animación predeterminada para que las letras "lluevan" en la pantalla.

Sobre el panel Línea de tiempo

USE EL PANEL LÍNEA DE TIEMPO PARA ANIMAR PROPIEDADES DE CAPA Y FIJAR SUS PUNTOS DE ENTRADA Y SALIDA (PUNTOS POR LOS QUE UNA CAPA, O UN ELEMENTO DE MATERIAL DE ARCHIVO, ENTRA Y SALE DE LA COMPOSICIÓN). LA MAYORÍA DE LOS CONTROLES SE ORGANIZAN EN COLUMNAS POR FAMILIAS DE FUNCIONES. LA FIGURA 1.25 MUESTRA TODAS LAS COLUMNAS Y CONTROLES QUE TIENE EL PANEL POR DEFECTO.

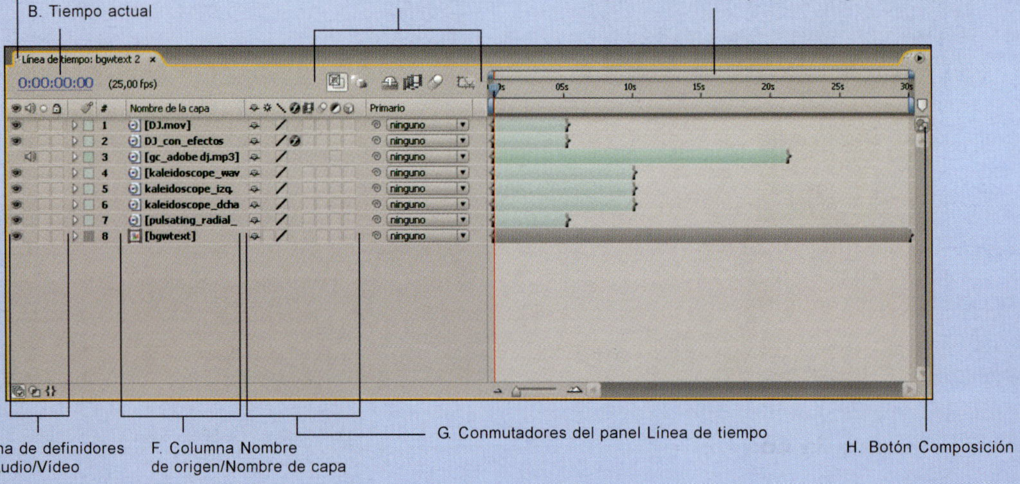

Figura 1.25.

EL GRÁFICO DE TIEMPO DEL PANEL (LA ZONA DE LA DERECHA) ESTÁ COMPUESTO DE UNA REGLA DE TIEMPO, MARCADORES PARA INDICAR PUNTOS SIGNIFICATIVOS EN EL TIEMPO Y BARRAS DE DURACIÓN (VÉASE LA FIGURA 1.26).

NOTA: SI HACE CLIC EN EL BOTÓN **EDITOR DE GRÁFICOS** , LAS BARRAS DE LA REGLA DE TIEMPO DESAPARECEN Y APARECE EL EDITOR DE GRÁFICOS.

ANTES DE ZAMBULLIRNOS DE LLENO EN EL CAMPO DE LA ANIMACIÓN, ES IMPORTANTE ENTENDER EL FUNCIONAMIENTO DE ALGUNOS DE LOS CONTROLES DE ESTE PANEL. POR EJEMPLO, LA DURACIÓN. LA DURACIÓN DE UNA COMPOSICIÓN, UNA CAPA O UN ELEMENTO DE MATERIAL DE ARCHIVO VIENE REPRESENTADA VISUALMENTE EN LA REGLA DE TIEMPO. EN ÉSTA, EL MARCADOR DE HORA ACTUAL INDICA EL FOTOGRAMA QUÉ ESTAMOS VISUALIZANDO O EDITANDO EN CADA MOMENTO, Y QUÉ SE HALLA ACTIVO EN EL PANEL COMPOSICIÓN.

LOS CORCHETES DE INICIO Y FIN DEL ENTORNO DE TRABAJO DETERMINAN CUÁL ES LA PARTE DE LA COMPOSICIÓN QUE QUEREMOS PRODUCIR O PREVISUALIZAR. ES FRECUENTE CUANDO SE TRABAJA CON COMPOSICIONES, QUERER PREVISUALIZAR O PRODUCIR SÓLO UNA PARTE CONCRETA, Y DE AHÍ LA UTILIDAD DE ESPECIFICAR UNA PARTE DE LA REGLA DE TIEMPO COMO ENTORNO DE TRABAJO.

EL TIEMPO ACTUAL APARECE EN LA ESQUINA SUPERIOR IZQUIERDA DEL PANEL. PARA AVANZAR O RETROCEDER EN EL TIEMPO DE UNA COMPOSICIÓN, HAY DOS FORMAS DE HACERLO: DESPLAZANDO EL MARCADOR EN LA REGLA DE TIEMPO, O HACIENDO CLIC, ESCRIBIENDO EL NUEVO VALOR EN EL CAMPO Tiempo actual DEL PANEL LÍNEA DE TIEMPO O DEL PANEL COMPOSICIÓN, Y ACEPTANDO EL CAMBIO HACIENDO CLIC EN **ACEPTAR**.

SI DESEA MÁS INFORMACIÓN SOBRE EL PANEL LÍNEA DE TIEMPO, CONSULTE LA AYUDA DE AFTER EFFECTS.

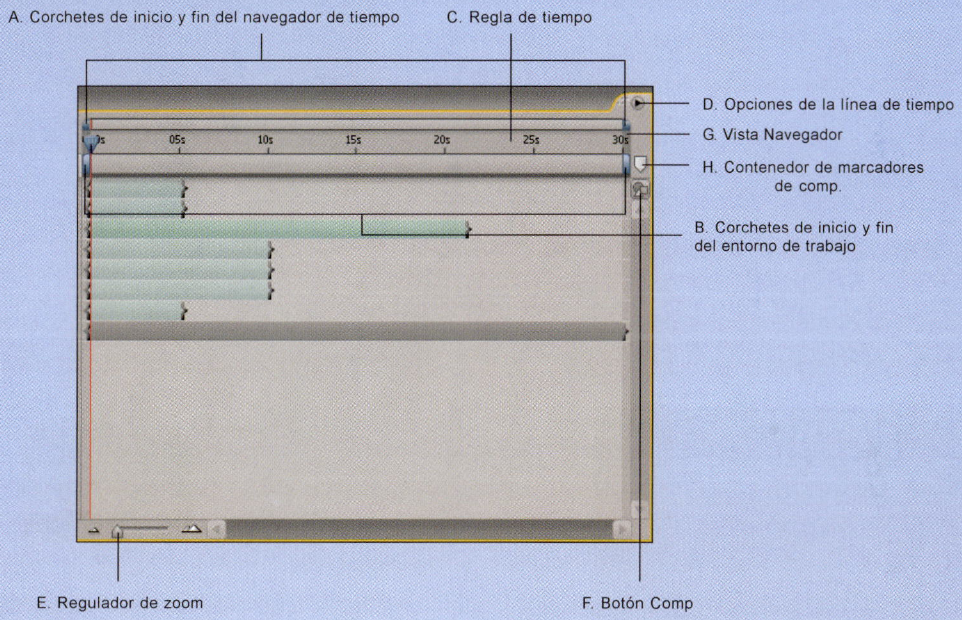

Figura 1.26.

Preparación de la composición de texto

En este ejercicio, vamos a trabajar en una composición aparte.

1. Haga clic en el panel Proyecto para recuperarlo, y doble clic en la composición bgwtext para abrirla en el panel Línea de tiempo (véase la figura 1.27).

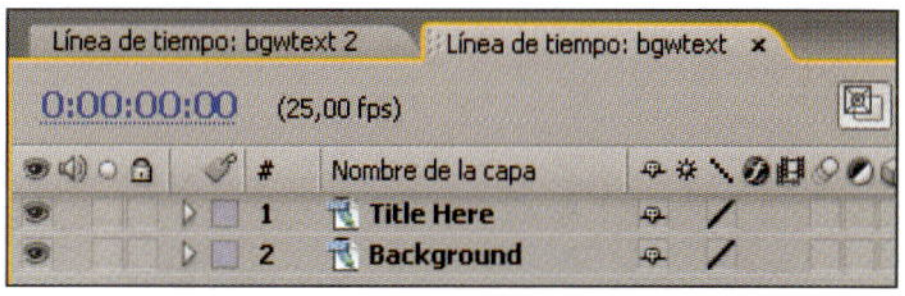

Figura 1.27.

La composición está formada por un archivo de Photoshop que consta de dos capas Background y Title Here, visibles en el panel Línea de tiempo. La segunda contiene el cuadro de texto creado en Photoshop. Lo primero que hay que hacer es hacer la capa editable.

2. Haga clic en la capa Title Here (capa 1) en el panel Línea de tiempo y seleccione Capa> Convertir a texto editable.

ADVERTENCIA: SI LE APARECE UNA VENTANA DE ADVERTENCIA INFORMÁNDOLE DE QUE LE FALTAN FUENTES, HAGA CLIC EN **ACEPTAR** (VÉASE LA FIGURA 1.28).

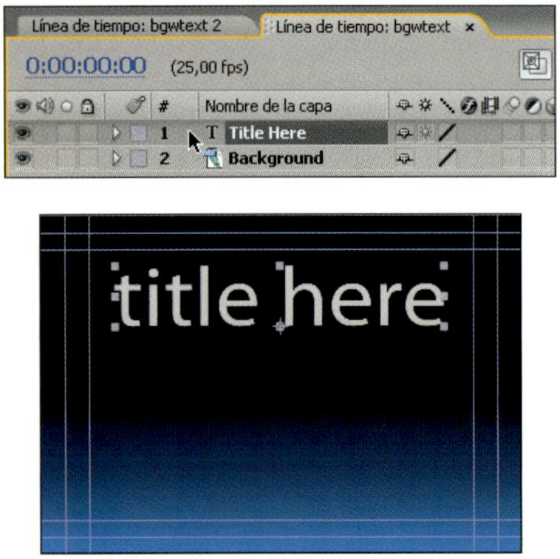

Figura 1.28.

Si mira el panel Línea de tiempo, verá que ha aparecido el icono **T** junto al nombre de la capa, lo que indica que ya es editable. Además, también se halla disponible y preparada en el panel Composición para aplicarle los cambios que quiera.

Agregar texto

Para empezar, sustituiremos el cuadro de texto con texto de verdad, y luego lo animaremos un poco.

1. Seleccione la **Herramienta Tipo horizontal** T en el panel Herramientas y seleccione el texto que aparece por defecto en el panel Composición. A continuación, escriba la palabra **Substrate** (véase la figura 1.29).

Figura 1.29.

NOTA: AFTER EFFECTS DISPONE DE CONTROLES MUY POTENTES PARA DAR FORMATO A CARACTERES Y PÁRRAFOS, SI BIEN EN ESTE CASO, LOS AJUSTES PREDETERMINADOS (SEA CUAL SEA EL TIPO DE LETRA QUE HAYA APARECIDO AL ESCRIBIR) RESULTAN VÁLIDOS PARA ESTE PROYECTO EN CONCRETO.

Animación con fotogramas clave de Posición

Y ha llegado, por fin, el momento de aplicar animaciones.

1. Con la capa Title Here seleccionada en el panel Línea de tiempo, pulse **P** para acceder a las propiedades de posición.

2. Asegúrese de que se encuentra en el primer fotograma de la animación. Para ello, puede hacer dos cosas:

- Arrastrar el indicador de tiempo actual hasta el extremo izquierdo de la regla de tiempo, es decir, hasta el valor 0:00.
- Pulsar la tecla **Inicio**.

Sobre el código de tiempo y la duración

EL PRINCIPAL CONCEPTO RELACIONADO CON EL TIEMPO ES LA DURACIÓN O LONGITUD. CADA ELEMENTO DE MATERIAL DE ARCHIVO, CADA CAPA Y CADA COMPOSICIÓN DE UN PROYECTO TIENE SU PROPIA DURACIÓN, LA CUAL VIENE REPRESENTADA POR TIEMPOS DE INICIO Y FIN EN LAS REGLAS DE TIEMPO DE LOS PANELES COMPOSICIÓN, CAPA Y LÍNEA DE TIEMPO.

LA FORMA DE VISUALIZAR Y ESPECIFICAR EL TIEMPO EN AFTER EFFECTS DEPENDE DEL ESTILO DE VISUALIZACIÓN O DE LA UNIDAD DE MEDIDA. POR DEFECTO, EL PROGRAMA USA EL CÓDIGO DE TIEMPO DE LA SOCIEDAD DE INGENIEROS EN CINE Y TELEVISIÓN (*SOCIETY OF MOTION PICTURE AND TELEVISION ENGINEERS*, SMPTE), BASADO EN HORAS, MINUTOS, SEGUNDOS Y FOTOGRAMAS. TENGA SIEMPRE PRESENTE QUE EN LA INTERFAZ DE ESTE PROGRAMA, LAS CIFRAS VAN SEPARADAS POR DOS PUNTOS, PERO QUE HAY OTRAS FORMAS DE VISUALIZAR EL CÓDIGO DE TIEMPO.

PARA SABER CUÁNDO Y CÓMO CAMBIAR A OTRO SISTEMA DE VISUALIZACIÓN DE TIEMPO, COMO SON LOS FOTOGRAMAS DE PELÍCULAS O LAS PELÍCULAS DE PIES Y FOTOGRAMAS, CONSULTE LA AYUDA DE AFTER EFFECTS.

3. Haga clic en la **Herramienta de selección** y arrastre el texto hacia abajo y hacia fuera del área de visualización del panel Composición. Pulse **Mayús** cuando haya comenzado a arrastrar el texto para limitar el movimiento al eje vertical (véase la figura 1.30).

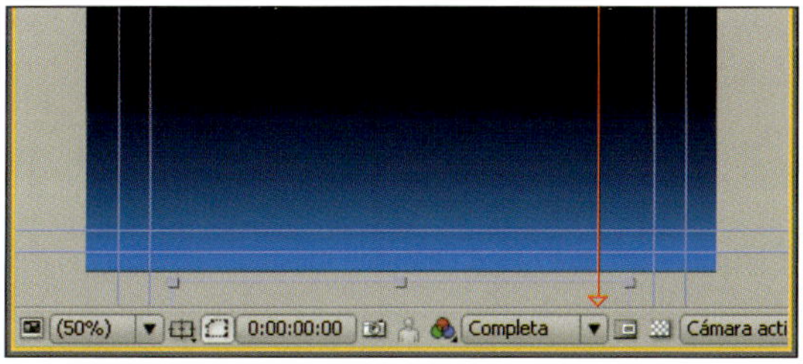

Figura 1.30.

4. Haga clic en el icono del cronómetro de variación de tiempo para crear un fotograma de posición. A la derecha, en la regla de tiempo, aparece un rombo naranja, que indica que se trata, efectivamente, de un fotograma clave nuevo (véase la figura 1.31).

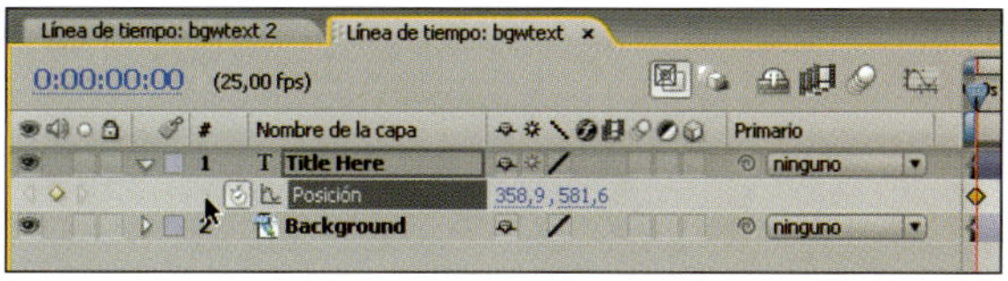

Figura 1.31.

Los fotogramas clave se usan para crear y controlar animaciones, efectos, propiedades de audio y muchos otros elementos susceptibles a los cambios de tiempo. Cada fotograma clave marca un punto exacto del tiempo en el que especificamos un valor, como por ejemplo, la posición espacial, la opacidad o el volumen de audio. De tal modo que para aplicar un cambio en el tiempo es necesario crear, como mínimo, dos fotogramas clave, uno para el estado al principio del cambio y otro para el nuevo estado al final, e interpolarlos para definir los valores intermedios.

5. Escriba **3:00** siguiendo uno de los siguientes métodos:

- Arrastre el indicador de tiempo actual a la derecha de la regla de tiempo hasta colocarlo en el punto **3:00**.
- Haga clic en el campo Tiempo actual del panel Línea de tiempo o el panel Composición, escriba **3:00** (para indicar 3 segundos) en el cuadro de diálogo Ir a tiempo y haga clic en **Aceptar** (véase la figura 1.32).

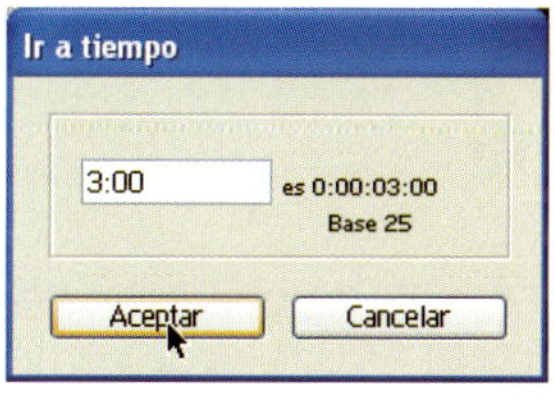

Figura 1.32.

Ahora, hay que arrastrar el título **Substrate** a su posición final, pero como está fuera del área de visualización, hay que reducir la vista para seleccionarlo.

6. Con la capa Title Here seleccionada en el panel Línea de tiempo, haga clic en la herramienta Zoom y luego **Alt**-clic para alejar y reducir la imagen hasta ver la capa de texto (véase la figura 1.33).

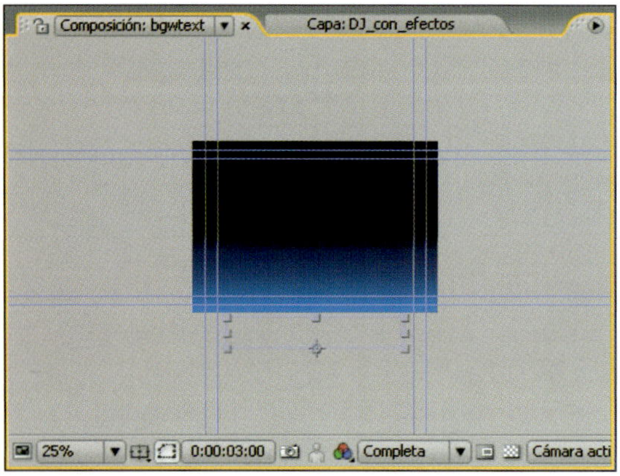

Figura 1.33.

7. Vuelva a hacer clic en la herramienta de **Selección** y suba la capa de texto hasta un cuarto aproximadamente del área de visualización. Pulse **Mayús** para limitar el movimiento verticalmente y trate que los valores de posición se acerquen lo más posible a los siguientes: **359** y **158** (véase la figura 1.34).

TRUCO: TAMBIÉN PUEDE ESCRIBIR LOS VALORES DE POSICIÓN DIRECTAMENTE EN LOS CAMPOS CORRESPONDIENTES DEL PANEL LÍNEA DE TIEMPO.

After Effects crea automáticamente un segundo fotograma clave.

8. Ajuste la vista de la composición seleccionando Ajustar hasta 100% en la Ventana emergente de proporción de aumento que está en la esquina inferior izquierda del panel Composición. Si se pregunta por las líneas azules, éstas delimitan zonas seguras de título y de acciones que apliquemos. Los aparatos de televisión aumentan el tamaño de las imágenes de vídeo y permiten que una parte de los bordes exteriores quede cortada por el borde de la pantalla. Es lo que se conoce como sobrebarrido. La cantidad de sobrebarrido no es la misma en todos los aparatos de televisión, por lo que se recomienda que los elementos más importantes de las imágenes, como las acciones o los títulos, estén siempre dentro de las zonas seguras. Según esto, hay que procurar colocar los textos dentro del área marcada por las líneas azules interiores, para estar seguros de que están dentro de la zona segura de título, y los elementos gráficos y acciones de la escena dentro del área marcada por las líneas azules exteriores, para estar seguros de que quedan dentro de la zona segura de acción.

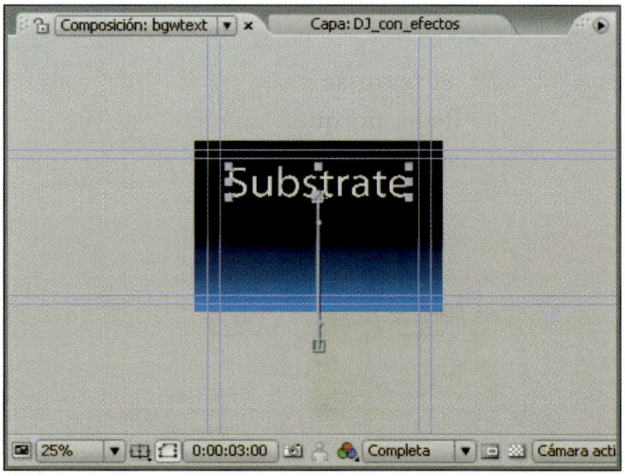

Figura 1.34.

Comando Inicio de fácil

Aunque la animación en la que estamos trabajando es bastante simple, una forma rápida y directa de aprender buenas prácticas de animación es aplicando los comandos del grupo Fácil, Inicio de Fácil y Fin de Fácil, que impiden que suavicen los movimientos para que no se produzcan cambios demasiado repentinos.

1. Haga clic con el botón derecho del ratón (Windows) o **Control**-clic (Mac OS) en el fotograma clave Posición, ajústelo a **3:00** y seleccione Asistente de fotogramas clave>Inicio de Fácil para suavizar la detención del texto (véase la figura 1.35).

Figura 1.35.

Agregar un efecto de animación

Hasta ahora, el texto se mueve en pantalla, pero una vez que llega, no queremos que se quede ahí parado, así que vamos a aplicar un ajuste preestablecido de animación para darle un poco de vida.

1. Con la capa Title Here seleccionada en el panel Línea de tiempo, avance a 2:10, el punto en el que el texto está casi en la posición final. Recuerde que puede acceder al tiempo bien arrastrando el indicador de tiempo actual o bien haciendo clic en el campo Tiempo actual del panel Línea de tiempo o el panel Composición.

2. En el panel Efectos y ajustes preestablecidos, localice los ajustes preestablecidos de la animación Desaparición de la lluvia de caracteres.

3. Arrastre el efecto a la palabra **Substrate** en el panel Composición para aplicarlo a la capa de texto (véase la figura 1.36).

El panel Controles de efectos se abre para permitir la personalización del efecto, pero en este proyecto aceptaremos los ajustes que aparecen por defecto.

4. Seleccione Archivo>Guardar para guardar los cambios.

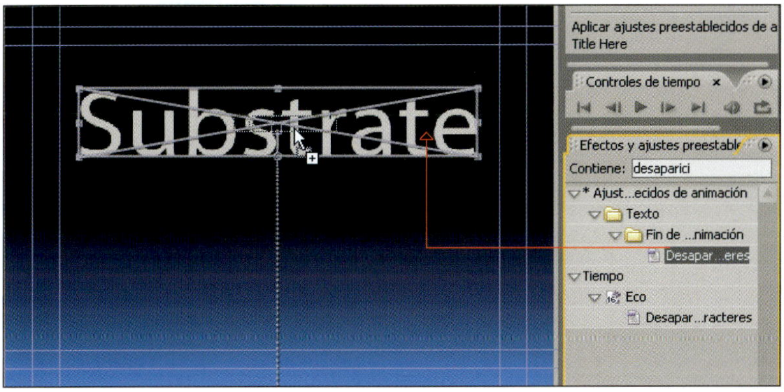

Figura 1.36.

PREVISUALIZACIÓN DEL TRABAJO

Estará seguramente deseando ver los resultados de su trabajo. After Effects proporciona varios métodos de previsualizar composiciones, entre ellas la previsualización estándar, la previsualización de RAM y la previsualización manual (para ver una lista de los comandos de previsualización manual, consulte la Ayuda de After Effects). A los tres se accede a través del panel Controles de tiempo, que aparece en el lado derecho de la ventana de la aplicación en el espacio de trabajo estándar.

Previsualización estándar

La previsualización estándar (comúnmente llamada reproducción mediante **Barra espaciadora**) reproduce la composición desde el indicador de tiempo actual hasta el final. Suele ser más lenta que la reproducción en tiempo real, pero es muy útil en composiciones simples o en las primeras etapas de composiciones más intricadas que, en general, no requieren memoria adicional para mostrar animaciones complejas, efectos, capas en 3D, cámaras y luces. Veamos cómo usarla para ver nuestra animación de texto.

1. En el panel Línea de tiempo: bgwtext, asegúrese de que esté activo el icono vídeo en las capas que queremos visualizar, la capa Title Here y la capa Background.

NOTA: HAGA CLIC EN EL PANEL COMPOSICIÓN SI DESEA OCULTAR EL VECTOR DE ANIMACIÓN DE ESTA PREVISUALIZACIÓN.

2. Pulse la tecla **Inicio** para ir al principio de la regla de tiempo.

3. Ahora tiene dos opciones:

- Hacer clic en el botón Reproducir/pausa del panel Controles de tiempo.
- Pulsar la **Barra espaciadora**.

4. Para detener la previsualización estándar, también tiene dos opciones:

- Hacer clic en el botón Reproducir/pausa del mismo panel Controles de tiempo.
- Pulsar la **Barra espaciadora**.

Previsualización de RAM

La previsualización de RAM asigna suficiente memoria RAM para reproducir la animación (con audio) a la velocidad de fotograma de la composición más rápida que permita el sistema. Resulta útil para reproducir material de archivo en los paneles Línea de tiempo, Capa o Material de archivo. El número de fotogramas reproducido depende de la cantidad de memoria RAM que tenga disponible la aplicación.

En el panel Línea de tiempo, la previsualización de RAM reproduce bien el intervalo de tiempo especificado como espacio de trabajo, o todos los fotogramas desde el principio de la regla de tiempo, mientras que en los paneles Capa y Material de archivo reproduce solo material no recortado. Por eso, antes de aplicar esta previsualización, compruebe siempre cuáles son los fotogramas designados como área de trabajo.

Previsualicemos ahora toda la composición (animación de texto y animación de gráficos) con la previsualización de RAM.

1. Haga clic el panel Línea de tiempo: bgwtext 2.

2. Compruebe que está activado el icono Vídeo en todas las capas y anule la selección si hay alguna seleccionada.

3. Fije el intervalo que quiera previsualizar como área de trabajo: ponga el corchete de inicio de entorno de trabajo en **0:00** y el de fin en **10:00** (véase la figura 1.37).

4. Arrastre el indicador de tiempo actual al principio de la regla de tiempo, o pulse la tecla **Inicio**.

5. Haga clic en el botón **Previsualización de RAM** en el panel Controles de tiempo o seleccione Composición>Vista previa>Vista previa de RAM.

La barra verde de progreso que aparece en la regla de tiempo hace referencia al progreso de almacenar fotogramas en la memoria caché. Una vez finalizado el proceso de guardar en caché todos los fotogramas, la RAM previsualiza la composición en tiempo real.

ADVERTENCIA: PUEDE INTERRUMPIR EL PROCESO DE ALMACENAMIENTO EN CACHÉ EN CUALQUIER MOMENTO PULSANDO LA **BARRA ESPACIADORA**, Y LA PREVISUALIZACIÓN RAM REPRODUCIRÁ, ENTONCES, LOS FOTOGRAMAS ALMACENADOS HASTA ESE PUNTO.

6. Para detener la previsualización de RAM pulse la **Barra espaciadora**.

La cantidad de detalle de la previsualización es directamente proporcional a la cantidad de memoria RAM necesaria, y esto es algo que se puede manipular en ambos tipos de previsualización, la estándar y la de RAM, cambiando la resolución, el índice de ampliación y la calidad de previsualización de la composición. También se puede limitar el número de capas desactivando el icono Vídeo de algunas de ellas, o incluso limitar el número de fotogramas ajustando el entorno de trabajo.

Sobre el uso de OpenGL para las previsualizaciones

OPENGL PROPORCIONA PREVISUALIZACIONES DE ALTA CALIDAD QUE REQUIEREN MENOS TIEMPO DE PROCESAMIENTO QUE OTROS MODOS DE REPRODUCCIÓN. PERMITE ACELERAR LOS FOTOGRAMAS SIN DAÑAR LA RESOLUCIÓN, CONVIRTIÉNDOSE EN LA OPCIÓN ÓPTIMA EN MUCHAS SITUACIONES. CUANDO OPENGL NO SOPORTA UNA CARACTERÍSTICA, SIMPLEMENTE LA IGNORA, ES DECIR, SI POR EJEMPLO SUS CAPAS CONTIENEN SOMBRAS Y SU EQUIPO DE OPENGL NO LAS SOPORTA, LA PREVISUALIZACIÓN NO LAS MOSTRARÁ Y PUNTO. PARA VER LA INFORMACIÓN SOBRE SU TARJETA OPENGL, SI DISPONE DE UNA, ADEMÁS DE PARA HABILITARLA O DESHABILITARLA, SELECCIONE Editar>Preferencias>Vista previa.

EXPORTAR COMPOSICIONES

Ahora que ya hemos terminado nuestra obra maestra, podemos procesarla aplicando los ajustes de calidad que elijamos y crear películas en los formatos que más nos gusten. Más adelante en este libro, aprenderemos más cosas sobre cómo exportar composiciones, pero por ahora nos limitaremos a guardar los cambios y a seguir familiarizándonos con el espacio de trabajo de After Effects.

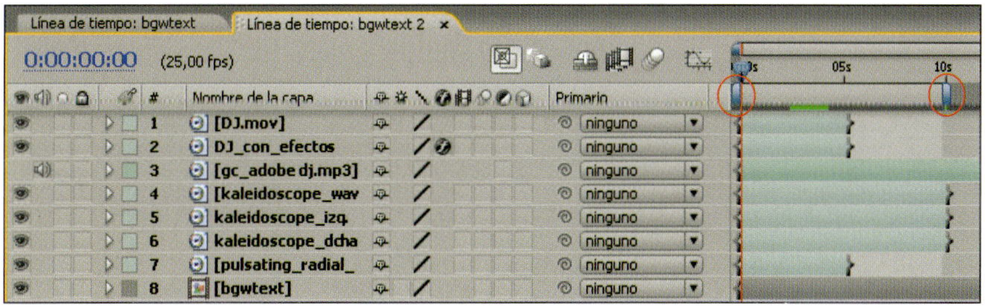

Figura 1.37.

1. Seleccione Archivo>Guardar para guardar los cambios.

PERSONALIZAR EL ESPACIO DE TRABAJO

Es probable que en el transcurso de este proyecto haya tenido que redimensionar o recolocar algunos de los paneles, o incluso que haya tenido que abrir algunos nuevos. Cada vez que se modifica el espacio de trabajo, After Effects guarda las preferencias, de tal modo que la siguiente vez que se abre el proyecto, lo que aparece es la versión más reciente del espacio de trabajo que hayamos usado. De todos modos, siempre es posible restaurar las opciones predeterminadas seleccionando Ventana>Espacio de trabajo>Restablecer"Estándar".

Pero si comprueba que tiene que usar con bastante frecuencia paneles que no forman parte del espacio de trabajo estándar, o si le resulta más cómodo redimensionar o reagrupar los paneles de determinada manera en determinado tipo de proyectos, una forma de ahorrar tiempo consiste en personalizar el espacio de trabajo para que se adapte a sus necesidades. Según esto, es posible guardar la configuración del espacio de trabajo que queramos o usar cualquiera de los espacios preestablecidos que incorpora After Effects, los cuales han sido diseñados para flujos de trabajo concretos, como los propios de las animaciones o de la aplicación de efectos.

Uso de espacios de trabajo preestablecidos

Ahora dedicaremos un minuto a explorar los espacios de trabajo preestablecidos de After Effects.

NOTA: SI CERRÓ EL PROYECTO `Lesson01_Finished.aep` AL FINAL DEL EJERCICIO ANTERIOR, ABRA ÉSTE O CUALQUIER OTRO PARA REALIZAR LA SIGUIENTE ACTIVIDAD.

1. Seleccione Ventana>Espacio de trabajo>Animación y verá que After Effects abre los siguientes paneles en el lado derecho de la ventana de la aplicación: Info y Audio (agrupados), Controles de tiempo, El suavizador, Esbozo de movimiento y Efectos y ajustes preestablecidos.

2. Seleccione Ventana>Espacio de trabajo>Pintar y verá que el programa abre los paneles Pintar y Puntas del pincel para facilitar el acceso a las herramientas más comunes a la hora de pintar composiciones.

Guardar espacios de trabajo personalizados

Se pueden guardar espacios de trabajo personalizados en cualquier momento, y son solo los que se guardan los que aparecen en el submenú Ventana>Espacio de trabajo. Cada vez que abrimos un proyecto que tiene un espacio personalizado en un sistema distinto de aquel en el que fue creado, After Effects busca uno que tenga el mismo nombre. Si encuentra uno (y coincide la configuración del monitor), lo aplica, pero si no (o la configuración del monitor no coincide), abre el proyecto con el espacio de trabajo local actual.

1. Cierre los paneles Pintar y Puntas del pincel haciendo clic en la x pequeña que hay junto al nombre.

2. Seleccione Ventana>Efectos y ajustes preestablecidos y agrúpelo con el panel Controles de tiempo.

3. Seleccione Ventana>Espacio de trabajo> Nuevo espacio de trabajo, asigne un nombre al nuevo espacio de trabajo y haga clic en **Aceptar** para guardarlo o en **Cancelar** para descartarlo.

ILUMINACIÓN U OSCURECIMIENTO DE LA INTERFAZ DE USUARIO

After Effects permite iluminar u oscurecer la interfaz de usuario y cambiar las preferencias de brillo de paneles, ventanas y cuadros de diálogo.

1. Seleccione Editar>Preferencias>Colores de la interfaz del usuario.

2. Arrastre el regulador de Brillo de la interfaz de usuario hacia la izquierda o hacia la derecha y observe los cambios en la pantalla.

3. Haga clic en el botón **Predeterminado** para restaurar los valores por defecto.

4. Haga clic en **Aceptar** para guardar los nuevos valores de brillo o en **Cancelar** para descartarlos.

USO DE LA AYUDA DE AFTER EFFECTS

Si desea información completa sobre el uso de los paneles, herramientas y otras funciones de After Effects, recomendamos que consulte la Ayuda del programa.

La Ayuda de After Effects incluye todos los temas de la guía de usuario impresa y mucho más. Además, se actualiza de forma permanente, por lo que puede estar siempre seguro de tener la información más reciente que haya disponible.

NOTA: EXISTE UNA VERSIÓN COMPLETA EN PDF DEL CONTENIDO DE LA AYUDA, OPTIMIZADA PARA IMPRESIÓN, EN EL DVD DEL PRODUCTO.

La Ayuda de After Effects es fácil de usar, porque permite buscar los temas de varias formas distintas:

- Consultando la tabla de contenidos.
- Accediendo a otro tema relacionado haciendo clic en vínculos insertados en el texto.
- Buscando palabras clave.
- Usando el índice.

Lo primero que vamos a hacer es buscar un tema usando la ficha Contenido.

1. Seleccione Ayuda>Ayuda de After Effects.

NOTA: OTRA FORMA DE ABRIR LA AYUDA DE AFTER EFFECTS ES PULSANDO **F1** (VÉASE LA FIGURA 1.38).

Se abre el Adobe Help Center que incluye un panel de navegación a la izquierda de la ventana flotante.

ADVERTENCIA: PUEDE REGRESAR A ESTE PUNTO EN CUALQUIER MOMENTO HACIENDO CLIC EN EL BOTÓN **INICIO** QUE ESTÁ EN LA PARTE SUPERIOR IZQUIERDA DE LA VENTANA DEL ADOBE HELP CENTER.

La ficha Contenido ofrece un listado de todos los contenidos de la Ayuda, tema por tema, como si se tratara de la tabla de contenidos de un libro.

2. Haga clic en el triangulito que señala a la derecha para ampliar el tema Capas 3D> Descripción general de las capas.

3. Seleccione Acerca de las capas 3D (véase la figura 1.39).

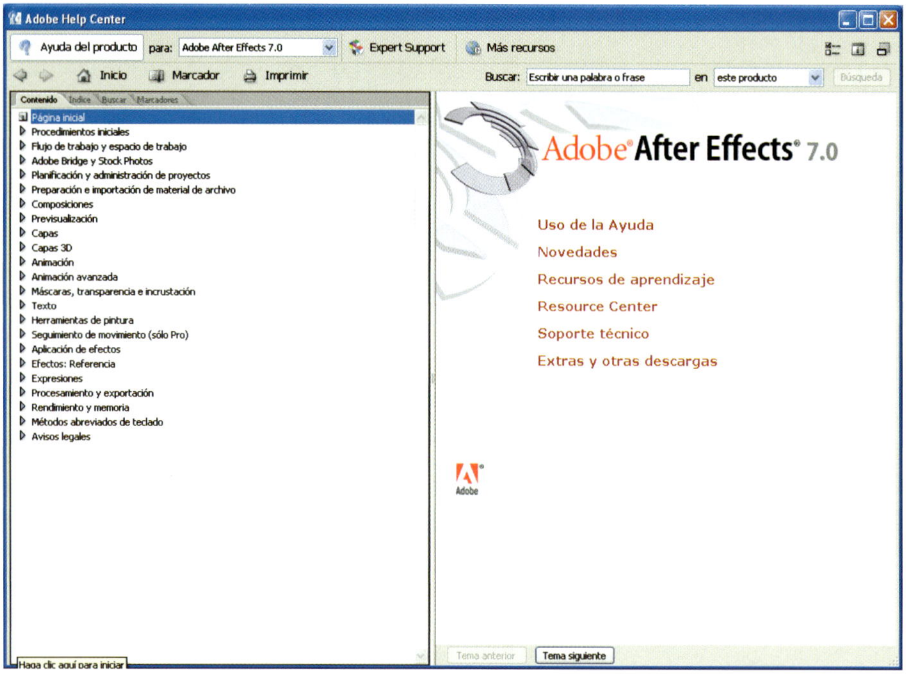

Figura 1.38.

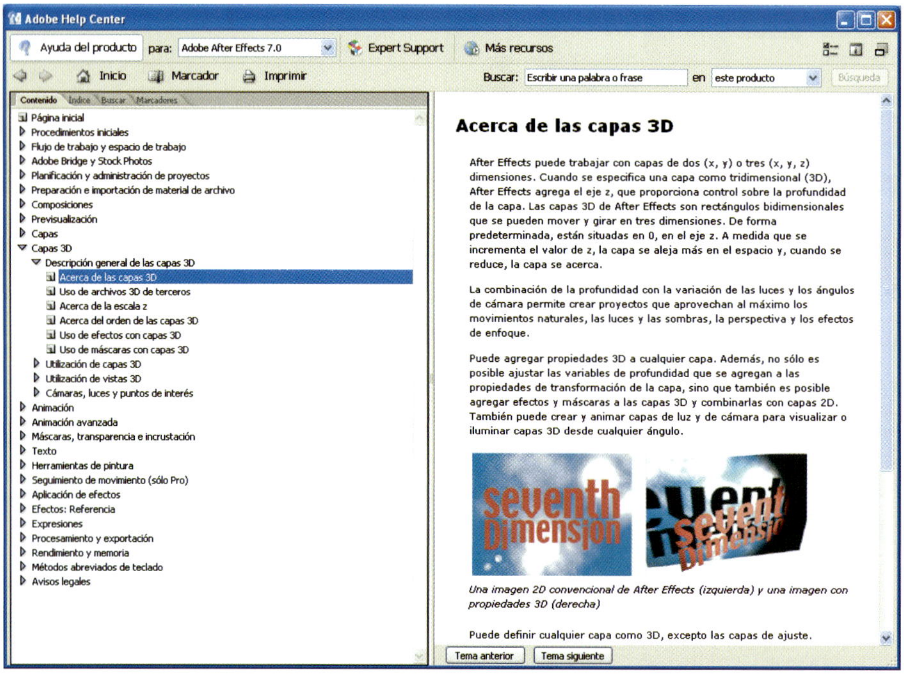

Figura 1.39.

Familiarizarse con el flujo de trabajo

Algunos de los temas de Adobe Help Center intercalan vínculos en el texto para acceder a temas relacionados. Los vínculos van resaltados y subrayados en rojo, y al pasar el ratón por encima, el puntero se convierte en una manita. Haga clic en cualquiera de los vínculos para acceder a otros temas relacionados.

4. Desplácese hacia abajo del todo de este tema sobre las capas 3D y haga clic en el vínculo Acerca de las capas (véase la figura 1.40).

5. Ahora, haga clic en el botón **Tema siguiente** varias veces para ver más información sobre cómo crear capas (véase la figura 1.41).

Buscar y marcar temas de ayuda

Se pueden buscar temas de ayuda escribiendo palabras o frases. De hecho, se puede buscar ayuda para en un solo producto de Adobe o en todos los que haya instalados en el sistema. Y si en algún momento accede a un tema al que va a querer volver después, puede marcarlo para recuperarlo rápidamente.

1. En la parte superior de la ventana del Adobe Help Center, escriba una o más palabras en el cuadro Buscar; por ejemplo, **efectos preestablecidos**. Mantenga el campo en como este producto para que busque dentro del propio After Effects y haga clic en el botón **Búsqueda** (véase la figura 1.42). En este momento, la ficha Buscar a la izquierda pasa a mostrar todos los temas que cumplen las condiciones de búsqueda ordenados por orden de relevancia.

NOTA: SI EJECUTA BÚSQUEDAS EN VARIOS PRODUCTOS A LA VEZ, LOS RESULTADOS SE AGRUPAN POR PRODUCTOS Y SE ORDENAN POR ORDEN DE RELEVANCIA DENTRO DE CADA UNO.

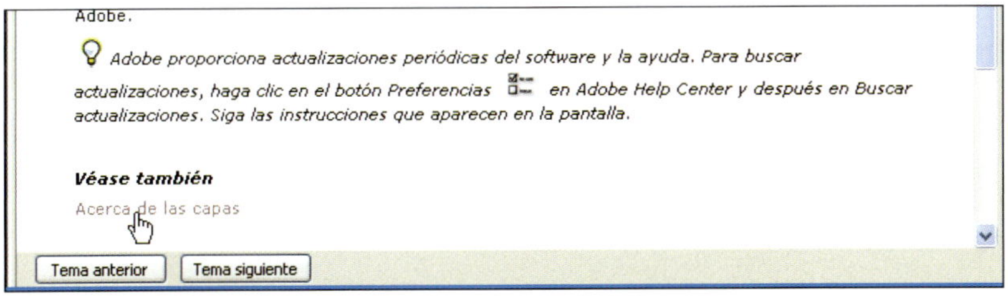

Figura 1.40.

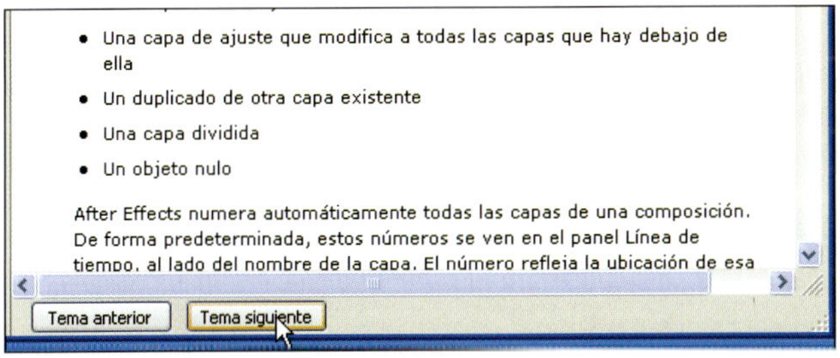

Figura 1.41.

Figura 1.42.

2. Para visualizar un tema, haga clic en su título.

3. Si piensa que va a necesitar volver a consultar este tema más tarde, haga clic en el botón **Marcador** que está en la parte superior de la ventana.

4. En el cuadro de diálogo Nuevo marcador, acepte el nombre que aparezca por defecto y haga clic en **Aceptar**.

5. Haga clic en la ficha Marcadores del panel de navegación para ver una lista de sus marcadores. Otra forma es buscar temas a través del índice (véanse las figuras 1.43 y 1.44).

6. Haga clic en la ficha Índice para visualizar una lista de letras ordenadas alfabéticamente (véase la figura 1.44).

7. Haga clic en una de ellas, por ejemplo la **P**, para mostrar las entradas que empiecen por **P**.

La entradas aparecen ordenadas alfabéticamente por tema y por subtema, igual que el índice de un libro. Desplácese, si quiere, por la lista para verlas todas.

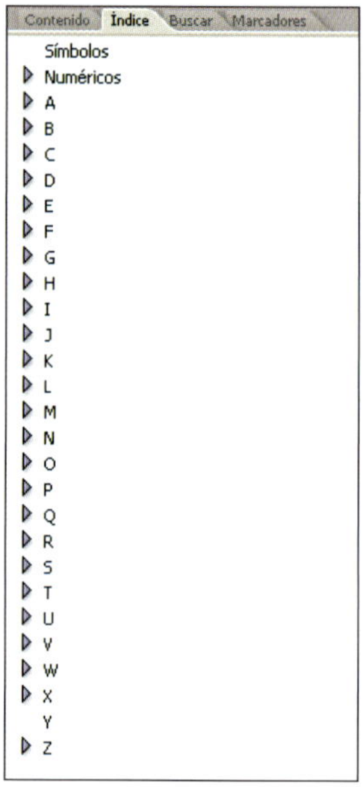

Figura 1.44.

8. Haga clic en cualquier de ellas para abrir uno de los temas. Si hay más de una entrada para cada tema, haga clic en el triangulito para ampliar la visibilidad y luego clic en la entrada que desee leer.

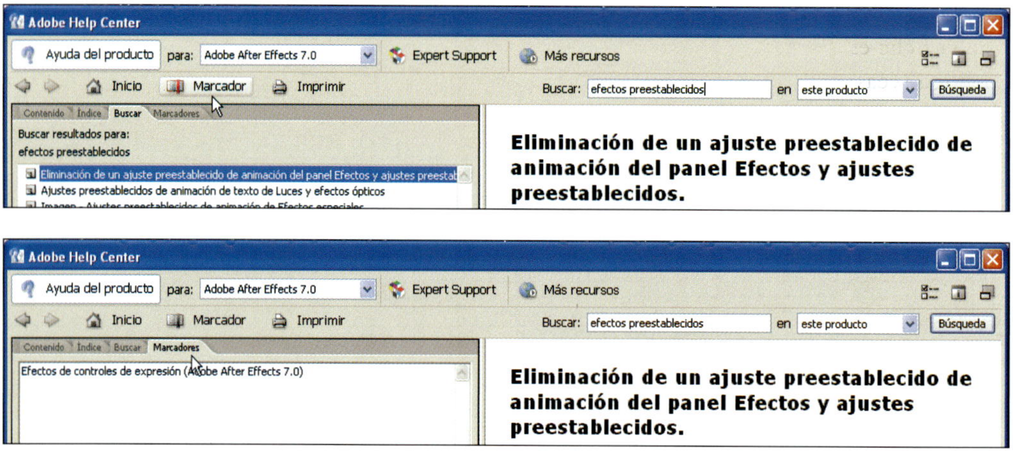

Figura 1.43.

ADVERTENCIA: POR DEFECTO, EL ADOBE HELP CENTER SE ABRE EN VISTA COMPLETA, LO QUE PERMITE EL ACCESO A Ayuda del producto, A Expert Support Y A Más recursos (A LA IZQUIERDA DE LA PANTALLA). PERO PUEDE CAMBIAR A VISTA COMPACTA HACIENDO CLIC EN EL BOTÓN **VISTA COMPACTA** SI SOLO DESEA VER UN TEMA SELECCIONADO DE LA AYUDA. EN ESTE CASO, LA VENTANA DE ADOBE HELP CENTER APARECE FLOTANDO EN LA PARTE SUPERIOR DEL ESPACIO DE TRABAJO DE AFTER EFFECTS. HAGA CLIC EN EL BOTÓN **VISTA COMPLETA** PARA REGRESAR A LA VISTA COMPLETA.

Comprobación de actualizaciones

Adobe distribuye periódicamente actualizaciones de software y de temas del Adobe Help Center, a las que se accede a través del propio Adobe Help Center, siempre y cuando disponga de conexión activa a Internet.

1. Haga clic en el botón Abrir el cuadro de diálogo Preferencias que está en la esquina superior derecha del Adobe Help Center.

2. En el cuadro de diálogo Preferencias, podría hacer clic en el botón **Buscar actualizaciones** y seguir las instrucciones de pantalla para descargar y guardar las actualizaciones que hubiera disponibles. Pero por ahora, haga clic en **Cancelar** y otra vez clic en **Cancelar** para cerrar el cuadro de diálogo (véase la figura 1.45).

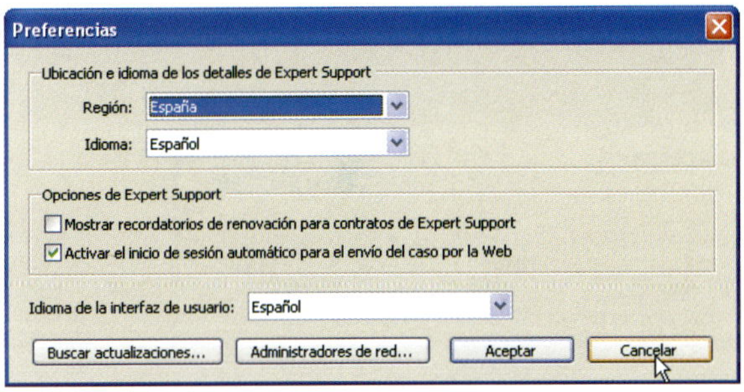

Figura 1.45.

3. Seleccione la opción de menú Adobe Help Center>Cerrar.

SERVICIOS EN LÍNEA DE ADOBE

Otra forma de obtener información de After Effects y de estar al día de cuantas actualizaciones se vayan lanzando, es usar los servicios en línea de Adobe. Si dispone de conexión a Internet y tiene instalado un navegador Web en su sistema, puede acceder al sitio Web de Adobe Systems (www.adobe.es) y buscar toda la información que necesite sobre After Effects y otros productos de Adobe.

1. En After Effects, seleccione Ayuda>Soporte técnico en línea.

En este momento, el navegador que tenga configurado por defecto se pone en funcionamiento y muestra la página de Soporte Técnico de Adobe After Effects. Si dedica un momento a explorarla, encontrará trucos y técnicas de manejo del programa, galerías de imágenes diseñadas por diseñadores y artistas de Adobe de todo el mundo, información de última mano y datos actualizados sobre cómo detectar y solucionar problemas técnicos.

2. Cierre el navegador.

Enhorabuena. Por fin ha terminado el capítulo 1. Y ahora que ya está familiarizado con el espacio de trabajo de After Effects, pase al siguiente capítulo para aprender a crear y animar composiciones usando efectos y animaciones preestablecidos, o a cualquier otro capítulo que le interese.

REPASO

Preguntas

1. ¿Cuáles son los cinco componentes del flujo de trabajo de After Effects?

2. ¿Qué es una composición?

3. Describa dos formas de previsualizar el trabajo en After Effects.

4. ¿De qué forma se puede personalizar el espacio de trabajo en After Effects?

Respuestas

1. Importar y organizar material de archivo; crear composiciones y trabajar con capas; animar elementos y aplicar efectos; previsualizar el trabajo y exportar la composición final.

2. Es el lugar donde se crean las animaciones, se trabaja con las capas y se aplican efectos. Las composiciones de After Effects están formadas por un componente espacial y un componente temporal llamado duración o longitud. Cada composición se compone de uno o más elementos de material de archivo (vídeo, audio, imágenes fijas) dispuestos en el panel Composición y en el panel Línea de tiempo. Los proyectos más simples constan de una sola composición, pero hay también proyectos altamente complejos que están formados por varias composiciones que organizan grandes cantidades de material de archivo o enrevesadas secuencias de efectos.

3. Existen dos formas de previsualizar el trabajo en After Effects: previsualización estándar y previsualización de RAM. La previsualización estándar reproduce la composición desde el indicador de tiempo actual hasta el final. Suele ser más lenta que la reproducción en tiempo real, pero es muy útil en composiciones simples o en las primeras etapas de composiciones más intricadas que, en general, no requieren memoria adicional para mostrar animaciones o efectos complejos. La previsualización de RAM asigna suficiente memoria RAM para reproducir la animación (con audio) a la velocidad de fotograma de la composición más rápida que permita el sistema.

4. El espacio de trabajo de After Effects se puede personalizar arrastrando los paneles y disponiéndolos de la forma que mejor se adapte a nuestro estilo de trabajo. Podemos arrastrarlos a nuevas ubicaciones, desplazarlos dentro y fuera de un grupo, colocarlos unos al lado de otros, y desbloquearlos de manera que floten en ventanas nuevas sobre la ventana de la aplicación. Cada vez que aplicamos un cambio y reorganizamos un panel, los demás se redimensionan automáticamente para adaptarse a la ventana. Los espacios de trabajo personalizados se pueden guardar seleccionando Ventana>Espacio de trabajo>Nuevo espacio de trabajo.

Capítulo 2

Con After Effects, ponerse en marcha sin más es una realidad gracias a todas las animaciones y efectos predeterminados que incorpora y que pone a nuestro alcance para crear vistosas animaciones rápida y fácilmente.

Creación de animaciones básicas mediante efectos y ajustes predeterminados

En este capítulo, vamos a seguir explorando conceptos básicos del flujo de trabajo de After Effects, y aprenderemos nuevos métodos de acometer tareas muy simples y de producir composiciones finales. Crearemos una identidad gráfica para el noticiero de un canal ficticio de TV, Channel 5, y la animaremos para que se sitúe a modo de marca de agua permanente en la esquina inferior derecha de la pantalla durante la transmisión de otros programas. A continuación, exportaremos la identidad para poder emitirla en los medios y en formato Flash para poder colgarla en la Web.

La duración aproximada de este capítulo es de 1 hora.

PUNTO DE PARTIDA

Compruebe que los siguientes archivos se encuentran en la carpeta AE7_CIB>Lessons>Lesson02 de su disco duro. Si no es así, cópielos ahora desde el DVD que incluye este manual.

- En la carpeta `Assets: 5logo.ai, ggbridge.jpg`.
- En la carpeta denominada `Sample_Movie: Lesson02.mov`.

Abra y reproduzca el archivo `Lesson02.mov` para ver el resultado de lo que va a crear en este capítulo. Cuando termine, salga del reproductor de QuickTime. Una vez visto, puede borrarlo, si quiere, para liberar espacio en su disco duro.

PREPARACIÓN DEL PROYECTO

Antes de empezar, restaure las preferencias predeterminadas de After Effects.

1. Pulse **Control-Alt-Mayús** durante el inicio de After Effects para restaurar los ajustes predeterminados del programa. Cuando aparezca la ventana que le pregunta si está seguro de que desea eliminar el archivo de preferencias, haga clic en **Aceptar**.

After Effects se abre y muestra un proyecto vacío y sin nombre.

2. Seleccione Archivo>Guardar como o pulse **Control-Mayús-S**.

3. En el cuadro de diálogo Guardar como, acceda a la carpeta AE7_CIB>Lessons>Lesson02>Finished_Project.

4. Asigne al proyecto el nombre `Lesson02_Finished.aep` y haga clic en **Guardar**.

IMPORTAR MATERIAL DE ARCHIVO CON BRIDGE

Anteriormente, ya hemos visto que se puede importar material de archivo aplicando el comando directo Archivo>Importar>Archivo, pero existe en After Effects otra opción mucho más potente y flexible: Bridge. Bridge es una aplicación multiplataforma que permite organizar, navegar y localizar recursos para crear contenidos destinados a impresión, Web, televisión, DVD, cine y dispositivos móviles. Funciona como si fuera un almacén de archivos nativos de Adobe (como son los formatos PSD y PDF) y de archivos de aplicaciones ajenas cuyo objetivo es simplificar el acceso a los mismos. Permite arrastrar recursos a presentaciones, proyectos y composiciones en cualquier momento; previsualizar recursos, e incluso añadir metadatos (datos de archivos) para hacer más fácil la localización de los archivos.

En este ejercicio, lanzaremos Bridge para importar el archivo de imagen fija que constituye el fondo de nuestra composición.

1. Seleccione Archivo>Examinar o pulse **Control-Alt-Mayús-O**.

NOTA: PARA ABRIR BRIDGE DIRECTAMENTE, SELECCIONE ADOBE BRIDGE DEL MENÚ Inicio.

Bridge se abre y muestra una colección de paneles, menús y botones.

2. Desde la ficha Carpetas que está arriba a la izquierda, acceda a la carpeta AE7_CIB>Lessons>Lesson02>Assets haciendo clic en las flechas (Mac OS) o en los signos de suma (Windows) para abrir las carpetas una por una.

También puede hacer doble clic en los iconos de las carpetas que aparecen a la derecha en el área de contenido de la ventana de Bridge (véase la figura 2.1).

El área de contenido de Bridge se actualiza interactivamente, es decir, al seleccionar la carpeta `Assets` en la ficha Carpetas a la izquierda, automáticamente aparecen a la derecha vistas en miniatura de su contenido. Bridge ofrece previsualizaciones de archivos de imagen en formato PSD, TIFF y JPEG, de gráficos vectoriales de Illustrator, de archivos PDF multipágina, de películas de QuickTime, y de muchos otros formatos.

3. Desplace hacia la derecha el regulador que está en la esquina inferior de la ventana de Bridge para aumentar el tamaño de las previsualizaciones. Si lo prefiere, también puede alternar entre varias vistas haciendo clic en los botones **Vista Tira de diapositivas** y **Vista Detalles**. Para regresar a la previsualización de las miniaturas, haga clic en el botón **Vista Miniaturas** (véase la figura 2.2).

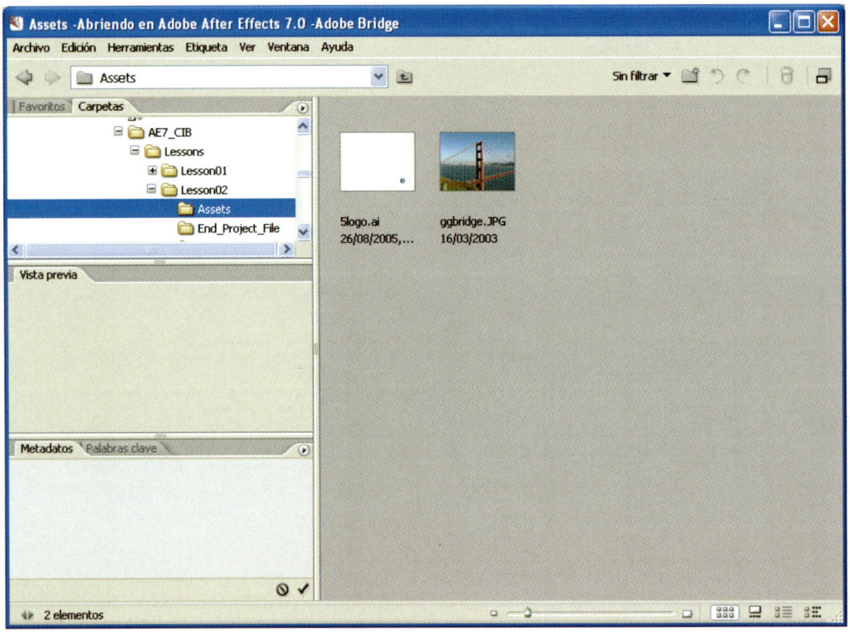

Figura 2.1.

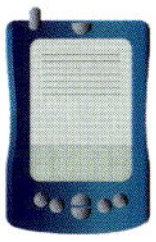

NOTA: SI LO DESEA, PUEDE CONSULTAR LA AYUDA DE AFTER EFFECTS PARA SABER MÁS SOBRE CÓMO PERSONALIZAR EL ESPACIO DE TRABAJO DE BRIDGE Y CÓMO USAR BRIDGE PARA BUSCAR Y GESTIONAR ARCHIVOS.

4. Seleccione el archivo `ggbridge.jpg` en el área de contenido. Observe el lado izquierdo de la ventana de Bridge: aparece una previsualización del archivo en la ficha Vista previa, e información sobre el archivo (como la fecha de creación, la profundidad en bits y el tamaño, etc.) en la ficha Metadatos (véase la figura 2.3).

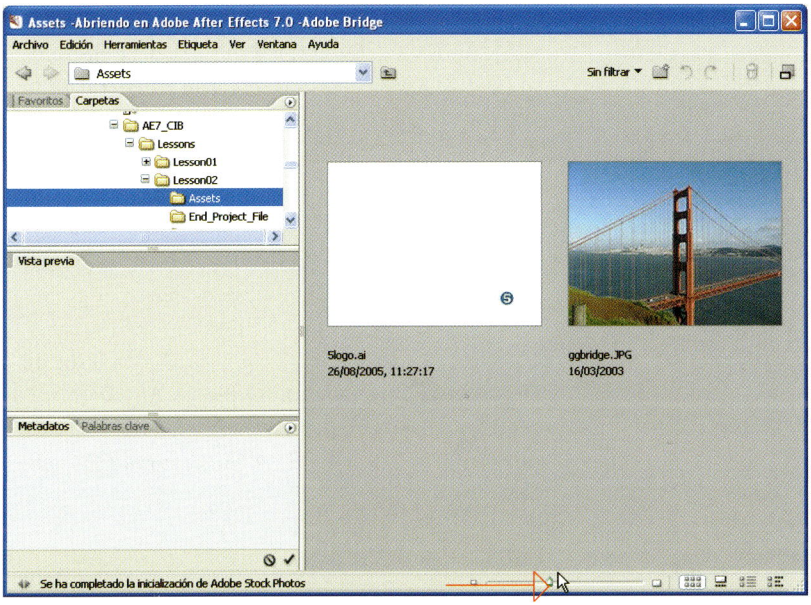

Figura 2.2.

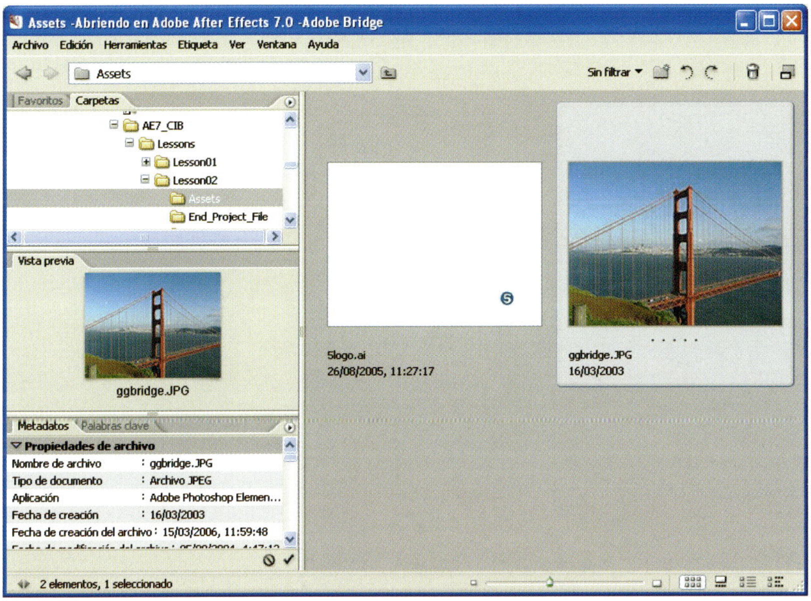

Figura 2.3.

5. Para pasar el archivo `ggbridge.jpg` al proyecto After Effects, puede seguir uno de estos pasos:

- Haga clic con el botón derecho del ratón (Windows) o **Control**-clic (Mac OS) en la vista en miniatura de `ggbridge.jpg` y seleccione la opción Place in After Effects del menú contextual (véase la figura 2.4).

Figura 2.4.

- Arrastre la vista en miniatura al panel Proyecto de After Effects (véase la figura 2.5).

Bridge nos lleva a After Effects tan pronto como soltamos el archivo. Por el momento, mantenga Bridge operativo en segundo plano.

CREACIÓN DE LA COMPOSICIÓN

Si recuerda el flujo de trabajo que ha aprendido anteriormente, el siguiente paso para elaborar el gráfico de identidad del noticiero televisivo es crear una composición nueva. Hasta ahora, lo que hemos hecho ha sido crear composiciones basadas en elementos de material de archivo que seleccionábamos en el panel Proyecto. Pero también se puede crear primero la composición vacía y agregarle elementos de material de archivo después.

1. Cree una composición nueva siguiendo uno de los tres pasos siguientes:

- Haga clic en el botón Crear una nueva composición que está abajo del todo en el panel Proyecto.

- Seleccione Composición>Nueva composición.

- Pulse **Control-N** (Windows) o **Comando-N** (Mac OS).

2. En el cuadro de diálogo Ajustes de composición:

- Asigne a la composición el nombre **Channel_5_News**.

- Seleccione NTSC D1 del menú emergente Ajuste preestablecido. Se trata de la resolución de definición estándar de televisión en Estados Unidos y algunos países más. Al elegir este ajuste, se fijan automáticamente características de ancho, altura, índice de aspecto de los píxeles y velocidad de fotograma de las composiciones que cumplen la norma NTSC.

- En el campo Duración, escriba 300 para especificar 3 segundos.

- Haga clic en **Aceptar** (véase la figura 2.6).

After Effects presenta una composición vacía llamada Channel_5_News en el panel Composición y en el panel Línea de tiempo, a la que ahora vamos a añadir un fondo.

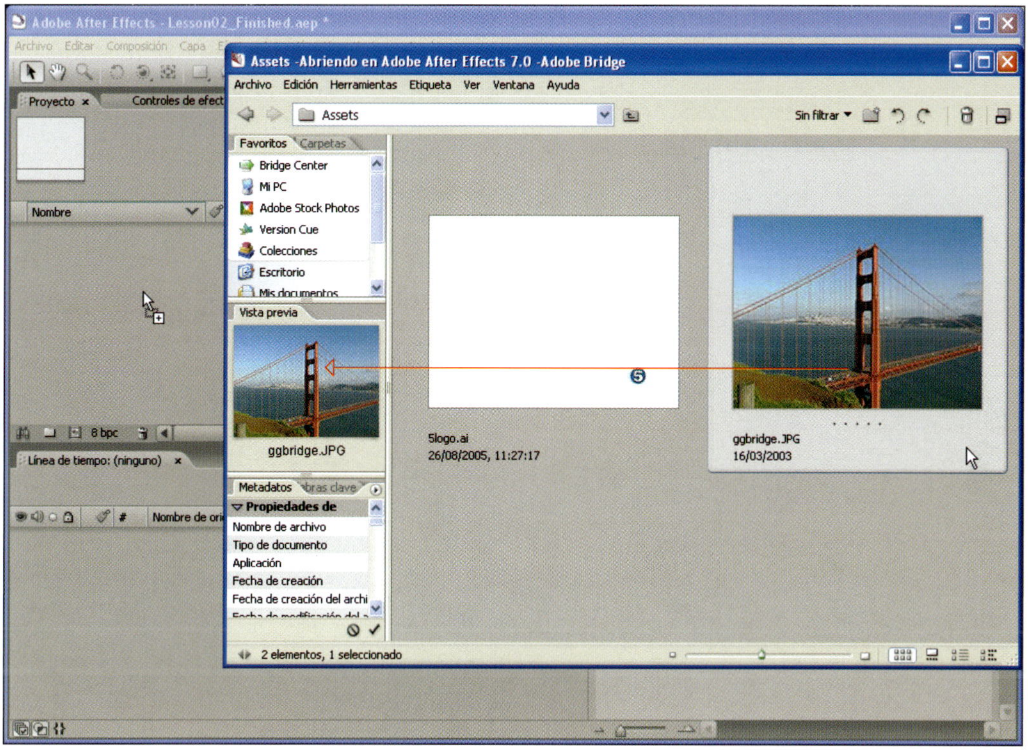

Figura 2.5.

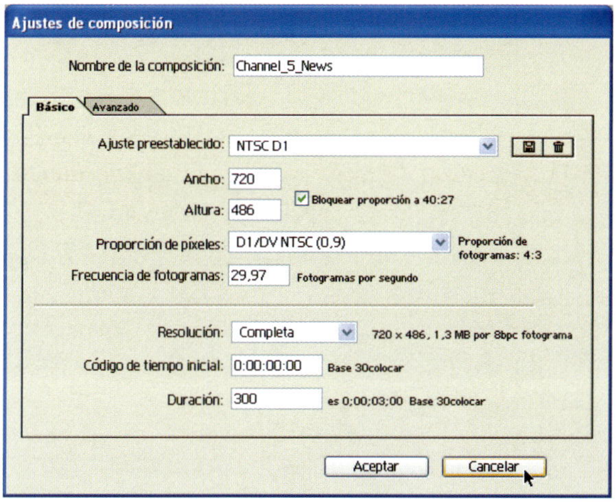

Figura 2.6.

3. Arrastre el archivo `ggbridge.jpg` desde el panel Proyecto al panel Línea de tiempo para agregarlo a la composición Channel_5_News (véase la figura 2.7).

4. Compruebe que tiene seleccionada la capa ggbridge.jpg en el panel Línea de tiempo y seleccione Capa>Transformar>Ajustar a comp. para adaptar el fondo a las dimensiones de la composición.

TRUCO: EL MÉTODO ABREVIADO DE TECLADO PARA AJUSTAR LA CAPA AL TAMAÑO DE UNA COMPOSICIÓN E3 **CONTROL-ALT-F**.

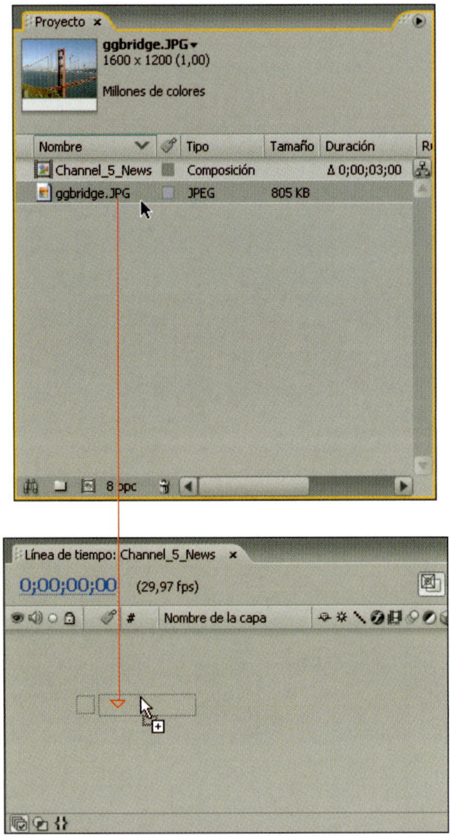

Figura 2.7.

Importar el fondo

Con el fondo ya en su sitio, el siguiente paso es añadir el objeto de fondo, que consiste en una capa formada por un gráfico vectorial creado en Illustrator.

1. Pulse **Control-Alt-Mayús-O** para saltar a Bridge.

2. Seleccione el archivo `5logo.ai` que está en la carpeta AE7_CIB>Lessons>Lesson02>Assets y arrástrelo al panel Proyecto.

3. En el cuadro de diálogo 5logo.ai, seleccione Importar tipo>Composición y Dim. material de archivo>Tamaño de la capa para importar las capas del archivo de Illustrator respetando sus dimensiones originales a fin de que resulten más fáciles de manipular y de acelerar su procesamiento.

4. Haga clic en **Aceptar** (véase la figura 2.8).

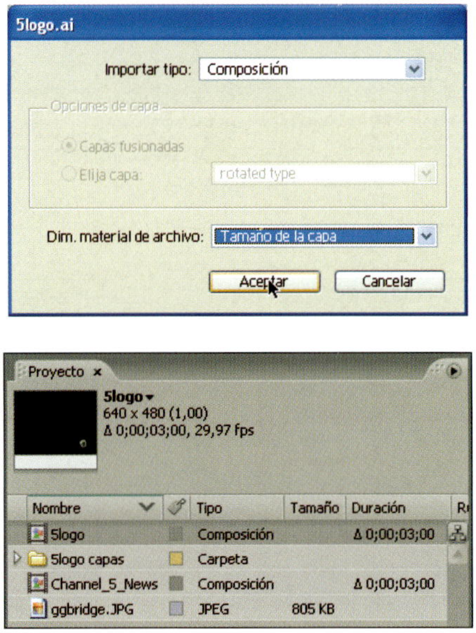

Figura 2.8.

En este momento, aparece el archivo de Illustrator en el panel Proyecto como una composición bajo el nombre de **5logo**, junto con una carpeta llamada `5logo capas`, que contiene las tres capas del archivo de Illustrator. Si quiere, puede hacer clic en el triangulito para abrirla y ver lo que contiene.

5. Arrastre la composición 5logo desde el panel Proyecto al panel Línea de tiempo y colóquela encima de la capa ggbridge.jpg (véase la figura 2.9).

Figura 2.9.

Ahora, deberían aparecer los dos, la imagen de fondo y el logotipo, en el panel Composición y en el panel Línea de tiempo.

NOTA: AHORA, SI LO DESEA, PUEDE CERRAR BRIDGE YA QUE EN ESTE CAPÍTULO NO LO VOLVEREMOS A UTILIZAR.

TRABAJAR CON CAPAS IMPORTADAS DE ILLUSTRATOR

El logotipo de Channel 5 está creado en Illustrator, y nuestro trabajo aquí en After Effects es agregarle texto y animarlo para que aparezca en el noticiero de la cadena de televisión. Para trabajar con capas de Illustrator independientemente del material de archivo de fondo, hay que abrir la composición 5logo sola en los paneles Línea de tiempo y Composición.

1. Haga doble clic en 5logo en el panel Proyecto para abrirlo de forma independiente en los paneles Línea de tiempo y Composición (véase la figura 2.10).

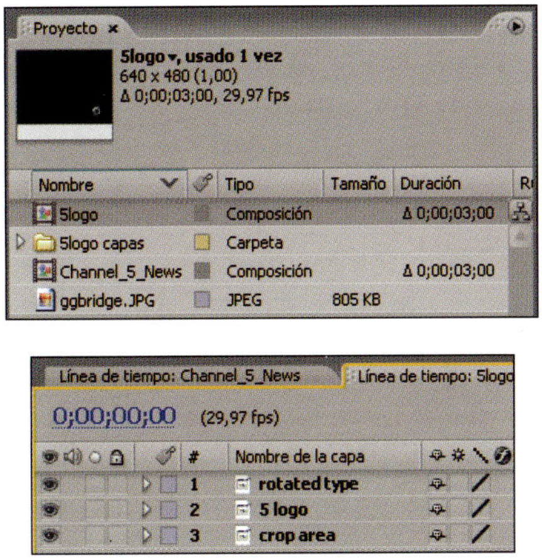

Figura 2.10.

2. Seleccione la **Herramienta Tipo horizontal** en el panel Herramientas y haga clic en el panel Composición a la izquierda del logotipo Channel 5.

3. Escriba **NEWS** con todas las letras en mayúscula y seleccione, posteriormente, la palabra entera (véase la figura 2.11).

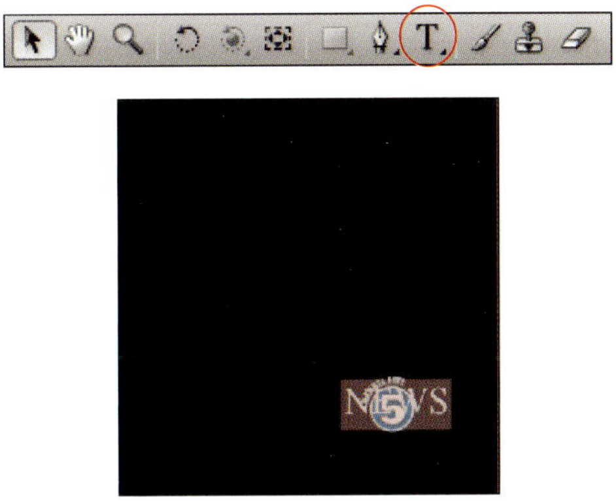

Figura 2.11.

4. Seleccione Ventana>Carácter para mostrar el panel Carácter.

5. En el panel Carácter, compruebe que esté usando una fuente sans serif como Myriad Pro

y que el tamaño de la fuente sea **30** píxeles. Deje el resto de opciones tal y como aparezcan por defecto.

6. Seleccione Ventana>Párrafo para mostrar el panel Párrafo.

7. Haga clic en el botón **Alinear texto a la derecha** y deje el resto de opciones en los ajustes que aparezcan por defecto (véase la figura 2.12).

Figura 2.12.

NOTA: APRENDERÁ MÁS COSAS SOBRE LAS DISTINTAS OPCIONES DE AJUSTE DE TEXTO MÁS ADELANTE EN ESTE LIBRO.

8. Seleccione la **Herramienta de selección** y arrástrela para posicionar el texto en el panel Composición tal y como aparece en la figura 2.13. Observe que al hacer clic en la **Herramienta de selección**, el nombre genérico de la capa Texto 1 en el panel Línea de tiempo cambia al del texto que acabamos de escribir, **NEWS** (véase la figura 2.13).

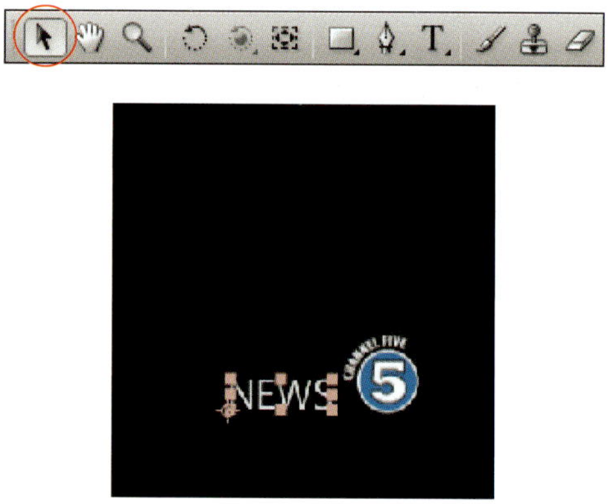

Figura 2.13.

TRUCO: SI QUIERE, PUEDE SELECCIONAR Vista>Mostrar cuadrícula PARA VER LA CUADRÍCULA NO IMPRIMIBLE Y COLOCAR MEJOR EL TEXTO. CUANDO TERMINE, SELECCIONE Vista>Ocultar cuadrícula PARA HACERLA DESAPARECER.

APLICACIÓN DE EFECTOS A LA CAPA

Ha llegado el momento de volver a la composición principal, Channel_5_News, y aplicar un efecto a la capa 5logo, teniendo en cuenta que al aplicarlo en esta capa lo aplicamos automáticamente también a todas las capas anidadas en la composición 5logo.

Aplicar y controlar efectos

LOS EFECTOS SE PUEDEN APLICAR Y ELIMINAR EN CUALQUIER MOMENTO, E INCLUSO DESACTIVAR TEMPORALMENTE PARA QUE PODAMOS CONCENTRAR NUESTRA ATENCIÓN EN OTROS ASPECTOS DE LA COMPOSICIÓN. LOS EFECTOS QUE SE DESACTIVAN NO APARECEN EN EL PANEL COMPOSICIÓN Y NO SE SUELEN VER CUANDO PREVISUALIZAMOS O PROCESAMOS LA CAPA.

POR DEFECTO, SIEMPRE QUE APLICAMOS UN EFECTO A UNA CAPA, ÉSTE PERMANECE ACTIVO TODO EL TIEMPO DE DURACIÓN DE LA CAPA, SI BIEN ES POSIBLE INICIARLO Y DETENERLO EN LOS MOMENTOS QUE NOSOTROS ESPECIFIQUEMOS, O HACER QUE SEAN MÁS O MENOS INTENSOS EN EL TIEMPO, GRACIAS AL USO DE LOS FOTOGRAMAS CLAVE O LAS EXPRESIONES, DE LOS QUE HABLAREMOS CON MAYOR DETENIMIENTO MÁS ADELANTE.

LOS EFECTOS SE PUEDEN APLICAR Y EDITAR EN LAS CAPAS DE AJUSTE IGUAL QUE EN EL RESTO DE LAS CAPAS, SI BIEN EN LAS PRIMERAS EL EFECTO SE APLICA AUTOMÁTICAMENTE A TODAS LAS CAPAS QUE ESTÁN DEBAJO DE ELLAS EN EL PANEL LÍNEA DE TIEMPO.

LOS EFECTOS TAMBIÉN SE PUEDEN GUARDAR, EXPLORAR Y APLICAR COMO ANIMACIONES PREESTABLECIDAS.

1. Haga clic en el panel Línea de tiempo: Channel_5_News y seleccione la capa 5logo. El efecto que vamos a crear ahora se aplicará solo a los elementos del logotipo y no a la foto de fondo del Puente Golden Gate (véase la figura 2.14).

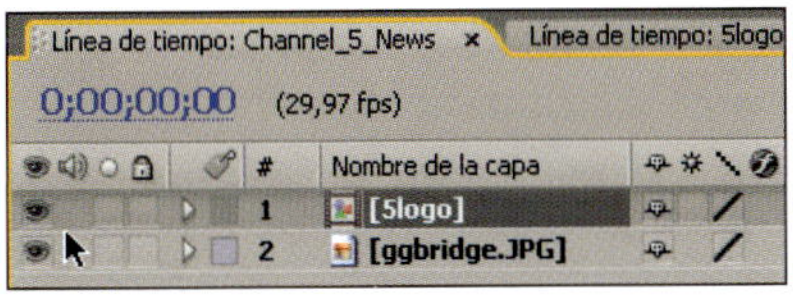

Figura 2.14.

2. Seleccione Efecto>Perspectiva>Sombra paralela. Verá que aparece en el panel Composición una sombra suave detrás de las capas anidadas en 5logo, la del gráfico del logotipo, la de la fuente rotada y la de la palabra "NEWS" (véase la figura 2.15).

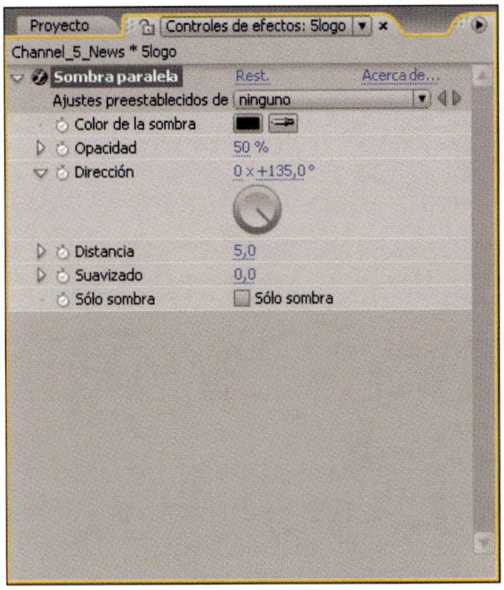

Figura 2.15.

Personalice, si lo desea, el efecto desde el panel Controles de efectos, que aparece encima del panel Proyecto cada vez que se aplica un efecto.

3. En el panel Controles de efectos, reduzca la Distancia a **3,0** y aumente el Suavizado a **4,0**. Recuerde que puede ajustar estos valores haciendo clic en los campos correspondientes y escribiéndolos directamente, o arrastrando el valor azul subrayado (véase la figura 2.16).

Queda bastante bien, pero la verdad es que el logotipo resaltaría mucho más si aplicáramos un efecto de relieve. Además del menú Efecto, también se pueden localizar efectos en el panel Efectos y ajustes preestablecidos.

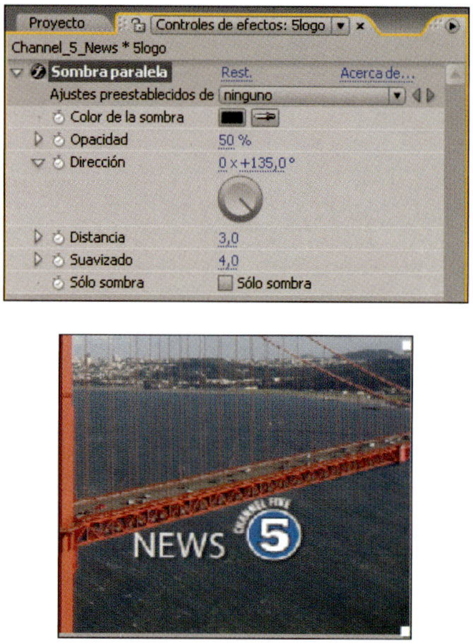

Figura 2.16.

4. Compruebe que tiene seleccionada la capa 5logo en el panel Línea de tiempo: Channel_ 5_News y abra la categoría Estilizar del panel Efectos y ajustes preestablecidos.

5. Arrastre el efecto Relieve de color al panel Composición. El resultado enfoca los bordes de los objetos de la capa sin suprimir los colores originales. El panel Controles de efectos muestra ahora el efecto Relieve de color debajo del efecto Sombra paralela (véase la figura 2.17).

6. Seleccione Archivo>Guardar para guardar los cambios.

APLICACIÓN DE UNA ANIMACIÓN PREESTABLECIDA

Una vez que tenemos posicionado el nuevo logotipo y que le hemos aplicado algunos efectos, ya estamos preparados para hacer animaciones. Más adelante aprenderemos las distintas formas de animar texto que existen, pero por ahora nos limitaremos a usar sencillas animaciones preestablecidas que harán aparecer la palabra "NEWS" dentro de la pantalla y la colocarán junto al logotipo del Channel 5. Para empezar, hay que trabajar de nuevo con la composición 5logo para poder aplicar la animación sólo a la capa de texto NEWS.

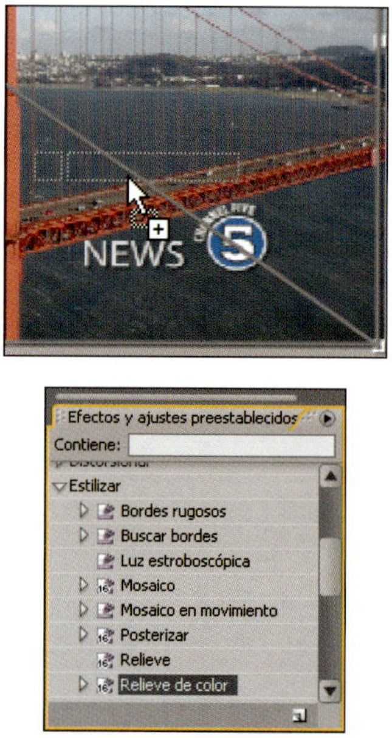

Figura 2.17.

1. Haga clic en el panel Línea de tiempo: 5logo y seleccione la capa NEWS.

2. Avance hasta el momento 1:10, que es el momento en que queremos que el texto empiece a asomar.

3. En el panel Efectos y ajustes preestablecidos, acceda a Ajustes preestablecidos de animación>Texto>Desenfoques y arrastre la animación Tren viñeta a la capa NEWS en el panel Línea de tiempo o en el panel Composición. En este momento, el texto desaparece del panel Composición, pero no se preocupe: esto es así porque estamos mirando el primer fotograma, que da la casualidad de que está vacío (véase la figura 2.18).

Figura 2.18.

4. Arrastre el indicador de tiempo actual hasta el momento 2:10 para previsualizar manualmente la animación del texto. Las letras aparecen una por una hasta formar la palabra completa a los 2:10 minutos.

Precomposición de capas para una animación nueva

La identidad del noticiero está saliendo bastante bien y seguramente estará usted deseando previsualizar la animación completa. Pero antes, vamos a añadir un efecto más (del tipo disolver) a todos los elementos del logotipo menos la palabra "NEWS". Para ello, primero es necesario precomponer las otras tres capas de la composición 5logo: rotated type, 5 logo y crop area.

Precomponer es una técnica de anidación de capas dentro de una composición que consiste en mover capas a una composición nueva. Ésta pasa a ocupar el lugar de las capas seleccionadas, algo que no ocurre en el método normal de anidación. Según esto, es la forma más rápida de crear niveles intermedios de anidación en una jerarquía existente, a fin de poder cambiar el orden de procesamiento de los componentes de las capas.

1. Haga **Mayús**-clic para seleccionar las capas rotated type, 5 logo y crop area en el panel Línea de tiempo: 5logo (véase la figura 2.19).

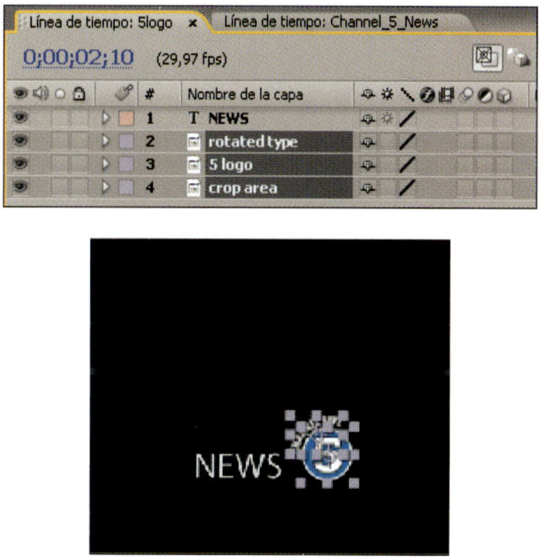

Figura 2.19.

2. Seleccione Capa>Precomponer o pulse **Control-Mayús-C**.

3. En el cuadro de diálogo Precomponer, asigne a la nueva composición el nombre **disolver_logo** y compruebe que está seleccionada la opción Transfiera todos los atributos a la nueva composición. Haga clic en **Aceptar** (véase la figura 2.20).

Las tres capas aparecen en una sola en el panel Línea de tiempo: 5logo, la capa precompuesta disolver_logo, a la que ya podemos aplicar el efecto disolver sin afectar a la capa de texto NEWS ni a su animación Tren viñeta.

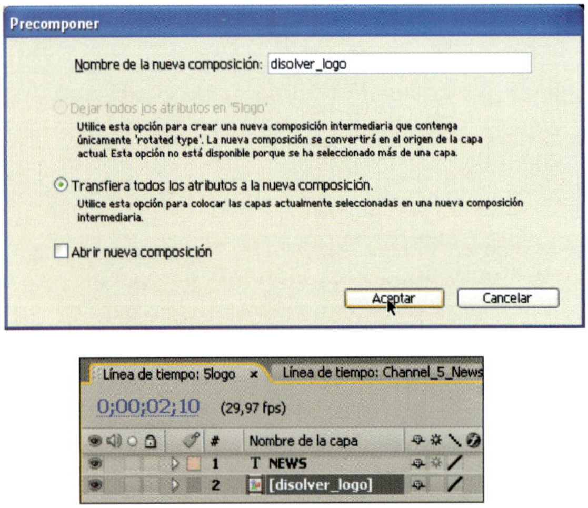

Figura 2.20.

4. Compruebe que tiene seleccionada la capa disolver_logo en el panel Línea de tiempo y pulse la tecla **Inicio** para pasar al momento 0:00.

5. En el panel Efectos y ajustes preestablecidos, abra la categoría Ajustes preestablecidos de animación>Transiciones - Disoluciones y arrastre la animación Disolver - vapor a la capa disolver_logo en el panel Línea de tiempo o en el panel Composición (véase la figura 2.21).

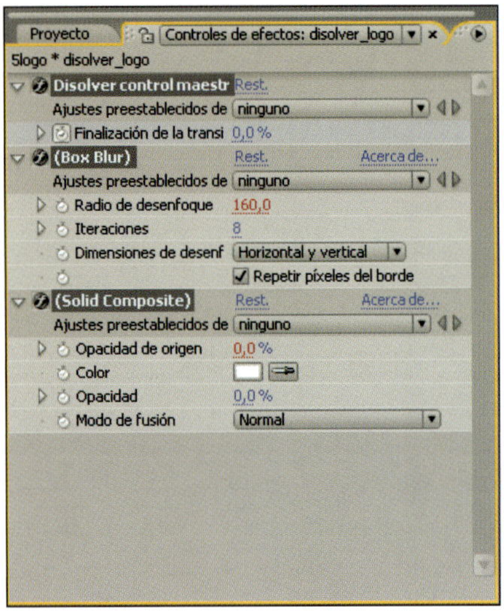

Figura 2.21.

La animación preestablecida Disolver - vapor consta de tres componentes: una disolución maestra, un desenfoque (*box blur*) y una composición sólida (*solid composite*), que aparecen en el panel Controles de efectos. Los ajustes predeterminados son adecuados para este proyecto.

6. Seleccione Archivo>Guardar.

PREVISUALIZACIÓN DE LOS EFECTOS

Y ha llegado el momento, por fin, de previsualizar todos los efectos juntos.

1. Haga clic en el panel Línea de tiempo: Channel_5_News y pulse la tecla **Inicio** para estar seguro de que parte del principio de la regla de tiempo.

2. Compruebe si el icono Vídeo está activo en ambas capas del panel Línea de tiempo: Channel_5_News.

3. Para ver la previsualización, haga clic en el botón **Reproducir/pausa** que está en el panel Controles de tiempo o pulse la **barra espaciadora**. Vuelva a pulsar la **barra espaciadora** para pararla en cualquier momento.

APLICAR TRANSPARENCIAS

Nuestro proyecto presenta un aspecto genial con los efectos y la animación que le hemos agregado, pero aún queda una cosa más por hacer: agregar un poco de transparencia para que el logotipo flote sutilmente en la esquina inferior derecha de la pantalla de televisión, como hacen muchos canales televisivos para resaltar el nombre comercial. Se trata de un efecto rápido y directo gracias a la posibilidad de controlar la opacidad que nos brinda After Effects.

1. En el panel Línea de tiempo: Channel_5_News, avance al momento 2:24.

2. Seleccione la capa 5logo y pulse **T** para mostrar sus propiedades de opacidad. El valor por defecto es 100 por 100, opacidad total. Haga clic en el icono **Cronómetro de variación de tiempo** para insertar un fotograma de opacidad en este punto.

3. Pulse la tecla **Fin** para avanzar al final de la regla de tiempo (2:29) y cambie la opacidad a **40 por 100** para que After Effects agregue un fotograma clave (véase la figura 2.22).

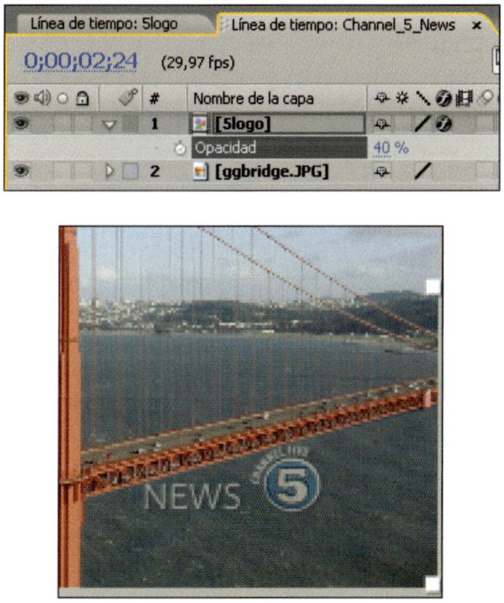

Figura 2.22.

Ahora, el logotipo aparece en pantalla, la palabra "NEWS" vuela letra por letra a colocarse junto a él, y todo se difumina al 40 por 100 de opacidad.

4. Previsualice su composición haciendo clic en el botón **Reproducir/pausa** del panel Controles de tiempo, pulsando la **barra espaciadora** o pulsando **0** en el teclado numérico. Vuelva a pulsar la **barra espaciadora** para detener la previsualización cuando haya terminado.

5. Seleccione Archivo>Guardar para guardar los cambios.

PRODUCIR LA COMPOSICIÓN

Finalmente, vamos a preparar la identidad del noticiero del Channel 5 para emitirla en los medios. Cuando se crea una salida, las capas de una composición y las máscaras de cada capa, así como sus efectos y propiedades, se procesan fotograma a fotograma en uno o más archivos de salida o, en el caso de una secuencia, en una serie de archivos consecutivos.

Hacer una película de una composición final puede llevar de unos pocos minutos a muchas horas, dependiendo del tamaño de los fotogramas, de la calidad, de la complejidad y del método de compresión. Al colocar la composición en la cola de procesamiento, se convierte en un elemento de procesamiento que emplea los ajustes de procesamiento que le han sido asignados. Mientras After Effects procesa el elemento, no es posible hacer nada más con el programa.

After Effects ofrece una amplia variedad de formatos y tipos de compresión para procesar la salida; el formato que elijamos dependerá del medio en que se vaya a emitir el resultado final o de los requisitos de hardware que tengamos, como por ejemplo, un sistema de edición de vídeo. En este ejercicio, prepararemos nuestra animación en dos formatos para que pueda emitirse en los medios y también publicarse en la World Wide Web.

NOTA: SI DESEA MÁS INFORMACIÓN SOBRE LOS FORMATOS DE SALIDA Y EL PROCESAMIENTO, CONSULTE EL CAPÍTULO CORRESPONDIENTE DE ESTE LIBRO.

Procesamiento de salidas con calidad de emisión

Empezaremos procesando nuestra composición para que pueda ser difundida por televisión.

1. Siga uno de los siguientes pasos para agregar la composición a la cola de procesamiento:

- Haga clic en la composición Channel_ 5_News en el panel Proyecto y seleccione Composición>Agregar a la cola de procesamiento para abrir automáticamente el panel Cola de procesamiento.
- Seleccione Ventana>Cola de procesamiento para abrir el panel Cola de procesamiento y arrastre la composición Channel_ 5_News desde el panel Proyecto al panel Cola de procesamiento.

2. Seleccione Maximizar cuadro en el menú emergente que está en la esquina superior izquierda del panel Cola de procesamiento para que el panel ocupe toda la ventana de la aplicación (véase la figura 2.23).

3. Haga clic en el triangulito que expande las opciones de Configuración de procesamiento. Por defecto, After Effects procesa composiciones en calidad óptima y resolución completa. Manténgalas así para este proyecto.

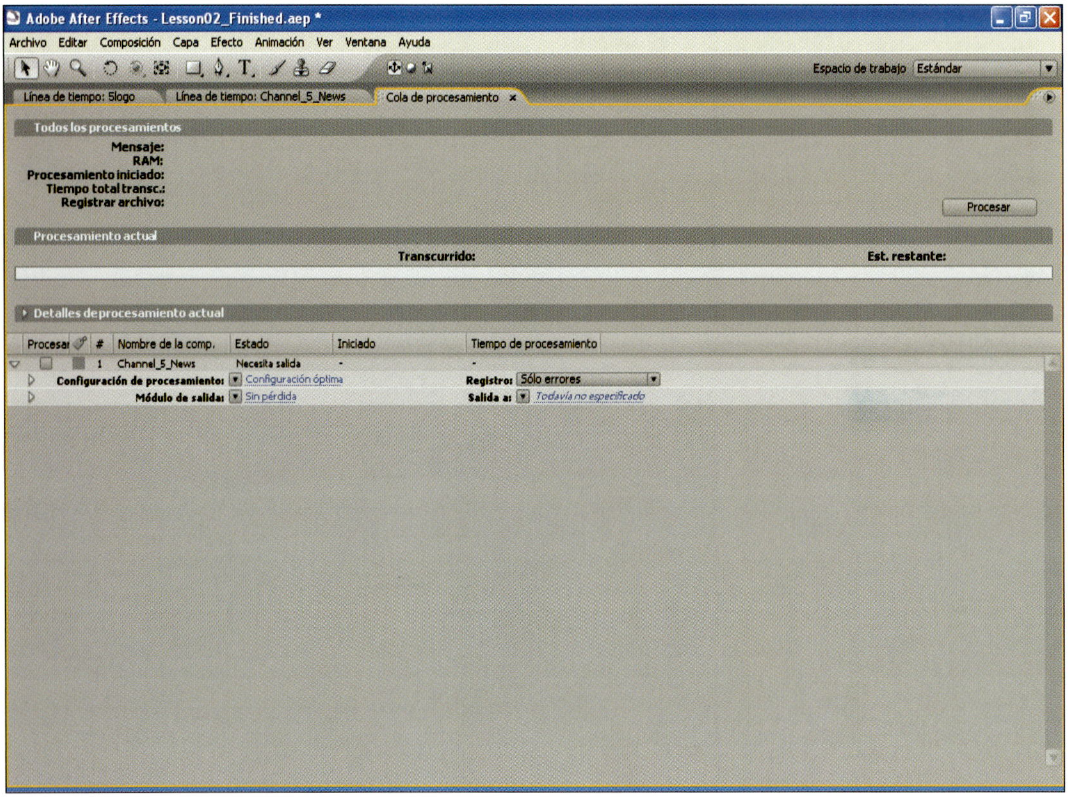

Figura 2.23.

4. Haga clic en el triangulito que expande las opciones de Módulo de salida. Por defecto, After Effects procesa las películas sin pérdida, ajuste que resulta adecuado para nuestro proyecto. Lo que sí es necesario es especificar el lugar donde queremos guardar el archivo.

5. Haga clic en las palabras azules subrayadas Todavía no especificado.

6. En el cuadro de diálogo Salida de la película, acepte el nombre que aparece por defecto (**Channel_5_News**), seleccione la carpeta de destino AE7_CIB>Lessons>Lesson02> Finished_Project y haga clic en **Guardar** (véase la figura 2.24).

7. En el panel Cola de procesamiento, haga clic en el botón **Procesar**. En este momento, After Effects muestra una barra de progreso azul (véase la figura 2.25).

Una vez completado el procesamiento, After Effects emite una señal acústica.

8. Terminado el procesamiento, seleccione Restaurar tamaño del cuadro del menú emergente del panel Cola de procesamiento para restaurar el espacio de trabajo.

Exportar composiciones para Web

El Director de Producción de Channel 5 quiere usar esta nueva identidad también en el sitio Web de la cadena televisiva. Para ello, es necesario exportar la composición en formato Macromedia Flash (SWF). El formato SWF es un formato binario compacto de gráficos vectoriales y animaciones muy común en Internet que puede contener objetos de audio y vectores. Para que los navegadores Web puedan reproducir archivos SWF deben tener el plug-in de Flash Player.

Pero antes de exportar a Flash, debemos ajustar un poco la composición.

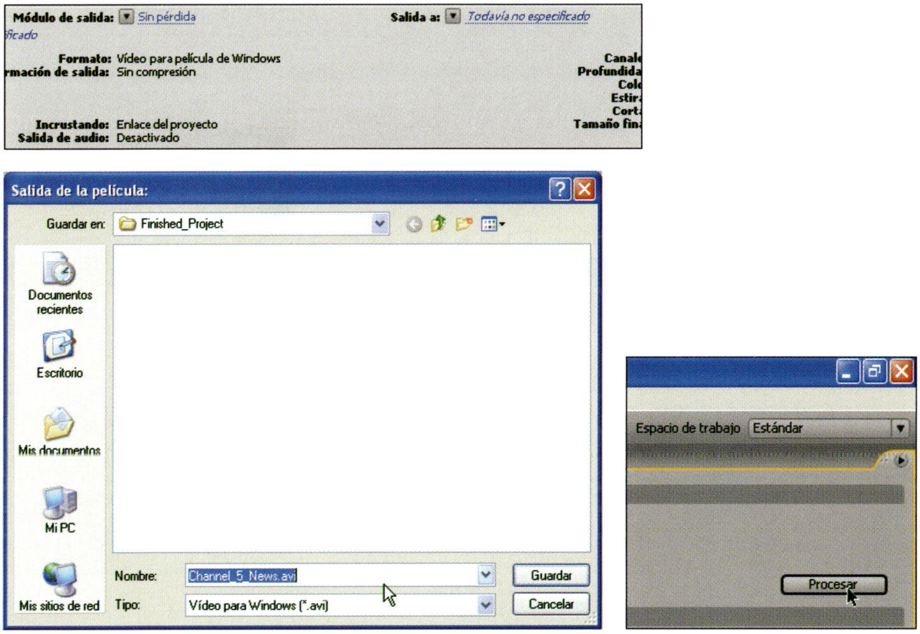

Figura 2.24.

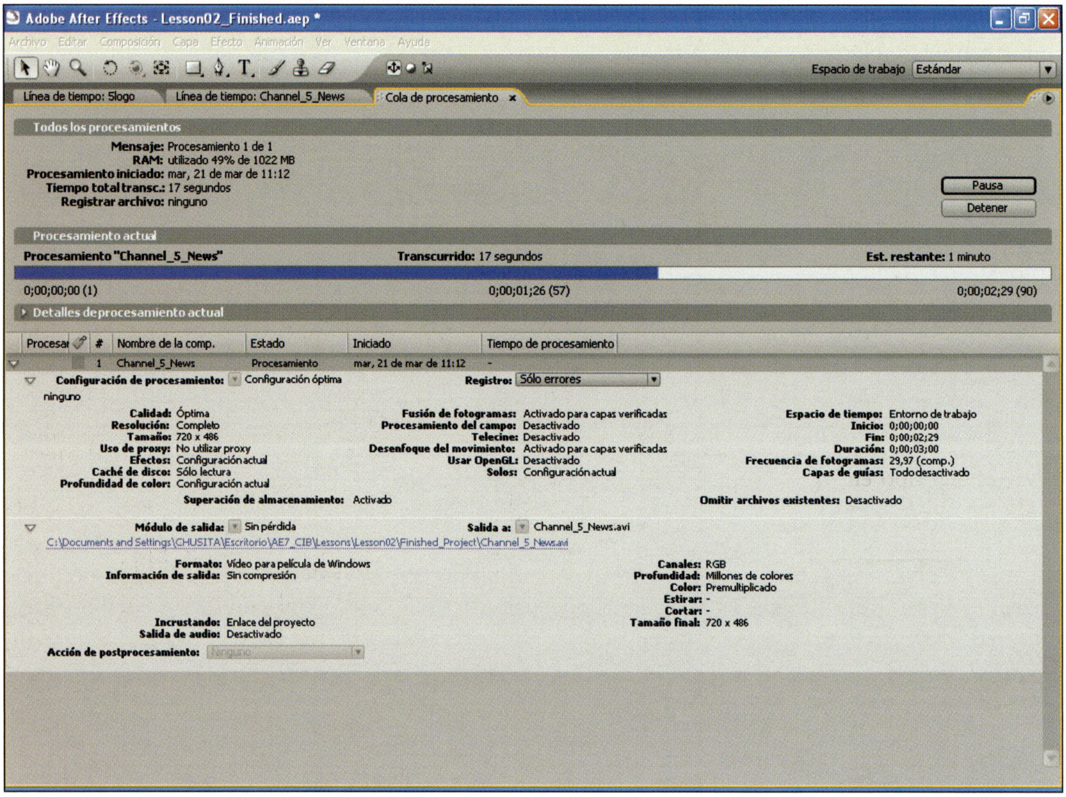

Figura 2.25.

1. Haga clic en la composición Channel_5_ News en el panel Proyecto y seleccione Composición>Ajustes de la composición.

2. En la ficha Básico del cuadro de diálogo Ajustes de composición, seleccione Ajuste preestablecido>Vídeo Web, 320 x 240 y haga clic en **Aceptar** (véase la figura 2.26).

After Effects aplica la nueva resolución adecuada para Web, 320 x 240 píxeles, y como resultado, tanto el fondo como la capa 5logo adquieren un tamaño dos veces el de la composición, la cual aparece más pequeña de lo que era al principio, presenta un índice de aspecto distinto y una velocidad de fotograma también diferente (15 fps). Lo que hay que hacer ahora es reposicionar y redimensionar las capas al nuevo medio de salida, y centrar el logotipo en la composición.

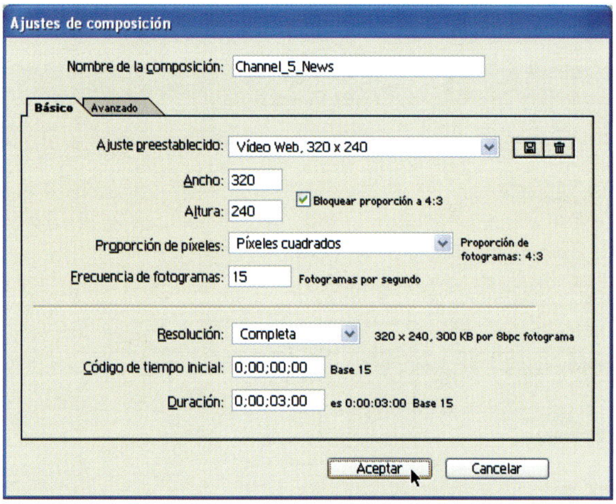

Figura 2.26.

3. Seleccione la capa ggbridge en el panel Línea de tiempo: Channel_5_News y pulse **Control-Alt-F** para ajustarla al tamaño de la composición.

4. Avance al momento 2:12, que es cuando el logotipo empieza a adquirir la nueva velocidad de fotograma.

5. Seleccione la capa 5logo en el panel Línea de tiempo y pulse **P** para revelar sus propiedades de posición.

6. Cambie los valores de posición a **-4,4** y **-26,1** para centrar el logotipo en la composición (véase la figura 2.27).

Figura 2.27.

Ahora, ya estamos preparados para exportar la composición a formato Flash.

7. Teniendo seleccionada la composición Channel_5_News en el panel Proyecto, seleccione Archivo>Exportar>Macromedia Flash (SWF) (véase la figura 2.28)

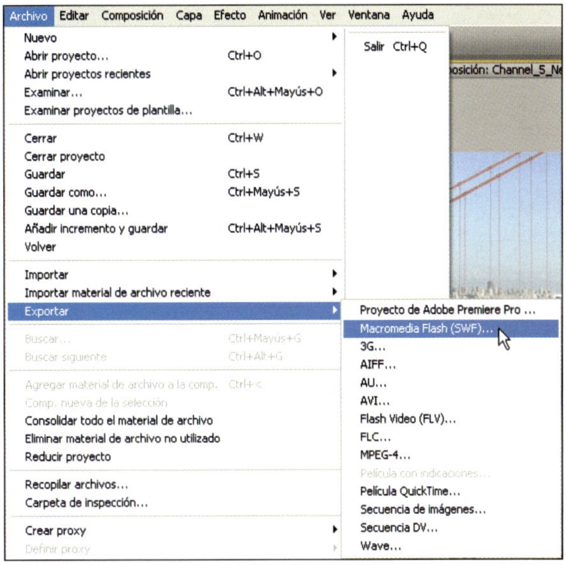

Figura 2.28.

NOTA: AFTER EFFECTS TAMBIÉN OFRECE EL COMANDO Archivo>Exportar>Flash Video (FLV), QUE PERMITE CREAR CONTENIDOS DE VÍDEO QUE PUEDEN PUBLICARSE EN INTERNET Y VISUALIZARSE CON FLASH PLAYER EN UNA AMPLIA GAMA DE SISTEMAS OPERATIVOS.

8. En el cuadro de diálogo Guardar archivo como, acepte el nombre que aparece por defecto (**Channel_5_News.swf**), seleccione la carpeta de destino AE7_CIB>Lessons>Lesson02>Finished_Project y haga clic en **Guardar**.

9. En el cuadro de diálogo Configuración SWF, ajuste la Calidad JPEG a Media a fin de reducir ligeramente el tamaño del archivo sin perjuicio de la calidad. Deje el resto de opciones tal y como están y haga clic en **Aceptar** (véase la figura 2.29).

After Effects muestra ahora una barra de progreso que indica que está exportando el archivo a formato Flash.

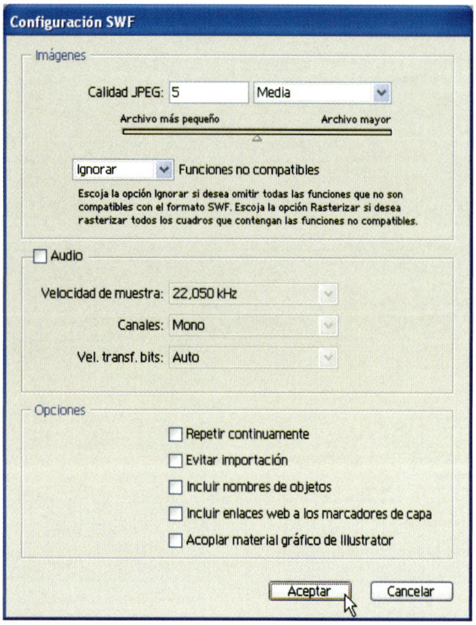

Figura 2.29.

NOTA: AFTER EFFECTS EXPORTA LAS CAPAS DE TEXTO A SWF COMO GRÁFICOS VECTORIALES, PERO NO TODAS LAS FUNCIONES SON COMPATIBLES PARA EXPORTACIÓN DE SWF, COMO POR EJEMPLO LAS CAPAS 3D, LAS CÁMARAS 3D Y LAS LUCES 3D. ADEMÁS, LAS CAPAS ANIDADAS SUFREN RASTERIZACIÓN EN EL PROCESO. SI DESEA SABER MÁS SOBRE LA EXPORTACIÓN A SWF, CONSULTE LA AYUDA DE AFTER EFFECTS.

After Effects exporta la composición a SWF y guarda, además, un informe en HTML en la misma carpeta que el archivo SWF.

10. En el Explorador de Windows/Finder, acceda a la carpeta AE7_CIB>Lessons>Lesson02>Finished_Project.

11. Haga doble clic en el archivo HTML para abrirlo en el navegador que tenga configurado como predeterminado, y previsualice el archivo de Flash haciendo clic en el vínculo que aparece en la página. Esta animación Flash podría usarse, por ejemplo, como parte de la pantalla de inicio del sitio Web de una cadena de TV, o como parte de un anuncio. ¡Enhorabuena! Acaba de crear un gráfico de identidad y una marca de agua para un noticiero televisivo. Más adelante volverá a usarlos cuando estudie cómo se utilizan las máscaras y se efectúan incrustaciones.

REPASO

Preguntas

1. ¿Cómo se emplea Bridge para previsualizar e importar archivos?

2. ¿En qué consiste la precomposición?

3. ¿Cómo se personalizan los efectos?

4. ¿Cómo se modifica la transparencia de una capa en una composición?

Respuestas

1. Se selecciona Archivo>Explorar o se aplica el método abreviado de teclados **Control-Alt-Mayús-O** para lanzar Bridge, que es la aplicación que permite buscar y previsualizar los recursos de imagen. Una vez localizado el recurso que queremos usar en nuestro proyecto de After Effects, se arrastra al panel Proyecto o se hace clic con el botón derecho del ratón (Windows) o **Control**-clic (Mac OS) y se selecciona Lugar en el menú contextual.

2. Precomponer es una técnica de anidación de capas dentro de una composición que consiste en mover capas a una composición nueva. Ésta pasa a ocupar el lugar de las capas seleccionadas, algo que no ocurre en el método normal de anidación. Según esto, es la forma más rápida de crear niveles intermedios de anidación en una jerarquía existente, a fin de poder cambiar el orden de procesamiento de los componentes de las capas.

3. Una vez aplicado un efecto a una capa en una composición, cabe la posibilidad de personalizar sus propiedades en el panel Controles de efectos. Este panel se abre automáticamente cuando se aplica un efecto, pero también se puede abrir manualmente seleccionando la capa que tiene el efecto y seleccionando Ventana>Controles de efectos.

4. Es posible modificar la transparencia de una capa reduciendo su opacidad. Para ello, solo hay que seleccionar la capa en el panel Línea de tiempo, pulsar **T** para mostrar las propiedades de opacidad e introducir un valor inferior a 100 por 100.

Capítulo 3

Los textos no tienen por qué estar quietos mientras la audiencia los lee. En este capítulo, aprenderemos diversas formas de animar texto en After Effects y usaremos métodos únicos que nos permitirán ahorrar mucho tiempo y esfuerzo.

Animación de texto

Son muchas y muy variadas las formas que ofrece After Effects para animar texto. Por un lado, es posible animar capas de texto creando manualmente fotogramas clave en el panel Línea de tiempo, aplicando animaciones preestablecidas o usando expresiones, pero también se pueden animar caracteres individuales o determinadas palabras dentro de una capa de texto. En este capítulo exploraremos varias técnicas de animación, incluidas algunas que son exclusivas de los textos, mientras diseñamos el título y los créditos de inicio de un documental animado llamado *The Pond* (El estanque).

La duración aproximada de este capítulo es de 1 hora y media a 2 horas.

PUNTO DE PARTIDA

Compruebe que los siguientes archivos se encuentran en la carpeta AE7_CIB>Lessons>Lesson03 de su disco duro. Si no es así, cópielos ahora desde el DVD que incluye este manual:

- En la carpeta `Assets`: `credits.psd`, `dragonfly.ai`, `Lilypad.mov` y `pond-background.mov`.
- En la carpeta denominada `Sample_Movie`: `Lesson03.mov`.

Abra y reproduzca el archivo `Lesson03.mov` para ver el resultado de lo que va a crear en este capítulo. Cuando termine, salga del reproductor de QuickTime. Una vez visto, puede borrarlo, si quiere, para liberar espacio en su disco duro.

PREPARACIÓN DEL PROYECTO

Antes de empezar, restaure las preferencias predeterminadas de After Effects.

1. Pulse **Control-Alt-Mayús** durante el inicio de After Effects para restaurar los ajustes predeterminados del programa. Cuando aparezca la ventana que le pregunta si está seguro de que desea eliminar el archivo de preferencias, haga clic en **Aceptar**.

After Effects se abre y muestra un proyecto vacío y sin nombre.

2. Seleccione Archivo>Guardar como o pulse **Control-Mayús-S**.

3. En el cuadro de diálogo Guardar como, acceda a la carpeta AE7_CIB>Lessons>Lesson03>Finished_Project.

4. Asigne al proyecto el nombre `Lesson03_Finished.aep` y haga clic en **Guardar**.

IMPORTACIÓN DEL MATERIAL DE ARCHIVO

Para empezar este ejercicio, necesitamos importar dos elementos de material de archivo.

1. Haga doble clic en un área vacía del panel Proyecto para abrir el cuadro de diálogo Importar archivo.

2. Acceda a la carpeta AE7_CIB>Lessons>Lesson03>Assets de su disco duro, haga **Control**-clic para seleccionar los archivos `Lilypad.mov` y `pondbackground.mov` y haga clic en **Abrir**.

CREACIÓN DE LA COMPOSICIÓN

Creemos ahora la composición.

1. Pulse **Control-N** (Windows) o **Comando-N** (Mac OS) para crear una nueva composición.

2. En el cuadro de diálogo Ajustes de la composición, asígnele el nombre **Pond_Title_ Sequence**, seleccione el Ajuste preestablecido> NTSC DV y fije la duración a 10:00, que es la longitud de la película del estanque de fondo.

3. Haga clic en **Aceptar** (véase la figura 3.1).

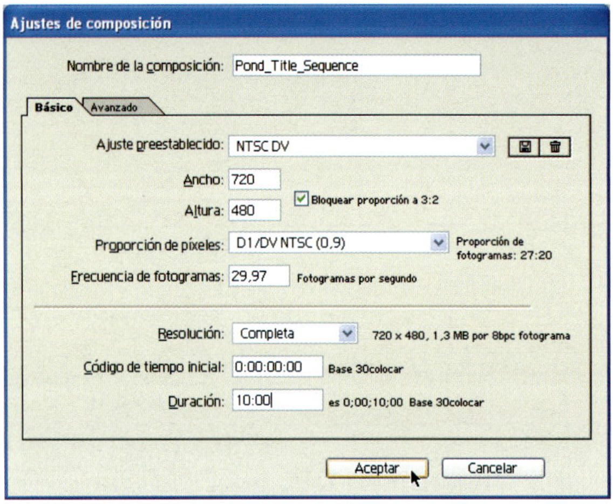

Figura 3.1.

4. Arrastre las dos capas Lilypad.mov y pondbackground.mov desde el panel Proyecto al panel Línea de tiempo y asegúrese de que la primera quede encima de la segunda (véase la figura 3.2).

Figura 3.2.

Ahora colocaremos la capa Lilypad en la composición.

5. Con la capa Lilypad seleccionada en el panel Línea de tiempo, pulse la tecla **P** para revelar sus propiedades de posición.

6. Escriba nuevos valores de posición, **170,0** y **480,0**, para desplazar el nenúfar a la esquina inferior izquierda de la composición (véase la figura 3.3).

Figura 3.3.

7. Vuelva a seleccionar la capa Lilypad y pulse **U** para ocultar las propiedades de Posición. Luego, seleccione Archivo>Guardar.

En este momento, ya está todo listo para añadir el texto del título.

ACERCA DE LAS CAPAS DE TEXTO

En After Effects, es posible agregar texto a las capas con gran flexibilidad y precisión. El panel Composición nos da el poder de crear y editar el texto directamente en la pantalla y de cambiar instantáneamente la fuente, el estilo, el tamaño y el color. Los cambios se pueden aplicar solo a determinados caracteres, pero también ajustar las características de párrafos enteros, como la alineación, la justificación o el ajuste de texto. Además, After Effects dispone de herramientas que nos facilitan el trabajo y nos permiten animar caracteres y funciones específicas, como la opacidad y el tono del texto.

After Effects pone a nuestra disposición una amplia gama de funciones de texto en los paneles Herramientas, Carácter y Párrafo, que nos da la opción, por ejemplo, de agregar texto horizontal o vertical en el punto que queramos de una composición. After Effects usa dos tipos de texto: texto de punto y texto de párrafo. El texto de punto sirve para introducir palabras sencillas o líneas de caracteres simples, mientras que el texto de párrafo es útil para escribir y aplicar formato a varios párrafos de texto.

Las capas de texto se parecen en muchos aspectos a las demás capas de After Effects. Podemos aplicarles efectos y expresiones, podemos animarlas, podemos designarlas como capas 3D y también podemos editar el texto 3D y visualizarlo al mismo tiempo en varias vistas distintas. Igual que ocurre con las capas importadas de Illustrator, las capas de texto sufren rasterización, lo que significa que si las escalamos o redimensionamos los textos, mantienen los bordes nítidos independientemente de la resolución. Los rasgos que marcan la diferencia entre las capas de texto y el resto son, por un lado, que no pueden abrirse solas en el panel Capa, y por el otro, que permiten animar el texto que contienen haciendo uso de ciertas propiedades y selectores especiales.

CREAR Y FORMATEAR TEXTOS DE PUNTO

Cuando se introduce texto de punto, cada línea es independiente, es decir, la longitud de la línea aumenta o decrece a medida que editamos el texto, pero no salta a la línea siguiente. El texto aparece en una nueva capa de texto y la pequeña línea que atraviesa el cursor de inserción marca la posición de la línea de base del texto.

1. En el panel Herramientas, seleccione la herramienta **Tipo horizontal**.

2. Haga clic en cualquier punto del panel Composición y escriba **the Pond**. Pulse **Intro** en el teclado numérico para salir del modo de edición de texto y seleccione la capa de texto en el panel Composición (véase la figura 3.4).

Figura 3.4.

NOTA: SI PULSA **INTRO** (WINDOWS) O **RETORNO** (MAC OS) EN EL TECLADO NORMAL EN VEZ DEL NUMÉRICO, LO QUE OCURRE ES QUE EL TEXTO SALTA A UN NUEVO PÁRRAFO.

TRUCO: TAMBIÉN SE PUEDE SELECCIONAR OTRA HERRAMIENTA, COMO LA HERRAMIENTA DE **SELECCIÓN** PARA SALIR DEL MODO DE EDICIÓN DE TEXTO.

Ahora, ya puede aplicar formato al texto.

Uso del panel Carácter

El panel Carácter incorpora funciones para dar formato a los caracteres. Hay dos posibilidades: resaltar texto, y entonces los cambios que introduzcamos en este panel afectarán solo al texto resaltado, o no resaltar nada, y entonces los cambios se aplicarán a las capas de texto seleccionadas y a los fotogramas clave de texto de origen seleccionados en ellas. Pero si no resaltamos texto y no seleccionamos ninguna capa de texto, los cambios se convierten en ajustes predeterminados para la siguiente entrada de texto.

1. Seleccione Ventana>Espacio de trabajo>Texto para abrir los paneles Carácter y Párrafo, y cerrar los paneles Info y Audio, que por ahora no vamos a utilizar.

TRUCO: SI PREFIERE ABRIR LOS PANELES UNO POR UNO, SELECCIONE Ventana>Carácter O PULSE **CONTROL-6** PARA ABRIR EL PANEL CARÁCTER, Y Ventana>Párrafo O PULSE **CONTROL-7** PARA ABRIR EL PANEL PÁRRAFO. SI QUIERE ABRIR LOS DOS, SELECCIONE LA HERRAMIENTA TIPO HORIZONTAL Y HAGA CLIC EN EL BOTÓN **CONMUTAR LOS PANELES CARÁCTER Y PÁRRAFO** DEL PANEL HERRAMIENTAS.

2. En el panel Carácter, haga clic en la flecha que está a la derecha del nombre de la fuente para acceder al menú emergente de fuentes disponibles.

3. Seleccione la fuente Myriad Pro. Si no aparece porque no la tiene instalada, seleccione un tipo sans serif grueso como, por ejemplo, **Verdana**.

TRUCO: TAMBIÉN PUEDE HACER CLIC EN EL MENÚ EMERGENTE DE FUENTES Y PULSAR CUALQUIER LETRA DEL TECLADO, POR EJEMPLO LA C, PARA QUE SALTE A LA PRIMERA FUENTE INSTALADA EN SU SISTEMA QUE EMPIECE POR DICHA LETRA.

4. Ajuste el tamaño de fuente a **72** píxeles.

5. Ajuste el estilo de fuente en negrita o haga clic en el botón **Faux negrita** que está en la esquina inferior izquierda del panel. Si no ve el botón porque está oculto, expanda el panel tirando del borde inferior hacia abajo.

6. Deje el resto de opciones tal y como están (véase la figura 3.5).

Figura 3.5.

Uso del panel Párrafo

Las opciones del panel Párrafo definen características aplicables a párrafos completos, como la alineación, la sangría y el interlineado. En el caso del texto de punto, cada línea constituye un párrafo independiente. Dentro de una capa de texto, el panel Párrafo permite modificar las características de un solo párrafo, de varios o de todos a la vez. En nuestra composición, aplicaremos un solo ajuste para dar formato al título.

1. En el panel Párrafo, haga clic en el botón **Centrar texto** para alinear el texto horizontalmente en el centro de la capa en vez de en el centro de la composición (véase la figura 3.6).

Figura 3.6.

Posicionamiento de la fuente

Cuando queramos colocar las capas de forma precisa, como la capa de texto en la que estamos trabajando, podemos hacer que se muestren las guías en el panel Composición y usar guías y cuadrículas como referencia visual sabiendo que no van a aparecer en la película final.

1. Seleccione la capa de texto the Pond en el panel Línea de tiempo.

2. Seleccione Capa>Transformar>Ajustar a ancho de comp. para escalar la capa y hacer que se ajuste al ancho de la composición (véase la figura 3.7).

Figura 3.7.

Ahora, ya podemos colocar la capa de texto donde queramos usando una cuadrícula.

3. Seleccione Ver>Mostrar cuadrícula y luego Ver>Ajustar a la cuadrícula.

4. Haga clic en la herramienta de **Selección** y arrastre el texto verticalmente en el panel Composición hasta que la base de las letras repose sobre la línea de cuadrícula horizontal del centro de la composición. Pulse **Mayús** una vez que haya empezado a arrastrar el texto para restringir el movimiento y posicionarlo mejor (véase la figura 3.8).

Figura 3.8.

5. Cuando la capa esté en su sitio, seleccione Ver>Ocultar cuadrícula para desactivar la visibilidad de la cuadrícula.

El destino de este proyecto es ser emitido por televisión, así que no importa que al principio de la animación, el título y el nenúfar se extiendan más allá de las zonas seguras de título y acción de la composición.

6. Seleccione Ventana>Espacio de trabajo>Estándar para cerrar los paneles Carácter y Párrafo, porque no los vamos a necesitar en el siguiente ejercicio, y seleccione Archivo>Guardar para guardar los cambios.

USO DE UNA ANIMACIÓN DE TEXTO PREESTABLECIDA

Llegado el momento de animar el título, lo cierto es que la forma más sencilla de hacer animaciones de texto es emplear una de las múltiples animaciones preestablecidas que incorpora After Effects. Además, incluyen la opción de personalizarlas y modificarlas a nuestro gusto para poder aplicarlas más adelante en otros proyectos que hagamos.

1. Pulse la tecla **Inicio** para estar seguro de que el indicador de tiempo actual se encuentra al principio de la regla de tiempo, ya que After Effects aplica siempre las animaciones preestablecidas a partir del momento actual.

2. Seleccione la capa de texto the Pond.

Examinar ajustes preestablecidos

No es la primera vez que aplicamos animaciones preestablecidas. En ejercicios anteriores, aprendimos a localizar efectos y ajustes preestablecidos en el panel Efectos y ajustes preestablecidos. Pero, ¿qué hacemos si no estamos seguros de cuál es la animación que queremos usar? Una forma de verlas antes de aplicarlas es previsualizarlas en Bridge.

1. Seleccione Animación>Examinar ajustes preestablecidos para que Bridge abra y muestre los contenidos de la carpeta de Ajustes preestablecidos de After Effects (véase la figura 3.9).

NOTA: ES POSIBLE PREVISUALIZAR, QUE NO APLICAR, ANIMACIONES PREESTABLECIDAS SELECCIONANDO Ayuda>Galería de animaciones predefinida.

2. En el área de contenido, haga doble clic primero en la carpeta Texto y luego en la carpeta Desenfoques.

3. Haga clic en el primer ajuste preestablecido, Desenfoque por palabra y verá que Bridge reproduce una muestra de la animación en la ficha Vista previa (véase la figura 3.10).

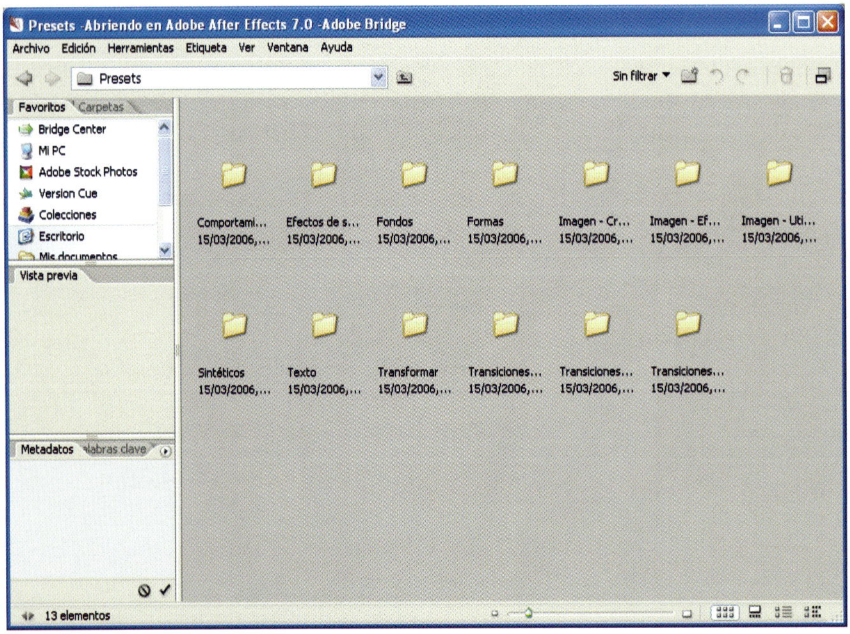

Figura 3.9.

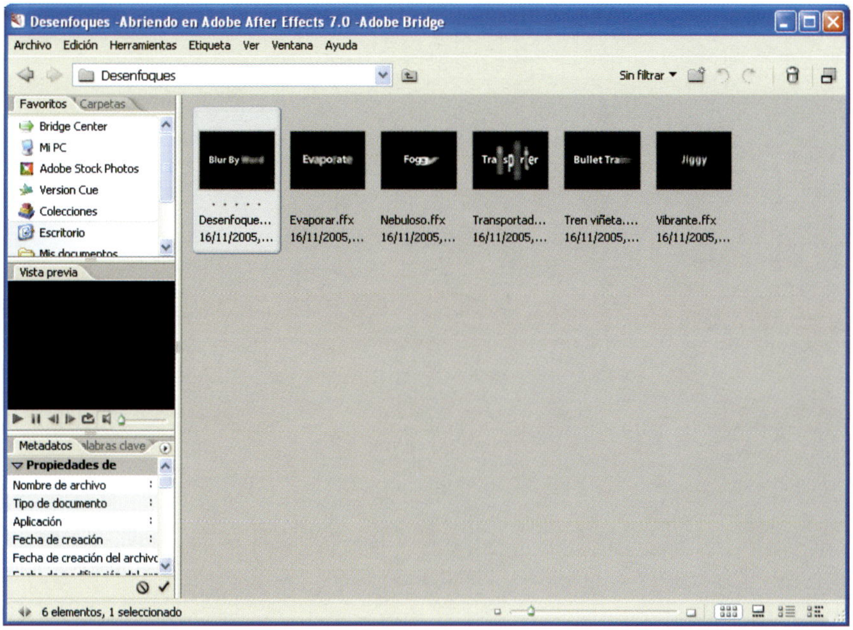

Figura 3.10.

4. Seleccione las animaciones que quiera y previsualícelas en la ficha Vista previa.

5. Previsualice la animación Evaporar, y bien haga doble clic en su vista en miniatura o clic con el botón derecho del ratón (Windows) o **Control**-clic (Mac OS), y seleccione Place In After Effects para que el programa la aplique a la capa que tenemos seleccionada en nuestro proyecto, es decir, la capa the Pond.

En principio, no parece que ocurra nada en la composición, pero esto se debe a que estamos en el momento 0:00, el primer fotograma, y las letras aún no se han evaporado.

NOTA: DEJE BRIDGE ABIERTO EN SEGUNDO PLANO PORQUE LO VAMOS A USAR DE NUEVO EN ESTE CAPÍTULO.

Previsualizar serie de fotogramas

Ahora previsualizaremos la animación. La composición dura 10 segundos, pero por ahora solo necesitamos previsualizar la primera parte donde el texto está animado.

1. Arrastre el corchete de fin del entorno de trabajo desde el extremo derecho del panel Regla de tiempo al momento 3:00 a fin de previsualizar los primeros 3 segundos del vídeo (véase la figura 3.11).

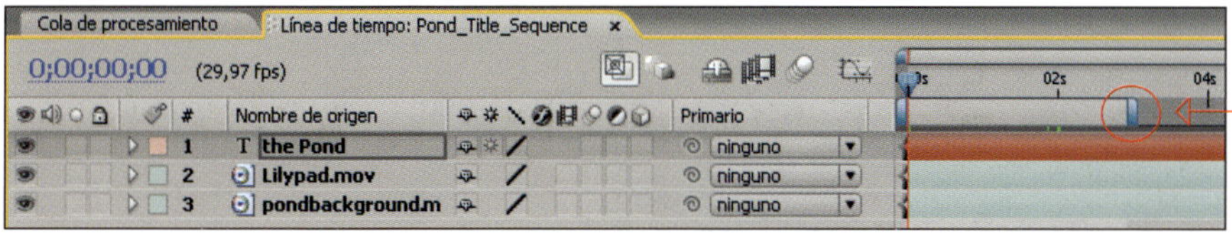

Figura 3.11.

2. Pulse **0** en el teclado numérico o haga clic en el botón **Previsualización de RAM** del panel Controles de tiempo para ver cómo las letras se evaporan en el fondo. Fantástico, ¿verdad? Aunque no del todo. En realidad, lo que queríamos era que las letras aparecieran y se quedaran ahí, y no que desaparezcan en las profundidades del estanque. ¿Y qué significa esto? Pues que tendremos que personalizar el ajuste preestablecido y adaptarlo a nuestras necesidades personales (véase la figura 3.12).

Figura 3.12.

3. Pulse la **Barra espaciadora** para detener la previsualización y luego la tecla **Inicio** para devolver el indicador de tiempo actual al momento 0:00.

Personalización de animaciones preestablecidas

Cada vez que se aplica una animación preestablecida a una capa, aparecen en el panel Línea de tiempo todas sus propiedades y fotogramas clave.

1. Seleccione la capa de texto the Pond en el panel Línea de tiempo y seleccione Animación> Revelar propiedades modificadas o pulse **UU**, para que After Effects muestre todas las propiedades modificadas del ajuste preestablecido Evaporar (véase la figura 3.13).

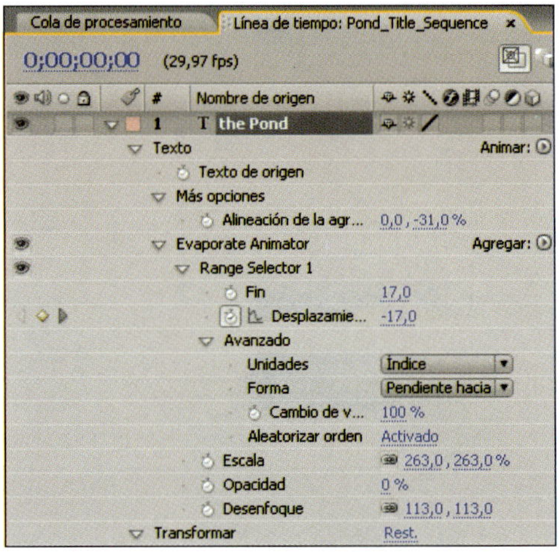

Figura 3.13.

2. Haga clic en la propiedad Desplazamiento para seleccionar sus dos fotogramas clave. Esta propiedad permite especificar la cantidad de desplazamiento que queremos aplicar entre el inicio y el fin de la selección (véase la figura 3.14).

3. Seleccione Animación>Asistente de fotogramas clave>Fotogramas clave con tiempo inverso para cambiar el orden de los dos fotogramas clave de desplazamiento a fin de que las letras estén ocultas al principio de la composición y asomen posteriormente.

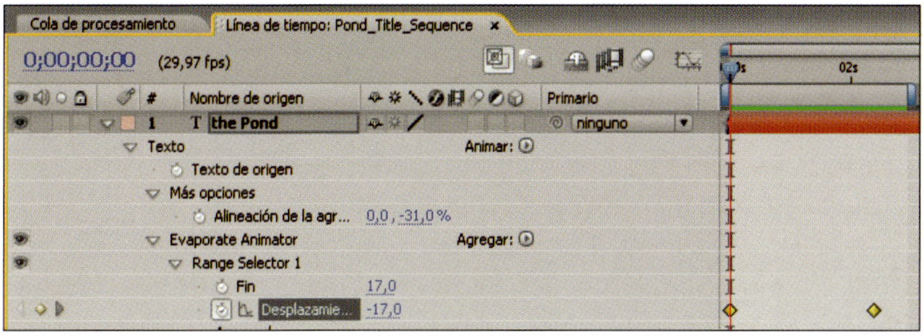

Figura 3.14.

4. Arrastre el indicador de tiempo actual desde el momento 0:00 a 3:00 para previsualizar manualmente la nueva animación. ¿A que ahora está mucho mejor? Ahora, en vez de desaparecer, las letras aparecen poco a poco (véase la figura 3.15).

Figura 3.15.

5. Haga clic en el triangulito que está a la izquierda del nombre de la capa the Pond (o seleccione la capa y pulse **U**) para ocultar las propiedades.

6. Arrastre el corchete de fin del entorno de trabajo al final de la regla de tiempo y seleccione Archivo>Guardar para guardar los cambios.

ANIMACIÓN DE FOTOGRAMAS CLAVE DE ESCALA

Antes, cuando aplicamos el comando Ajustar a ancho de comp. a la capa de texto the Pond, la ampliamos al 200 por 100. Ahora, animaremos la escala de la capa para que se reduzca gradualmente a su tamaño original.

1. Compruebe que tiene seleccionada la capa the Pond en el panel Línea de tiempo.

2. Avance hasta el momento 3:00.

Aislar capas con el comando Solo

Es posible aislar una o más capas para animarlas, previsualizarlas o procesarlas, aplicando el llamado comando Solo, que excluye del panel Composición todas las demás capas del mismo tipo. Se trata de una herramienta eficaz que permite acelerar los tiempos de redibujado de pantalla, previsualización y procesamiento de la salida. A continuación, vamos a convertir la capa the Pond en solo al mismo tiempo que animamos su escala.

1. En el panel Línea de tiempo, haga clic en el icono Solo en la columna Definidores de la capa the Pond (véase la figura 3.16).

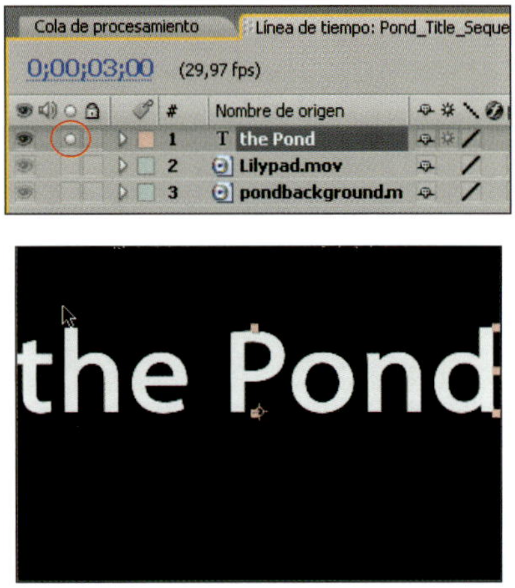

Figura 3.16.

Creación de fotogramas clave de escala

Ahora, ya estamos preparados para animar el título con un buen fotograma clave de escala de la vieja escuela.

1. Con la capa de texto the Pond seleccionada en el panel Línea de tiempo, pulse la tecla **S** para revelar sus propiedades de Escala.

2. Haga clic en icono **Cronómetro de variación de tiempo** para agregar un fotograma clave de escala en el momento actual 3:00.

3. Avance al momento 5:00.

4. Reduzca los valores de escala de la capa a **100,0** y **100,0%** para que After Effects añada un nuevo fotograma clave de escala en el momento actual (véase la figura 3.17).

Previsualización de la animación de escala

Ahora, Previsualicemos los cambios.

1. Arrastre el corchete de fin del entorno de trabajo a aproximadamente el momento 5:10, un poco después de que termine la animación de escala.

2. Haga clic en el icono **Solo** para anular el aislamiento de la capa the Pond.

3. Pulse la tecla **0** en el teclado numérico para ver la previsualización de RAM de la animación desde 0:00 a 5:10 y podrá observar como el título de la película aparece y más tarde se hace pequeño.

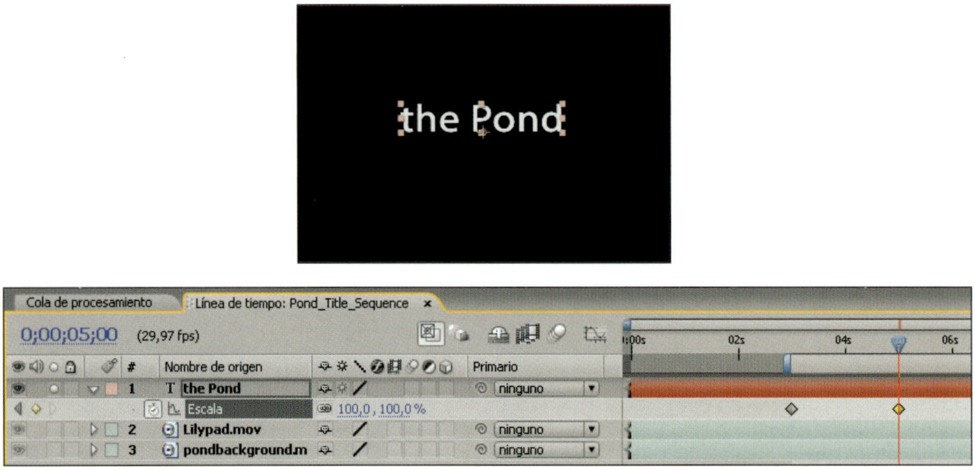

Figura 3.17.

4. Pulse la **Barra espaciadora** cuando haya terminado para detener la previsualización (véase la figura 3.18).

Figura 3.18.

NOTA: AFTER EFFECTS INCLUYE ALGUNAS ANIMACIONES PREESTABLECIDAS DE TEXTO DE ESCALA PARA QUE EXPERIMENTE TODO LO QUE QUIERA. ESTÁN EN LA CARPETA Ajustes preestablecidos de animación>Texto>Escala.

Comando Fácil

El principio y el final de una animación de escalas tienden a ser bastante bruscos. En la naturaleza, nada aparece y se detiene repentinamente, sino que los objetos tienden a crecer o disminuir a partir de puntos de inicio o de fin.

1. Haga clic con el botón derecho del ratón (Windows) o **Control**-clic (Mac OS) en el fotograma clave de escala del momento 3:00 y seleccione Asistente de fotograma clave>Fin de Fácil. Observe que el diamante del fotograma clave cambia a un icono de flecha orientada a la izquierda (véase la figura 3.19).

2. Haga clic con el botón derecho del ratón (Windows) o **Control**-clic (Mac OS) en el fotograma clave de escala del momento 5:00 y seleccione Asistente de fotograma clave> Inicio de Fácil. El diamante de este fotograma también cambia a un icono de flecha, pero esta vez orientado a la derecha (véase la figura 3.20).

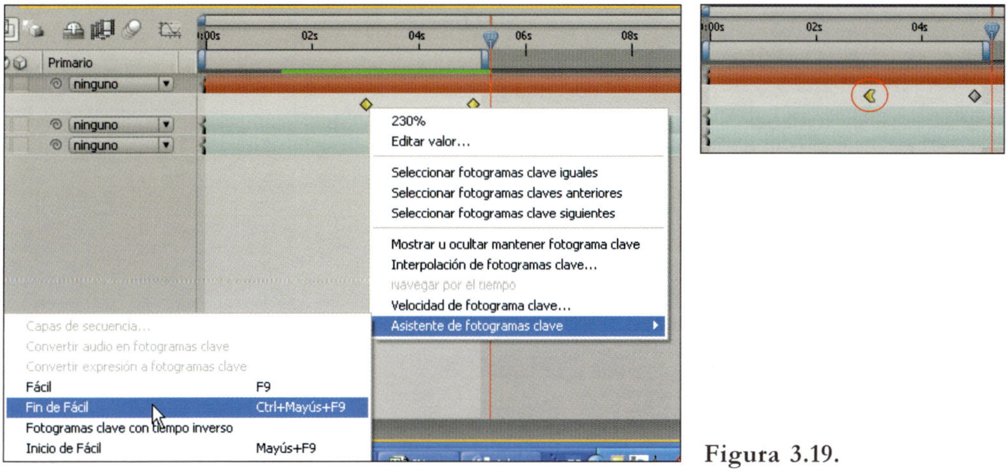

Figura 3.19.

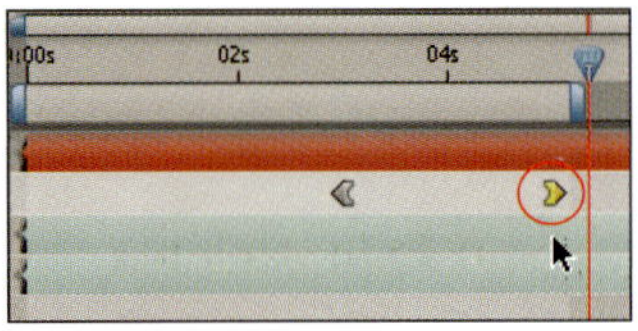

Figura 3.20.

3. Pulse la tecla **0** en el teclado numérico para ver otra previsualización de RAM. ¡Qué diferencia!

4. Pulse la **Barra espaciadora** cuando haya terminado. Seleccione la capa the Pond en el panel Línea de tiempo y pulse **S** para ocultar las propiedades de escala.

5. Seleccione Archivo>Guardar.

ANIMACIÓN MEDIANTE LA FUNCIÓN EMPARENTAR

El siguiente ejercicio consiste en imitar el efecto de una cámara virtual que se aleja de la composición. La animación de texto de escala que acabamos de aplicar llega solo a la mitad, pues todavía falta animar la escala del nenúfar. Sin duda, una opción sería animar la capa Lilypad manualmente, pero hay una forma más fácil que aprovecha las relaciones entre capas que se establecen en After Effects y que ahorra tener que animar el nenúfar independientemente de todo lo demás.

1. Pulse la tecla **Inicio** para situarse en el momento 0:00 de la regla de tiempo.

2. En el panel Línea de tiempo, seleccione 1. the Pond del menú emergente Primario de la capa Lilypad para ajustar la capa de texto the Pond como capa primaria de la capa Lilypad, la cual se convierte a su vez en su capa secundaria (véase la figura 3.21).

Como capa secundaria, la capa Lilypad hereda los fotogramas clave de escala de su capa primaria, the Pond. Este método no solo resulta más directo, sino que además garantiza que la escala del nenúfar sea exactamente la misma que la aplicada a la capa de texto.

Ahora, vuelva a ver una previsualización.

3. Pulse **0** en el teclado numérico para ver la animación. Entre 3:00 y 5:00, el texto como el nenúfar se reducen de tamaño proporcionalmente como si la cámara se estuviera alejando de la escena (véase la figura 3.22).

Figura 3.22.

4. Pulse la **Barra espaciadora** para detener la previsualización cuando haya terminado de verla.

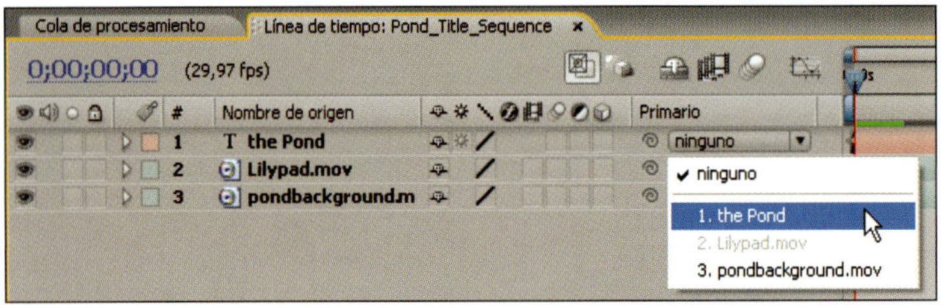

Figura 3.21.

5. Pulse la tecla **Inicio** para regresar el momento 0:00 y desplace la barra de fin del entorno de trabajo hasta el final de la regla de tiempo.

6. Seleccione Archivo>Guardar.

Acerca de las capas primarias y secundarias

EL CONCEPTO "EMPARENTAR" CONSISTE EN APLICAR LAS TRANSFORMACIONES DE UNA CAPA A OTRA. PUEDE ABARCAR TODAS LAS PROPIEDADES DE TRANSFORMACIÓN SALVO LA OPACIDAD. LAS CAPAS SOLO PUEDEN TENER UNA PRIMARIA, PERO PUEDEN ACTUAR COMO PRIMARIAS DE UNA, VARIAS O TODAS LAS CAPAS 2D O 3D QUE HAYA DENTRO DE LA MISMA COMPOSICIÓN. NO SE PUEDE ANIMAR EL ACTO DE ASIGNAR O ELIMINAR LA DESIGNACIÓN DE PRIMARIA, ES DECIR, NO SE PUEDE DESIGNAR UNA CAPA COMO PRIMARIA EN UN MOMENTO DEL TIEMPO Y CAMBIARLE LA DESIGNACIÓN EN OTRO MOMENTO DEL TIEMPO. EMPARENTAR RESULTA MUY EFICAZ CUANDO HAY QUE CREAR ANIMACIONES ALTAMENTE COMPLEJAS COMO ENCADENAR LOS MOVIMIENTOS DE UNA MARIONETA O DESCRIBIR LAS ÓRBITAS DE LOS PLANETAS DEL SISTEMA SOLAR.

UNA VEZ QUE LA CAPA ES NOMBRADA PRIMARIA DE OTRA, LA SEGUNDA RECIBE EL NOMBRE DE CAPA SECUNDARIA. LA CREACIÓN DE RELACIONES ENTRE CAPAS SINCRONIZA LOS CAMBIOS APLICADOS A LA PRIMARIA CON LOS CORRESPONDIENTES VALORES DE TRANSFORMACIÓN DE LAS CAPAS SECUNDARIAS. EN OTRAS PALABRAS, SI UNA CAPA PRIMARIA SE DESPLAZA 5 PÍXELES A LA DERECHA DE SU POSICIÓN INICIAL, LAS CAPAS SECUNDARIAS SE MOVERÁN INEVITABLEMENTE 5 PÍXELES A LA DERECHA DE SU POSICIÓN ORIGINAL. SE PUEDEN ANIMAR CAPAS SECUNDARIAS INDEPENDIENTEMENTE DE SUS PRIMARIAS. TAMBIÉN PUEDE EMPARENTAR OBJETOS NULOS, QUE SON CAPAS OCULTAS.

SI DESEA SABER MÁS SOBRE LAS CAPAS PRIMARIAS Y SECUNDARIAS, CONSULTE LA AYUDA DE AFTER EFFECTS.

ANIMAR TEXTO IMPORTADO DE PHOTOSHOP

Si todas las animaciones de texto consistieran en modificar dos breves palabras como "*the Pond*", la vida sería mucho más fácil. Pero en el mundo real, lo más habitual es que tengamos que trabajar con bloques de texto bastante más extensos, que resultan muy incómodos cuando hay que introducirlos manualmente. Por esta razón, After Effects ofrece la posibilidad de trabajar con texto importado de Photoshop o Illustrator. Igual que si fueran gráficos o imágenes importadas, After Effects permite mantener intactas las capas de texto, pero también editarlas y animarlas.

En el siguiente ejercicio, vamos a importar primero más texto de Photoshop y luego vamos a seguir animando la composición.

Importación de los créditos

Parte del texto que falta por incorporar a esta composición procede de un archivo con capas de Photoshop, que vamos a importar ahora.

1. Haga doble clic en un área vacía del panel Proyecto para abrir el cuadro de diálogo Importar archivo.

2. Seleccione el archivo `credits.psd` que está en la carpeta AE7_CIB>Lessons>Lesson03>Assets, haga clic en Importar como>Composición: capas recortadas y luego clic en **Abrir** (véase la figura 3.23).

3. Arrastre la composición credits desde el panel Proyecto al panel Línea de tiempo y colóquela encima de todas las demás capas (véase la figura 3.24).

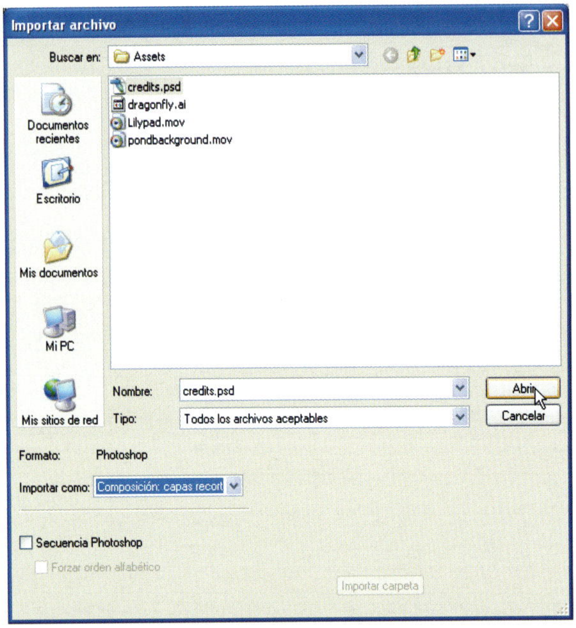

Figura 3.23.

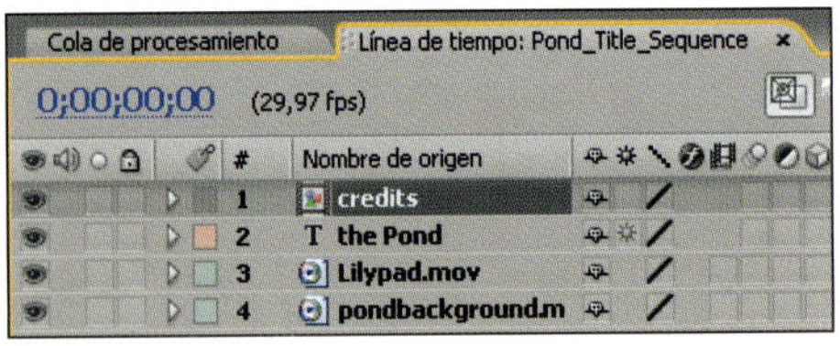

Figura 3.24.

Como hemos importado el archivo denominado `credits.psd` como composición con capas intactas, podemos trabajar con él por separado en el panel Línea de tiempo, editar y animar las distintas capas independientemente.

Editar texto importado

Una vez que hemos importado texto de Photoshop, hay que hacer que sea editable en After Effects para poder modificar el tipo y aplicarle animaciones. Y, si es observador, habrá advertido los nuevos textos que han aparecido en el panel Composición y que hay que limpiar antes de nada.

1. En el panel Proyecto, haga doble clic en la composición credits para abrirla en el panel Línea de tiempo.

2. Haga **Mayús**-clic para seleccionar las dos capas del panel Línea de tiempo: credits y seleccione Capa>Convertir a texto editable. (Haga clic en **Aceptar** si le sale un mensaje de alerta de que falta alguna fuente.) Ahora ya es posible editar las capas de texto y corregir los textos.

3. Seleccione la capa 2 en el panel Línea de tiempo.

4. El texto de la capa 2 contiene errores de ortografía, así que haga clic en la herramienta **Tipo horizontal** T. y clic en el panel Composición para escribir una "*e*" entre la "*t*" y la "*d*" en la palabra "*animated*", y para cambiar la "*k*" por una "*c*" en la palabra "*documentary*" (véase la figura 3.25).

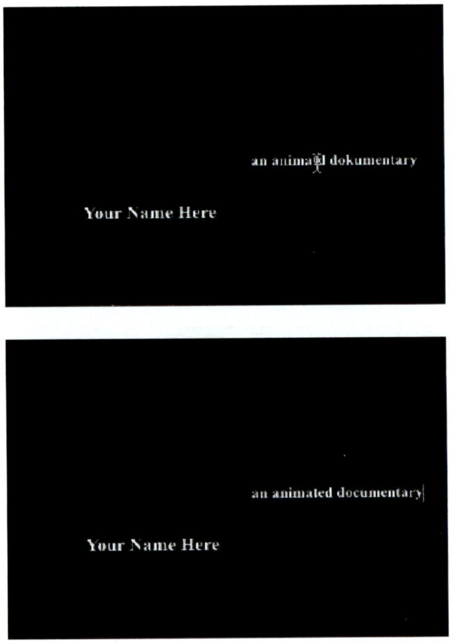

Figura 3.25.

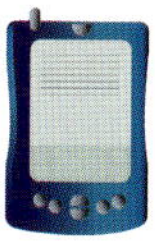

NOTA: ES PROBABLE QUE EL NOMBRE DE LA CAPA NO SUFRA VARIACIÓN EN EL PANEL LÍNEA DE TIEMPO AL CORREGIR LA ORTOGRAFÍA DE LAS PALABRAS DEL TEXTO DEBIDO A QUE SE CREÓ ORIGINALMENTE EN PHOTOSHOP. SI DESEA QUE EL NOMBRE DE LA CAPA REFLEJE EXACTAMENTE SU CONTENIDO EN AFTER EFFECTS, PUEDE CAMBIARLO MANUALMENTE. PARA ELLO, SELECCIONE LA CAPA EN EL PANEL LÍNEA DE TIEMPO, PULSE **INTRO** (WINDOWS) O **RETORNO** (MAC OS), ESCRIBA EL NUEVO NOMBRE Y VUELVA A PULSAR **INTRO** O **RETORNO**.

5. Haga clic en la herramienta de **Selección** para salir del modo de edición de texto y compruebe que el texto usa la misma familia de fuentes que el título.

6. Haga **Mayús**-clic para seleccionar conjuntamente las capas 1 y 2 en el panel Línea de tiempo.

7. Seleccione Ventana>Carácter para abrir el panel Carácter.

8. Escoja la misma fuente que la usada en las palabras "*the Pond*" y deje los demás ajustes tal y como están (véase la figura 3.26).

9. Cierre el panel Carácter.

Animar el subtítulo

Queremos que las letras del subtítulo, "*an animated documentary*", aparezcan también en pantalla de izquierda a derecha debajo del título de la película, y la forma más fácil de hacerlo es usando otra animación preestablecida de texto.

1. Avance al momento 5:00, que es donde iniciaremos esta animación: el momento en que el título y el nenúfar han terminado de escalarse.

2. Seleccione la capa que contiene el subtítulo en el panel Línea de tiempo.

3. Pulse **Control-Alt-Mayús-O** (Windows) para saltar a Bridge.

4. Acceda a Presets>Texto>Entrada de animación.

5. Seleccione el ajuste preestablecido Entrada gradual por caracteres y observe cómo funciona en el panel Vista previa. No está mal, ¿verdad? (véase la figura 3.27).

6. Haga doble clic en la animación preestablecida llamada Entrada gradual por caracteres para aplicarla en After Effects en la capa que contiene el subtítulo.

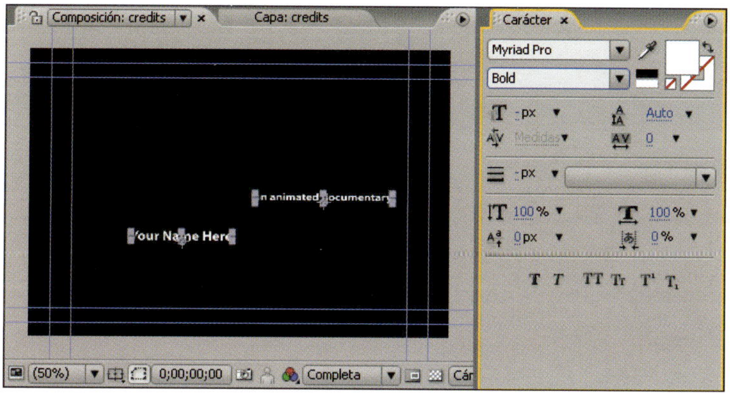

Figura 3.26.

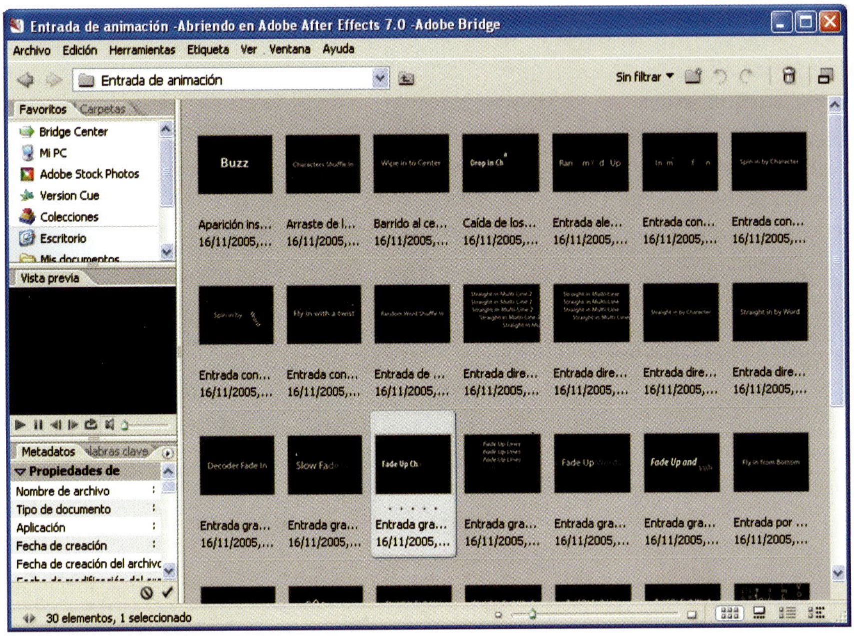

Figura 3.27.

7. Con la capa del subtítulo seleccionada en el panel Línea de tiempo: credits, pulse **UU** para ver las propiedades modificadas. Debería haber dos fotogramas clave en Selector de gama 1: uno en el momento 5:00 y otro en el momento 7:00. Pero aún queda mucho por hacer, así que aceleraremos el efecto en 1 segundo (véase la figura 3.28).

8. Avance al momento 6:00 y arrastre el segundo fotograma clave de inicio también al momento 6:00 (véase la figura 3.29).

Previsualice la animación rápidamente.

9. Arrastre el indicador de tiempo actual por la regla de tiempo entre el momento 5:00 y el momento 6:00 para ver aparecer las letras.

10. Cuando termine, seleccione la capa del subtítulo y pulse **U** para ocultar las propiedades modificadas. Luego, seleccione Archivo> Guardar para guardar los cambios.

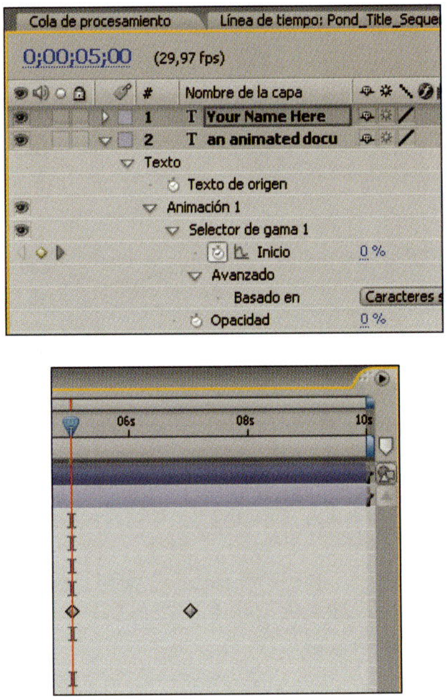

Figura 3.28.

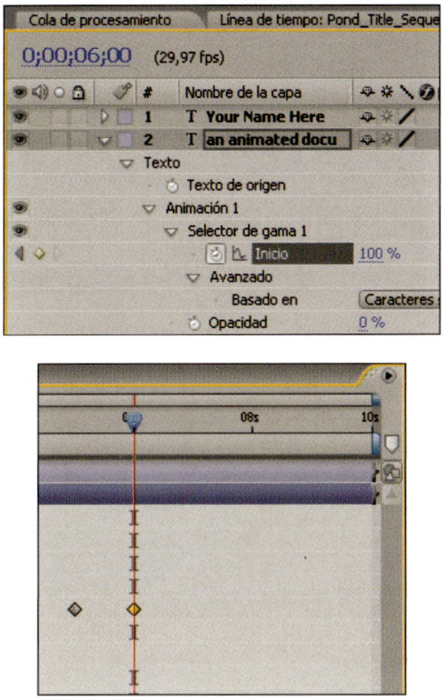

Figura 3.29.

ANIMAR TEXTO CON AJUSTES PREESTABLECIDOS DE TRAZADO

Hasta ahora hemos podido comprobar lo versátil y conveniente que resultan las animaciones preestablecidas de texto. A continuación, vamos a emplear otro tipo de animación preestablecida de texto llamada de trazados que animará las palabras "*directed by*" a lo largo de un trazado de movimiento. After Effects incorpora varias animaciones de este tipo que no solo animan el texto siguiendo un trazado prefijado, sino que además proporcionan cuadros de texto con formato. Así, en el siguiente ejercicio, introduciremos y formatearemos el texto después de aplicar el ajuste preestablecido.

1. Haga clic en el panel Línea de tiempo: Pond_Title_Sequence.

2. Anule la selección de todas las capas y avance al momento 5:00.

3. Pulse **Control-Alt-Mayús-O** para saltar a Bridge.

4. Acceda a la carpeta Presets>Texto>Trazados.

5. Haga doble clic en la animación Tubos y regrese a After Effects donde ya se habrá creado automáticamente una nueva capa, llamada pipes, con un trazado predefinido que atraviesa en zigzag la composición. El texto del trazado está tapado por el título de la película, pero no se preocupe, en un momento lo arreglamos (véase la figura 3.30).

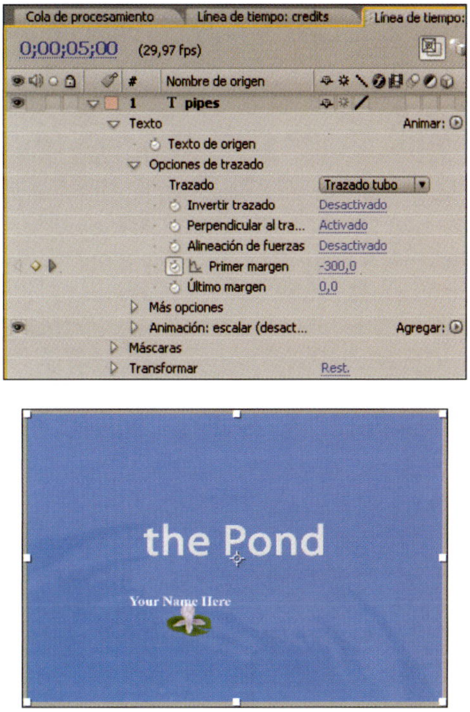

Figura 3.30.

Personalizar el trazado preestablecido

Ahora, tenemos que cambiar la palabra "*pipes*" para que diga "*directed by*".

1. En After Effects, avance al momento 6:05, que es cuando la palabra "*pipes*" está visible y horizontal en pantalla (véase la figura 3.31).

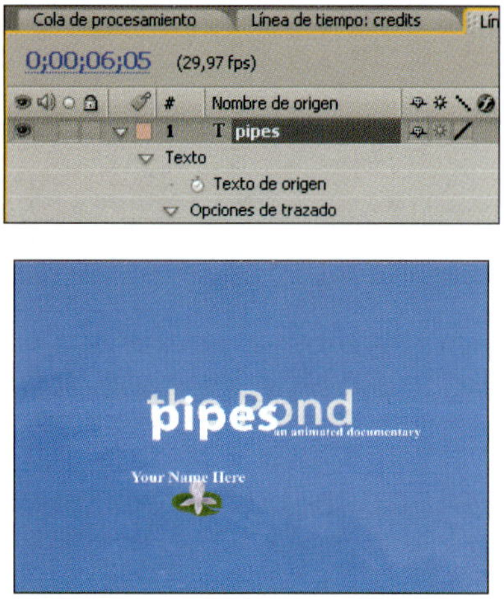

Figura 3.31.

2. En el panel Línea de tiempo, haga doble clic en la capa pipes. Automáticamente, After Effects selecciona la herramienta de **Selección** y resalta la palabra "*pipes*" en el panel Composición. Escriba **directed by** en su lugar, pulse **Intro** en el teclado numérico y verá que el programa actualiza el panel Línea de tiempo con el nuevo nombre de capa (véase la figura 3.32).

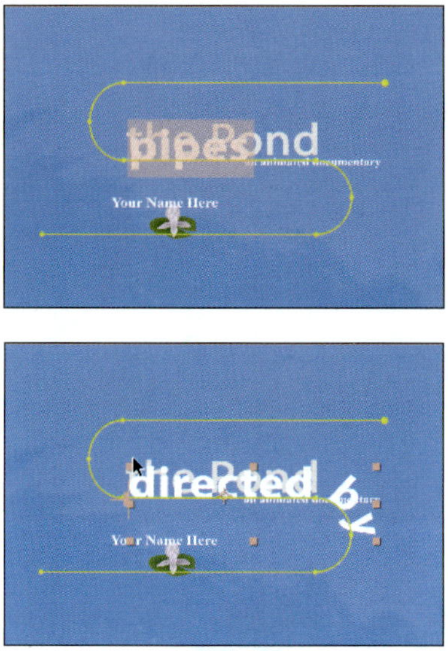

Figura 3.32.

Y ahora, pasemos a dar formato al texto.

3. Abra el panel Carácter y siga los siguientes pasos:

- Seleccione la fuente Minion Pro u otro tipo serif.
- Defina el estilo de fuente como Regular.
- Ajuste el tamaño de fuente a **20** píxeles.
- Deje los demás ajustes tal y como están (véase la figura 3.33).

Figura 3.33.

Así está mejor.

4. Cierre el panel Carácter.

Previsualice rápidamente para ver cómo queda la animación del trazado que acabamos de hacer.

5. Arrastre el indicador de tiempo actual en la regla de tiempo del momento 5:00 al momento 8:00 para ver cómo entran en pantalla las palabras "*directed by*" y luego desaparecen. Luego, corregiremos el texto para que se quede en la pantalla, pero ahora mismo lo que haremos es ajustar la posición del trazado para que no interfiera con el título de la película (véase la figura 3.34).

Figura 3.34.

6. Coja la herramienta de **Selección** y, en el panel Composición, haga doble clic sobre el trazado amarillo para seleccionarlo.

7. Arrástrelo hacia abajo hasta que las palabras "*the Pond*" estén en el centro de la curva superior y el nenúfar ocupe el centro de la curva inferior (véase la figura 3.35).

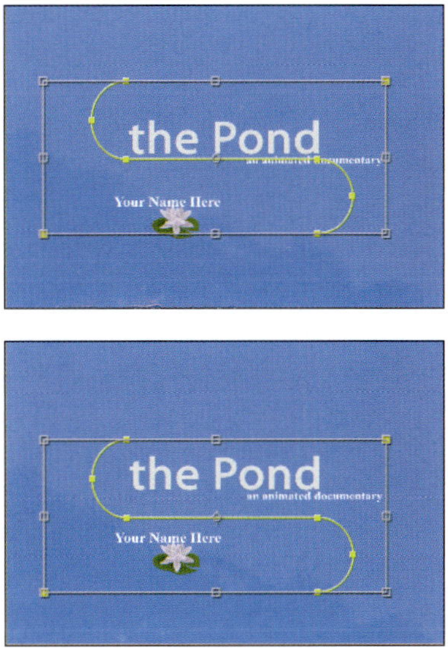

Figura 3.35.

8. Pulse **Intro** (Windows) o **Retorno** (Mac OS) para aceptar el cambio. Más adelante, volveremos sobre este trazado animado y le agregaremos el gráfico de una libélula que parecerá que tira del texto y lo arrastra por la pantalla. Pero primero, vamos a dar los últimos toques a la animación de los créditos.

9. En el panel Línea de tiempo, seleccione la capa directed by y oculte sus propiedades. Luego, seleccione Archivo>Guardar para guardar los cambios.

ANIMACIÓN DE TRAZADOS DE TEXTO

A continuación, animaremos el nombre del director, pero esta vez, emplearemos una animación preestablecida de texto de trazado. Al animar trazados, podemos hacer que las palabras crezcan hacia fuera a partir de un punto central marcado en pantalla.

Personalización de cuadros de texto

En este momento, el nombre del director consiste en una simple capa con un cuadro de texto en el que pone "*Your Name Here*", así que antes de animarlo, vamos a personalizarlo escribiendo nuestro nombre.

1. Haga clic en el panel Línea de tiempo: credits y seleccione la capa Your Name Here.

NOTA: NO SE PREOCUPE POR EL LUGAR DEL INDICADOR DE TIEMPO ACTUAL AL EDITAR EL TEXTO DE ESTA CAPA. AHORA MISMO, EL TEXTO PERMANECE EN PANTALLA TODO EL TIEMPO QUE DURA LA COMPOSICIÓN, SI BIEN ESO CAMBIARÁ UNA VEZ QUE LO ANIMEMOS.

2. Haga clic en la herramienta **Tipo horizontal** T. y sustituya el texto con su nombre. Ponga nombre completo y dos apellidos para que quede bien largo y vistoso a la hora de animarlo. Pulse **Intro** en el teclado numérico cuando termine (véase la figura 3.36).

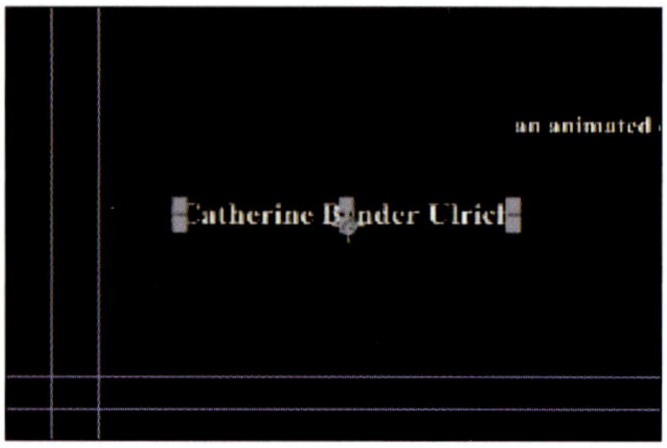

Figura 3.36.

NOTA: DE NUEVO, EL NOMBRE DE LA CAPA NO CAMBIA PORQUE PROCEDE DE PHOTOSHOP.

Aplicación de animación preestablecida de seguimiento

Y ha llegado el momento de animar el nombre del director con una animación preestablecida de seguimiento de texto, que lo hará aparecer en pantalla unos instantes después de que las palabras "*directed by*" alcancen el centro de la composición.

1. Avance al momento 7:10.

2. En el panel Línea de tiempo, seleccione la capa Your Name Here.

3. Pase a Bridge y acceda a la carpeta Presets>Texto>Varios para localizar la animación preestablecida llamada Aumentar seguimiento. Haga doble clic para aplicarla en After Effects en la capa `Your Name Here` que tenemos seleccionada.

TRUCO: SI ESTÁ HARTO DE SALTAR A BRIDGE Y NO LE INTERESA VER PREVISUALIZACIONES DE LAS ANIMACIONES PREESTABLECIDAS, ESCRIBA **AUMENTAR SEGUIMIENTO** EN EL CAMPO Contiene DEL PANEL EFECTOS Y AJUSTES PREESTABLECIDOS, Y HAGA DOBLE CLIC EN ÉL PARA APLICARLO A LA CAPA SELECCIONADA EN EL PANEL LÍNEA DE TIEMPO.

4. Desplace el indicador de tiempo actual en la regla de tiempo desde el momento 7:10 al momento 9:10 para previsualizar manualmente la animación de seguimiento (véase la figura 3.37).

Personalización de la animación preestablecida de seguimiento

Si bien es cierto que ahora el texto crece en pantalla, lo ideal sería que en el momento inicial las letras estuviesen tan pegadas que se monta-sen unas sobre otras para separarlas después una distancia razonable que permitiera leer perfectamente el texto. Además, nos gustaría que la animación fuese más rápida. Y todo esto se consigue ajustando la cantidad de seguimiento.

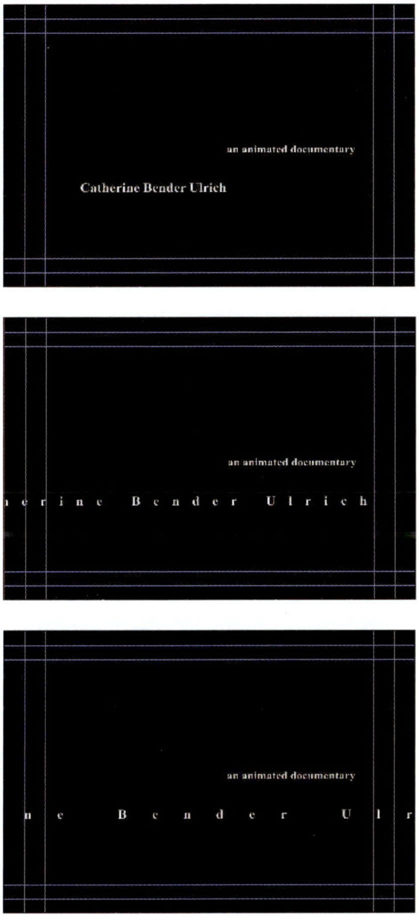

Figura 3.37.

1. En el panel Línea de tiempo, seleccione la capa Your Name Here y pulse **UU** para mostrar las propiedades modificadas por la animación preestablecida.

2. Avance al momento 7:10.

3. En Animación 1, cambie el Nivel de espacio a **-5** para que las letras se peguen mucho unas a otras (véase la figura 3.38).

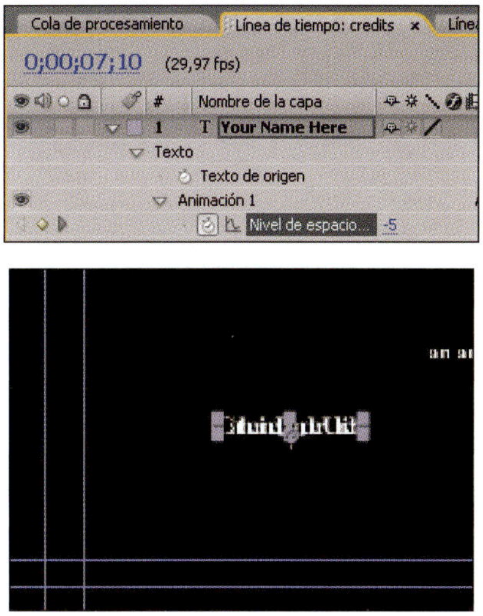

Figura 3.38.

4. Haga clic para seleccionar el fotograma clave Nivel de espacio en el momento 9:10 y elimínelo a fin de ajustar un segundo fotograma clave Nivel de espacio en el momento 8:10 a 0 (véase la figura 3.39).

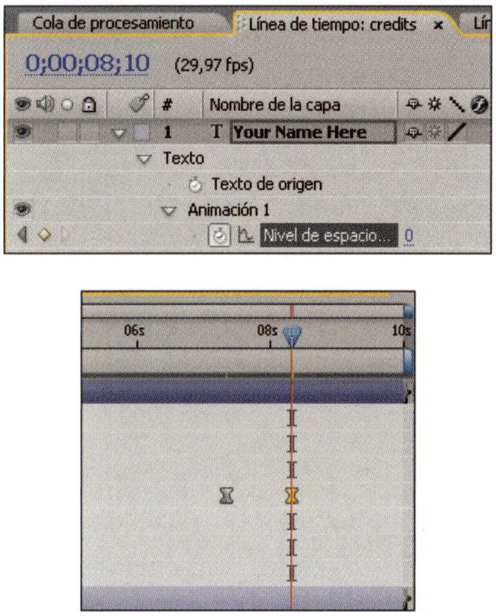

Figura 3.39.

5. Desplace el indicador de tiempo actual por la regla de tiempo entre el momento 7:10 y 9:10 para ver cómo se separan las letras al aparecer

en pantalla y se detiene la animación en el momento 8:10.

ANIMACIÓN DE LA OPACIDAD DE LAS LETRAS

Y ahora nos esmeraremos un poco más si cabe con el nombre del director y haremos que las letras aparezcan desenfocadas y muy pegadas al principio y se enfoquen y separen gradualmente hasta hacerse completamente nítidas y legibles. ¿Y cómo lo haremos? Pues animando las propiedades de opacidad de la capa con los viejos fotogramas clave.

1. En el panel Línea de tiempo: credits, seleccione la capa Your Name Here.

2. Pulse **T** para revelar las propiedades de Opacidad.

3. Avance al momento 7:10 y ajuste la opacidad a **0**. Luego, haga clic en el icono **Cronómetro de variación de tiempo** para fijar un fotograma clave de opacidad en este punto (véase la figura 3.40).

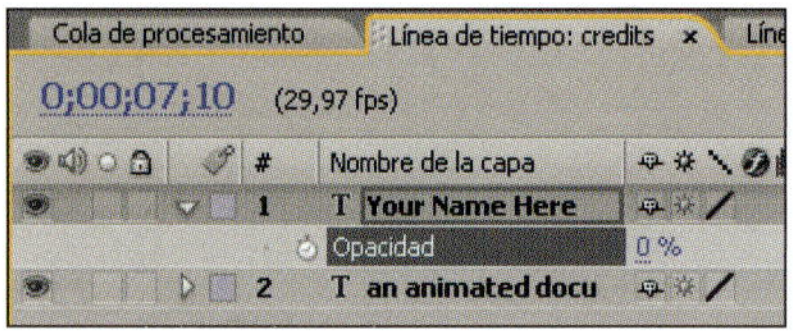

Figura 3.40.

4. Avance al momento 7:20 y ajuste la opacidad a **100%** para que After Effects añada un segundo fotograma clave. Ahora, las letras del nombre del director deberían separarse y enfocarse gradualmente en pantalla. Si quiere, previsualice la animación para ver el cambio.

5. Desplace el indicador de tiempo actual por la regla de tiempo del momento 7:10 al momento 9:10 para ver las letras del nombre del director enfocándose y creciendo gradualmente (véase la figura 3.41).

6. Haga clic con el botón derecho del ratón (Windows) o **Control**-clic (Mac OS) en el fotograma clave de opacidad y seleccione Asistente de fotograma clave>Inicio de Fácil.

7. Seleccione Archivo>Guardar.

Figura 3.41.

USO DE GRUPOS DE ANIMACIÓN DE TEXTO

A continuación, animaremos parte del nombre del director, la segunda palabra, y para hacerlo emplearemos un grupo de animación de texto. Los grupos de animación de texto permiten animar por separado letras dentro del bloque de texto de una capa, es decir, en nuestro caso concreto, animar solo los caracteres del primer apellido sin que afecte al espaciado entre caracteres y a la opacidad de las demás palabras que forman parte de la misma capa.

1. Avance al momento 8:10.

2. En el panel Línea de tiempo, haga clic en el triangulito que está a la izquierda del nombre de la capa Your Name Here para ocultar la propiedad Opacidad y vuelva a hacer clic en el mismo triangulito para ver el nombre del grupo de propiedades de texto de la capa.

3. A la derecha de la propiedad Texto, haga clic en el menú emergente Animar y seleccione Sesgar. En este momento, aparece el grupo Animación 2. Antes de continuar, cambie el nombre genérico de esta animación por otro más significativo.

4. Seleccione Animación 2, pulse **Intro** (Windows) o **Retorno** (Mac OS) y asígnele el nombre **Animación sesgar**. Vuelva a pulsar **Intro** o **Retorno** para aceptar el nuevo nombre (véase la figura 3.42).

Ahora, ya podemos definir el intervalo de letras que queremos sesgar.

5. Acceda a las propiedades de Selector de rango 1 dentro de Animación 2. Por defecto, todos los grupos de animación tienen un selector de intervalo, cuya función es restringir la animación a letras concretas de la capa de texto, y siempre es posible añadir más o aplicar múltiples propiedades de animación al mismo selector de intervalo.

Acerca de los grupos de animación de texto

LOS GRUPOS DE ANIMACIÓN DE TEXTO INCLUYEN UNO O VARIOS SELECTORES Y UNA O VARIAS PROPIEDADES DE ANIMACIÓN. UN SELECTOR ES MÁS O MENOS COMO UNA MÁSCARA Y CUMPLE LA FUNCIÓN DE ESPECIFICAR A QUÉ CARACTERES O A QUÉ SECCIÓN DE LA CAPA DE TEXTO SE QUIERE APLICAR UNA PROPIEDAD DE ANIMACIÓN. PERMITE DEFINIR PORCENTAJES DE TEXTO, CARACTERES ESPECÍFICOS O INTERVALOS CONCRETOS.

LA COMBINACIÓN DE PROPIEDADES DE ANIMACIÓN Y SELECTORES FACILITA LA CREACIÓN DE ANIMACIONES DE TEXTO DE GRAN COMPLEJIDAD QUE DE OTRO MODO RESULTARÍAN ENORMEMENTE LABORIOSAS. LA MAYORÍA SOLO REQUIERE ANIMAR LOS VALORES DE LOS SELECTORES EN VEZ DE LOS VALORES DE LAS PROPIEDADES, DE AHÍ QUE CASI TODAS LAS ANIMACIONES DE TEXTO, HASTA LAS MÁS INTRICADAS Y ENREVESADAS, EMPLEEN UN NÚMERO BASTANTE REDUCIDO DE FOTOGRAMAS CLAVE.

CON LOS GRUPOS DE ANIMACIÓN DE TEXTO ES POSIBLE ANIMAR LA POSICIÓN DE UN CARÁCTER, LA FORMA, ASÍ COMO LAS PROPIEDADES RELACIONADAS CON EL TAMAÑO DE UN CARÁCTER RESPECTO A SU PUNTO DE ANCLAJE. LA PROPIEDAD DE TEXTO AGRUPACIÓN DEL PUNTO DE ANCLAJE PERMITE RECOLOCAR LOS PUNTOS DE ANCLAJE DE UN CARÁCTER EN FUNCIÓN DE LA PALABRA, DE LA LÍNEA O DEL BLOQUE DE TEXTO DEL QUE FORME PARTE. ADEMÁS, EXISTE OTRA PROPIEDAD LLAMADA ALINEACIÓN DE LA AGRUPACIÓN QUE PERMITE CONTROLAR LA ALINEACIÓN DEL PUNTO DE ANCLAJE RESPECTO AL GRUPO DEL PUNTO DE ANCLAJE Y LA FUENTE.

SI DESEA SABER MÁS SOBRE LOS GRUPOS DE ANIMACIÓN DE TEXTO, CONSULTE LA AYUDA DE AFTER EFFECTS.

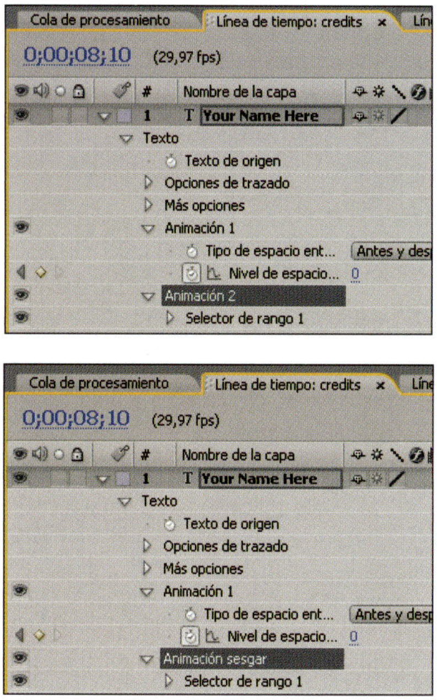

Figura 3.42.

6. Sin perder de vista el panel Composición, haga crecer el valor Inicio dentro de Selector de rango 1 moviéndolo hacia la derecha para hacer avanzar el indicador de selección por el texto hasta justo el principio de la primera letra de la segunda palabra (la letra B de "Bender", en nuestro ejemplo).

7. Ahora haga disminuir el valor Fin dentro de Selector de rango 1 moviéndolo hacia la izquierda para hacer retroceder el indicador de selección por el texto hasta justo el final de la última letra de la segunda palabra (la "r"de "Bender", en nuestro ejemplo) (véase la figura 3.43).

A partir de este momento, todas las propiedades que animemos con la Animación sesgar afectarán sola y exclusivamente a la segunda palabra

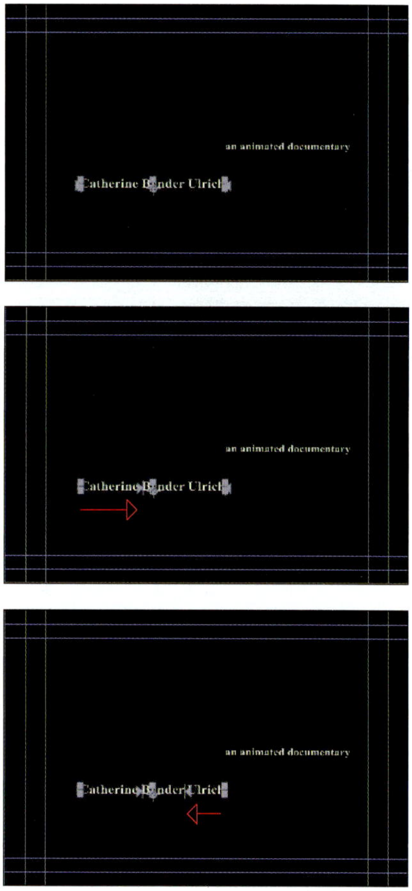

que es la que hemos seleccionado (Bender, en nuestro ejemplo).

Figura 3.43.

Sesgado del intervalo de texto

El siguiente paso aplicar un fotograma clave Sesgar a la segunda palabra del nombre de nuestro ejemplo para que vibre y dé una pequeña sacudida.

1. Mueva el valor Sesgar a derecha e izquierda para ver cómo se mueve la segunda palabra del nombre mientras el resto permanece impasible (véase la figura 3.44).

Animación de texto

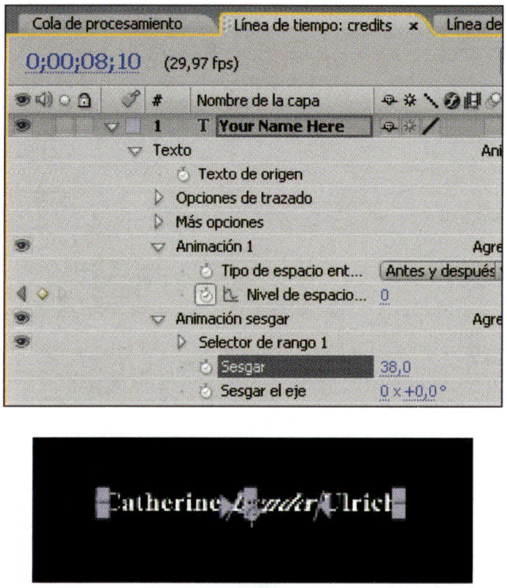

Figura 3.44.

2. Aplique el valor 0,0 a la propiedad Sesgar.

3. Avance al momento 8:05 y haga clic en el icono **Cronómetro de variación de tiempo** a la izquierda de Sesgar para agregar un fotograma clave (véase la figura 3.45).

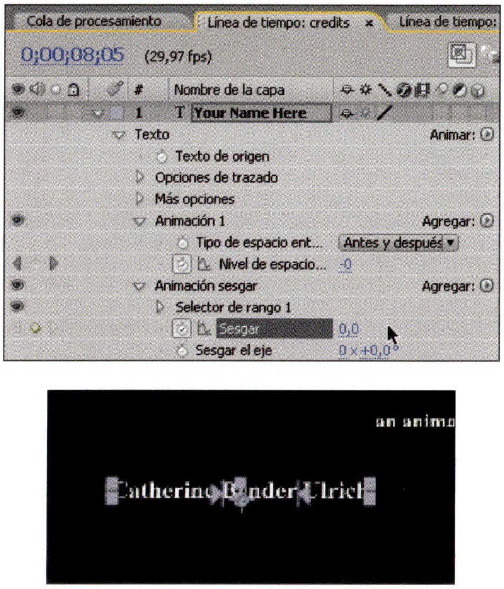

Figura 3.45.

4. Avance al momento 8:08 y ajuste el valor Sesgar en **50,0** para que After Effects agregue otro fotograma clave (véase la figura 3.46).

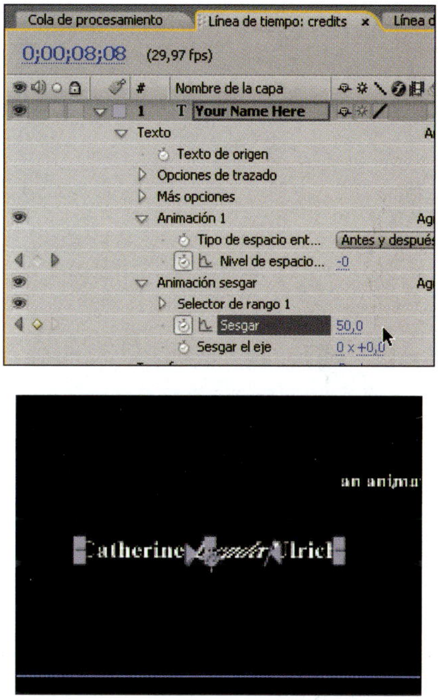

Figura 3.46.

5. Avance al momento 8:15 y cambie el valor Sesgar a **-50,0**. After Effects añade otro fotograma clave (véase la figura 3.47).

6. Avance al momento 8:20 y cambie el valor Sesgar a **0,0** para fijar el fotograma clave final (véase la figura 3.48).

7. Haga clic en la propiedad Sesgar para seleccionar todos los fotogramas clave que engloba y, luego, seleccione Animación> Asistente de fotograma clave>Fácil para agregar el comando Fácil a todos los fotogramas clave.

Y ya está, así que vamos a previsualizar el resultado.

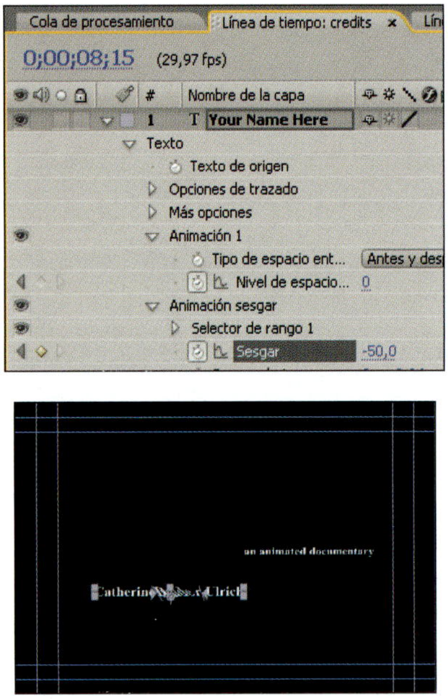

Figura 3.47.

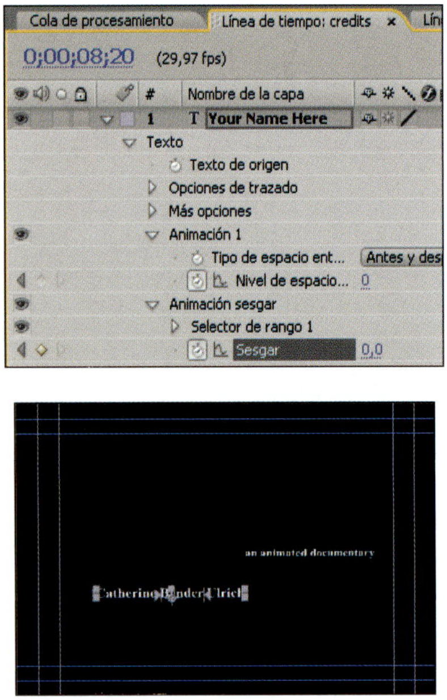

Figura 3.48.

8. Arrastre el indicador de tiempo actual por la regla de tiempo del momento 7:10 al momento 8:20 para ver cómo aparece el nombre del director, cómo se expande en pantalla y cómo se balancea el nombre intermedio de un lado a otro mientras el resto permanece inmóvil.

9. En el panel Línea de tiempo, seleccione la capa Your Name Here y pulse **UU** para ocultar sus propiedades.

TRUCO: PARA ELIMINAR RÁPIDAMENTE TODAS LAS ANIMACIONES DE TEXTO DE UNA CAPA DE TEXTO, HAGA CLIC EN EL NOMBRE DE LA CAPA EN EL PANEL LÍNEA DE TIEMPO Y SELECCIONE Animación>Quitar todos los animadores de texto. PERO SI QUIERE ELIMINAR SOLO UNA CONCRETA, SELECCIONE EL NOMBRE DE LA ANIMACIÓN EN EL PANEL LÍNEA DE TIEMPO Y PULSE LA TECLA **SUPR**.

Previsualización de la composición completa

Ahora es un buen momento para previsualizar cómo queda nuestra composición con todo lo que le hemos hecho hasta ahora.

1. Haga clic en el panel Línea de tiempo: Pond_Title_Sequence.

2. Pulse **Inicio** para regresar al principio de la regla de tiempo.

3. Pulse **0** en el teclado numérico para ver una previsualización de RAM.

4. Cuando termine, pulse la **Barra espaciadora**.

5. Seleccione Archivo>Guardar para guardar los cambios.

LIMPIAR LA ANIMACIÓN DE TRAZADO

Ahora mismo, las palabras "*directed by*" aparecen y desaparecen como si el viento se las llevara siguiendo el trazado preestablecido Tubos. Pero vamos a aplicar algunos cambios para que permanezcan opacas toda la animación y paren justo encima del nombre del director.

1. Con la capa directed by seleccionada en el panel Línea de tiempo, pulse la tecla **U** para mostrar sus propiedades de animación.

2. Haga clic en el icono **Cronómetro de variación de tiempo** de la propiedad Desplazamiento del Selector de gama 1 para eliminar todos sus fotogramas clave (véase la figura 3.49).

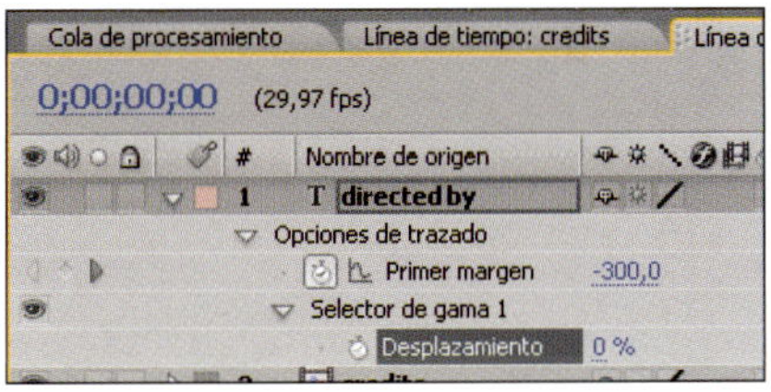

Figura 3.49.

3. Dependiendo de dónde esté el indicador de tiempo actual en la regla de tiempo, el valor de desplazamiento resultante podrá estar o no en 0 por 100. Si no lo está, ajústelo usted manualmente para que las palabras "*directed by*" permanezcan visibles durante toda la composición.

Para que la animación del texto se detenga sobre el nombre del director, hay que modificar la propiedad Primer margen.

4. En el panel Línea de tiempo, seleccione el último fotograma clave de la propiedad Primer margen y elimínelo (véase la figura 3.50). Dado que el fotograma clave intermedio (que ahora pasa a ser el último) está ajustado con el comando Fácil, las palabras "*directed by*" acaban posándose suavemente encima del nenúfar.

5. Avance al momento 6:14 y asigne a Primer margen el valor **685,0** (véase la figura 3.51).

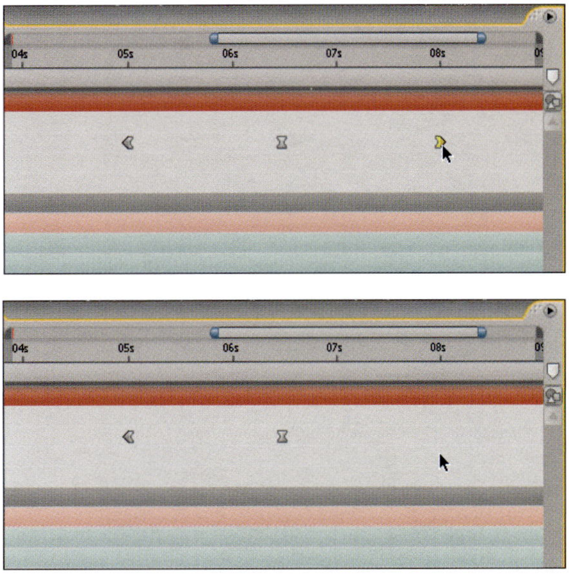

Figura 3.50.

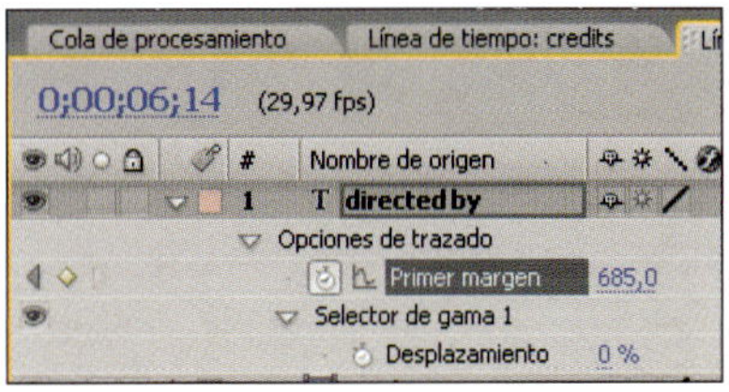

Figura 3.51.

También tendrá que ajustar la forma de la máscara para que el trazado comience y termine fuera de la pantalla.

6. En el panel Composición, haga clic en la herramienta de **Selección**, pulse **Mayús** y arrastre hacia la derecha y fuera de la pantalla el punto de control que está en el extremo derecho de la parte superior de la curva en forma de S.

7. Haga clic en el punto de control que está en el extremo izquierdo de la parte superior de la curva y arrástrelo hacia fuera de la pantalla por la izquierda. Pulse **Mayús** después de hacer clic para restringir el movimiento y mantener el trazado horizontal (véase la figura 3.52).

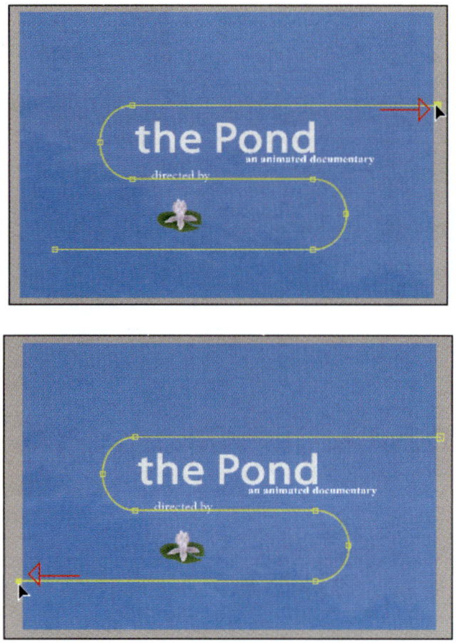

Figura 3.52.

8. Previsualice la composición entre los momentos 5:00 y 6:20 para ver cómo queda.

9. En el panel Línea de tiempo, seleccione la capa directed by y pulse **U** para ocultar las propiedades. Luego, seleccione Archivo> Guardar.

ANIMACIÓN DE LA LIBÉLULA

Ahora toca ponerle la guinda al pastel, y para ello, emplearemos la máscara de una de nuestras capas de texto para animar otra capa que no es de texto. En otras palabras, adaptaremos la forma de la máscara del trazado de "*directed by*" para crear el movimiento del objeto gráfico de una libélula, a fin de que parezca como si la libélula tirase del texto "*directed by*" hacia dentro de la pantalla. Para empezar, hay que importar el objeto gráfico de la libélula y agregarlo a la composición.

1. Haga doble clic en un área vacía del panel Proyecto para abrir el cuadro de diálogo Importar archivo.

2. En la carpeta AE7_CIB>Lessons> Lesson03>Assets, seleccione el archivo `dragonfly.ai`, seleccione Importar como> Composición: capas recortadas y luego haga clic en **Abrir** (véase la figura 3.53).

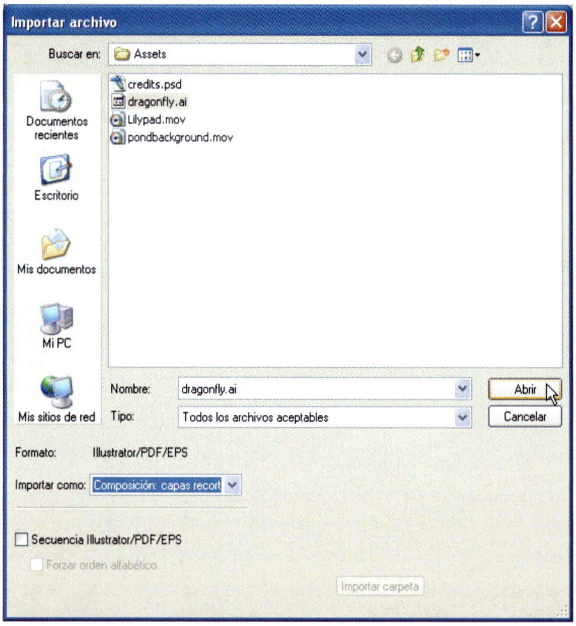

Figura 3.53.

3. Arrastre la composición dragonfly desde el panel Proyecto al panel Línea de tiempo: Pond_Title_Sequence y suéltela encima de todas las capas (véase la figura 3.54).

Copiar la forma de máscara

El primer paso es copiar la forma de máscara del trazado de la capa directed by y pegarla en la capa dragonfly.

Animación de texto

1. Avance al momento 5:00.

2. En el panel Línea de tiempo, seleccione la capa directed by y pulse **M** para mostrar la propiedad Forma de la máscara (véase la figura 3.55).

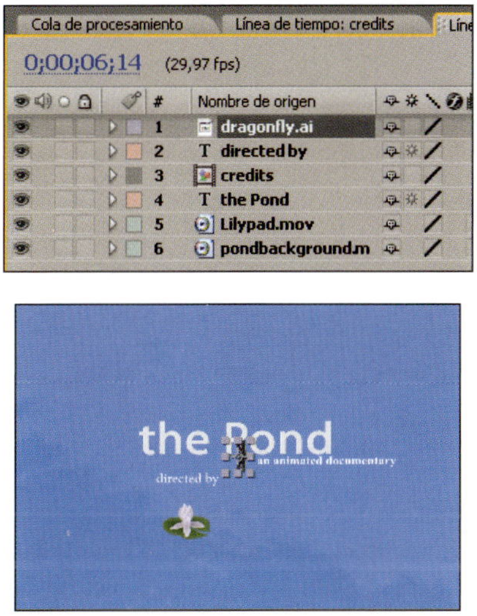

Figura 3.54.

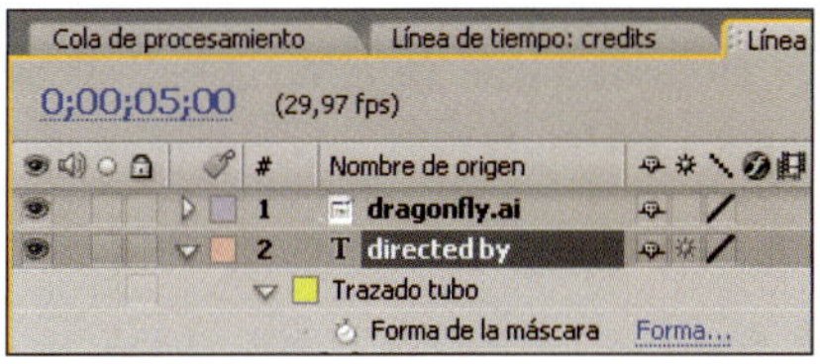

Figura 3.55.

3. Haga clic en la propiedad Forma de la máscara y Editar>Copiar.

4. Seleccione la capa dragonfly y pulse **P** para mostrar sus propiedades de posición (véase la figura 3.56).

5. Haga clic en la propiedad Posición y seleccione Editar>Pegar para que After Effects pegue las características de posición de la capa directed by a la capa dragonfly (véase la figura 3.57).

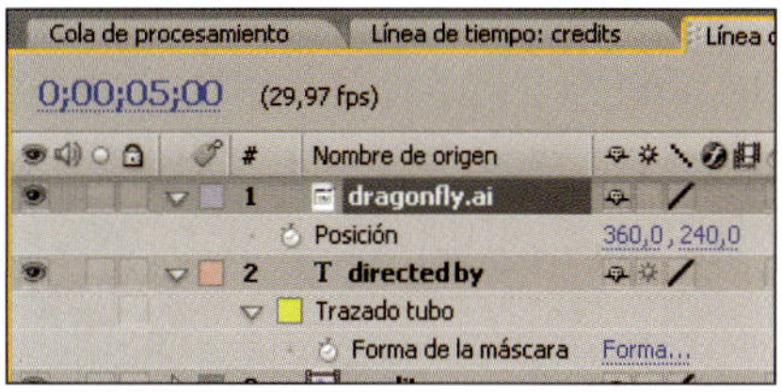

Figura 3.56.

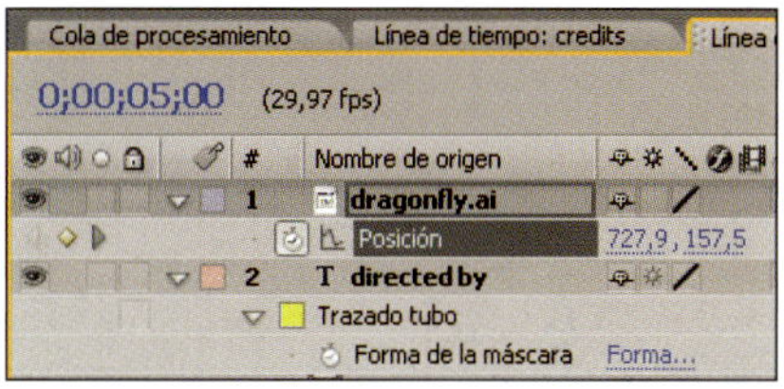

Figura 3.57.

Orientación de la libélula

Por desgracia, la libélula aparece volando hacia detrás, pero arreglarlo es bastante fácil.

1. En el panel Línea de tiempo, haga clic en la capa dragonfly y seleccione Capa> Transformar>Orientación automática.

2. En el cuadro de diálogo Orientación automática, seleccione Orientar en la ruta y haga clic en **Aceptar**.

Ahora, la libélula mira hacia delante y vuela hacia delante.

3. Seleccione la capa dragonfly en el panel Línea de tiempo y pulse **U** para ocultar sus propiedades de posición.

Coordinar tiempos de texto y de movimiento de la libélula

A continuación, hay que coordinar el tiempo del movimiento de la libélula con el de las palabras "*directed by*" para que sigan correctamente al elemento gráfico.

1. En el panel Línea de tiempo, seleccione la capa directed by y pulse **U** para mostrar las Opciones de trazado (véase la figura 3.58).

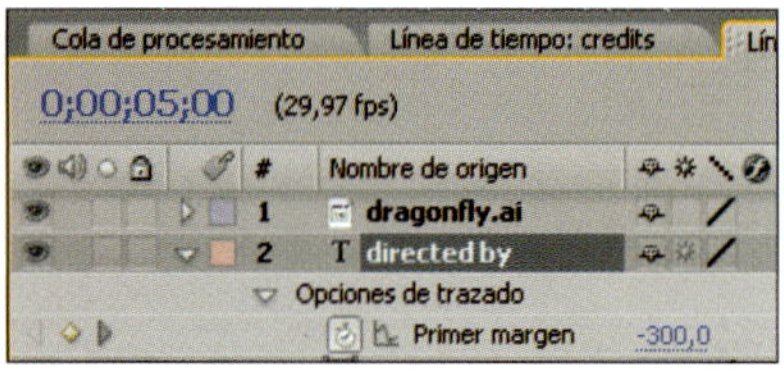

Figura 3.58.

2. Avance al momento 5:09 y ajuste el valor Primer margen a **127,0** para que After Effects agregue un nuevo fotograma clave Fácil.

3. Avance al momento 5:18 y ajuste el valor Primer margen a **373,0**. De nuevo, After Effects agrega un fotograma clave y el texto se desplaza detrás de la libélula.

4. Avance al momento 5:25 y ajuste el valor Primer margen a **559,0**.

5. Avance al momento 4:24 y arrastre el primer fotograma clave Primer margen a esa posición.

6. Previsualice manualmente la animación de trazado corregida arrastrando el indicador de tiempo actual por la regla de tiempo entre el momento 4:20 y el momento 7:10. Verá que las palabras siguen a la libélula y se posan sobre el nombre del director, mientras que la libélula sigue su camino hacia fuera de la pantalla.

7. Seleccione la capa directed by y pulse **U** para ocultar las propiedades. Luego, pulse la tecla **Inicio** para reiniciar la regla de tiempo.

APLICAR DESENFOQUE DE MOVIMIENTO

Para afinar la composición y hacer que el movimiento parezca más natural, terminaremos nuestro proyecto aplicando un desenfoque de movimiento.

1. En el panel Línea de tiempo, active el desenfoque de movimiento en todas las capas menos en pondbackground y credits (véase la figura 3.59).

Figura 3.59.

La capa del fondo del estanque no necesita desenfoque, pero ¿qué pasa con las capas que contienen los créditos? Las dos lo necesitan, así que para aplicárselo haga lo siguiente:

2. Haga clic en el panel Línea de tiempo: credits y active el desenfoque de movimiento en ambas capas (véase la figura 3.60).

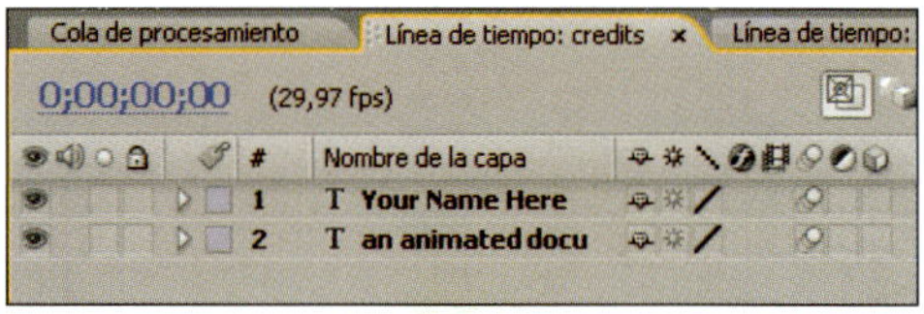

Figura 3.60.

3. Haga clic en el panel Línea de tiempo: Pond_Title_Sequence y active el desenfoque de movimiento de la capa credits. Luego, haga clic en el botón que habilita el desenfoque de movimiento en todas las capas que tengan el definidor **Desenfoque de movimiento activado** , que está en la parte superior del panel Línea de tiempo, y observe el resultado en el panel Composición.

4. Pulse **0** en el teclado numérico para ver una previsualización de RAM de toda la animación.

5. Seleccione Archivo>Guardar.

La verdad es que nos merecemos una buena palmadita en el hombro, pues las animaciones que acabamos de hacer no son cualquier cosa. Y ahora, si quiere, ya puede procesar la composición. Si desea ver instrucciones sobre cómo llevar a cabo el procesado, vaya al final del libro. Si no, pase al capítulo siguiente.

VEA LA PELÍCULA

Total Training: Texto animado

La serie de películas Total Training que se incluyen en el DVD que acompaña a este libro ofrece un tutorial sobre animaciones de texto. Para aprender más cosas sobre cómo convertir capas de Photoshop en texto editable, cómo previsualizar y aplicar animaciones preestablecidas de texto, y cómo aplicar desenfoques de movimiento a efectos de animación, consulte la película QuickTime llamada `AnimatedText.mov` que está en la carpeta `Movies` del DVD (véase la figura 3.61).

Figura 3.61.

REPASO

Preguntas

1. ¿Qué diferencias y similitudes hay en After Effects entre las capas de texto y los demás tipos de capas?

2. Describa dos formas de previsualizar una animación preestablecida de texto.

3. ¿De qué forma se pueden asignar las transformaciones de una capa a otra?

4. ¿Qué son los grupos de animación de texto?

Respuestas

1. Las capas de texto se parecen en muchos aspectos a las demás capas de After Effects. Se les puede aplicar efectos y expresiones, se las puede animar, se las puede designar como capas 3D y también se puede editar el texto 3D y visualizarlo al mismo tiempo en varias vistas distintas. Los principales rasgos diferenciadores son, por un lado, que las capas de texto no pueden abrirse solas en el panel Capa, y por el otro, que permiten animar el texto que contienen haciendo uso de ciertas propiedades y selectores especiales.

2. Las animaciones preestablecidas de texto se pueden previsualizar seleccionando Ayuda> Galería de animaciones predefinida, o en Bridge, seleccionando Animación>Examinar ajustes preestablecidos. Bridge abre y muestra el contenido de la carpeta de ajustes preestablecidos de After Effects. Explore, si quiere, los distintos tipos de animaciones preestablecidas de texto que hay en cada carpeta, como Desenfoques o Trazados, y vea cómo funcionan en el panel Vista previa. Para aplicarlas, solo hay que hacer doble clic en ellas y automáticamente se aplican en la capa que tenga seleccionada en ese momento en el panel Línea de tiempo de After Effects.

3. En After Effects, gracias a la función emparentar, es posible asignar a una capa las transformaciones de otra (a excepción de las transformaciones de opacidad). Cuando una capa es nombrada primaria de otra, la segunda recibe el nombre de capa secundaria. Crear relaciones primaria/secundaria entre capas sincroniza los cambios realizados en la capa primaria con los correspondientes valores de transformación de las capas secundarias.

4. Los grupos de animación de texto permiten animar en el tiempo las propiedades de los caracteres individuales de una capa de texto y están formados por uno o más selectores. Los selectores son como las máscaras: sirven para especificar a qué caracteres o a qué sección de la capa de texto queremos que afecte la propiedad de animación. A través de ellos, es posible definir porcentajes de texto, caracteres específicos o intervalos concretos de texto.

Capítulo 4

Los proyectos de After Effects emplean materiales de archivos importados de muchas clases, dispuestos en composiciones que se editan y animan en el panel Línea de tiempo. En este capítulo, seguiremos familiarizándonos con los principios básicos de las animaciones para crear una presentación multimedia.

Animación de presentaciones multimedia

En este capítulo, crearemos un proyecto de animación bastante complejo. Y haciéndolo, aprenderemos, por un lado, a mezclar medios, como son los vídeos de movimiento y los elementos artísticos de Photoshop, y por otro, a trabajar con material de audio, así como a dominar el funcionamiento del panel Línea de tiempo para animar fotogramas clave. El proyecto consiste en preparar la carpeta real de trabajos de animación de un ilustrador profesional, destinada a ser presentada en formato CD y en la Web, como herramienta de promoción profesional.

La duración aproximada de este capítulo es de 1 hora y media a 2 horas.

PUNTO DE PARTIDA

Compruebe que los siguientes archivos se encuentran en la carpeta AE7_CIB>Lessons>Lesson04 de su disco duro. Si no es así, cópielos ahora desde el DVD que incluye este manual:

- En la carpeta `Start_Project_File`: `Lesson04_Start.aep`.

- En la carpeta `Assets`: `CarRide.psd`, `GordonsHead.mov`, `HeadShape.ai`, `piano.wav` y varias imágenes en formato JPG cuyos nombres comienzan por "studer_".

- En la carpeta denominada `Sample_Movie`: `Lesson04.mov`.

Abra y reproduzca el archivo `Lesson04.mov` para ver el resultado de lo que va a crear en este capítulo. Cuando termine, salga del reproductor de QuickTime. Una vez visto, puede borrarlo, si quiere, para liberar espacio en su disco duro.

PREPARACIÓN DEL PROYECTO

En este proyecto, el ilustrador profesional Gordon Studer ha creado en Photoshop un archivo con la escena de una ciudad en la que aparecen varios objetos. Cada uno de estos objetos ocupa una capa separada y el objetivo es que nosotros los animemos en After Effects. De hecho, Gordon ha empezado ya un proyecto de After Effects que contiene el archivo con capas de Photoshop, junto con los clips de vídeo y audio que necesitaremos más adelante (véase la figura 4.1).

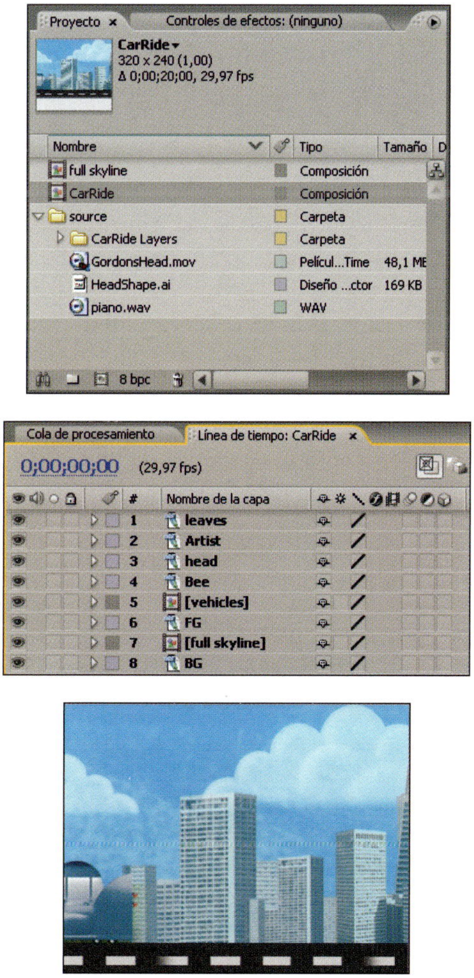

Figura 4.1.

Antes de empezar, restaure las preferencias predeterminadas de After Effects.

1. Pulse **Control-Alt-Mayús** durante el inicio de After Effects. Cuando aparezca la ventana que le pregunta si está seguro de querer eliminar el archivo de preferencias, haga clic en **Aceptar**.

2. Seleccione Archivo>Abrir o pulse **Control-O**.

3. Acceda a la carpeta AE7_CIB>Lessons> Lesson04>Start_Project_File, seleccione `Lesson04_Start.aep` y haga clic en **Aceptar**.

En este proyecto, animaremos una ilustración en la que el artista aparece conduciendo un coche por las calles de una ciudad hasta llegar a un caballete sobre el que aparecerán uno por uno varios ejemplos de su trabajo. Es, ciertamente, una animación compleja, así que lo primero que haremos será animar el fondo y algunos de los objetos para que parezca como si la cámara virtual se desplazase de izquierda a derecha. Posteriormente, animaremos el coche para que circule por la calle con una foto de la cara del ilustrador en el asiento del conductor, incluiremos tráfico y edificios para dinamizar el fondo y, finalmente, animaremos la presentación de los trabajos del ilustrador sobre la superficie del caballete.

4. Si es necesario, haga doble clic en la composición CarRide en el panel Proyecto para abrirla en los paneles Composición y Línea de tiempo.

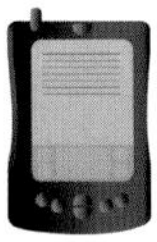

NOTA: SI QUIERE VER QUÉ HAY EN CADA CAPA DEL ARCHIVO DE PHOTOSHOP, HAGA DOBLE CLIC UNO POR UNO EN LOS ELEMENTOS QUE CONTIENE LA CARPETA `CarRide Layers` EN EL PANEL PROYECTO PARA VISUALIZARLOS EN EL PANEL MATERIAL DE ARCHIVO. NO OLVIDE CERRAR EL PANEL CUANDO TERMINE.

5. Seleccione Archivo>Guardar como.

6. En el cuadro de diálogo Guardar como, acceda a la carpeta AE7_CIB>Lessons> Lesson04>Finished_Project.

7. Asigne al proyecto el nombre `Lesson04_Finished.aep` y haga clic en **Guardar**.

ANIMAR LA ESCENA CON LA FUNCIÓN EMPARENTAR

En este ejercicio, usaremos la función emparentar para animar de forma precisa y eficaz varios elementos de la escena con el fondo. Como hemos vimos anteriormente, crear una relación primaria/secundaria entre capas sincroniza los cambios de la capa primaria con los valores de transformación correspondiente de las capas secundarias. En un ejercicio anterior, usamos emparentar para aplicar directamente la escala de una capa a otra, pero en este proyecto lo que queremos es sincronizar el movimiento de los objetos de tres capas, la capa leaves, la capa full skyline y la capa que contiene el primer plano o FG, con la capa BG, que es la que contiene el fondo de la animación.

Configuración de la función Emparentar

En primer lugar, tenemos que establecer en el panel Línea de tiempo la relación primaria/ secundaria entre las capas.

1. En el panel Línea de tiempo, haga **Control**-clic (Windows) o **Comando**-clic (Mac OS) para seleccionar las capas leaves, FG y full skyline.

2. En la columna Primario de cualquiera de ellas, seleccione la opción 8. BG del menú emergente para establecer las tres capas seleccionadas como secundarias de la capa que

contiene el fondo, es decir, la capa BG (véase la figura 4.2).

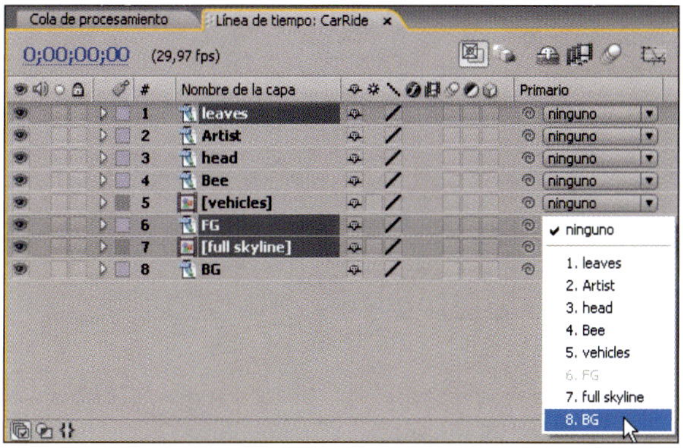

Figura 4.2.

ADVERTENCIA: SI NO VE LA COLUMNA Primario, SELECCIONE Columnas>Primario EN EL MENÚ EMERGENTE DEL PANEL LÍNEA DE TIEMPO.

Animación de la capa primaria

El siguiente paso consiste en animar la posición de la capa que contiene el fondo (la capa primaria) para que se mueva horizontalmente, lo que forzará la misma animación de movimiento a las capas secundarias.

1. Pulse la tecla **Inicio** para estar seguro de que el indicador de tiempo actual se encuentra al principio de la regla de tiempo.

2. En el panel Línea de tiempo, seleccione la capa BG y pulse la tecla **P** para ver sus propiedades de posición.

3. Ajuste los valores de posición de la capa BG a **1029,0** y **120,0**, y fije un fotograma clave de posición en este punto haciendo clic en el icono **Cronómetro de variación de tiempo** para desplazar la capa de fondo hacia la izquierda de la escena como si fuera la cámara la que se estuviera moviendo (véase la figura 4.3).

4. Avance al momento 10:15.

TRUCO: TENIENDO EN CUENTA QUE EN ESTE PROYECTO VAMOS A TENER QUE MOVERNOS TODO EL TIEMPO DE UN LADO A OTRO DE LA REGLA DE TIEMPO, LO MEJOR ES EMPLEAR EL MÉTODO RÁPIDO DE AVANZAR O RETROCEDER A UN FOTOGRAMA CONCRETO. PULSE **CONTROL-G** PARA ABRIR EL CUADRO DE DIÁLOGO Ir a tiempo, ESCRIBA EL MOMENTO AL QUE QUIERE ACCEDER SIN PUNTUACIÓN (POR EJEMPLO 1015 EN EL CASO DE 10:15) Y PULSE **INTRO**.

5. Escriba **-626,0** y **120,0** como nuevos valores de posición de la capa BG para que After Effects fije automáticamente un segundo fotograma clave y muestre el trazado de movimiento de la animación en el panel Composición. Ahora, el fondo atraviesa la composición, y como las capas leaves, full skyline y FG son capas secundarias de la capa primaria BG, todas se mueven horizontalmente a partir del mismo punto de inicio (véase la figura 4.4).

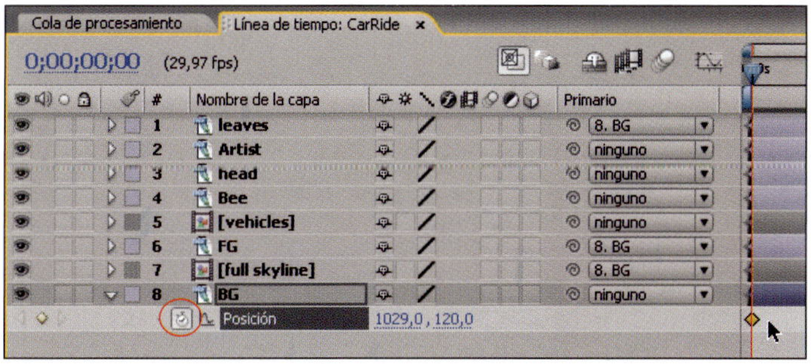

Figura 4.3.

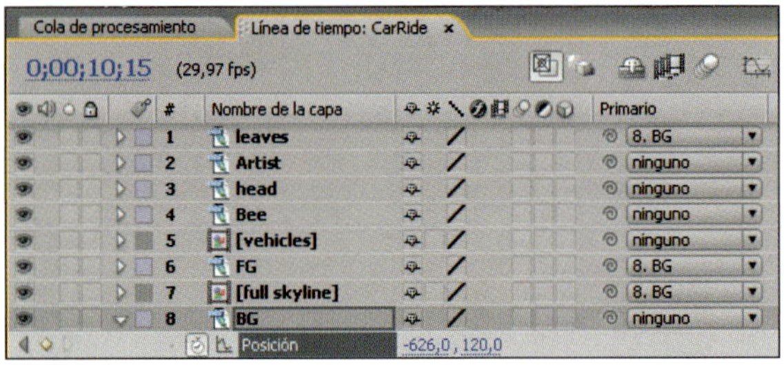

Figura 4.4.

6. Seleccione la capa BG y pulse **U** para ocultar sus propiedades.

Animación de la posición de la abeja

En nuestra composición, hay otro elemento que se mueve y que atraviesa la escena al principio de la animación: una abeja, y animarla es lo próximo que vamos a hacer.

1. Pulse la tecla **Inicio** para poder volver al momento 0:00.

2. Seleccione la capa Bee en el panel Línea de tiempo y pulse la tecla **P** para revelar sus propiedades de posición. (La abeja no está en el panel Composición en el momento 0:00.)

3. Ajuste los valores de posición de la capa Bee a **825,0** y **120,0** para situar la abeja a la izquierda y fuera de la pantalla al principio de la animación, y haga clic en el icono **Cronómetro de variación de tiempo** para crear ahí un fotograma clave de posición (véase la figura 4.5).

4. Avance al momento 1:00 y escriba **1411,0** y **120,0** como nuevos valores de posición a fin de colocar la abeja fuera de la pantalla pero por la derecha, y de que After Effects agregue un fotograma clave (véase la figura 4.6).

TRUCO: OTRA FORMA DE CAMBIAR LOS VALORES DE POSICIÓN DE LA CAPA Bee ES ARRASTRAR LA PROPIA CAPA EN EL PANEL COMPOSICIÓN CON LA HERRAMIENTA DE **SELECCIÓN** HASTA SITUARLA EN LA POSICIÓN DESEADA.

5. Seleccione la capa Bee y pulse la tecla **U** para ocultar sus propiedades de posición.

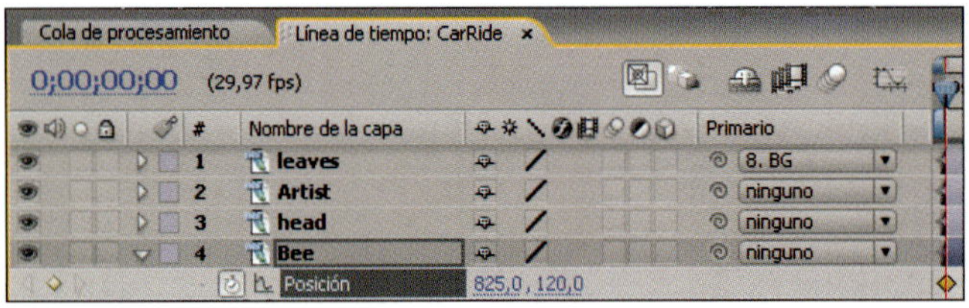

Figura 4.5.

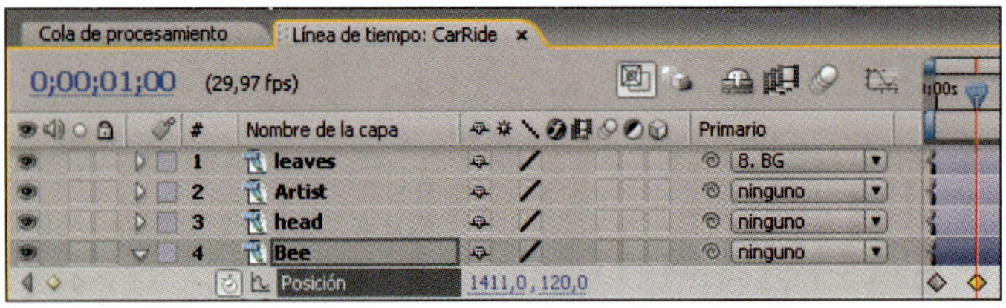

Figura 4.6.

Recortes de capa

Dado que no queremos que la abeja aparezca en la composición después del momento 1:00, la única solución es recortar la capa. Recortar permite ocultar material de archivo al principio o al final de una capa y cambiar así el orden de los fotogramas en la composición. El primer fotograma de una composición se llama punto de entrada y el último, punto de salida, y es posible recortar tanto uno como otro en el panel Capa o en el panel Línea de tiempo, dependiendo de lo que queramos cambiar. En este ejercicio, cambiaremos el punto de salida de la capa Bee en el panel Línea de tiempo.

1. Con el indicador de tiempo actual en el momento 1:00 y la capa Bee seleccionada en el panel Línea de tiempo, pulse **Alt-]** para fijar el punto de salida en el momento actual (véase la figura 4.7).

TRUCO: OTRA FORMA DE CAMBIAR EL PUNTO DE SALIDA ES ARRASTRAR EL LADO DERECHO DE LA BARRA DE DURACIÓN DE LA CAPA.

Desenfoque de movimiento

Para dar el último toque a la animación de la abeja, aplicaremos un desenfoque de movimiento que haga que parezca más auténtica.

1. Haga clic en el icono **Desenfoque de movimiento** para activar el desenfoque de movimiento de la capa Bee.

2. Haga clic en el botón que habilita el desenfoque de movimiento y que está en la parte superior del panel Línea de tiempo para visualizar el efecto en el panel Composición (véase la figura 4.8).

Previsualización

Previsualice ahora manualmente los diversos elementos de la animación.

1. Arrastre el indicador de tiempo actual de 0:00 a 10:15 y verá que la animación del fondo, las hojas, la abeja, los objetos que están en segundo plano y los objetos que están en el cielo se mueven como si hubiera una cámara atravesando la escena.

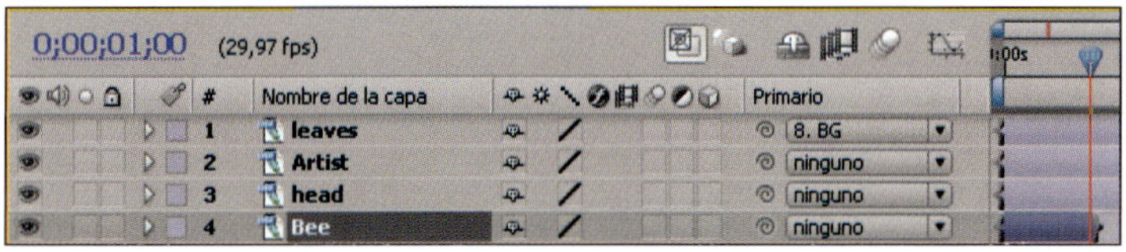

Figura 4.7.

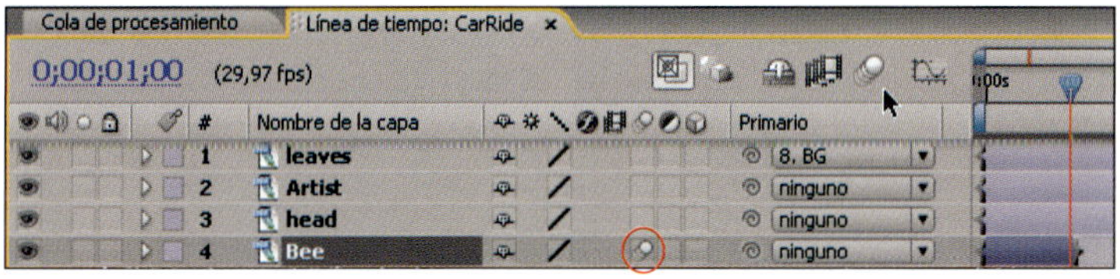

Figura 4.8.

2. Cuando haya terminado, restaure el indicador de tiempo actual y seleccione Archivo>Guardar para guardar los cambios.

AJUSTE DE PUNTOS DE ANCLAJE

Ya hemos conseguido que el fondo se mueva, pero queda animar al artista en su coche rojo para que sea él quien conduzca de principio a fin de la composición. El primer paso es mover el punto de anclaje de la capa que contiene el coche rojo sin que afecte su posición relativa dentro de la composición. La capa del coche rojo se llama Artist, por lo que para editar el punto de anclaje de la capa Artist, es evidente que tenemos que trabajar en ella en el panel Capa.

1. En el panel Línea de tiempo, haga doble clic en la capa Artist para abrirla en el panel Capa.

2. En la parte inferior derecha del panel Capa, seleccione Vista>Ruta del punto de anclaje para mostrar el punto de anclaje de la capa que, por defecto, está situado en el centro de la misma (véase la figura 4.9).

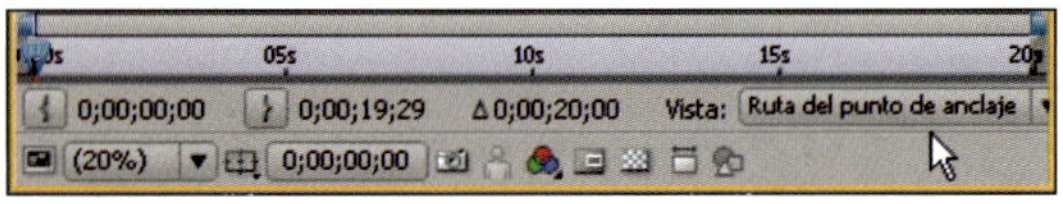

Figura 4.9.

3. Seleccione la herramienta de **Panorámica trasera** en el panel Herramientas (o bien pulse **Y**).

4. Si es necesario, seleccione la opción Ajustar hasta 100% del menú emergente Ventana emergente de proporción de aumento (que está en la esquina inferior izquierda del panel Capa) para ver la capa completa, y arrastre el punto de anclaje a la esquina inferior izquierda del coche (véase la figura 4.10).

Figura 4.10.

5. Haga clic en el nombre del panel Composición para visualizar la composición CarRide.

6. Seleccione la capa Artist en el panel Línea de tiempo y pulse **P** para ver sus propiedades de posición.

7. Escriba los nuevos valores de posición **50,0** y **207,0** para que el coche se sitúe en el centro del fotograma, y haga clic en el icono **Cronómetro de variación de tiempo** para fijar un fotograma clave de posición. Esta posición es solamente temporal para poder ver el coche en pantalla mientras le aplicamos la máscara del conductor, que es lo siguiente que vamos a hacer. Más adelante, animaremos el coche para que circule por toda la composición (véase la figura 4.11).

Figura 4.11.

8. Seleccione la capa Artist y pulse **U** para ocultar sus propiedades y seleccione Archivo> Guardar para guardar los cambios.

APLICAR UNA MÁSCARA DE VÍDEO EN UNA FORMA VECTORIAL

Una vez que tenemos el coche en pantalla, ya podemos colocar al conductor, y para ello, primero hay que crear una máscara vectorial de un plano de vídeo de la cabeza del ilustrador e insertarla en una forma lateral, es decir, una firma estilo tipo Picasso del trabajo del artista.

Crear una nueva composición

En este ejercicio, crearemos una composición nueva para la forma vectorial y para la secuencia de vídeo.

1. Haga **Control**-clic para seleccionar las capas GordonsHead. mov y HeadShape.ai en el panel Proyecto, y arrástrelas al botón **Crear una nueva composición** que está en la parte inferior del panel (véase la figura 4.12).

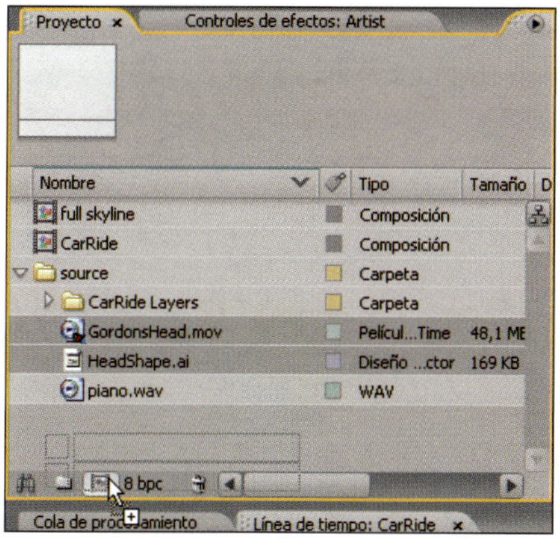

Figura 4.12.

2. En el cuadro de diálogo Nueva composición a partir de selección, seleccione Utilizar dimensiones desde>GordonsHead.mov y haga clic en **Aceptar** para que After Effects cree una nueva composición llamada GordonsHead, basada en los ajustes de la película, y la abra en los paneles Línea de tiempo y Composición (véase la figura 4.13).

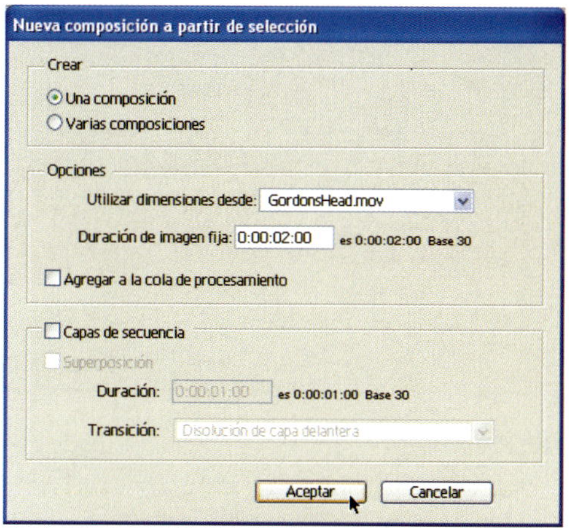

Figura 4.13.

Por desgracia, la película GordonsHead tiene una resolución distinta que la composición CarRide, y esto hay que arreglarlo.

3. Seleccione Composición>Ajustes de la composición y ajuste el Ancho a 360 píxeles. Verá que After Effects cambia automáticamente la Altura a 240 píxeles. Haga clic en **Aceptar** (véase la figura 4.14).

Ahora, escalaremos las capas para adaptarlas al tamaño de la composición.

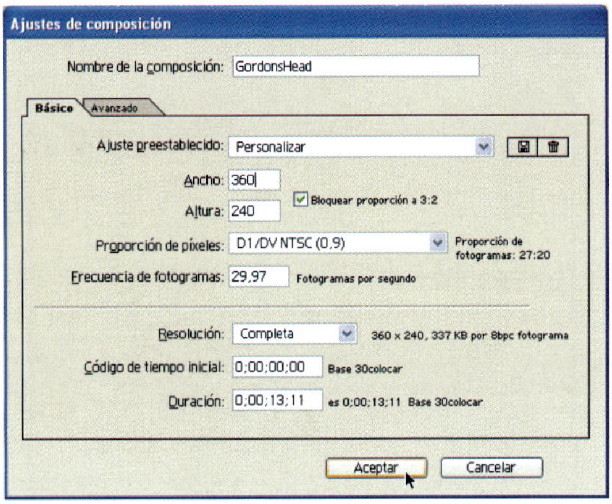

Figura 4.14.

4. Haga **Mayús**-clic para seleccionar las capas GordonsHead y HeadShape en el panel Línea de tiempo y seleccione Capa>Transformar> Ajustar a comp., o bien pulse **Control-Alt-F** (véase la figura 4.15).

Figura 4.15.

5. Compruebe que la capa HeadShape esté encima de la capa GordonsHead y, si no es así, ordénelas (véase la figura 4.16).

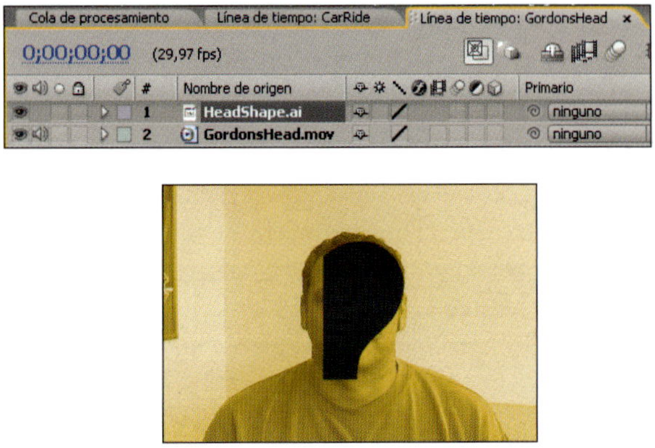

Figura 4.16.

6. Arrastre el lado derecho de barra de duración de la capa HeadShape hasta el final de la regla de tiempo para que tenga la misma longitud que la capa GordonsHead, es decir, 13:10 (véase la figura 4.17).

Creación de la máscara

Son varios los métodos de creación de máscaras que ofrece After Effects. Se puede, por ejemplo, insertar un vídeo o una foto en una forma vectorial que dibujemos en After Effects o emplear formas importadas de Illustrator. En este caso y para ser coherentes con el estilo de nuestro artista, usaremos un perfil vectorial de la cabeza de Gordon Studer que él mismo ha creado en Illustrator y que propone una máscara de bordes bien nítidos.

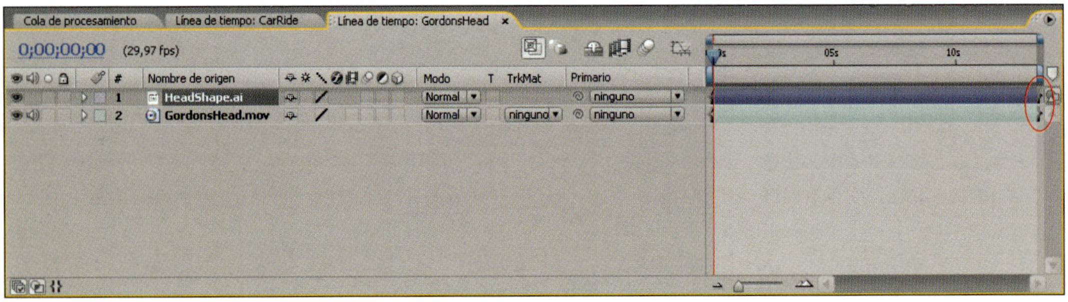

Figura 4.17.

1. Haga clic en el botón que expande o contrae el panel de control de transferencias, situado en la parte inferior del panel Línea de tiempo, para visualizar la columna Modo (véase la figura 4.18).

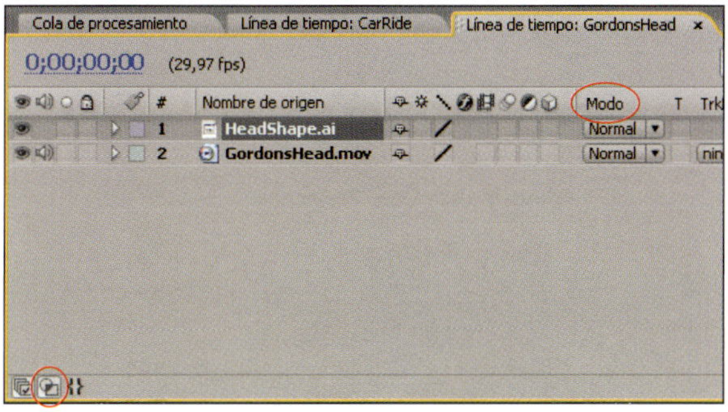

Figura 4.18.

2. En la capa GordonsHead, seleccione TrkMat>Mate alfa "HeadShape.ai" y observe el resultado en el panel Composición (véase la figura 4.19).

Colocar una composición en una capa

Ya tenemos el careto de Gordon Studer enmascarado en la forma vectorial, pero ahora queda insertarlo en el coche. Para ello, hay que regresar a la composición principal CarRide y colocar la composición GordonsHead en la capa head, que actualmente es una capa de color sólido.

1. En el panel Línea de tiempo, haga clic en la composición CarRide.

2. Seleccione la capa head en el panel Línea de tiempo y siga uno de estos pasos:

- Seleccione la composición GordonsHead en el panel Proyecto y pulse **Control-Alt-/**.

- Pulse **Alt** y arrastre la composición GordonsHead desde el panel Proyecto a la capa head dentro del mismo panel Línea de tiempo (véase la figura 4.20).

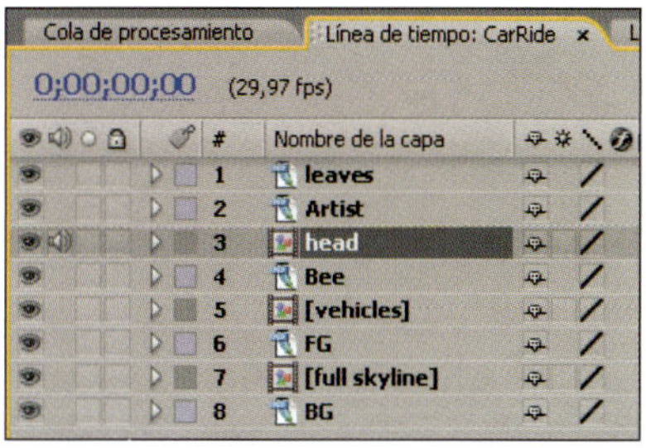

Figura 4.20.

3. Haga clic en la herramienta de **Selección** y desplace hacia arriba la capa head dentro del panel Composición hasta que Gordon Studer esté bien sentado en el coche (véase la figura 4.21).

Ahora, hay que volver a usar Emparentar para que la cabeza de Gordon Studer se anime con el movimiento del coche.

4. En la capa head (dentro del panel Línea de tiempo), seleccione Primario>2. Artist (véase la figura 4.22).

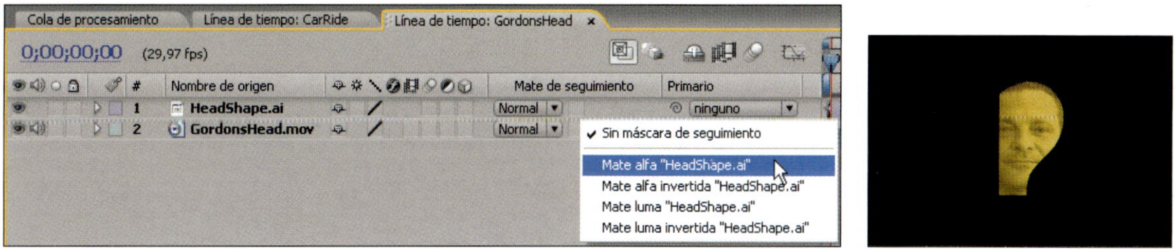

Figura 4.19.

Figura 4.21.

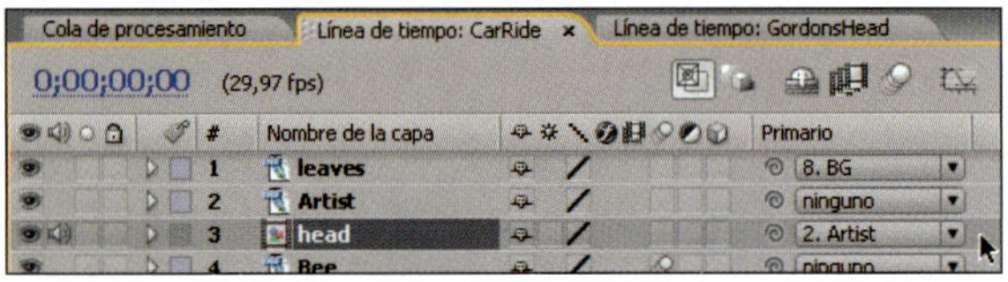

Figura 4.22.

5. Seleccione Archivo>Guardar para guardar los cambios.

CREACIÓN DE FOTOGRAMAS CLAVE DE UN TRAZADO DE MOVIMIENTO

Finalmente, lo que queda es animar el coche para que se ponga en marcha y circule por la pantalla desde el principio de la composición, aumente proporcionalmente de tamaño hacia la mitad de la misma (como si se acercara a la cámara) y al final acelere y salga disparado de la pantalla. Lo primero que haremos será crear un fotograma clave de la posición del coche para que aparezca en pantalla.

1. Pulse la tecla **Inicio** para restaurar el indicador de tiempo actual.

2. Haga clic en el icono **Vídeo** del panel Línea de tiempo para desactivar la visibilidad de la capa leaves para ver bien la capa Artist que está debajo (véase la figura 4.23).

Figura 4.23.

3. Seleccione la capa Artist en el panel Línea de tiempo y visualice todas sus propiedades de transformación, haciendo clic en el triangulito que hay a la izquierda del nombre de la capa y otra vez clic en el triangulito Transformar.

4. Sitúe la capa Artist fuera de la pantalla por la izquierda (detrás de las hojas) escribiendo los siguientes valores de posición: **-162,0** y **207,0** (véase la figura 4.24).

NOTA: YA HAY UN FOTOGRAMA CLAVE EN ESTA POSICIÓN DEL EJERCICIO DE ESTABLECIMIENTO DE PUNTOS DE ANCLAJE.

5. Avance al momento 2:20 y escriba estos nuevos valores de posición, **54,5** y **207,0**, para que After Effects agregue un fotograma clave (véase la figura 4.25).

Figura 4.24.

6. Avance al momento 6:00 y haga clic en el botón **Ir al fotograma clave anterior** (de la columna Definidores) para agregar otro fotograma clave de posición en la capa Artist (véase la figura 4.26) con los mismos valores (54,5 y 207,0).

Cuando se animan propiedades de posición, After Effects lo que hace es mostrar el movimiento como un trazado. Los trazados de movimiento se pueden crear para la posición de una capa entera, pero también para el punto de anclaje de una capa. En el primer caso, el trazado aparece en el panel Composición, mientras que en segundo caso, aparece en el panel Capa. El aspecto del trazado de movimiento es el de una secuencia de puntos en la que cada punto marca la posición que ocupa la capa en cada fotograma. Las X marcan la posición de los fotogramas clave, y la densidad de puntos entre las X indican la velocidad relativa de la capa, es decir, cuanto más juntos están los puntos, más lento es el movimiento y al revés.

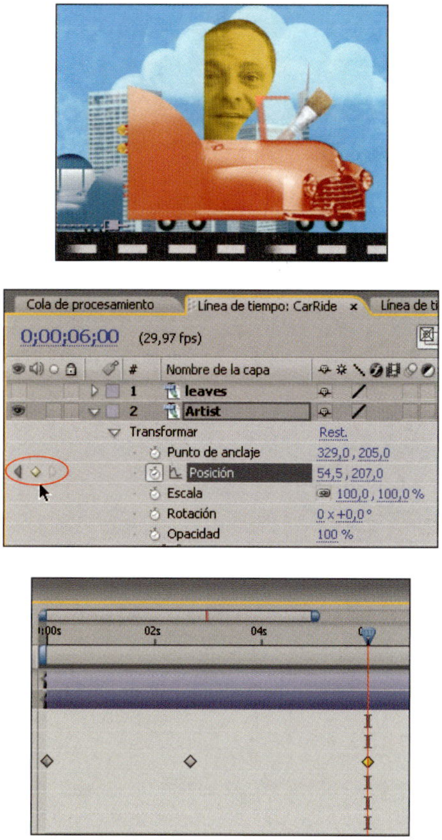

Figura 4.26.

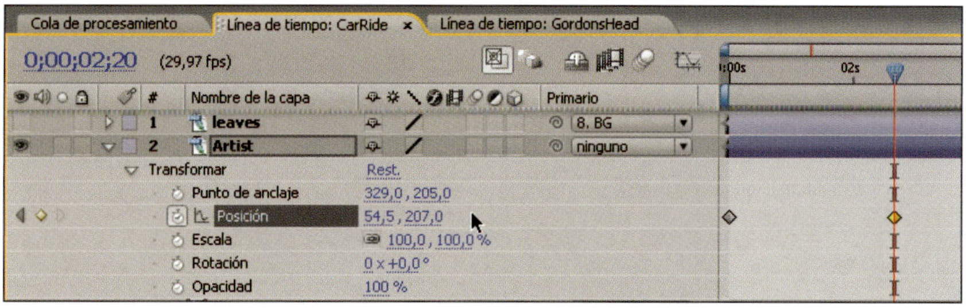

Figura 4.25.

Creación de fotogramas clave de cambios de escala y rotación

El coche aumenta de tamaño en pantalla hacia la mitad de la composición, como si se acercara progresivamente a la cámara, y luego derrapa sobre las ruedas de detrás mediante el establecimiento de un fotograma clave de rotación.

1. Avance al momento 7:15, cambie los valores de escala de la capa Artist a **80,0** y **80,0%** y haga clic en el icono **Cronómetro de variación de tiempo** para fijar el fotograma clave de escala (véase la figura 4.27).

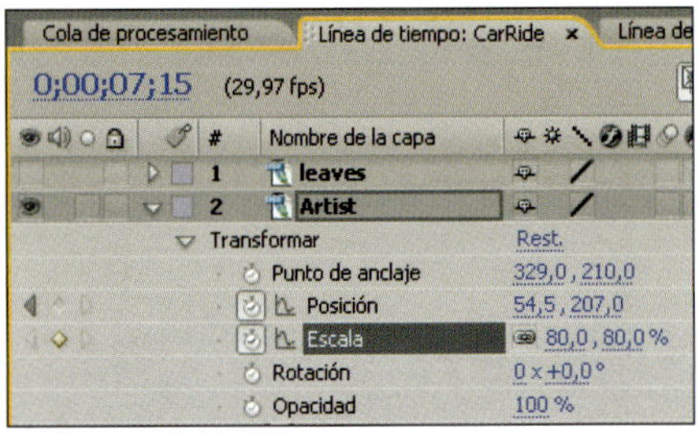

Figura 4.27.

2. Avance al momento 10:10 y escriba nuevos valores de posición para la capa Artist, **28,0** y **303,0**, a fin de que After Effects agregue un fotograma clave (véase la figura 4.28).

3. Si moverse del momento 10:10, cambie los valores de escala a **120,0** y **120,0%** para que After Effects agregue un fotograma clave.

4. Sin moverse de 10:10, haga clic en el icono **Cronómetro de variación de tiempo** para establecer un fotograma clave de rotación por defecto, es decir, con valor 0,0°.

5. Avance al momento 10:13 y cambie el valor de rotación a **-14,0°** para que After Effects agregue un fotograma clave y el coche se haga el caballito sobre las ruedas de detrás (véase la figura 4.29).

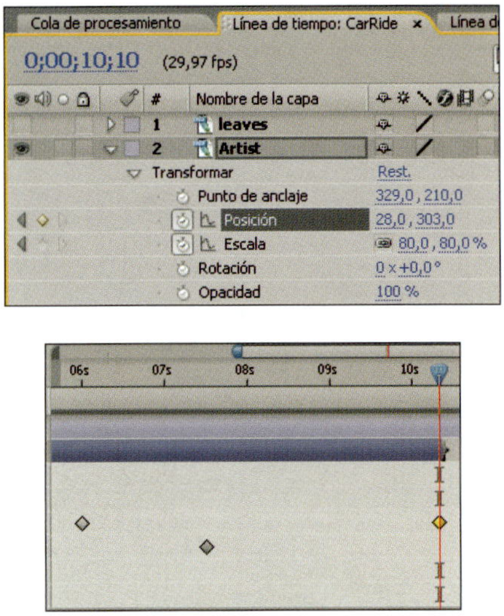

Figura 4.28.

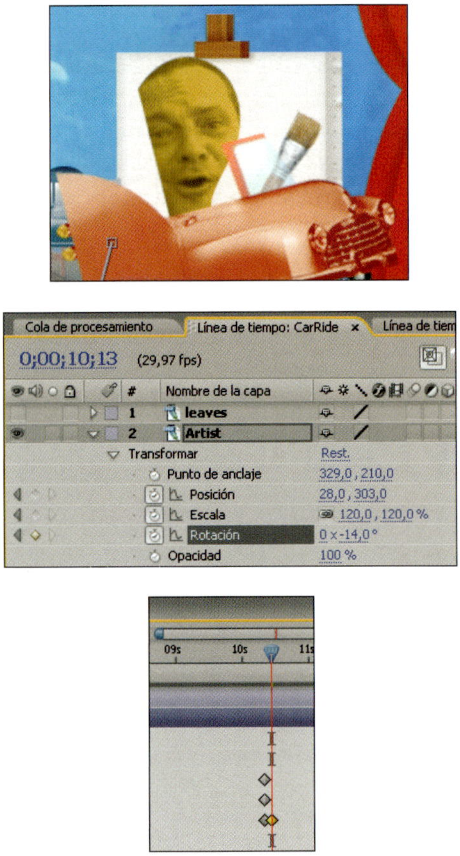

Figura 4.29.

Y ahora, animaremos la salida de pantalla del coche.

6. Avance al momento 10:24 y fije los nuevos valores de posición para la capa Artist en **369,0** y **258,0** para que After Effects añada un fotograma clave (véase la figura 4.30).

Figura 4.30.

Desenfoque de movimiento

Y para terminar, aplicaremos un desenfoque de movimiento para suavizar la secuencia de salida.

1. Active el icono **Desenfoque de movimiento** en las capas Artist y head (véase la figura 4.31).

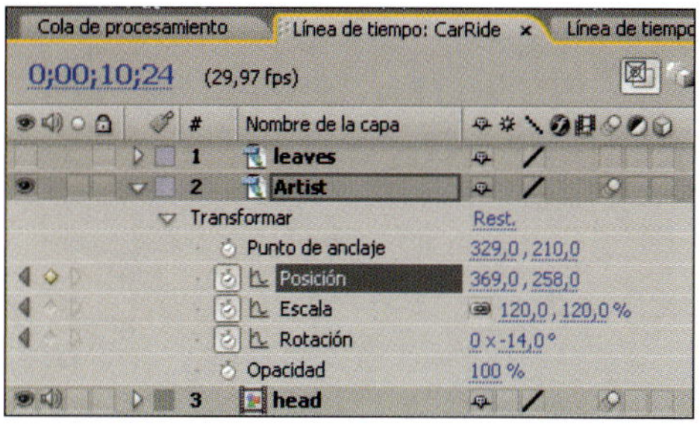

Figura 4.31.

El desenfoque no solo será visible en el coche mientras circula para salir de escena, sino también en la abeja voladora, pues si hacemos memoria, también activamos desenfoque de movimiento en la capa que la contiene. Pasemos a ver cómo.

2. Seleccione la capa Artist en el panel Línea de tiempo y pulse **UU** para ocultar sus propiedades de transformación.

Previsualización

Ahora que ya tenemos establecidos fotogramas clave para el coche en movimiento, previsualizaremos toda la secuencia para estar seguros que la animación del conductor es adecuada.

1. Active la visibilidad de la capa leaves en el panel Línea de tiempo haciendo clic en el icono **Vídeo**, y pulse **0** en el teclado numérico para ver una previsualización de RAM de la animación.

2. Seleccione Archivo>Guardar para guardar los cambios.

ANIMACIÓN DE ELEMENTOS ADICIONALES

Para seguir practicando cómo se crean animaciones de fotogramas clave, lo que haremos a continuación es animar el tráfico y los edificios de fondo.

Animación del tráfico de fondo

Es posible que haya observado en la previsualización que acabamos de ver, que el coche azul está pegado a la parte trasera del coche rojo del artista. En realidad, el coche azul es una capa precompuesta que contiene, además, un coche amarillo. El siguiente paso es dinamizar un poco más la escena animando los coches azul y amarillo para que adelanten al coche del artista en segundo plano.

NOTA: RECUERDE, UNA CAPA PRECOMPUESTA ES SIMPLEMENTE UNA CAPA QUE TIENE CAPAS ANIDADAS. EN NUESTRO EJEMPLO, LA CAPA PRECOMPUESTA vehicles INCLUYE UNA CAPA ANIDADA CON UN COCHE AZUL Y UNA CAPA ANIDADA CON UN COCHE AMARILLO.

1. Seleccione la capa vehicles en el panel Línea de tiempo y aíslela haciendo clic en el comando **Solo**. Luego, pulse la tecla **P** para ver sus propiedades de posición.

2. Avance al momento 3:00.

3. Haga clic en la herramienta de **Selección** y arrastre la capa vehicles en el panel Composición hasta que ambos coches desaparezcan de la pantalla por la derecha. Pulse **Mayús** después de empezar a arrastrar para limitar el movimiento verticalmente. Otra opción es escribir directamente los valores de posición **684,0** y **120,0**.

4. Haga clic en el icono **Cronómetro de variación de tiempo** para crear un fotograma clave de posición para la capa vehicles (véase la figura 4.32).

5. Avance al momento 4:00 y arrastre la capa vehicles en el panel Composición hasta que ambos coches desaparezcan de pantalla por la izquierda, o escriba directamente los valores de posición **93,0** y **120,0**, para que After Effects agregue un fotograma clave.

6. Active el desenfoque de movimiento en la capa vehicles (véase la figura 4.33).

7. Seleccione la capa vehicles en el panel Línea de tiempo y pulse **U** para ocultar sus propiedades.

8. Anule el comando **Solo** en la capa vehicles y previsualice manualmente la animación de los coches azul y amarillo arrastrando el indicador de tiempo actual entre los momentos 2:25 y 4:06.

Animación de los edificios de fondo

¿Animar los edificios? Por supuesto que sí. Haremos que algunos edificios suban y "salten" por detrás del coche del artista mientras cruza a toda velocidad el centro de San Francisco. Volveremos a trabajar con una capa precompuesta (full skyline), pero esta vez la abriremos para animar individualmente sus capas anidadas.

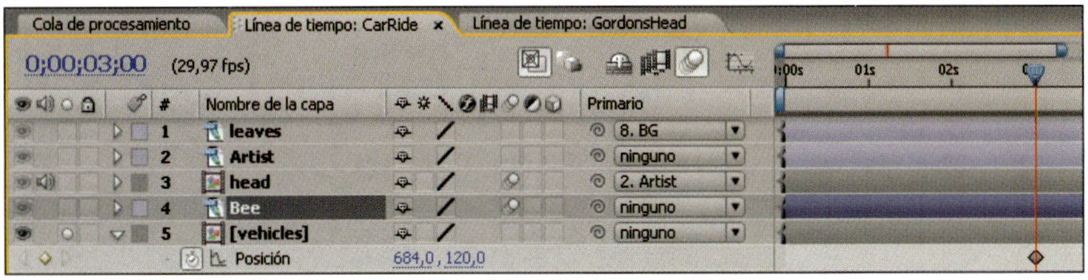

Figura 4.32.

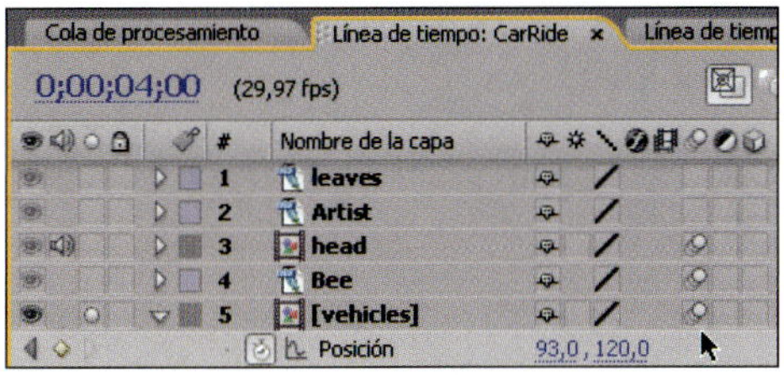

Figura 4.33.

1. En el panel Línea de tiempo, haga **Alt**-doble clic en la capa full skyline para abrirla en los paneles Línea de tiempo y Composición. Observe que esta composición está formada por tres capas: skyline, building y buildings. Empezaremos con la capa buildings.

2. Avance al momento 5:10, seleccione la capa buildings en el panel Línea de tiempo: skyline y pulse **P** para ver sus propiedades de posición.

3. Haga clic en el icono **Cronómetro de variación de tiempo** para insertar un fotograma clave de posición en la capa buildings (véase la figura 4.34) con los valores predeterminados (160,0 y 120,0).

4. Retroceda al momento 4:20 y haga clic en la herramienta de **Selección** para desplazar, en el panel Composición, la capa buildings desde la parte inferior de la composición hasta que el eje de coordenada y esté situado en el valor de posición 350,0. Pulse **Mayús** una vez que empiece a desplazarse para limitar el movimiento horizontalmente. After Effects agrega, en este momento, un fotograma clave (véase la figura 4.35).

TRUCO: DESPLAZAR CAPAS A UNA NUEVA POSICIÓN ES UNA BUENA PRÁCTICA, PERO NO HAY QUE OLVIDAR QUE TAMBIÉN SE PUEDE ESCRIBIR DIRECTAMENTE LOS VALORES DE POSICIÓN.

5. Avance al momento 5:02 y desplace la capa buildings hacia arriba en el panel Composición hasta que el eje de coordenada y se sitúe en el valor de posición 90,0 y After Effects agregue un fotograma clave.

Genial. Ya hemos animado el primer edificio. Y ahora, daremos algunos retoques al movimiento del punto más alto del salto para que sea más natural. (¿Edificios saltando de forma natural? ¡Por qué no! ¡Atrévase y verá qué divertido!)

Comando Fácil

Para afinar el movimiento del punto más alto del salto, lo que haremos es aplicar el comando Fácil.

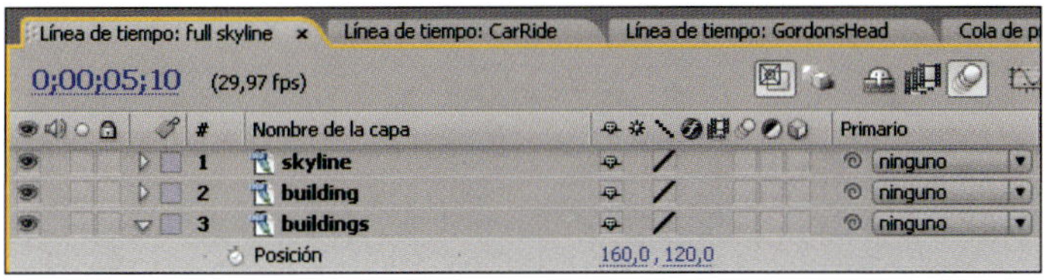

Figura 4.34.

Figura 4.35.

1. Haga clic con el botón derecho del ratón en el fotograma clave del momento 5:02 y seleccione Asistente de fotogramas clave>Fácil para ajustar la velocidad del cambio cuando el movimiento se acerca y se aleja del fotograma clave (véase la figura 4.36).

2. Desplace, si quiere, el indicador de tiempo actual entre 4:20 y 5:10 para previsualizar el salto del edificio.

Copiar la animación del edificio

Para animar las otras capas de la composición full skyline, lo que haremos será copiar los fotogramas clave de la capa buildings y pegarlos en dichas capas (pero en momentos diferentes) para que los elementos salten de forma encadenada.

1. Haga clic en el nombre de la propiedad Posición de la capa buildings para seleccionar todos sus fotogramas clave y seleccione Editar>Copiar, o bien pulse **Control-C** (véase la figura 4.37).

2. Avance al momento 5:00, haga clic en la capa buildings en el panel Línea de tiempo y seleccione Editar>Pegar, o bien pulse **Control-V**, para pegar los fotogramas clave en ella.

3. Avance al momento 5:10, haga clic en la capa skyline y seleccione Editar>Pegar, o bien pulse **Control-V**, para pegar los fotogramas clave también en esta capa.

4. Seleccione la capa buildings y pulse la tecla **P** para ver los fotogramas clave copiados y pegados, y haga lo mismo con la capa skyline (véase la figura 4.38).

5. Active el desenfoque de movimiento en las tres capas. Haga clic en el panel Línea de tiempo: CarRide y active el desenfoque de movimiento también en la capa precompuesta full skyline para aplicar el efecto en todas las capas anidadas (véase la figura 4.39).

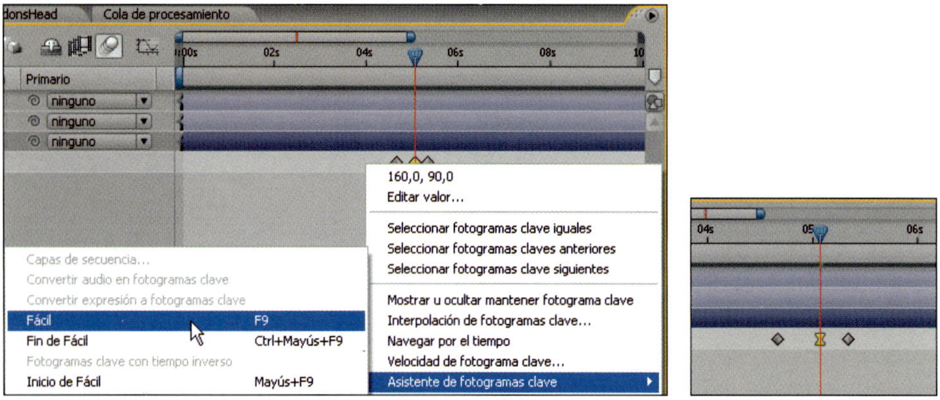

Figura 4.36.

Figura 4.37.

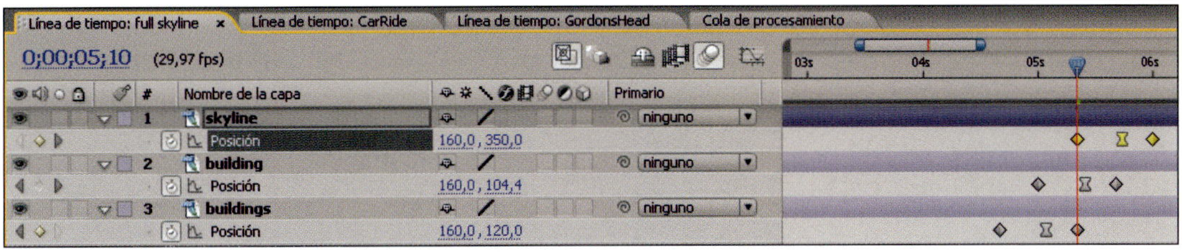

Figura 4.38.

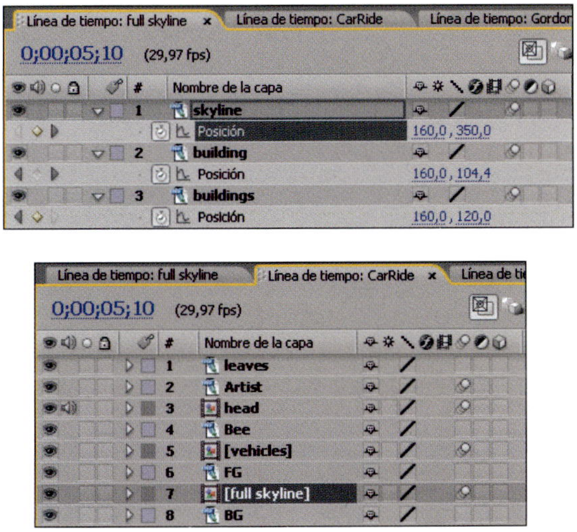

Figura 4.39.

Qué cantidad de trabajo, ¿verdad? Veamos, pues, la animación desde el principio.

6. Pulse la tecla **0** en el teclado numérico para ver una previsualización de RAM.

7. Seleccione Archivo>Guardar para guardar los cambios.

APLICAR EFECTOS

Hasta ahora, hemos creado varias animaciones de fotogramas clave para nuestro proyecto. Pero en el próximo ejercicio, pondremos la quinta y aplicaremos un efecto cuya función será animar las ondas de radio que emite el edificio más alto de San Francisco, la Pirámide Transamérica.

Agregar una capa de color sólido

El efecto Ondas de radio que aplicaremos a las ondas de radio deben tener su propia capa dentro de la composición, una capa de tipo color sólido.

> ***Acerca de las capas de color sólido***
>
> AFTER EFFECTS PERMITE CREAR IMÁGENES SÓLIDAS DE CUALQUIER COLOR O TAMAÑO (HASTA 30.000 X 30.000 PÍXELES) Y TRATARLAS COMO SI FUERAN UN ELEMENTO DE MATERIAL DE ARCHIVO MÁS. SEGÚN ESTO, EN LAS CAPAS DE COLOR SÓLIDO SE PUEDEN MODIFICAR LAS MÁSCARAS, TRANSFORMAR LAS PROPIEDADES Y APLICAR EFECTOS IGUAL QUE EN CUALQUIER OTRA. Y SI SE CAMBIAN LOS AJUSTES DE UN SÓLIDO USADO POR MÁS DE UNA CAPA, SE PUEDE ESTABLECER QUE LOS CAMBIOS SE APLIQUEN A TODAS LAS CAPAS O SOLO AL SÓLIDO EN CUESTIÓN. LOS USOS MÁS COMUNES DE LAS CAPAS DE COLOR SÓLIDO SON COLOREAR FONDOS Y CREAR IMÁGENES GRÁFICAS SIMPLES.

1. Compruebe que se encuentra en el panel Línea de tiempo: CarRide.

2. Seleccione Capa>Nuevo>Sólido, y en el cuadro de diálogo Ajustes de sólido, asigne el nombre **radio waves** a la nueva capa. Luego, haga clic en el botón **Hacer tamaño comp.** y clic de nuevo en **Aceptar** para crear la capa (véase la figura 4.40).

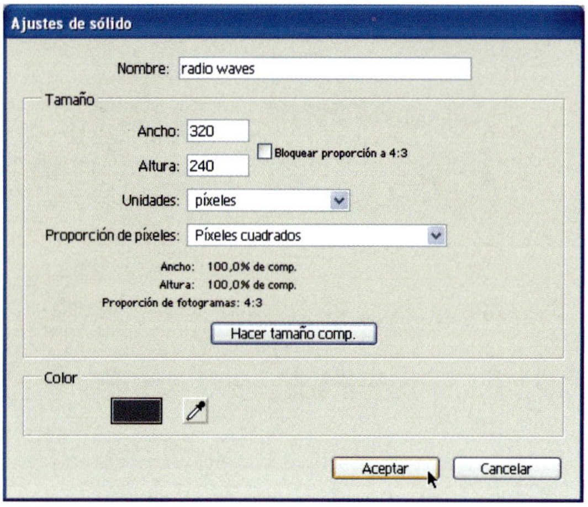

Figura 4.40.

3. Desplace la capa radio waves en el panel Línea de tiempo para que quede encima de la capa BG (véase la figura 4.41).

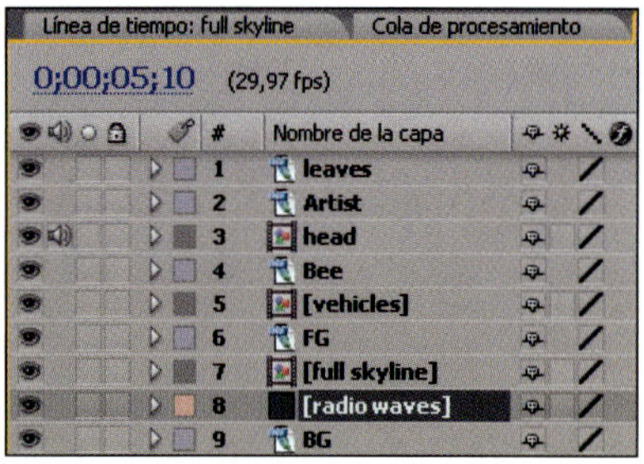

Figura 4.41.

Por defecto, la capa radio waves tiene la misma duración que la composición, pero en nuestro caso, solo queremos que dure unos cuantos segundos, el tiempo que dura el efecto, es decir, hay que cambiar la duración de la capa.

4. Haga clic en el botón **Ampliar o contraer los paneles de Entrada / Salida / Duración / Estirar**, que está en la esquina inferior izquierda del panel Línea de tiempo para visualizar las cuatro columnas.

5. Haga clic en el valor azul de Duración correspondiente a la capa radio waves (véase la figura 4.42).

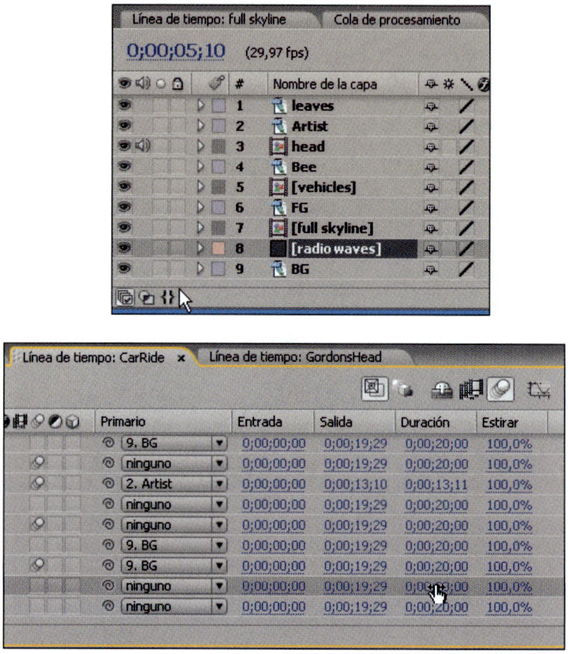

Figura 4.42.

6. En el cuadro de diálogo Ampliación de tiempo, ajuste la Duración original a **8:00** y haga clic en **Aceptar** (véase la figura 4.43).

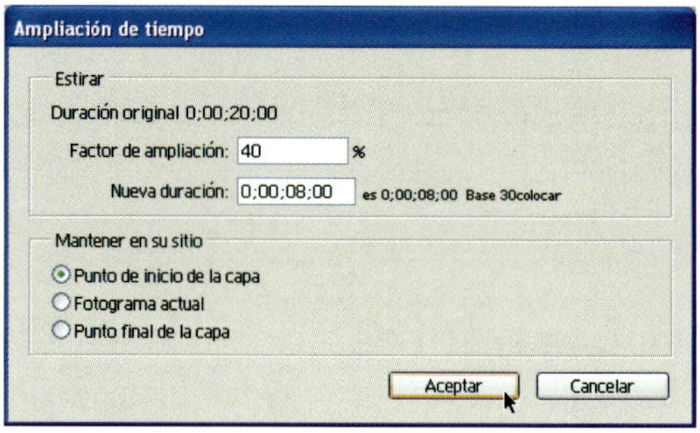

Figura 4.43.

7. En la regla de tiempo, desplace la barra de duración de la capa radio waves (desde el centro) para que empiece en el momento 6:00 y

observe el valor de la columna Entrada de la capa para saber en qué momento se encuentra (véase la figura 4.44).

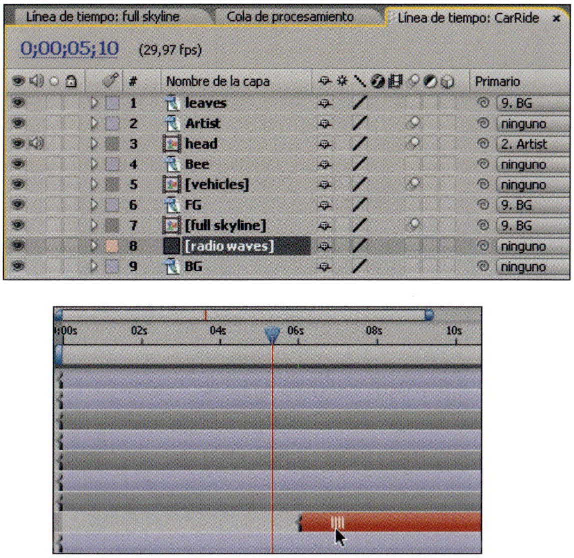

Figura 4.44.

8. Avance al momento 6:00, que es el primer fotograma del efecto Ondas de radio.

Aplicación del efecto

Ya está todo preparado para aplicar el efecto Ondas de radio a la capa de color sólido.

1. Con la capa radio waves seleccionada en el panel Línea de tiempo, seleccione Efecto> Generar>Ondas de radio. En el panel Composición no advertimos ningún cambio porque aún no se ha emitido la primera onda.

2. En el panel Controles de efectos: radio waves, amplíe las propiedades Movimiento de onda y Trazo. A continuación, siga estos pasos (véase la figura 4.45):

- Seleccione Parámetros definidos a> Cada fotograma.
- Ajuste la Expansión del Movimiento de onda a **0,40**.
- Ajuste la Velocidad del Movimiento de onda a **1,00**.
- Ajuste la Opacidad del Trazo a **0,500**.
- Elija el Color blanco (RGB=255, 255, 255).
- Ajuste el Ancho inicial y el Ancho final a **3,00**.

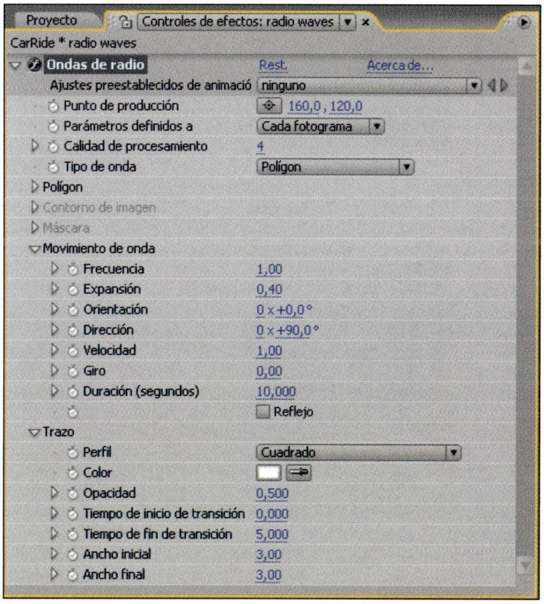

Figura 4.45.

3. Sin salir del panel Controles de efectos: radio waves, haga clic en el cursor de cruz del ajuste Punto de producción en el extremo superior del panel, y luego clic en el panel Composición justo en el extremo de la pirámide (véase la figura 4.46).

Gracias a los ajustes que hemos especificado, veremos salir ondas de radio de la punta del edificio pirámide. Solo hay que emparentar la capa radio Waves con la capa full skyline para que las ondas se desplacen con el edificio por toda la composición.

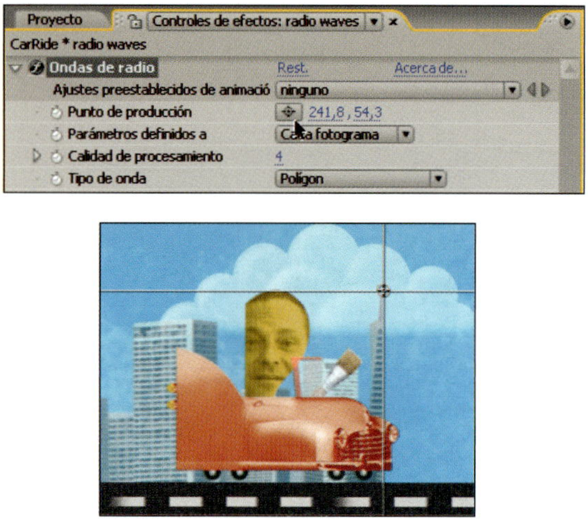

Figura 4.46.

4. En la columna Primario de la capa radio waves, seleccione 7. full skyline en el menú emergente (véase la figura 4.47).

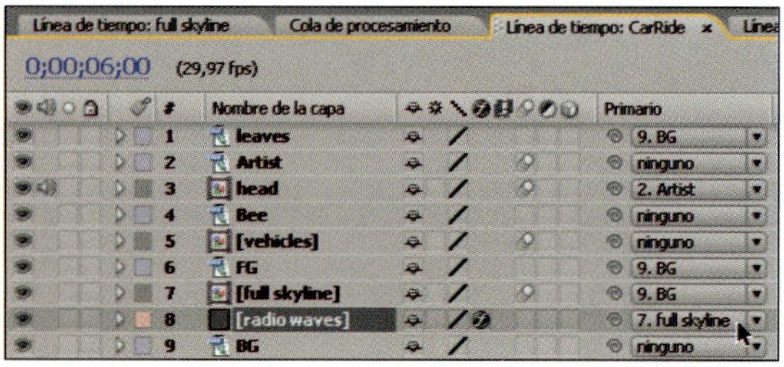

Figura 4.47.

5. Avance al momento 5:28, que es el momento inmediatamente anterior al del efecto Ondas de radio, y active en el panel Controles de tiempo la casilla Desde tiempo act. (abajo a la izquierda del panel). Luego, haga clic en el botón **Previsualización de RAM** para ver una previsualización de RAM solo del efecto Ondas de radio (véase la figura 4.48).

Cuando termine de ver la previsualización, arregle el panel Línea de tiempo.

Figura 4.48.

6. Haga clic en el botón **Ampliar o contraer los paneles de Entrada / Salida / Duración / Estirar** para ocultar las columnas y pulse la tecla **Inicio** para retroceder al inicio de la regla de tiempo.

7. Seleccione Archivo>Guardar para guardar los cambios.

CREAR UNA PRESENTACIÓN DE DIAPOSITIVAS ANIMADA

Terminada la compleja animación del artista conduciendo por la ciudad, ha llegado el momento de añadir las muestras de su trabajo en el caballete (es decir, el objetivo real: mostrar muestras del talento del artista a los nuevos clientes potenciales). Secuencias de diapositivas como ésta podrían fácilmente tener muchas otras aplicaciones, como mostrar fotos de familia o realizar presentación comercial.

Importar las diapositivas

El artista nos ha entregado una carpeta de muestras de su trabajo artístico, pero no queremos usar todas las imágenes, así que para seleccionar las que más nos interesen, las previsualizaremos primero en Bridge.

1. Seleccione Archivo>Examinar para saltar a Bridge.

2. Acceda a la carpeta AE7_CIB>Lessons>Lesson04>Assets del disco duro.

3. Haga clic en las diversas imágenes "studer_" y obsérvelas en la ficha Vista previa.

4. Haga **Control**-clic para seleccionar las cinco que más le gusten y, a continuación, haga doble clic en ellas para agregarlas al panel Proyecto de After Effects. En nuestro ejemplo, elegiremos `studer_Comcast.jpg`, `studer_map.jpg`, `studer_music.jpg`, `studer_Puzzle.jpg` y `studer_Real_Guys.jpg` (véase la figura 4.49).

5. Deje Bridge abierto en segundo plano.

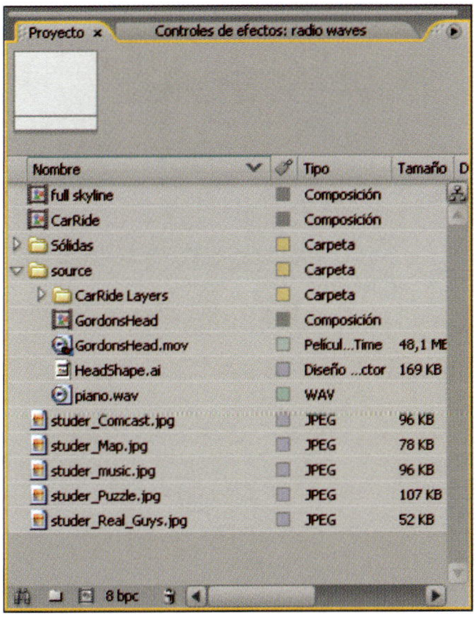

Figura 4.49.

Crear una composición nueva

Ahora, insertaremos estas imágenes cada una en su propia composición, a fin de simplificar el proceso de convertirlas en una presentación de diapositivas completa con efectos de transición entre unas y otras.

1. En After Effects, haga **Mayús**-clic para seleccionar las cinco imágenes Studer en el panel Proyecto y arrástrelas al botón **Crear una nueva composición**, que está en el extremo inferior del panel.

2. En el cuadro de diálogo Nueva composición a partir de selección, haga lo siguiente:

- En el área Crear, seleccione Una composición.
- En el área Opciones, ajuste la Duración de imagen fija a **2:00**.
- Marque las casillas Capas de secuencia y Superposición.
- Ajuste la Duración a **0:10**.
- Seleccione Transición>Disolución cruzada de las capas delantera y trasera.
- Haga clic en **Aceptar** (véase la figura 4.50).

La opción Transición lo que hace es crear una secuencia de imágenes fijas que se disuelven al pasar de una a otra. Al hacer clic en **Aceptar**, After Effects abre la nueva composición, (con el nombre de la imagen Studer que aparezca primero en el panel Proyecto) en los paneles Composición y Línea de tiempo. Antes de seguir adelante, asignaremos un nombre más intuitivo a la composición.

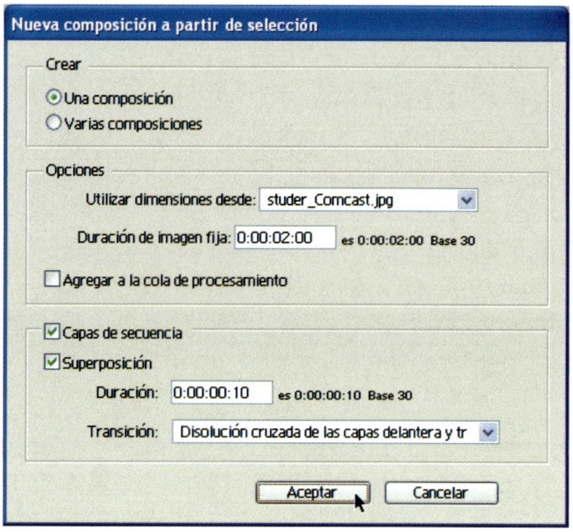

Figura 4.50.

3. Seleccione Composición>Ajustes de la composición y asígnele el nombre Artwork. Luego, haga clic en **Aceptar** (véase la figura 4.51).

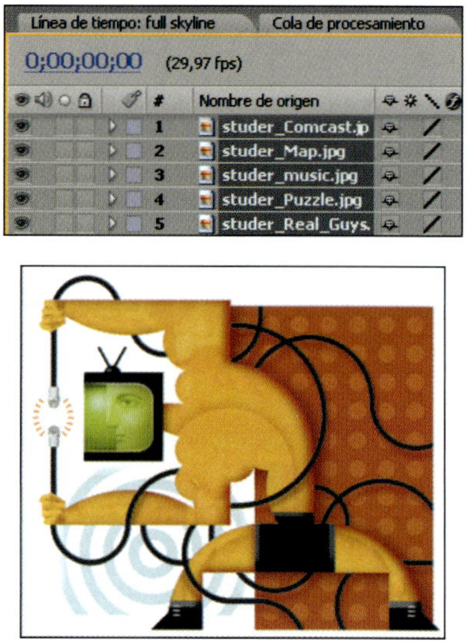

Figura 4.51.

Situación de la presentación de diapositivas

¿A que ha sido fácil crear la presentación de diapositivas? Pues ahora solo queda situar las imágenes en la superficie del caballete. Pero hay un problema, y es que las imágenes son más grandes que el lienzo del caballete. Por tanto, lo primero que habrá que hacer es ajustarles el tamaño, operación bastante sencilla dado que todas están en la misma composición, es decir, se pueden ajustar a la vez.

1. Haga clic en el panel Línea de tiempo: CarRide y avance al momento 11:00, que es cuando el caballete aparece en el centro de la composición.

2. Arrastre la composición Artwork desde el panel Proyecto hasta el panel Línea de tiempo: CarRide y suéltela arriba del todo, encima de todas las capas (véase la figura 4.52).

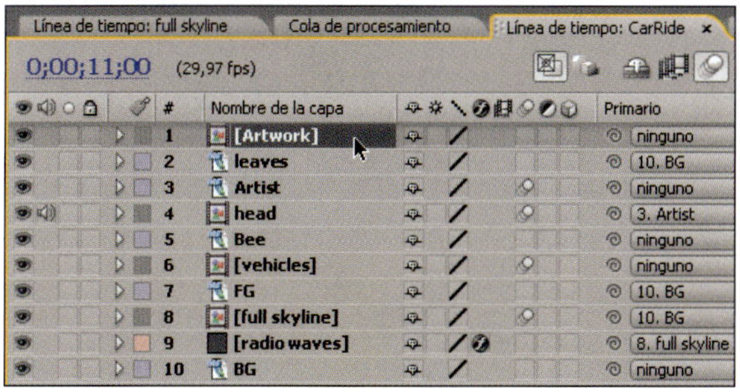

Figura 4.52.

En este momento, la capa Artwork está ajustada para empezar en el momento 0:00, así que hay que adaptarla para que aparezca en el momento 11:00.

3. Mueva la barra de duración de la capa (desde el centro) Artwork en la regla de tiempo para situarla en el momento 11:00 (véase la figura 4.53).

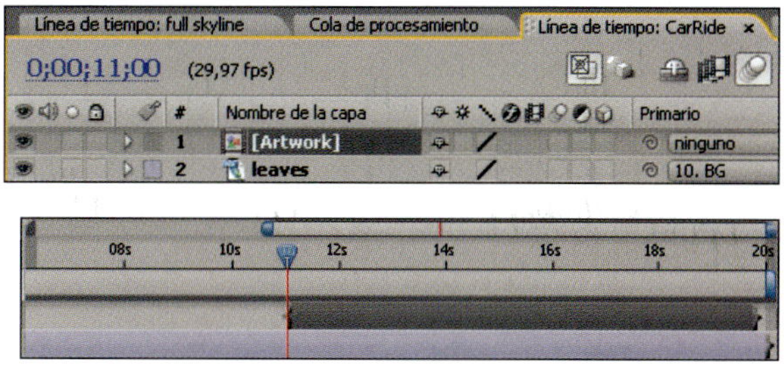

Figura 4.53.

Y ahora, hay que escalar las imágenes para adaptarlas al tamaño de la superficie del lienzo.

4. Con la capa Artwork seleccionada en el panel Línea de tiempo, pulse **S** para ver sus opciones de escala.

5. Ajuste la Escala a **45,0, 45,0%**.

6. Seleccione la capa Artwork en el panel Línea de tiempo y haga clic en Capa>Modo de fusión>Oscurecer para descartar todo lo que sea blanco puro en cada una de las imágenes y sustituirlo con el blanco más suave del lienzo del caballete (véase la figura 4.54).

7. Haga clic en el botón **Previsualización de RAM** en el panel Controles de tiempo para ver una previsualización de RAM de la presentación de diapositivas. (Asegúrese de que la casilla Desde tiempo act. esté marcada para que la previsualización de RAM empiece en el momento 11:00.)

Aparición de la primera imagen

Tan pronto como el caballete se coloca en el centro de la animación en el momento 11:00, surge la primera imagen. Así que lo siguiente que haremos es animar la opacidad de la capa Artwork para que esta primera imagen no surja de repente sino poco a poco.

Figura 4.54.

1. Seleccione la capa Artwork en el panel Línea de tiempo y pulse **T** para ver sus propiedades de opacidad.

2. Retroceda al momento 11:00.

3. Ajuste la opacidad de la capa Artwork a **0%**, y haga clic en el icono **Cronómetro de variación de tiempo** para insertar un fotograma clave de opacidad.

4. Avance al momento 11:03 y ajuste la opacidad de la capa Artwork a **100%** para que After Effects agregue un fotograma clave. Con esto debería ser suficiente.

5. Previsualice manualmente la animación entre el momento 11:00 y el 11:03 para ver cómo aparece poco a poco la primera imagen de la presentación (véase la figura 4.55).

6. Seleccione la capa Artwork en el panel Línea de tiempo y pulse **U** para ocultar sus propiedades de opacidad. A continuación, haga clic en Archivo>Guardar para guardar los cambios.

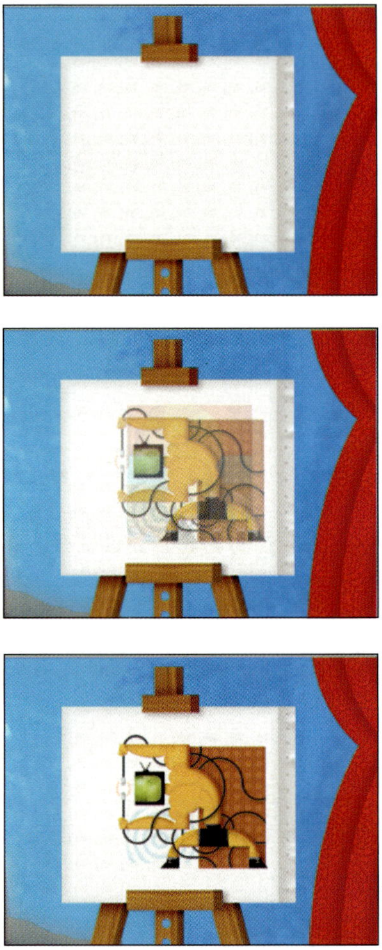

Figura 4.55.

AGREGAR UNA PISTA DE AUDIO

Felicítese y reconózcase el mérito, pues es mucho el trabajo de animación que lleva hecho en este proyecto. Pero no, no crea que ya ha terminado. Es cierto que Gordon Studer habla al espectador mientras conduce por la composición, pero aún queda el último toque de insertar una música de fondo que amenice la animación.

1. Seleccione Archivo>Examinar para saltar a Bridge.

2. Seleccione la vista en miniatura del archivo `piano.wav` para previsualizarla en Bridge.

3. Haga clic en el botón **Reproducir** de la ficha Vista previa para oír el archivo, y luego en el botón **Pausa** cuando haya terminado.

4. Haga doble clic en el archivo `piano.wav` para importarlo al panel Proyecto de After Effects.

5. Arrastre piano.wav desde el panel Proyecto al panel Línea de tiempo: CarRide y suéltelo abajo del todo, al final de la lista de capas (véase la figura 4.56).

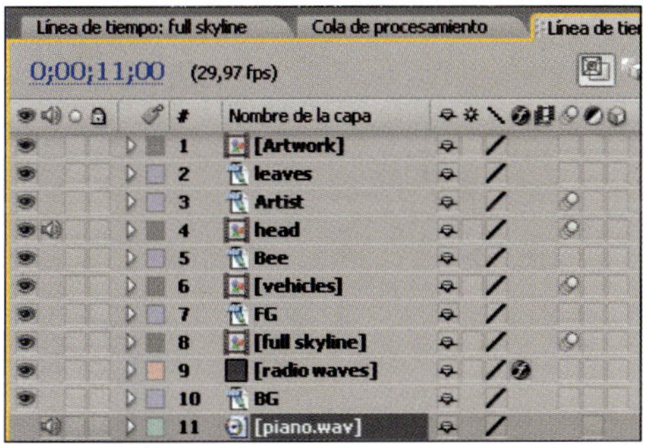

Figura 4.56.

6. Observe la barra de duración de la capa piano: no dura todo el tiempo de la composición. Así que hay que arreglarla. ¿Y cómo? Creándole un bucle para fundir el final con el principio.

Creación de un bucle en la pista de audio

Afortunadamente, esta pista de música es perfecta para fundir final con principio, así que solo tenemos que crearle el bucle. Y lo haremos usando la función Remapeo de tiempo, que si bien la estudiaremos con más detenimiento en otro capítulo, por ahora la aplicaremos para crear un bucle del segmento de audio de este proyecto.

1. Seleccione la capa piano.wav en el panel Línea de tiempo.

2. Seleccione Capa>Tiempo>Activar remapeo de tiempo y verá aparecer, por un lado, la propiedad Remapeo de tiempo en el panel Línea de tiempo, y por otro, dos fotogramas clave de remapeo de tiempo en la Regla de tiempo (véase la figura 4.57).

3. Haga **Alt**-clic en el icono **Cronómetro de variación de tiempo** para establecer la expresión por defecto de remapeo de tiempo en la capa piano.wav. Como comprobará, el efecto no es inmediato en el panel Composición (véase la figura 4.58).

Formatos compatibles de audio

EN AFTER EFFECTS, ES POSIBLE IMPORTAR LOS SIGUIENTES TIPOS DE ARCHIVOS DE AUDIO:

- ADVANCED AUDIO CODING (AAC).
- AU (REQUIERE QUICKTIME).
- FORMATO DE ARCHIVO DE INTERCAMBIO DE AUDIO (AIFF; REQUIERE QUICKTIME).
- MP3 (REQUIERE QUICKTIME).
- VÍDEO PARA WINDOWS (AVI, WAV).
- WAVE (WAV).

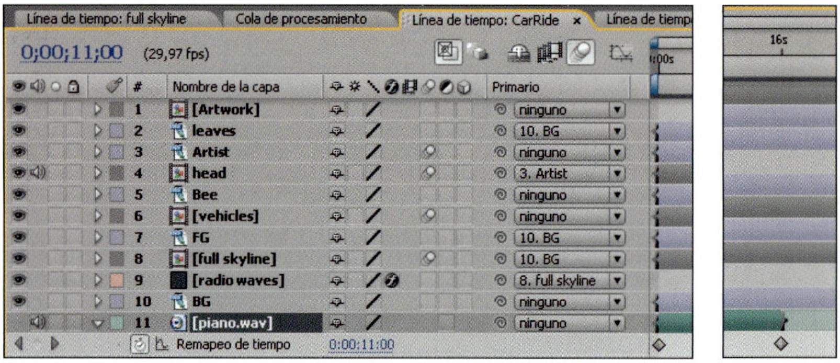

Figura 4.57.

Figura 4.58.

4. En la propiedad Expresión: Remapeo de tiempo de la capa piano.wav, haga clic en el Menú de lenguaje de expresión y seleccione Property>loopOut(type = "cycle", numKeyframes = 0) (véase la figura 4.59).

Y ya está, ya tenemos el archivo de audio ajustado para que se repita indefinidamente. Ahora solo queda extender el punto de salida de la capa hasta el final de la composición.

5. Seleccione la capa piano.wav en el panel Línea de tiempo y pulse la tecla **Fin** para avanzar al final de la regla de tiempo. Luego, pulse **Alt-]** para extender la capa hasta el final de la composición.

En un minuto, previsualizará toda la composición.

6. Seleccione la capa piano.wav en el panel Línea de tiempo y pulse **U** para ocultar sus propiedades. A continuación, seleccione Archivo>Guardar para guardar los cambios.

AJUSTANDO EL PRIMER PLANO

Hasta ahora, todo se ve magnífico, pero si ajustamos la composición para poner en primer plano la presentación de diapositivas, entonces centraremos toda la atención del espectador en las muestras del talento artístico de nuestro ilustrador.

1. En el panel Proyecto, arrastre la composición CarRide al botón **Crear una nueva composición** para que After Effects cree CarRide 2 y la abra en los paneles Línea de tiempo y Composición. Le asignaremos un nuevo nombre para evitar confusiones.

2. Con la composición CarRide 2 seleccionada en el panel Proyecto, pulse **Intro** y escriba **Lesson04**. Luego, vuelva a pulsar **Intro** para aceptar el cambio.

3. En el panel Línea de tiempo: Lesson04, avance al momento 10:24, que es el primer fotograma en el que el coche desaparece por la derecha de la composición.

4. Seleccione la capa CarRide en el panel Línea de tiempo: Lesson04 y pulse **S** para ver sus propiedades de escala.

5. Haga clic en el icono **Cronómetro de variación de tiempo** para insertar un fotograma clave de escala con los valores por defecto, es decir, 100,0, 100,0%.

6. Avance al momento 11:00 y escriba los nuevos valores de escala **110,0** y **110,0%** para que After Effects agregue un fotograma clave y la presentación de diapositivas quede bien destacada hasta el final de la composición para atraer la vista del espectador.

7. Seleccione la capa CarRide y pulse **U** para ocultar sus propiedades de escala.

Previsualizar toda la composición

Y ha llegado el tan esperado momento de ver el resultado final.

1. En el panel Controles de tiempo, desactive la casilla Desde tiempo act. y haga clic en el botón **Previsualización de RAM** para ver una previsualización de RAM de toda la composición.

2. Pulse la **barra espaciadora** para detenerla cuando termine.

3. Seleccione Archivo>Guardar.

Enhorabuena. Acaba de crear una animación de alta complejidad y practicado todas las técnicas y capacidades de After Effects habidas y por haber, desde emparentar a crear bucles de audio. Pero no la procesaremos en este momento, sino más adelante en el último capítulo. Por ello, si quiere, puede saltar a ese capítulo directamente para procesar la composición o respetar el orden de aprendizaje que proponemos en este libro.

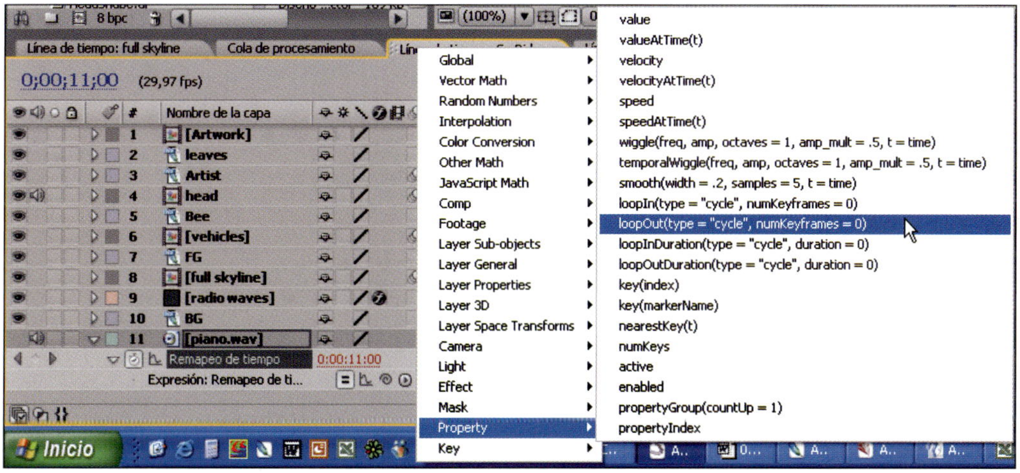

Figura 4.59.

REPASO

Preguntas

1. ¿De qué forma muestra After Effects una animación de la propiedad Posición?

2. ¿Qué es una capa de color sólido y para qué sirve?

3. ¿Qué formatos de audio pueden importarse en un proyecto de After Effects?

Respuestas

1. Cuando se animan propiedades de posición, After Effects lo que hace es mostrar el movimiento como un trazado. Los trazados de movimiento se pueden crear para la posición de una capa entera, pero también para el punto de anclaje de una capa. En el primer caso, el trazado aparece en el panel Composición, mientras que en el segundo caso, aparece en el panel Capa. El aspecto del trazado de movimiento es el de una secuencia de puntos en la que cada punto marca la posición que ocupa la capa en cada fotograma. Las X marcan la posición de los fotogramas clave.

2. After Effects permite crear imágenes sólidas de cualquier color o tamaño (hasta 30.000 x 30.000 píxeles) y tratarlas como si fueran un elemento de material de archivo más. Según esto, en las capas de color sólido se pueden modificar las máscaras, transformar las propiedades y aplicar efectos igual que en cualquier otra. Y si se cambian los ajustes de un sólido usado por más de una capa, se puede establecer que los cambios se apliquen a todas las capas o solo al sólido en cuestión. Los usos más comunes de las capas de color sólido son colorear fondos y crear imágenes gráficas simples.

3. Éstos son los formatos de archivo de audio que se pueden importar en After Effects: Advanced Audio Coding (AAC), AU (requiere QuickTime), Formato de archivo de intercambio de audio (AIFF; requiere QuickTime), MP3 (requiere QuickTime), Vídeo para Windows (AVI, WAV) y WAVE (WAV).

Capítulo 5

Animar significa hacer cambios a un objeto o una imagen en el tiempo, modificando sus propiedades, como son la posición, la opacidad, la escala, etc. En este capítulo, practicaremos más la animación de las capas de los archivos de Photoshop, incluida la técnica de Remapeo dinámico del tiempo.

Animación de capas

After Effects tiene varias herramientas y efectos que sirven para simular movimientos de vídeo mediante archivos con capas de Photoshop. En este capítulo, primero importaremos un archivo con capas de Photoshop con un sol asomando por una ventana, y luego lo animaremos para simular el movimiento del sol levantándose a través de los cristales. Se trata de una animación estilizada en la que al principio el movimiento es acelerado y luego ralentizado a medida que las nubes y los pájaros se mueven a través del marco de la ventana.

La duración aproximada de este capítulo es de 1 hora.

PUNTO DE PARTIDA

Compruebe que los siguientes archivos se encuentran en la carpeta AE7_CIB>Lessons>Lesson05 de su disco duro. Si no es así, cópielos ahora desde el DVD que incluye este manual:

- En la carpeta `Assets`: `clock.mov` y `sunrise.psd`.

- En la carpeta denominada `Sample_Movies`: `Lesson05_regular.mov` y `Lesson05_retimed.mov`.

Abra y reproduzca las dos películas de muestra que vamos a crear en este capítulo. La primera, `Lesson05_regular.mov`, contiene la animación demorada en el tiempo que crearemos primero, mientras que la segunda, `Lesson05_retime.mov`, muestra la misma animación después de haberle remapeado el tiempo. Cuando haya terminado de verlas, salga del reproductor de QuickTime. Si quiere, puede borrar los archivos para liberar espacio en disco.

PREPARACIÓN DEL PROYECTO

Antes de empezar, restaure las preferencias predeterminadas de After Effects.

1. Pulse **Control-Alt-Mayús** durante el inicio de After Effects. En la ventana que le pregunta si está seguro de querer eliminar el archivo de preferencias, haga clic en **Aceptar**.

After Effects abre por defecto un proyecto vacío y sin título.

2. Seleccione Archivo>Guardar como.

3. En el cuadro de diálogo Guardar como, acceda a la carpeta AE7_CIB>Lessons>Lesson05>Finished_Project.

4. Asigne al proyecto el nombre `Lesson05_Finished.aep` y haga clic en **Guardar**.

Importar el material de archivo

Para este ejercicio, tenemos que importar un elemento de material de archivo.

1. Haga doble-clic en un área vacía del panel Proyecto para abrir el cuadro de diálogo Importar archivo.

2. Acceda a la carpeta AE7_CIB>Lessons>Lesson05>Assets de su disco duro y seleccione el archivo `sunrise.psd`.

3. Seleccione Importar como>Composición: capas recortadas para que las dimensiones de las capas se ajusten a su contenido (véase la figura 5.1).

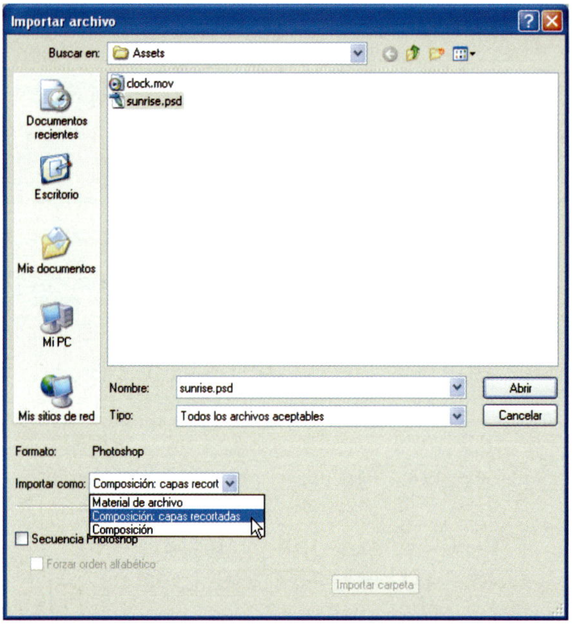

Figura 5.1.

4. Haga clic en Abrir.

Antes de seguir adelante, dediquemos un instante a estudiar las capas del archivo que acabamos de importar (véase la figura 5.2).

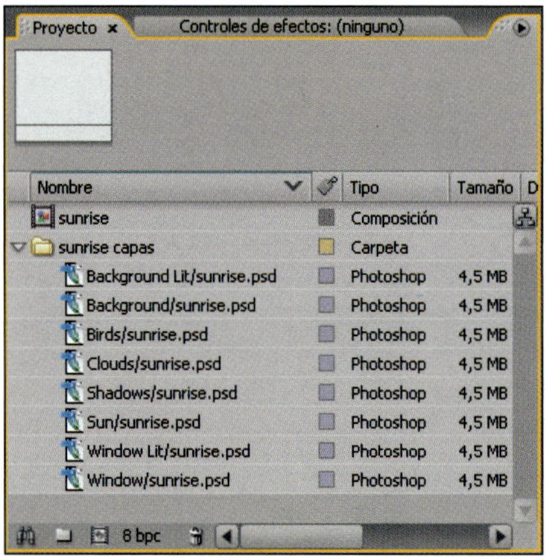

Figura 5.2.

Observe que cada uno de los elementos que vamos a animar en After Effects (las sombras, los pájaros, las nubes y el sol) se encuentra en una capa separada e independiente de las demás. Además, hay cuatro capas adicionales: la primera y la segunda representan las condiciones de luz dentro de la habitación, antes del amanecer (Background) y después del amanecer (Background Lit), y la tercera y la cuarta representan las condiciones de luz de la escena que está al otro lado de la ventana, antes del amanecer (Window) y después del amanecer (Window Lit).

Como se puede ver, After Effects conserva el orden de las capas y la información de transparencia del documento original de Photoshop, pero también otras características, como las capas de ajuste y el tipo, que en nuestro proyecto no vamos a utilizar.

Preparar los archivos con capas de Photoshop

ANTES DE IMPORTAR UN ARCHIVO CON DIFERENTES CAPAS DE PHOTOSHOP, ES IMPORTANTE PREPARARLO CON CUIDADO A FIN DE REDUCIR TODO LO POSIBLE LOS TIEMPOS DE PREVISUALIZACIÓN Y PROCESAMIENTO. LA FORMA MÁS EFECTIVA DE EVITAR PROBLEMAS DURANTE LA IMPORTACIÓN Y LA ACTUALIZACIÓN DE CAPAS DE PHOTOSHOP ES ASIGNARLES NOMBRES SIGNIFICATIVOS QUE NOS PERMITAN RECONOCERLAS DIRECTAMENTE. ANTES DE IMPORTARLAS EN AFTER EFFECTS, SIGA ESTOS PASOS:

- ORGANICE Y ASIGNE NOMBRES ADECUADOS LAS CAPAS. CUANDO SE MODIFICA EL NOMBRE DE UNA CAPA EN UN ARCHIVO DE PHOTOSHOP DESPUÉS DE IMPORTAR ÉSTE EN AFTER EFFECTS, EL PROGRAMA CONSERVA EL VÍNCULO CON LA CAPA ORIGINAL, PERO SI BORRAMOS LA CAPA, AFTER EFFECTS YA NO ES CAPAZ DE ENCONTRARLA Y LA MUESTRA COMO DESAPARECIDA EN EL PANEL PROYECTO.
- COMPRUEBE QUE TODAS LAS CAPAS TIENEN NOMBRES ÚNICOS PARA EVITAR CONFUSIONES.

Crear la composición

En este capítulo, emplearemos el archivo importado de Photoshop como base de la composición.

1. Haga doble clic en la composición Sunrise en el panel Proyecto para abrirla en el panel Composición y en el panel Línea de tiempo (véase la figura 5.3).

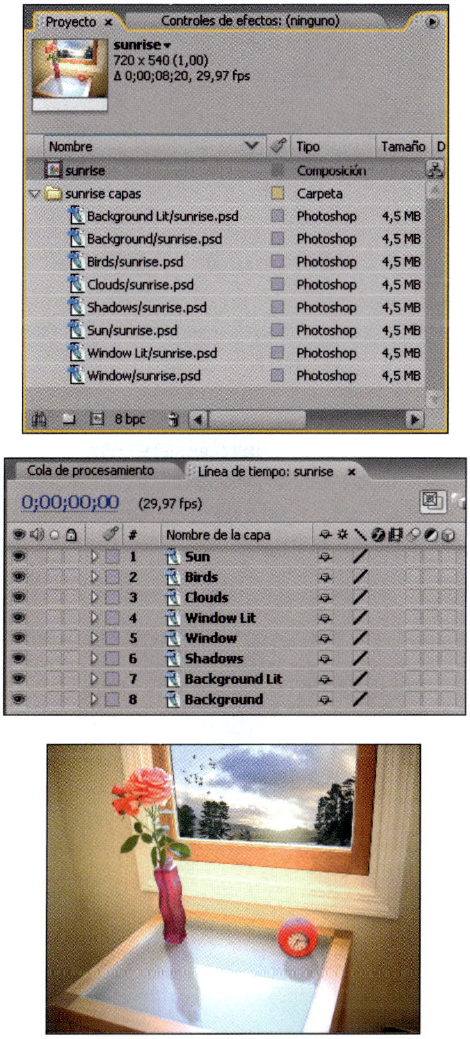

Figura 5.3.

2. Seleccione Composición>Ajustes de la composición.

3. En el cuadro de diálogo Ajustes de composición, cambie la Duración de la composición a **10:00** para alargarla 10 segundos y haga clic en **Aceptar** (véase la figura 5.4).

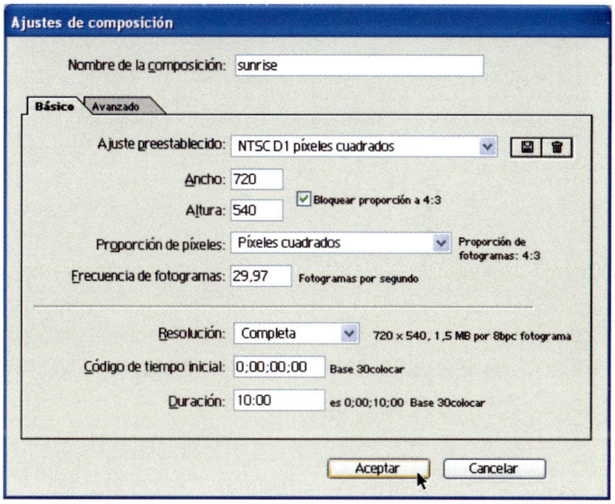

Figura 5.4.

SIMULACIÓN DEL CAMBIO DE LUZ

La primera parte de la animación consiste en iluminar la habitación a oscuras y para ello aplicaremos fotogramas clave de opacidad.

1. En el panel Línea de tiempo, haga clic en las casillas Solo que están en la columna Definidores para aislar las capas Background Lit y Background y hacer que su animación, previsualización y procesamiento sean más rápidos (véase la figura 5.5).

En este momento, el fondo iluminado aclara el fondo normal (más oscuro) por estar encima de él y es el fotograma inicial de la animación de la luz. Pero lo que queremos es que la animación empiece siendo oscura y se ilumine gradualmente. Para conseguirlo, hay que hacer que la capa

Background Lit sea transparente al principio y vaya "asomando" progresivamente para iluminar poco a poco el fondo.

Figura 5.5.

2. Avance al momento 5:00.

3. Seleccione la capa Background Lit en el panel Línea de tiempo y pulse **T** para ver sus propiedades de opacidad.

4. Haga clic en icono **Cronómetro variación de tiempo** para fijar un fotograma clave de opacidad. Observe que el valor de opacidad es **100%** (véase la figura 5.6).

Figura 5.6.

5. Pulse la tecla **Inicio** para restaurar el indicador de tiempo actual y ajuste la opacidad de la capa Background Lit a **0%** para que After Effects agregue un fotograma clave. Así, al principio de la animación, la capa Background Lit empieza siendo transparente para poder ver a través la capa Background que está debajo (véase la figura 5.7).

Figura 5.7.

Y ya puede previsualizar, si quiere, la transición animada oscuridad-claridad.

6. Haga clic en el botón **Reproducir/pausa** en el panel Controles de tiempo, o pulse la **barra espaciadora**.

La habitación pasa gradualmente de estar en penumbra a completamente iluminada.

7. Pulse la **barra espaciadora** para detener la animación cuando pase del momento 5:00.

8. Seleccione Archivo>Guardar.

DUPLICAR UNA ANIMACIÓN CON LA EXPRESIÓN ICONO ESPIRAL

Ahora, hay que aclarar la escena que está al otro lado de la ventana, y para ello, duplicaremos la animación que acabamos de crear empleando una utilidad llamada espiral. El icono espiral sirve para crear expresiones que vinculen los valores de una propiedad o efecto con los de otro. Para usarlo, solo hay que arrastrarlo de una capa a otra para que la propiedad que acabamos de ajustar o animar en la primera capa se copie en la segunda.

1. Pulse la tecla **Inicio** para retroceder al principio de la regla de tiempo.

2. Haga clic en los iconos **Solo** para anular el aislamiento de las capas Background Lit y Background y restaurar la visión de las demás, incluidas Window y Window Lit. Compruebe que la propiedad de opacidad de la capa Background Lit esté visible (véase la figura 5.8).

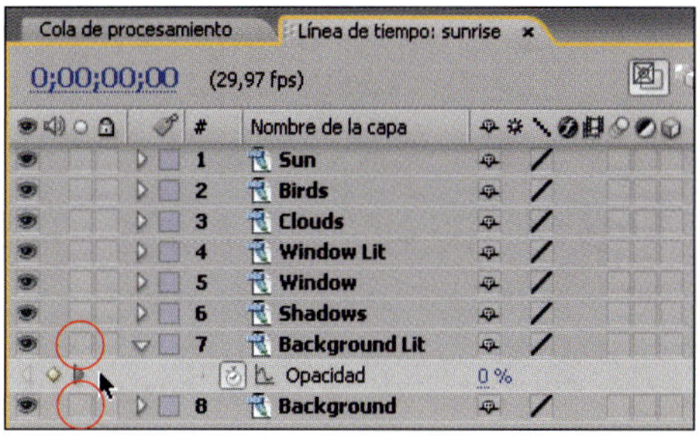

Figura 5.8.

3. Seleccione la capa Window Lit y pulse **T** para mostrar la propiedad Opacidad.

4. Haga **Alt**-clic en el **Cronómetro de variación de tiempo** de opacidad de la capa Window Lit para agregar una expresión para el valor de opacidad por defecto, es decir, **100%**. En este momento, aparecen las palabras transform. opacity en la regla de tiempo correspondiente a la capa Window Lit (véase la figura 5.9).

Acerca de las expresiones

IMAGINE QUE QUIERE CREAR Y VINCULAR UNA ANIMACIÓN COMPLEJA, COMO EL MOVIMIENTO DE VARIAS RUEDAS QUE GIRAN AL UNÍSONO. EN VEZ DE DEFINIR A MANO UNO POR UNO CIENTOS DE FOTOGRAMAS CLAVE NECESARIOS, LO MÁS INTELIGENTE EN ESTOS CASOS ES EMPLEAR UNA EXPRESIÓN. LAS EXPRESIONES SIRVEN PARA CREAR RELACIONES ENTRE PROPIEDADES DE CAPA, DE TAL FORMA QUE SE PUEDA EMPLEAR EL FOTOGRAMA CLAVE DE UNA PROPIEDAD PARA ANIMAR DINÁMICAMENTE OTRA. POR EJEMPLO, SUPONGA QUE FIJA UN FOTOGRAMA CLAVE DE ROTACIÓN EN UNA CAPA A LA QUE POSTERIORMENTE APLICA UN EFECTO SOMBRA PARALELA. EN ESTE CASO, ES FACTIBLE ESTABLECER UNA EXPRESIÓN QUE ENLACE LOS VALORES DE ROTACIÓN CON LOS DE DIRECCIÓN DEL EFECTO SOMBRA PARALELA, PARA QUE LA ORIENTACIÓN DE LA SOMBRA CAMBIE CON LA ROTACIÓN DE LA CAPA.

LAS EXPRESIONES ESTÁN BASADAS EN LENGUAJE JAVASCRIPT, PERO NO ES NECESARIO SABER JAVASCRIPT PARA USARLAS. PODEMOS CREAR EXPRESIONES EMPLEANDO EJEMPLOS SENCILLOS Y MODIFICÁNDOLOS PARA ADAPTARLOS A NUESTRAS NECESIDADES PERSONALES, O ENCADENANDO OBJETOS Y MÉTODOS.

TODO EL TRABAJO RELACIONADO CON LAS EXPRESIONES TIENE LUGAR EN EL PANEL LÍNEA DE TIEMPO. SE PUEDE USAR EL ICONO ESPIRAL PARA CREARLAS, O INTRODUCIRLAS Y EDITARLAS MANUALMENTE EN EL CAMPO Expresión, UN CAMPO DE TEXTO QUE APARECE EN LA GRÁFICA DEL TIEMPO DEBAJO DE LA PROPIEDAD.

SI DESEA SABER MÁS SOBRE LAS EXPRESIONES, CONSULTE LA AYUDA DE AFTER EFFECTS.

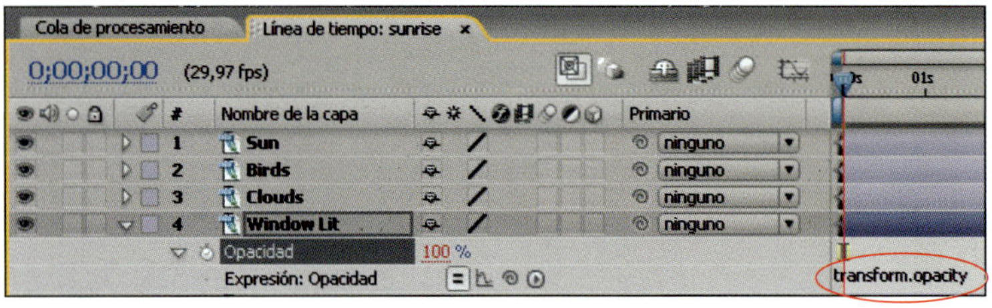

Figura 5.9.

5. Con la expresión transform.opacity seleccionada en la regla de tiempo, haga clic en el icono **Expresión icono espiral** de la línea Expresión: Opacidad de la capa Window Lit, y arrástrelo al nombre de la propiedad Opacidad en la capa Background Lit. Al soltar el ratón, aparece la siguiente expresión en la regla de tiempo de la capa Window Lit: thisComp.layer ("Background Lit").transform.opacity, que significa que el valor de opacidad de la capa Background Lit (0%) sustituye el que tenía anteriormente (100%) la capa Window Lit (véase la figura 5.10).

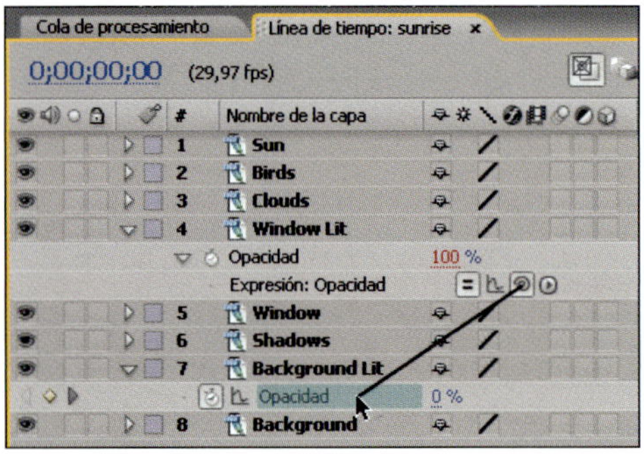

Figura 5.10.

6. Haga avanzar el indicador de tiempo actual del momento 0:00 al momento 5:00, y observe cómo coinciden los valores de opacidad de las dos capas.

7. Pulse la tecla **Inicio** y luego la **barra espaciadora** para volver a previsualizar la animación, y preste atención al cielo que se ve por la ventana y que se ilumina gradualmente al mismo tiempo que la escena de la habitación.

8. Pulse la **barra espaciadora** para detener la previsualización.

9. Seleccione primero la capa Window Lit y pulse **U**, y luego la capa Background Lit y otra vez **U** para ocultar sus propiedades, y ordene el panel Línea de tiempo para acometer la siguiente tarea.

10. Seleccione Archivo>Guardar para guardar los cambios.

Ahora que ya tenemos controlado el tema de la iluminación, ha llegado el momento de animar el movimiento del sol, los pájaros y las nubes.

ANIMAR EL MOVIMIENTO DEL PAISAJE DE FONDO

El paisaje de fondo que se ve por la ventana presenta un aspecto irreal y estático. Para empezar, el sol necesita cruzar el cielo en movimiento ascendente. Y no solo eso, para que la escena cobre realismo es necesario que las nubes cambien y que los pájaros vuelen. Lo primero que haremos es animar el sol en el cielo definiendo fotogramas clave de Posición, Escala y Opacidad.

1. En el panel Línea de tiempo, seleccione la capa Sun y haga clic en el triangulito que hay a la izquierda del nombre de la capa para revelar el nombre Transformar, y otra vez clic en el siguiente triangulito para ver todas las propiedades que esconde Transformar.

Animación de capas

2. Avance al momento 4:07 y haga clic en los iconos **Cronómetro de variación de tiempo** de las propiedades Posición, Escala y Opacidad a fin de definir los fotogramas clave correspondientes con los valores que se muestran por defecto (véase la figura 5.11).

Figura 5.11.

3. Avance al momento 3:13.

4. Todavía en la capa Sun, ajuste la escala a **33,3** y **33,3%**, y la opacidad al **10%** para que After Effects agregue dos fotogramas clave, uno por propiedad (véase la figura 5.12).

5. Pulse la tecla **Fin** para avanzar al final de la composición.

6. En la propiedad Posición de la capa Sun, ajuste el eje de coordenada y a **18,0**, y la escala a **150,0** y **150,0%** para que After Effects agregue otros dos fotogramas clave (véase la figura 5.13).

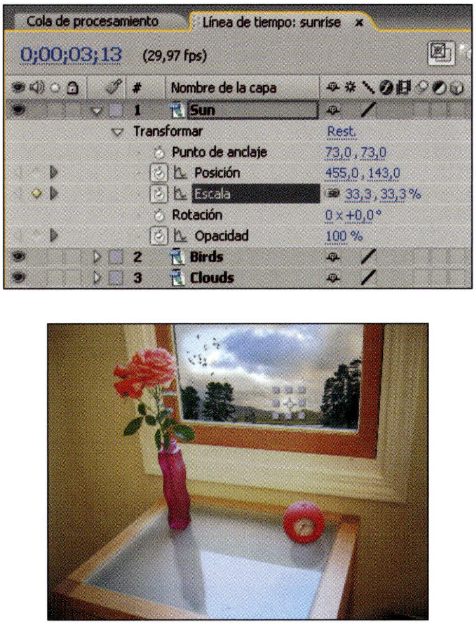

Figura 5.12.

Figura 5.13.

Acabamos de definir fotogramas clave que ordenan al sol cruzar el cielo en movimiento ascendente y que lo aumentan de tamaño y de brillo al mismo tiempo. A continuación, animaremos los pájaros y las nubes, y veremos una previsualización de todas las animaciones juntas.

7. Seleccione la capa Sun y pulse **UU** para ocultar las propiedades de transformación y disponer de más espacio en el panel Línea de tiempo.

Animar los pájaros

Y ahora animaremos el movimiento de los pájaros volando por el cielo.

1. Seleccione la capa Birds en el panel Línea de tiempo y pulse **P** para ver sus propiedades de posición.

2. Avance al momento 4:20, escriba los siguientes valores de posición: **200,0** y **49,0**, y haga clic en el icono **Cronómetro de variación de tiempo** para definir un fotograma clave de Posición (véase la figura 5.14).

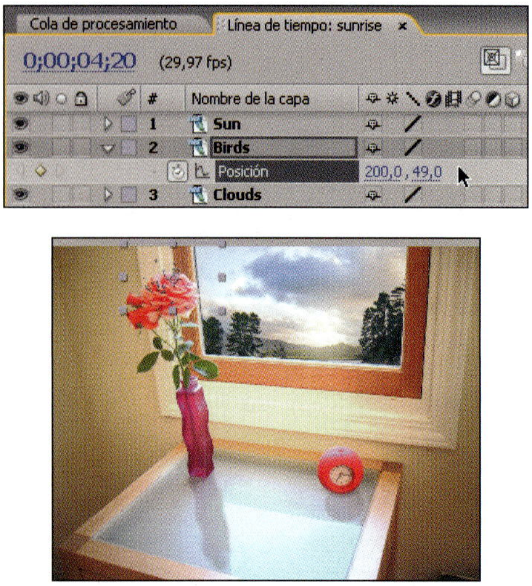

Figura 5.14.

3. Avance al momento 4:25 y ajuste la posición en **670,0** y **49,0** para que After Effects agregue otro fotograma clave (véase la figura 5.15).

Figura 5.15.

4. Seleccione la capa Birds y pulse **U** para ocultar las propiedades de posición.

Animar las nubes

A continuación, hay que animar el movimiento de las nubes en el cielo.

1. Seleccione la capa Clouds en el panel Línea de tiempo y visualice las propiedades de transformación haciendo clic en el triangulito de la izquierda, como antes.

2. Avance al momento 5:22 y haga clic en icono **Cronómetro variación de tiempo** para fijar un fotograma clave de Posición en el valor actual (**406,5** y **58,5**).

3. Sin moverse del momento 5:22, ajuste la opacidad de la capa Clouds al **33%** y haga clic en el icono **Cronómetro variación de tiempo** para fijar un fotograma clave de Opacidad (véase la figura 5.16).

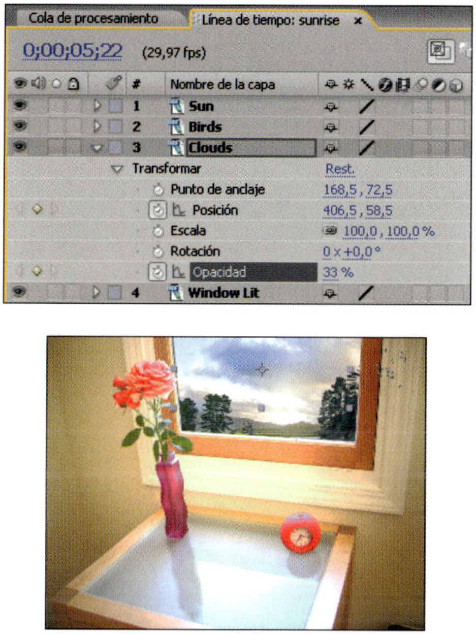

Figura 5.16.

4. Retroceda al momento 5:02 y ajuste la opacidad al **0%** para que After Effects agregue un fotograma clave.

5. Avance al momento 9:07 y vuelva a ajustar la opacidad, esta vez al **50%**, para que After Effects agregue otro fotograma clave (véase la figura 5.17).

6. Avance al último fotograma de la composición pulsando la tecla **Fin**.

7. Ajuste la posición de la capa Clouds a **456,5** y **48,5** para que After Effects agregue un fotograma clave (véase la figura 5.18).

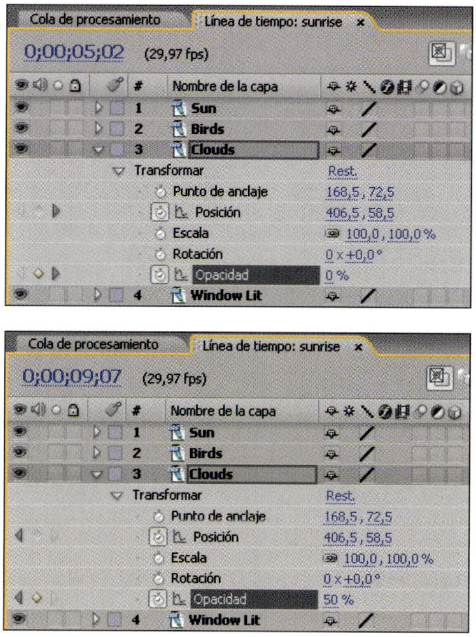

Figura 5.17.

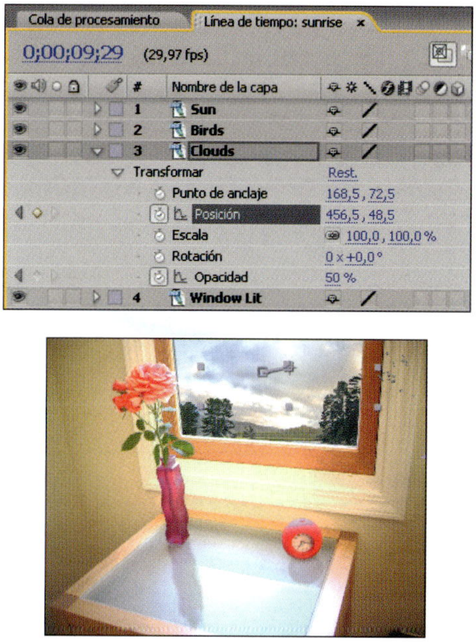

Figura 5.18.

Y ahora, vamos a previsualizar la animación.

8. Pulse la tecla **Inicio** para volver al momento 0:00, haga clic en el área del panel Composición para anular la selección de los trazados en la imagen y pulse la **barra espaciadora** para previsualizar la animación. Observe cómo sube el sol en el cielo, los pájaros pasan volando (muy rápido) y las nubes se mueven empujadas por el viento. Pero sigue habiendo un problema fundamental: los elementos pasan por encima del marco de la ventana pareciendo, incluso, que los pájaros entran volando en la habitación. No se preocupe, arreglar esto es lo siguiente que vamos a hacer.

9. Pulse la **barra espaciadora** para detener la previsualización, seleccione la capa Clouds en el panel Línea de tiempo, haga clic en el triangulito que hay a la izquierda para ocultar sus propiedades y seleccione Archivo>Guardar.

AJUSTAR LAS CAPAS Y CREAR MATES DE SEGUIMIENTO

Para resolver el problema del sol, los pájaros y las nubes que se montan por encima del marco de la ventana, primero hay que definir cuál es el orden correcto que deben seguir las capas dentro de la composición y emplear, luego, un mate alfa para que la escena exterior asome por la ventana sin que se muestre dentro de la habitación.

Precomposición de capas

Empezaremos por precomponer las capas Sun, Birds y Clouds en una composición.

1. Haga **Mayús**-clic para seleccionar las capas Sun, Birds y Clouds en el panel Línea de tiempo.

2. Seleccione Capa>Precomponer.

3. En el cuadro de diálogo Precomponer, asigne a la nueva composición el nombre **Window Contents**.

Compruebe que esté marcada la opción Transfiera todos los atributos a la nueva composición y marque la casilla Abrir nueva composición. Luego, haga clic en **Aceptar** (véase la figura 5.19).

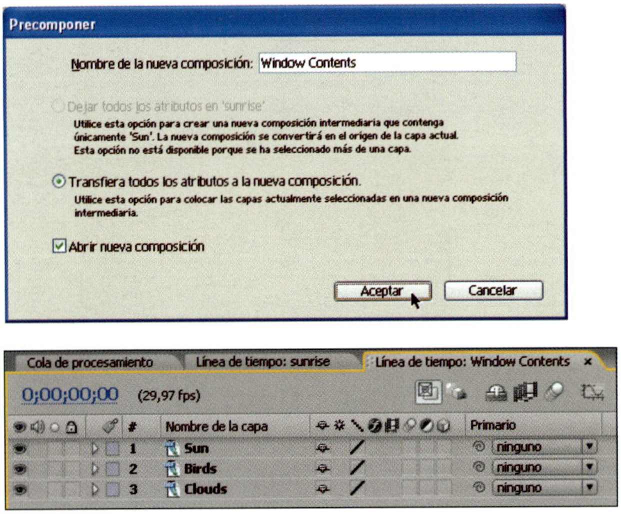

Figura 5.19.

Observe que ahora aparece un nuevo panel Línea de tiempo llamado Window Contents que contiene las capas Sun, Birds y Clouds que seleccionamos en el paso 1 de este ejercicio.

4. Haga clic en el panel Línea de tiempo: sunrise para ver el contenido de la composición principal. Observe que las capas Sun, Birds y Clouds han sido sustituidas por una sola llamada Window Contents, que en realidad es una composición (véase la figura 5.20).

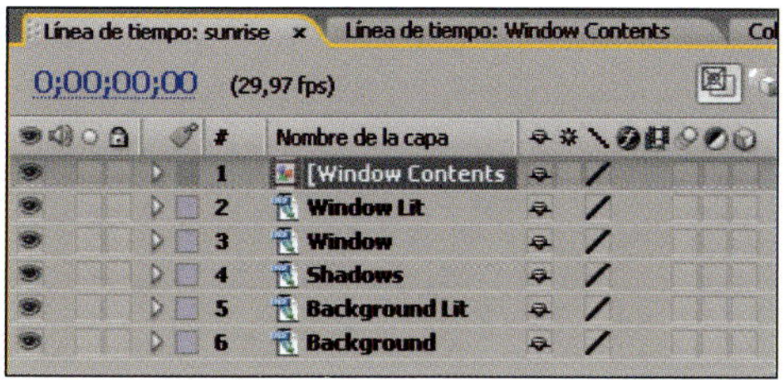

Figura 5.20.

Crear mates de seguimiento

A continuación, crearemos el mate de seguimiento para ocultar las zonas de la escena exterior que deben ir debajo del marco de la ventana, y para ello, duplicaremos primero la capa Window Lit y usaremos su canal alfa.

NOTA: LOS MATES DE SEGUIMIENTO SE TRATAN CON MÁS DETENIMIENTO MÁS ADELANTE EN ESTE MISMO LIBRO.

1. En el panel Línea de tiempo: sunrise, seleccione la capa Window Lit.

2. Seleccione Editar>Duplicar.

3. Coloque la capa duplicada, Window Lit 2, encima de todas las demás para que quede encima de la capa Window Contents (véase la figura 5.22).

Acerca de mates de seguimiento y mates móviles

CUANDO QUEREMOS QUE UNA CAPA ASOME A TRAVÉS DE UN AGUJERO EN OTRA CAPA, SE DEFINE LO QUE SE LLAMA UN MATE DE SEGUIMIENTO. SON NECESARIAS SIEMPRE DOS CAPAS, UNA QUE ACTÚE COMO MATE Y OTRA QUE SIRVA DE RELLENO AL AGUJERO DEL MATE. ES POSIBLE ANIMAR TANTO CAPAS MATE COMO CAPAS DE RELLENO. AL ANIMAR CAPAS DE MATE DE SEGUIMIENTO, SE CREAN MATES MÓVILES. Y SI QUEREMOS ANIMAR MATES DE SEGUIMIENTO Y CAPAS DE RELLENO CON AJUSTES IDÉNTICOS, SIEMPRE CABE LA POSIBILIDAD DE PRECOMPONERLOS.

EN UN MATE DE SEGUIMIENTO, LA TRANSPARENCIA SE DEFINE RECURRIENDO A LOS VALORES DE SU CANAL ALFA O A LA LUMINANCIA DE SUS PÍXELES. USAR LA LUMINANCIA ES ÚTIL CUANDO SE QUIEREN CREAR MATES DE SEGUIMIENTO EN UNA CAPA QUE NO TIENE CANAL ALFA, O UNA CAPA IMPORTADA DE UN PROGRAMA QUE NO PUEDE CREAR CANALES ALFA. TANTO EN LOS MATES DE CANAL ALFA COMO EN LOS MATES DE LUMINANCIA, CUANTO MÁS ALTO ES EL VALOR, MÁS TRANSPARENTES SON LOS PÍXELES. EN LA MAYORÍA DE LOS CASOS, SE SUELE UTILIZAR UN MATE DE ALTO CONTRASTE PARA QUE LAS ÁREAS SEAN COMPLETAMENTE TRANSPARENTES O COMPLETAMENTE OPACAS. LOS VALORES INTERMEDIOS SOLO SON ÚTILES CUANDO SE REQUIERE APLICAR TRANSPARENCIAS PARCIALES O GRADUALES, COMO EN LOS BORDES SUAVES DE LOS OBJETOS.

AFTER EFFECTS CONSERVA EL ORDEN DE UNA CAPA Y SU MATE DE SEGUIMIENTO INCLUSO DESPUÉS DE DUPLICARLA O DIVIDIRLA. EN EL CASO DE LAS CAPAS DUPLICADAS O DIVIDIDAS, LA CAPA DE MATE DE SEGUIMIENTO SIGUE APARECIENDO ENCIMA DE LA CAPA DE RELLENO. POR EJEMPLO, IMAGINE UN PROYECTO QUE CONTIENE DOS CAPAS, A Y B, EN EL QUE A ES EL MATE DE SEGUIMIENTO Y B LA CAPA DE RELLENO. SI DUPLICA O DIVIDE CUALQUIERA DE ELLAS, EL ORDEN RESULTANTE SERÁ ABAB (VÉASE LA FIGURA 5.21).

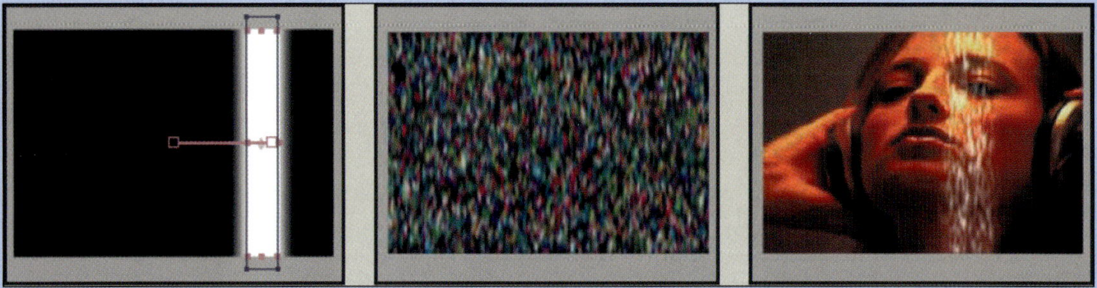

A. Capa de mate de seguimiento: Un sólido con una máscara rectangular, definido en Mate de luminancia. La máscara se anima para que cruce la pantalla.

B. Capa de relleno: Un sólido con un efecto de motivo.

C. Resultado: El motivo aparece dentro de la forma del mate de seguimiento y se añade a la capa que contiene la imagen, que está debajo de la capa de mate de seguimiento.

Figura 5.21. *Mates móviles*

Figura 5.22.

4. En el menú emergente del panel Línea de tiempo, seleccione Columnas>Modos.

Ahora ya se puede aplicar el mate de seguimiento.

5. Haga clic en la capa Window Contents y seleccione la opción Mate alfa "Window Lit 2" en el menú emergente TrkMat. El canal alfa de la capa que está encima (Window Lit 2) pasa a utilizarse como base para establecer la transparencia de la capa Window Contents, permitiendo que la escena que está al otro lado de la ventana se muestre por las zonas transparentes y acristaladas de la ventana (véase la figura 5.23).

6. Pulse la tecla **Inicio** y previsualice la animación pulsando la **barra espaciadora**. Vuelva a pulsarla cuando haya terminado para detenerla.

7. Seleccione Archivo>Guardar para guardar los cambios.

Desenfoque de movimiento

Los pájaros parecerían más auténticos si les aplicáramos un desenfoque de movimiento. Y lo vamos a hacer muy rápidamente antes de animar las sombras.

1. Haga clic en el panel Línea de tiempo: Window Contents.

2. Avance al momento 4:22, justo la mitad de la animación de los pájaros, y con la capa Birds seleccionada, haga clic en Capa>Definidores>Desenfoque de movimiento para activar el efecto Desenfoque de movimiento en esta capa (véase la figura 5.24).

Ahora, habilite el desenfoque de movimiento previsualizándolo en el panel Composición.

3. Haga clic en el botón que habilita el desenfoque de movimiento en todas las capas que tengan el definidor Desenfoque de movimiento activado y que está en la parte superior del

panel Línea de tiempo, para mostrar el efecto de desenfoque de la capa Birds en el panel Composición.

Ahora ya puede ver los valores de ángulo y fase del obturador, que son los que controlan la intensidad del desenfoque de movimiento (véase la figura 5.25).

4. Seleccione Composición>Ajustes de la composición.

5. En el cuadro de diálogo Ajustes de composición, haga clic en la ficha Avanzado y reduzca el Ángulo del obturador a **30°** para imitar el efecto de ajustar realmente el obturador en una cámara de verdad, es decir, para controlar el tiempo de apertura de la cámara o tiempo que permanece tomando luz.

6. Deje la opción Fase del obturador en **0** y haga clic en **Aceptar** (véase la figura 5.26).

ANIMAR LAS SOMBRAS

Y ha llegado el momento de prestar atención a las sombras que hay en la mesa junto al reloj y el florero. En una imagen realista con demora de tiempo, se acortarían a medida que el sol fuera ascendiendo en el cielo.

Existen varias formas de crear y animar sombras en After Effects y una de ellas son las capas y luces en 3D. Sin embargo, en nuestro proyecto emplearemos el efecto Posicionar bordes para distorsionar la capa Shadows de la imagen importada de Photoshop. El resultado es parecido al de animar con la herramienta Transformación libre de Photoshop, es decir, es como si distorsionáramos la imagen resituando sus cuatro esquinas. Es un efecto muy útil para estirar, encoger, sesgar o girar imágenes, o para simular la perspectiva o el movimiento de un objeto que gira sobre un eje situado en el extremo de una capa; por ejemplo, una puerta que se abre.

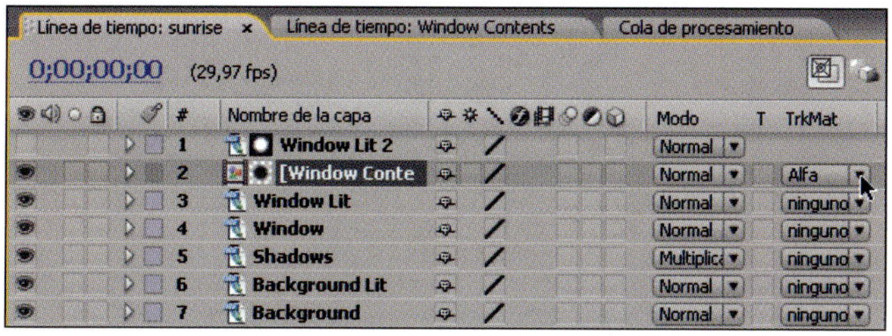

Figura 5.23.

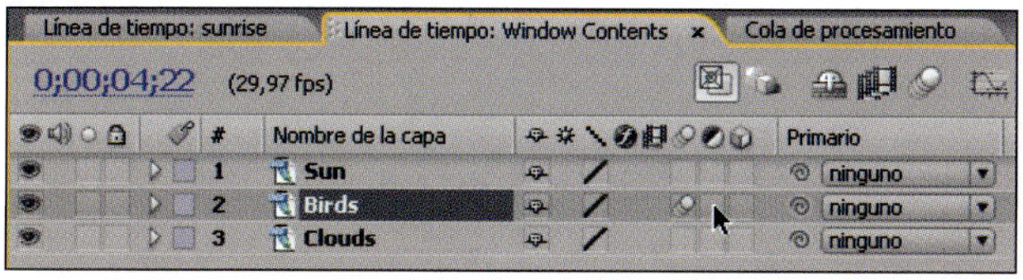

Figura 5.24.

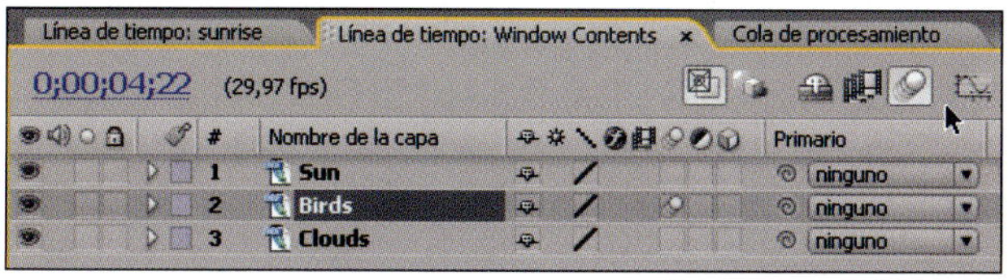

Figura 5.25.

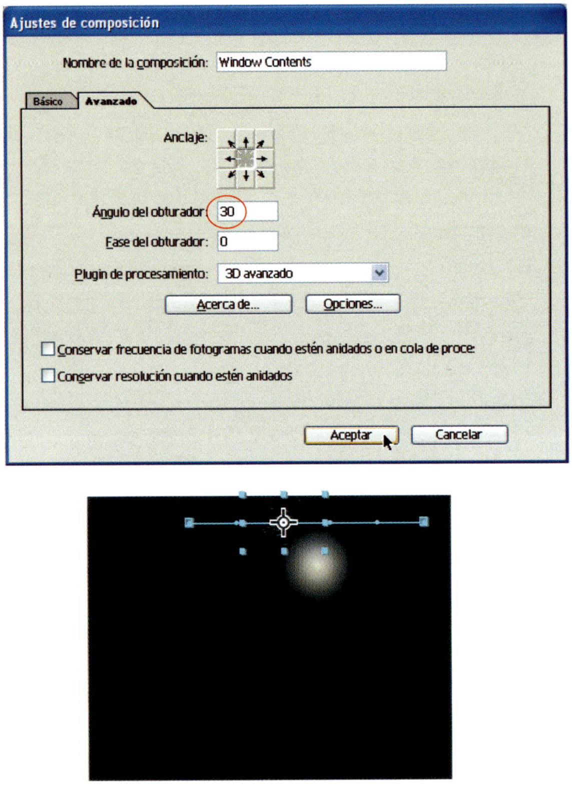

Figura 5.26.

ADVERTENCIA: EL EFECTO POSICIONAR BORDES SÓLO ESTÁ DISPONIBLE EN LA VERSIÓN PRO DE AFTER EFFECTS.

1. Haga clic en el panel Línea de tiempo: sunrise y pulse la tecla **Inicio** para estar seguro de que se encuentra al principio de la regla de tiempo.

2. Haga clic en la capa Shadows en el panel Línea de tiempo y luego seleccione Efecto> Distorsionar>Posicionar bordes. Observe los pequeños círculos que aparecen alrededor de los puntos exteriores de la capa que contiene las sombras en el panel Composición (véase la figura 5.27).

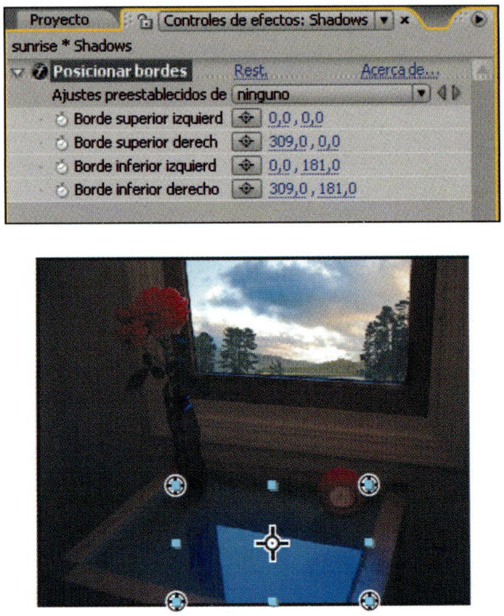

Figura 5.27.

TRUCO: SI NO VE LOS CONTROLES, ABRA EL MENÚ EMERGENTE DEL PANEL COMPOSICIÓN Y SELECCIONE Opciones de vista. EN EL CUADRO DE DIÁLOGO Opciones de vista, MARQUE LAS CASILLAS Controles Y Controles de efectos, Y HAGA CLIC EN **ACEPTAR**.

Empezaremos definiendo las cuatro esquinas de la capa Shadows para que se correspondan con las cuatro esquinas de la superficie acristalada de la mesa. Empezaremos más o menos a la mitad de la animación, cuando el sol está suficientemente alto como para modificar la sombra.

3. Avance al momento 6:00 y arrastre cada una de las cuatro esquinas a su esquina correspondiente en el cristal de la mesa. Observe cómo se actualizan las coordenadas x e y en el panel Controles de efectos.

Si no le gusta cómo le quedan las sombras, escriba directamente los valores que se muestran en la siguiente figura (véase la figura 5.28).

NOTA: LA ESQUINA INFERIOR DERECHA DE LA CAPA Shadows ESTÁ FUERA DE LA PANTALLA. PARA AJUSTARLA, HAGA CLIC EN LA HERRAMIENTA **MANO** Y DESPLACE HACIA ARRIBA EL PANEL COMPOSICIÓN HASTA QUE PUEDA VER EL ÁREA QUE ESTÁ DEBAJO DE LA IMAGEN. LUEGO, VUELVA A HACER CLIC EN LA HERRAMIENTA DE **SELECCIÓN** Y TIRE DE LA ESQUINA INFERIOR DERECHA PARA SITUARLA MÁS O MENOS EN LA ESQUINA INFERIOR DERECHA DEL CRISTAL DE LA MESA.

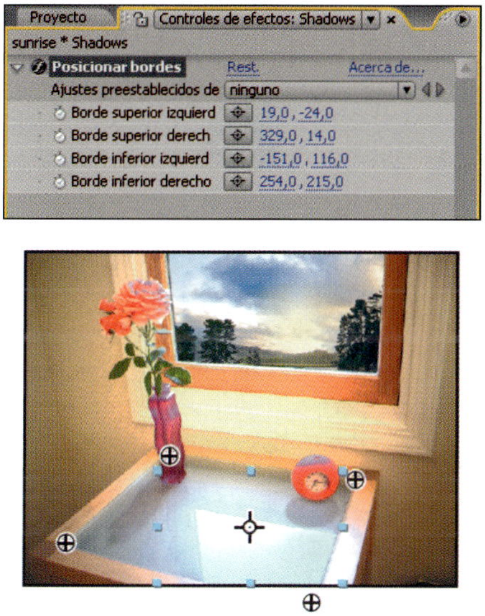

Figura 5.28.

4. Defina un fotograma clave para cada esquina en el momento 6:00 haciendo clic en el icono **Cronómetro variación de tiempo** de cada una de las posiciones del panel Controles de efectos (véase la figura 5.29).

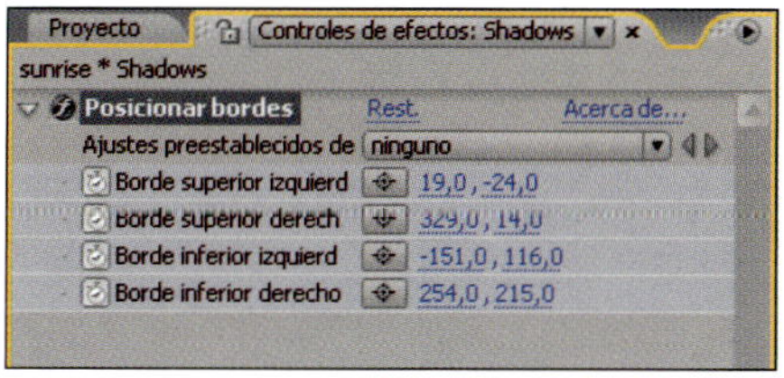

Figura 5.29.

Ahora, avanzaremos al final de la animación para ajustar la posición de la sombra.

5. Pulse la tecla **Fin** para avanzar al último fotograma de la composición.

6. Haga clic en la herramienta de **Selección** y desplace las dos anclas inferiores para acortar las sombras: arrástrelas más o menos un 25 por 100 más cerca del extremo posterior del cristal de la mesa. Es posible que haya que mover, además, las dos anclas superiores un poco hacia adentro para que las bases de las sombras permanezcan alineadas con el florero y el reloj. Los valores de las anclas deben ser similares a los que aparecen en la figura 5.30. Ya sabe que también puede introducirlos directamente si no se siente seguro de mover las anclas. Una vez ajustadas las posiciones, After Effects agrega los fotogramas clave (véase la figura 5.30).

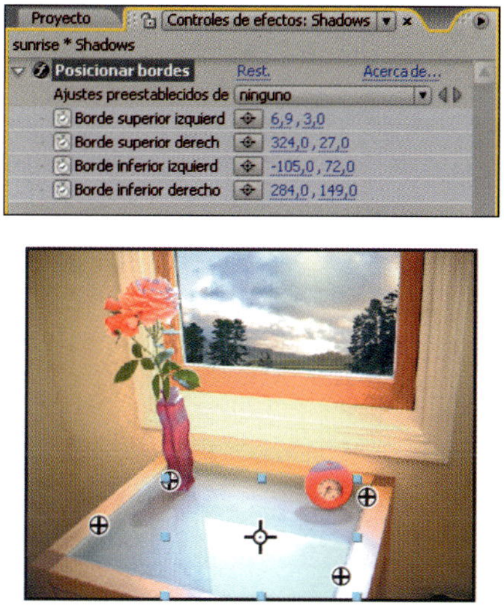

Figura 5.30.

7. Si es necesario, haga clic en la herramienta **Mano** y desplace la composición hacia abajo para centrarla verticalmente en el panel Composición. Luego, vuelva a hacer clic en la herramienta de **Selección** y clic otra vez en el área

del panel Composición para anular la selección de la capa.

8. Pulse la tecla **Inicio** para restaurar el indicador de tiempo actual y pulse la **barra espaciadora** para previsualizar toda la animación, incluido el efecto Posicionar los bordes. Cuando termine de verla, vuelva a pulsar la **barra espaciadora**.

9. Seleccione Archivo>Guardar para guardar los cambios.

APLICAR UN EFECTO DESTELLO DE LENTE

En fotografía, cuando un haz de luz brillante (como la luz de sol) incide directamente sobre la lente de una cámara, provoca un destello, cuya forma varía en función del tipo de lente. After Effects ofrece algunos efectos de destello de lente y, en nuestro proyecto en concreto, aplicaremos uno de ellos para aumentar la sensación de autenticidad de esta composición fotográfica con movimiento temporal.

1. Avance al momento 5:10, que es cuando el sol está brillando directamente en la lente de la cámara.

2. Seleccione Capa>Nuevo>Sólido.

3. En el cuadro de diálogo Ajustes de sólido, asigne a la capa el nombre **Lens Flare** y haga clic en el botón **Hacer tamaño comp**. Luego, ajuste el Color a negro haciendo clic en la muestra de color y fijando los valores RGB a **0** en el cuadro de diálogo Selector de color. Haga clic en **Aceptar** para cerrar el Selector de color y regresar al cuadro de diálogo Ajustes de sólido.

4. Haga clic en **Aceptar** para crear la capa Lens Flare (véase la figura 5.31).

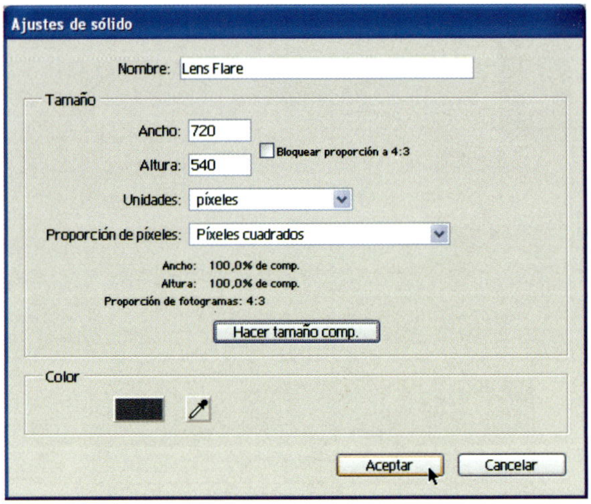

Figura 5.31.

5. Con la capa Lens Flare seleccionada en el panel Línea de tiempo: sunrise, seleccione Efecto>Generar>Destello de lente. En este momento, el panel Composición y el panel Controles de efectos muestran los ajustes visuales y numéricos por defecto del efecto, respectivamente; el siguiente paso será, por supuesto, personalizarlos para nuestra composición.

6. Desplace el cursor de cruz Centro del destello ⊕ en el panel Composición hasta el centro del sol. El sol no está visible en el panel Composición; la coordenadas x e y, que aparecen en el panel Controles de efectos o en el panel Info, son aproximadamente **455** y **135** (véase la figura 5.32).

TRUCO: TAMBIÉN PUEDE INTRODUCIR LOS VALORES DE Centro del destello DIRECTAMENTE EN EL PANEL CONTROLES DE EFECTOS.

7. En el panel Controles de efectos, cambie el Tipo de lente a Objetivo fijo de 35 mm, algo más difuso (véase la figura 5.33).

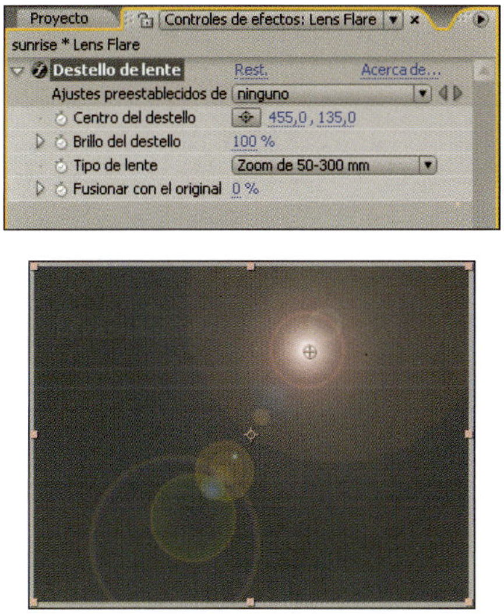

Figura 5.32.

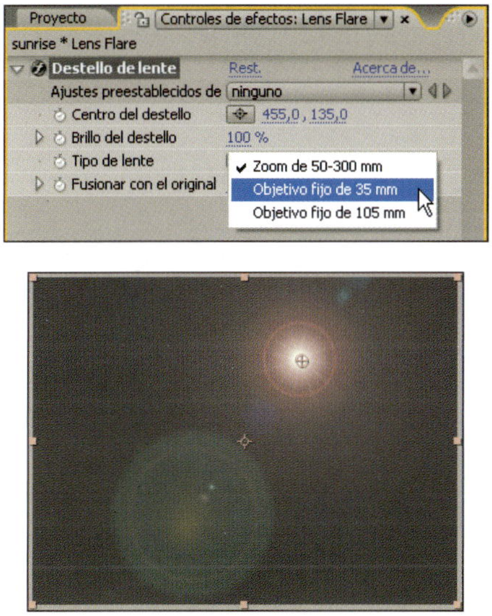

Figura 5.33.

8. Compruebe que sigue en el momento 5:10 y, en el panel Controles de efectos, haga clic en el icono **Cronómetro variación de tiempo** para definir un fotograma clave de Brillo del destello en su valor por defecto, es decir, **100%**.

9. Ahora, ajuste el brillo del destello al máximo cuando el sol está en el punto más alto.

- Avance al momento 3:27 y ajuste el valor de Brillo del destello a **0%**.

- Avance al momento 6:27 y ajuste el valor de Brillo del destello también a **0%**.

- Retroceda al momento 6:00 y ajuste el valor de Brillo del destello a **100%**.

10. Finalmente, con la capa Lens Flare seleccionada en el panel Línea de tiempo, seleccione Capa>Modo de fusión>Pantalla para cambiar el modo de fusión a modo pantalla (véase la figura 5.34).

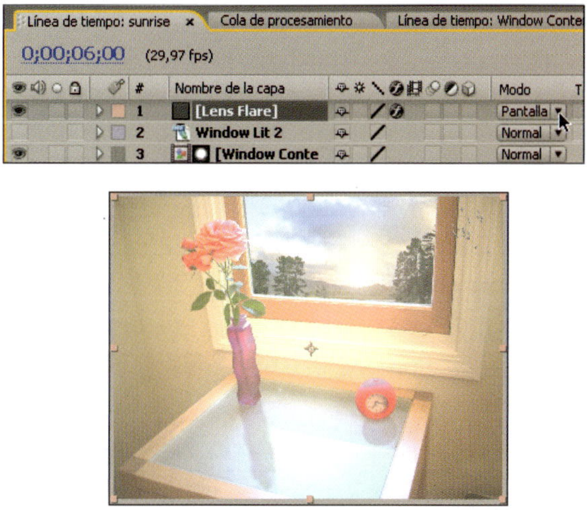

Figura 5.34.

TRUCO: TAMBIÉN PUEDE ELEGIR LA OPCIÓN Pantalla EN EL MENÚ EMERGENTE Modo QUE ESTÁ EN EL PANEL LÍNEA DE TIEMPO.

11. Pulse la tecla **Inicio** y luego la **barra espaciadora** para previsualizar el efecto Destello de lente. Vuelva a pulsar la **barra espaciadora** para detener la previsualización cuando termine.

12. Seleccione Archivo>Guardar para guardar los cambios.

ANIMAR EL RELOJ

Cada vez se parece más nuestra animación a una foto con movimiento demorado en el tiempo. ¡El único fallo es que el reloj está parado! Las manillas del reloj tienen que girar rápidamente para mostrar el avance del tiempo. Para conseguirlo, añadiremos una animación especialmente diseñada para esta escena y creada en After Effects como conjunto de capas en 3D encendidas, texturizadas y enmascaradas para fundirse en la escena.

1. Haga clic en el panel Proyecto y doble clic en un área vacía para abrir el cuadro de diálogo Importar archivo.

2. En la carpeta AE7_CIB>Lessons>Lesson05>Assets, seleccione el archivo `clock.mov` y haga clic en **Abrir** (véase la figura 5.35).

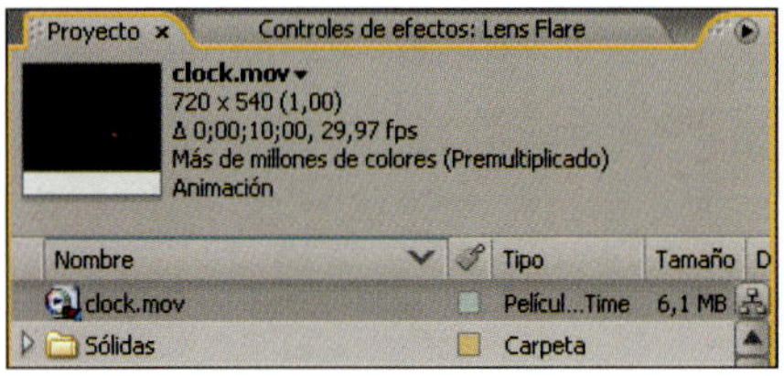

Figura 5.35.

Ya tenemos la película de QuickTime `clock.mov` arriba del todo del panel Proyecto.

3. Haga clic en el panel Línea de tiempo: sunrise para activarlo y pulse la tecla **Inicio** para retroceder al principio de la regla de tiempo. Luego, arrastre la película Clock desde el panel Proyecto y suéltela arriba del todo del panel Línea de tiempo, encima de todas las capas (véase la figura 5.36).

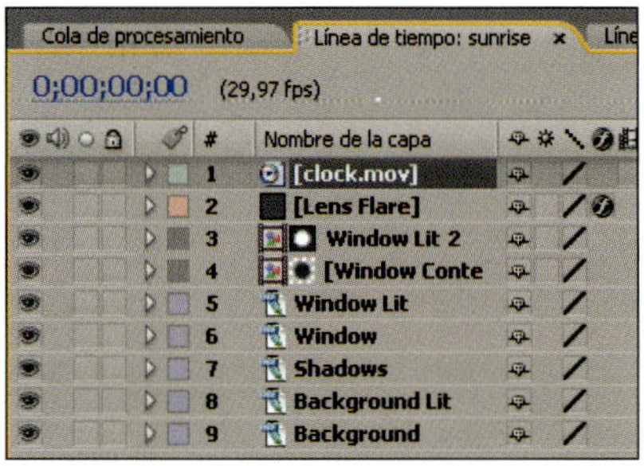

Figura 5.36.

4. Previsualice la animación pulsando la **barra espaciadora** y vuelva a pulsarla cuando termine.

5. Seleccione Archivo>Guardar para guardar los cambios.

Procesar la animación

Para preparar el siguiente paso de nuestro ejercicio, que consiste en reajustar el tiempo de la composición, hay que procesar primero la composición sunrise.

1. Seleccione la composición sunrise en el panel Proyecto y seleccione Composición> Agregar a la cola de procesamiento.

En este momento, se abre el panel Cola de procesamiento. Ajústele el tamaño para hacerlo más grande, si es necesario.

2. Acepte los Detalles del procesamiento actual que se muestran por defecto en el panel Cola de procesamiento y haga clic en las palabras azules subrayadas **Not Yet Specified** que aparecen junto al menú emergente Salida a.

3. Acceda a la carpeta destino AE7_CIB>Lessons>Lesson05>Assets y llame al archivo `Lesson05_retime.mov` (Mac OS) o `Lesson05_retime.avi` (Windows). Luego, haga clic en **Guardar**.

4. Haga clic en el botón **Procesar** en el panel Cola de procesamiento (véase la figura 5.37).

After Effects ofrece una barra de progreso para mostrar el estado de procesamiento de la composición y al final activa una señal acústica de aviso para indicar que ha terminado de procesar la composición.

5. Cuando After Effects termine de procesar la composición, cierre el panel Cola de procesamiento.

REMAPEAR EL TIEMPO DE LA COMPOSICIÓN

Hasta ahora, lo que hemos hecho ha sido crear directamente una simulación demorada en el tiempo, y hasta ahí vamos bien, pero After Effects ofrece muchas otras técnicas para jugar con el tiempo gracias a la función de Remapeo de tiempo, que permite acelerar, ralentizar, detener o reproducir hacia atrás dinámicamente los materiales de archivo. Y no solo eso, también permite hacer cosas como crear efectos que congelan los fotogramas. El Editor de gráficos y el panel Capa son los protagonistas a la hora de remapear el tiempo, como veremos a continuación. En el siguiente ejercicio, reajustaremos el tiempo del proyecto para que cambie dinámicamente.

En este ejercicio, usaremos la película que acabamos de procesar como base de una composición, porque así es más fácil remapear el tiempo.

1. Haga doble clic en un área vacía del panel Proyecto para abrir el cuadro de diálogo Importar archivo.

2. En la carpeta AE7_CIB>Lessons>Lesson05>Assets, seleccione el archivo `Lesson05_retime.mov` (Mac OS) o `Lesson05_retime.avi` (Windows) que acaba de procesar y haga clic en **Abrir**.

3. Arrastre la película `Lesson05_retime` al botón **Crear una nueva composición** que está en la parte inferior del panel Proyecto para que After Effects cree una nueva composición llamada Lesson05_retime y la muestre en los paneles Línea de tiempo y Composición (véase la figura 5.38).

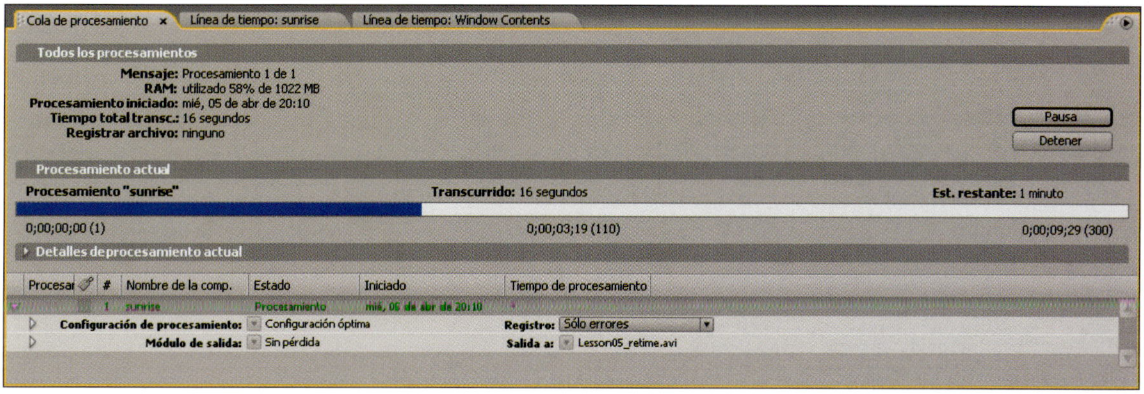

Figura 5.37.

Empecemos, pues, a remapear todos los elementos de nuestro proyecto de una sola vez.

4. Con la capa Lesson05_retime seleccionada en el panel Línea de tiempo, haga clic en Capa>Tiempo>Activar remapeo de tiempo. After Effects agrega dos fotogramas clave, uno en el primer fotograma de la capa y otro en el último (visibles en la regla de tiempo). Aparece, además, una propiedad Remapeo de tiempo debajo del nombre de la capa en el panel Línea de tiempo, que es la que nos va a permitir controlar cuál es el fotograma que se muestra en cada momento del tiempo (véase la figura 5.39).

5. Haga doble clic en el nombre de la capa Lesson05_retime en el panel Línea de tiempo para abrirla en el panel Capa y así tener una referencia visual de los fotogramas que vamos cambiando conforme remapeamos el tiempo. El panel Capa presenta dos reglas de tiempo: la que está más abajo muestra el tiempo actual, mientras que la que está más arriba, llamada Tiempo de origen, dispone de un regulador de remapeo de tiempo que indica qué fotograma está reproduciéndose en cada momento (véase la figura 5.40).

6. Arrastre el indicador de tiempo actual por la regla de tiempo en el panel Línea de tiempo y observe cómo se sincronizan los dos reguladores, el de tiempo de origen y el de tiempo actual en las dos reglas del panel Capa. Esto irá cambiando conforme remapee el tiempo.

7. Avance al momento 4:00 y cambie el valor de Remapeo de tiempo a **2:00** para que el fotograma 2:00 se reproduzca en 4:00, es decir, que la composición se muestre a la mitad de la velocidad durante los primeros 4 segundos de la composición (véase la figura 5.41).

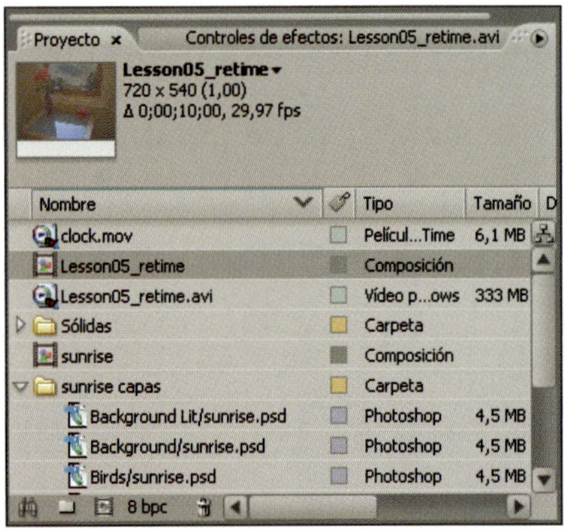

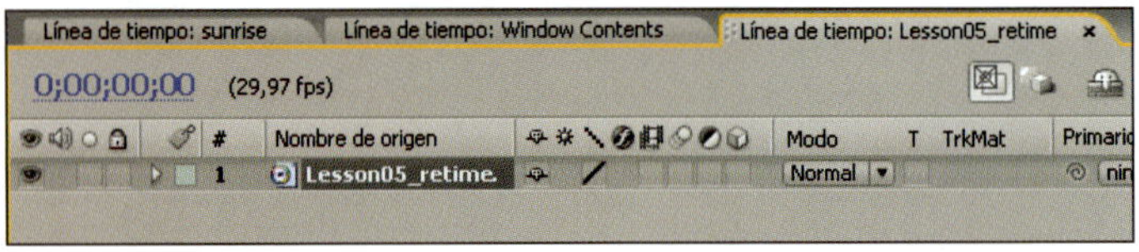

Figura 5.38.

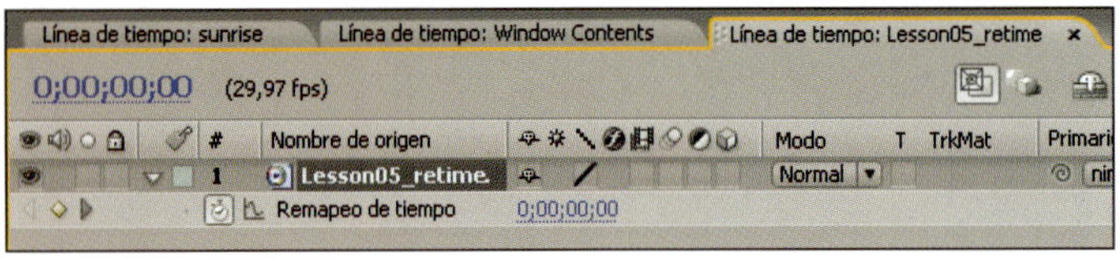

Figura 5.39.

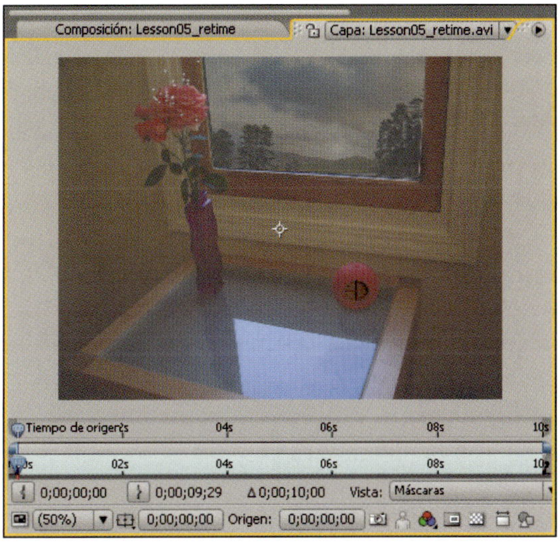

Figura 5.40.

8. Pulse la **barra espaciadora** para previsualizar la animación y ver cómo la composición avanza a la mitad de la velocidad hasta llegar al momento 4:00 y continúa a velocidad normal a partir de ahí.

Visualizar el remapeo de tiempo en el Editor de gráficos

El Editor de gráficos permite visualizar y manipular todos los aspectos relacionados con los efectos y las animaciones, incluidos los valores de las propiedades, los fotogramas clave y la interpolación. El modo Editor de gráficos representa los cambios efectuados en efectos y animaciones, como un gráfico bidimensional que muestra el avance del tiempo a lo largo de una línea horizontal (de izquierda a derecha). Sin embargo, en el modo Barra de capa, la regla de tiempo representa sólo el elemento horizontal del tiempo, sin ofrecer una representación visual de los valores variables. Pasemos, pues, a ver el aspecto que tienen los cambios de remapeo de tiempo en el Editor de gráficos.

1. Compruebe que la propiedad Remapeo de tiempo está seleccionada en la capa Lesson05_retime en el panel Línea de tiempo, y haga clic en el botón **Editor de gráficos** (véase la figura 5.42).

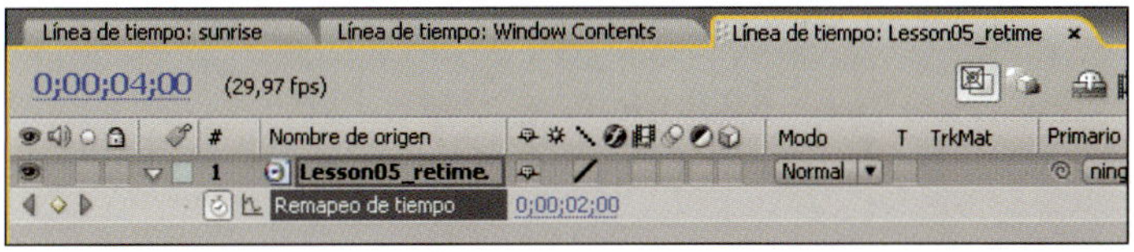

Figura 5.41.

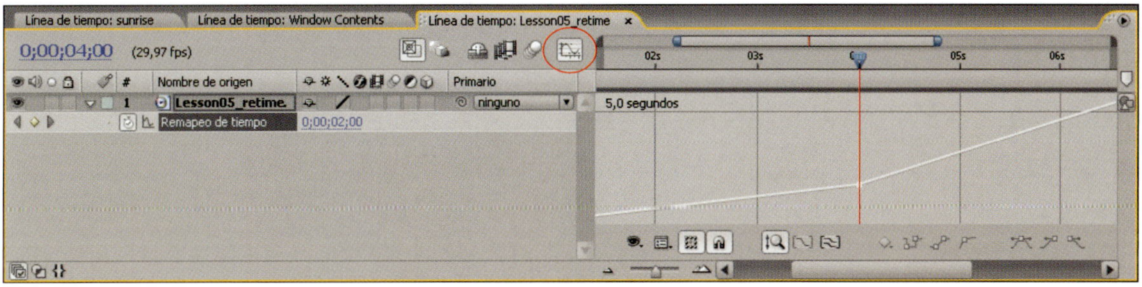

Figura 5.42.

El Editor de gráficos muestra un gráfico de remapeo de tiempo que tiene una línea blanca que vincula los fotogramas clave de los momentos 0:00, 4:00 y 10:00. El ángulo de inclinación de la línea es más o menos llano hasta el momento 4:00, pero a partir de ahí comienza a ser más brusco y empinado. Cuanto más empinada es la línea, más rápido se reproduce la película.

Empleo del Editor de gráficos para remapear el tiempo

A la hora de remapear el tiempo, se pueden usar los valores del gráfico bidimensional para determinar y controlar qué fotograma de la película queremos que se muestre en cada momento. Cada uno de los fotogramas clave de Remapeo de tiempo tiene asociado un valor de tiempo que lo vincula con un fotograma específico de la capa y que aparece representado verticalmente en el gráfico. Cuando se habilita la opción Remapeo en una capa, After Effects lo que hace es agregar dos fotogramas clave de Remapeo de tiempo, uno en el punto inicial de la capa y otro en el punto final. Estos dos fotogramas clave de Remapeo de tiempo tienen valores verticales de tiempo equivalentes a su posición horizontal.

Definir fotogramas clave de Remapeo de tiempo abre la puerta a la creación de efectos de movimiento complejos. Cada vez que añadimos un fotograma clave de este tipo, lo que hacemos es fijar un punto donde cambiar la velocidad de reproducción o la dirección. Así, al desplazar el punto hacia arriba o hacia abajo del gráfico, definimos cuál de los fotogramas del vídeo queremos que se reproduzca en un momento concreto del tiempo.

Vamos a divertirnos un rato con el tiempo de este proyecto.

1. En el gráfico de remapeo del tiempo, arrastre el fotograma clave medio desde el momento 4:00 al punto correspondiente a 10 segundos (véase la figura 5.43).

NOTA: USE LAS VENTANAS DE INFORMACIÓN SOBRE HERRAMIENTAS QUE APARECEN AL DESPLAZAR LOS PUNTOS PARA COLOCARLOS EN EL VALOR EXACTO DEL FOTOGRAMA CLAVE.

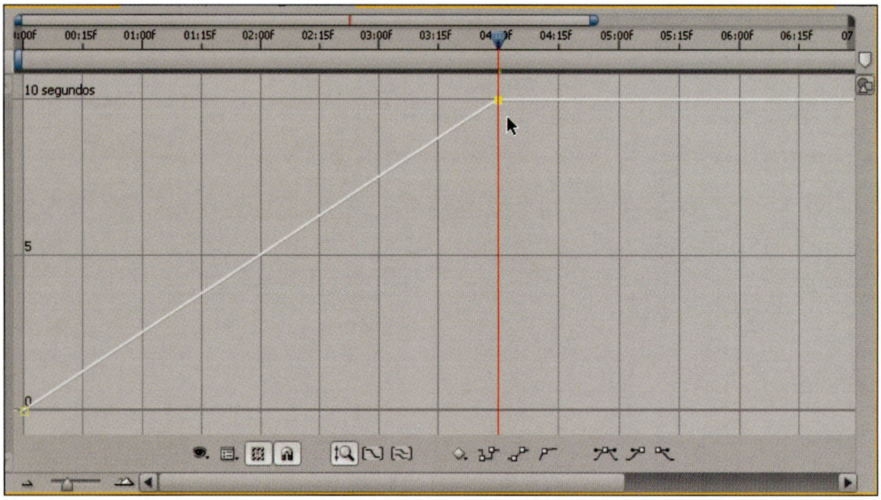

Figura 5.43.

2. Desplace el último fotograma clave hacia atrás a **0** segundos.

Ahora, la animación avanza rápidamente los primeros cuatro segundos de la composición y, luego, empieza a ir hacia atrás a mayor velocidad hasta el final.

3. Pulse la tecla **Inicio** para retroceder al momento 0:00 y pulse la **barra espaciadora** para previsualizar los resultados. Observe la regla de tiempo actual y la de tiempo de origen regla que está en el panel Capa para ver qué fotogramas se están reproduciendo en cada momento del tiempo (véase la figura 5.44).

¿A que es divertido? Pues todavía hay más.

4. Pulse la **barra espaciadora** para detener la previsualización.

5. Haga **Control**-clic en el último fotograma clave del gráfico para borrarlo. La composición sigue en modo de avance rápido los primeros cuatro segundos, pero se detiene en un fotograma (el último) hasta el final de la composición.

6. Pulse la tecla **Inicio** y luego la **barra espaciadora** para previsualizar la animación. Cuando termine, vuelva a pulsar la **barra espaciadora**.

7. Haga **Control**-clic en la línea de puntos del momento 6:00, dentro del gráfico, para añadir un fotograma clave en ese momento con los mismos valores que el fotograma clave del momento 4:00.

8. Haga **Control**-clic en el momento 10:00 para añadir otro fotograma clave y desplácelo al punto **0** segundos. Ahora, la animación avanza rápidamente, se queda detenida dos segundos en el último fotograma y, al final, empieza a ir hacia atrás.

9. Pulse la tecla **Inicio** y luego la barra espaciadora para previsualizar el cambio, y otra vez la **barra espaciadora** para detener la previsualización cuando haya terminado.

Figura 5.44.

Añadir un efecto Fin de Fácil

Ahora, vamos a suavizar el cambio de tiempo que se produce a los seis segundos del inicio de la animación añadiendo un efecto Fin de Fácil.

1. Haga clic para seleccionar el fotograma clave del momento 6:00 y otra vez clic en el botón **Fin de Fácil** que está abajo del todo y a la izquierda del panel del Editor de gráficos. El objetivo de este paso es cambiar la marcha atrás para que el material de archivo retroceda lentamente al principio y vaya cogiendo velocidad poco a poco (véase la figura 5.45).

NOTA: PUEDE REFINAR AÚN MÁS, SI QUIERE, LA CANTIDAD DE FÁCIL DE ESTA TRANSICIÓN ARRASTRANDO EL REGULADOR BEZIER QUE APARECE A LA DERECHA DEL FOTOGRAMA CLAVE EN EL MOMENTO 6:00. SI LO DESPLAZA HACIA LA DERECHA, EL EFECTO DE FÁCIL ES MÁS PRONUNCIADO, MIENTRAS QUE SI LO DESPLAZA HACIA ABAJO O HACIA LA IZQUIERDA, EL RESULTADO ES MÁS SUAVE Y AMORTIGUADO.

Escalar la animación en el tiempo

Como último ejercicio, usaremos el Editor de gráficos para escalar la animación completa en el tiempo.

1. Haga clic en el nombre de la propiedad de Remapeo de tiempo, en el panel Línea de tiempo, para seleccionar todos los fotogramas clave de Remapeo de tiempo.

2. Compruebe que el botón **Mostrar el cuadro de transformación al seleccionar varios fotogramas clave** que está abajo del todo del Editor de gráficos está activado; si lo está, debe aparecer un cuadro de selección libre alrededor de todos los fotogramas clave (véase la figura 5.46).

3. Desplace una de las anclas superiores desde 10 segundos hasta 5 segundos para reducir los valores del fotograma clave superior y ralentizar la reproducción (véase la figura 5.47).

NOTA: SI PULSA **CONTROL** AL MISMO TIEMPO QUE ARRASTRA EL RATÓN, EL CUADRO COMPLETO DE TRANSFORMACIÓN LIBRE SE ESCALA A PARTIR DEL PUNTO CENTRAL, EL CUAL TAMBIÉN SE PUEDE MODIFICAR PARA COMPENSAR EL CAMBIO. SI PULSA **ALT** Y DESPLAZA UNA DE LAS ESQUINAS DEL CUADRO DE TRANSFORMACIÓN LIBRE, LA ANIMACIÓN SE SESGA DESDE ESA ESQUINA. TAMBIÉN SE PUEDE DESPLAZAR UNA DE LAS ANCLAS DE DERECHA A IZQUIERDA PARA ESCALAR TODA LA ANIMACIÓN A FIN DE QUE AVANCE MÁS RÁPIDO.

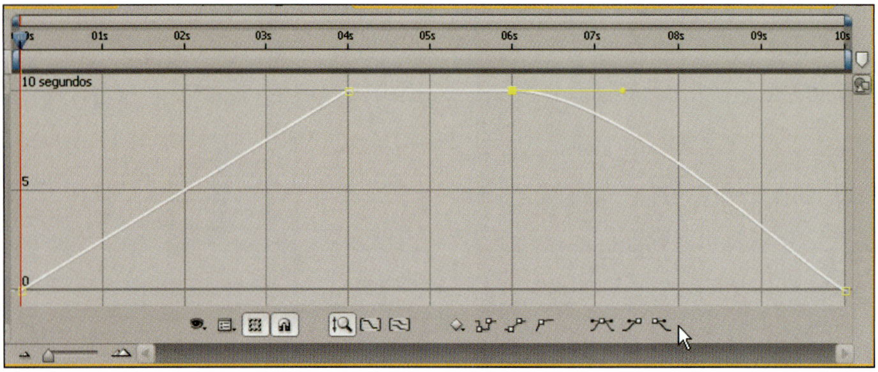

Figura 5.45.

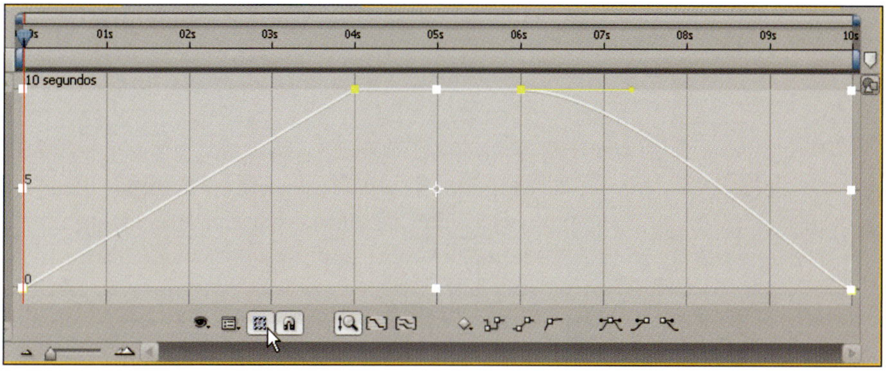

Figura 5.46.

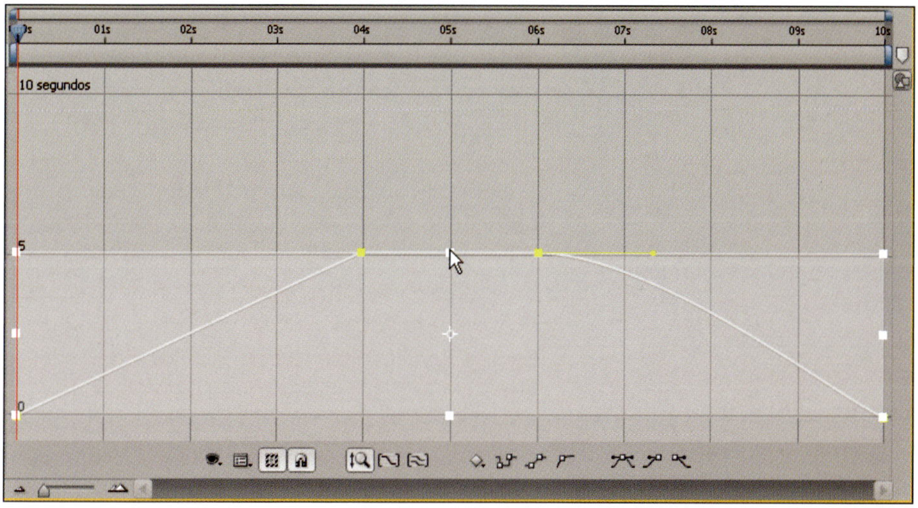

Figura 5.47.

4. Pulse la tecla **Inicio** y luego la **barra espaciadora** para previsualizar el cambio. Vuelva a pulsar la **barra espaciadora** cuando haya terminado de verlo.

5. Seleccione Archivo>Guardar.

Enhorabuena. Acaba de completar una animación muy compleja y completa con cambios en el tiempo. Ahora, si quiere, puede procesar el proyecto de remapeo de tiempo siguiendo las instrucciones del capítulo de este libro que trata el procesamiento y la producción.

REPASO

Preguntas

1. ¿Cómo importa After Effects archivos de Photoshop?

2. ¿Qué es el icono espiral y para qué se utiliza?

3. ¿Qué es un mate de seguimiento y para qué se usa?

4. ¿Cómo se remapea el tiempo en After Effects?

Respuestas

1. Cuando se importa un archivo con capas de Photoshop en After Effects como composición, el programa conserva el orden y la transparencia de las capas del documento original de Photoshop, además de otras características, como son las capas de ajuste y los tipos.

2. El icono espiral  sirve para crear expresiones que vinculen los valores de una propiedad o efecto con los de otro. Para usarlo, solo hay que arrastrarlo de una capa a otra para que la propiedad que acabamos de ajustar o animar en la primera capa se copie en la segunda.

3. Cuando queremos que una capa asome a través de un agujero en otra capa, se define lo que se llama un mate de seguimiento. Son necesarias siempre dos capas, una que actúe como mate y otra que sirva de relleno al agujero del mate. Es posible animar tanto capas mate como capas de relleno. Al animar capas de mate de seguimiento, se crean los llamados mates móviles.

4. La función de Remapeo dinámico del tiempo permite acelerar, ralentizar, detener o reproducir hacia atrás dinámicamente los materiales de archivo. A la hora de remapear el tiempo, se pueden usar los valores del gráfico bidimensional para determinar y controlar qué fotograma de la película queremos que se muestre en cada momento. Cada uno de los fotogramas clave de Remapeo de tiempo tiene asociado un valor de tiempo que lo vincula con un fotograma específico de la capa y que aparece representado verticalmente en el gráfico. Cuando se habilita la opción Remapeo en una capa, After Effects lo que hace es agregar dos fotogramas clave de Remapeo de tiempo, uno en el punto inicial de la capa y otro en el punto final. Definir fotogramas clave de Remapeo de tiempo abre la puerta a la creación de efectos de movimiento complejos. Cada vez que añadimos un fotograma clave de este tipo, lo que hacemos es fijar un punto donde cambiar la velocidad de reproducción o la dirección.

Capítulo 6

En After Effects, habrá ocasiones en que no necesite (o no quiera) incluir todos los elementos de una toma en la composición final. Aquí es donde cobran protagonismo las máscaras, que es la técnica que vamos a aprender a manejar en este capítulo.

Trabajar con máscaras

En este capítulo, son varios los objetivos que nos proponemos. Por un lado, crearemos una máscara para la pantalla de un ordenador de sobremesa y sustituiremos el contenido original con el anuncio de un noticiario de TV. Luego, ajustaremos la posición del nuevo material de archivo para adaptarlo a la perspectiva de la toma. Finalmente, afinaremos la escena añadiendo un reflejo, creando un efecto viñeta y ajustando el color.

La duración aproximada de este capítulo es de 1 hora.

ACERCA DE LAS MÁSCARAS

En After Effects, las máscaras se definen como trazados o contornos cuya finalidad es modificar efectos y propiedades de las capas. Una de sus aplicaciones más comunes es la introducción de cambios en el canal alfa de una capa. Dos son los componentes principales de las máscaras, los segmentos y los vértices. Los segmentos, que pueden ser líneas o curvas, tienen la función de conectar los vértices entre sí, mientras que los vértices definen dónde comienza y dónde termina cada segmento de un trazado.

Las máscaras pueden ser trazados abiertos o trazados cerrados. Los trazados abiertos se caracterizan porque el punto inicial y el punto final no coinciden, como el caso, por ejemplo, de una línea recta. Los trazados cerrados son continuos y no tienen definido principio ni fin (por ejemplo un círculo) y permiten crear áreas transparentes en las capas. Las máscaras de trazado abierto no sirven para crear áreas transparentes pero pueden constituir parámetros útiles a la hora de definir un efecto. Por ejemplo, se puede crear una línea o una forma visible desde una máscara usando un efecto Trazo.

Las máscaras son elementos específicos de las capas y cada capa puede contener múltiples máscaras.

Son cuatro los tipos de máscaras que podemos dibujar:

- **Rectangular:** Las máscaras rectangulares pueden ser cuadradas y se caracterizan porque sus tiempos de previsualización y procesamiento suelen ser los más rápidos.

- **Elíptica:** Las máscaras elípticas pueden ser circulares.

- **Bézier:** Se puede crear cualquier máscara curva con la herramienta **Pluma**.

- **RotoBézier:** La principal diferencia con las anteriores es que en las máscaras RotoBézier los controles de tangente se calculan automáticamente.

PUNTO DE PARTIDA

Compruebe que los siguientes archivos se encuentran en la carpeta AE7_CIB>Lessons>Lesson06 de su disco duro. Si no es así, cópielos ahora desde el DVD que incluye este manual:

- En la carpeta `Assets`: `news_promo.mov` y `office_mask.mov`.

- En la carpeta denominada `Sample_Movie`: `Lesson06.mov`.

Abra y reproduzca la película `Lesson06.mov` para ver el resultado de lo que vamos a crear en este capítulo. Cuando termine, cierre el reproductor de QuickTime y borre el archivo si anda justo de espacio en disco.

PREPARACIÓN DEL PROYECTO

Antes de empezar, restaure las preferencias predeterminadas de After Effects.

1. Pulse **Control-Alt-Mayús** durante el inicio de After Effects. En la ventana que le pregunta si está seguro de querer eliminar el archivo de preferencias, haga clic en **Aceptar**.

After Effects abre por defecto un proyecto vacío y sin título.

2. Seleccione Archivo>Guardar como.

3. En el cuadro de diálogo Guardar como, acceda a la carpeta AE7_CIB>Lessons>Lesson06>Finished_Project.

4. Asigne al proyecto el nombre **Lesson06_Finished.aep** y haga clic en **Guardar**.

Importar el material de archivo

Para este ejercicio, tenemos que importar un elemento de material de archivo.

1. Haga doble-clic en un área vacía del panel Proyecto para abrir el cuadro de diálogo Importar archivo.

2. Acceda a la carpeta AE7_CIB>Lessons>Lesson06>Assets, haga **Mayús**-clic para seleccionar los archivos `news_promo.mov` y `office_mask.mov`, y luego clic en **Abrir**.

NOTA: EL ARCHIVO `news_promo.mov` CONTIENE EL PROYECTO FINAL QUE CREAREMOS EN EL CAPÍTULO SOBRE LAS INCRUSTACIONES, PERO AJUSTADO A TAMAÑO PARA ESTE EJERCICIO.

3. En el cuadro de diálogo Interpretar material de archivo, marque la casilla Ignorar y haga clic en **Aceptar**. La película `news_promo` incluye un canal alfa, pero en este proyecto no lo vamos a utilizar (véase la figura 6.1).

Figura 6.1.

Acerca del cuadro de diálogo Interpretar material de archivo

AFTER EFFECTS EMPLEA UN CONJUNTO DE REGLAS INTERNAS PARA INTERPRETAR AUTOMÁTICAMENTE LOS MATERIALES DE ARCHIVO IMPORTADOS. NORMALMENTE, NO HACE FALTA CAMBIAR LOS AJUSTES, PERO SI EL MATERIAL DE ARCHIVO SOBRE EL QUE TRABAJAMOS NO ES DE TIPO ESTÁNDAR, CORREMOS EL RIESGO DE QUE AFTER EFFECTS LO INTERPRETE ERRÓNEAMENTE. POR ESO, LO MÁS ACONSEJABLE ES AJUSTAR LAS OPCIONES DEL CUADRO DE DIÁLOGO Interpretar material de archivo PROCURANDO QUE LOS AJUSTES COINCIDAN SIEMPRE CON LOS PROPIOS DEL ARCHIVO. Y OTRO CONSEJO: NO USE ESTE CUADRO PARA ESPECIFICAR AJUSTES DE SALIDA ENFOCADOS AL PROCESAMIENTO FINAL. EN NUESTRO CASO CONCRETO, ELEGIMOS LA OPCIÓN Ignorar PARA DAR INSTRUCCIONES A AFTER EFFECTS DE QUE DESCARTE CUALQUIER DATO RELATIVO A LA TRANSPARENCIA QUE PUEDA CONTENER EL ARCHIVO.

SI DESEA MÁS INFORMACIÓN SOBRE LOS AJUSTES DEL CUADRO DE DIÁLOGO Interpretar material de archivo, CONSULTE LA AYUDA DE AFTER EFFECTS.

Empezaremos organizando los archivos en el panel Proyecto.

4. Seleccione Archivo>Nuevo>Nueva carpeta para crear una carpeta nueva en el panel Proyecto, o bien haga clic en el botón **Crear una**

nueva carpeta que está en la parte inferior del mismo panel Proyecto.

5. Escriba **mov_files** como nombre para la carpeta, pulse **Intro** (Windows) o **Retorno** (Mac OS) para aceptarlo y arrastre las dos películas dentro.

6. Haga clic en el triangulito que está a la izquierda del nombre de la carpeta para expandir su contenido y ver los dos archivos dentro (véase la figura 6.2).

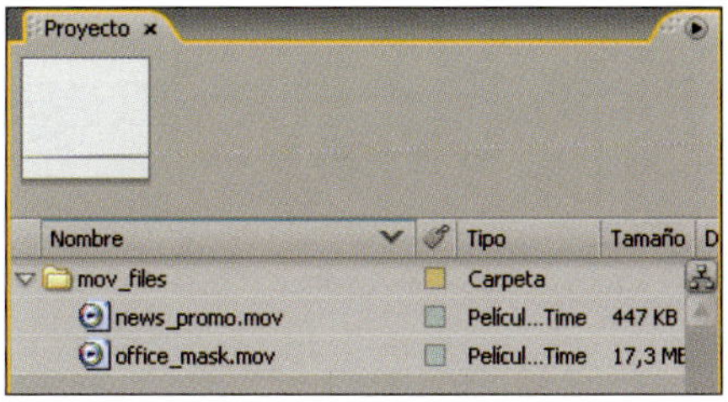

Figura 6.2.

Crear la composición

Ahora, crearemos la composición basándonos en el índice de aspecto y la duración de uno de los elementos de material de archivo originales.

1. Seleccione el archivo `office_mask.mov` en el panel Proyecto y arrástrelo al botón **Crear una composición** que está en la parte inferior del panel (véase la figura 6.3).

After Effects crea una composición llamada office_mask y la abre en el panel Composición y en el panel Línea de tiempo.

2. Seleccione Archivo>Guardar para guardar los cambios.

CREAR UNA MÁSCARA CON LA HERRAMIENTA PLUMA

Para sustituir la imagen que aparece en la pantalla del ordenador, hay que aplicar una máscara a la pantalla.

1. Pulse la tecla **Inicio** para restaurar el indicador de tiempo actual y estar seguros de que nos encontramos al principio de la regla de tiempo.

2. Amplíe la vista del panel Composición hasta que la pantalla del monitor ocupe todo el panel. Si ve que es necesario, use la herramienta **Mano** para recolocar la vista en el panel.

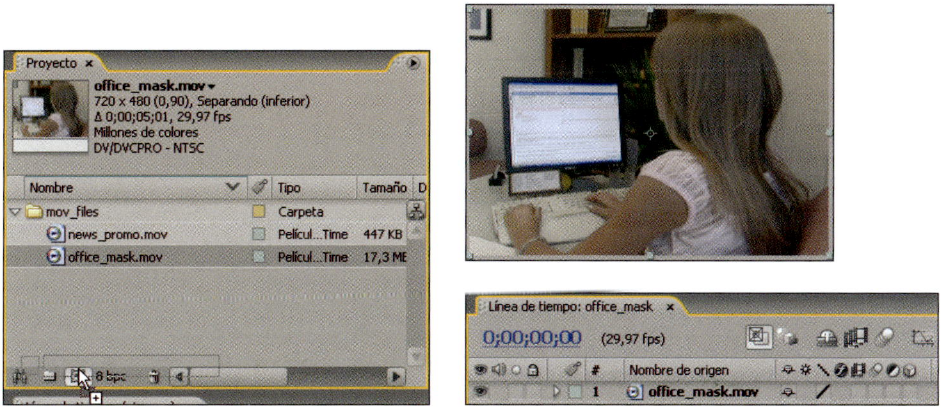

Figura 6.3.

3. Seleccione la herramienta **Pluma** en el panel Herramientas, que es la que permite crear líneas rectas o segmentos curvos. Dado que el monitor parece más o menos rectangular, probaremos a hacer esta operación primero con líneas rectas (véase la figura 6.4).

Figura 6.4.

4. Haga clic en la esquina superior izquierda de la pantalla por dentro para situar el primer vértice.

5. Haga clic en la esquina superior derecha para situar el segundo vértice. Automáticamente, After Effects conecta los dos puntos mediante un segmento.

6. Haga clic para situar el tercer vértice en la esquina inferior derecha y otra vez clic para situar el cuarto en la esquina inferior izquierda.

7. Mueva la herramienta **Pluma** encima del primer vértice (esquina superior izquierda) y cuando vea que aparece un círculo junto al cursor (como se ve en la segunda imagen de la figura 6.5), haga clic para cerrar la forma de máscara (véase la figura 6.5).

EDITAR MÁSCARAS

No está mal la forma de máscara que hemos creado, ¿verdad? Pero en vez de enmascarar la información que está dentro del monitor, lo que hemos hecho ha sido eliminar todo lo de fuera. Así que el siguiente paso es cambiar el modo de máscara, que en este momento está en modo Sumar, que es el modo por defecto.

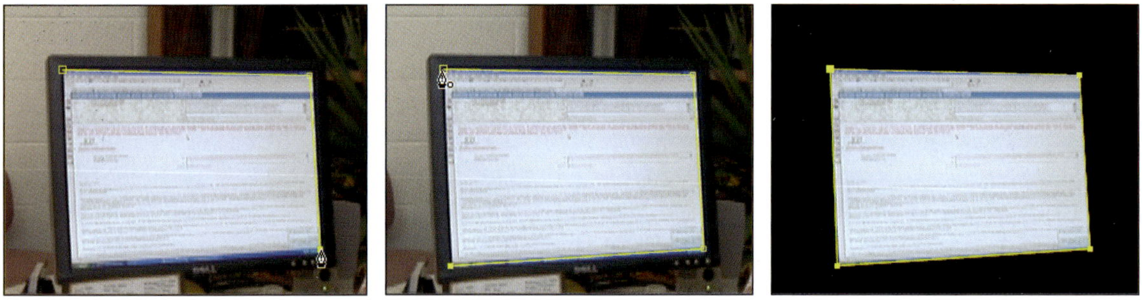

Figura 6.5.

Acerca de los modos de máscara

LOS MODOS DE FUSIÓN DE MÁSCARA (O MODOS DE MÁSCARA) CONTROLAN LA FORMA EN QUE LAS CAPAS SE RELACIONAN ENTRE SÍ. POR DEFECTO, TODAS LAS MÁSCARAS ESTÁN AJUSTADAS EN MODO SUMAR, QUE COMBINA LOS VALORES DE TRANSPARENCIA DE TODAS LAS QUE SE ENCUENTREN SOLAPADAS DENTRO DE LA MISMA CAPA. POR SUPUESTO, MODOS PODEMOS APLICAR LOS QUE QUERAMOS A TODAS LAS MÁSCARAS, PERO LO QUE NO SE PUEDE HACER ES CAMBIARLOS DESPUÉS.

LA PRIMERA MÁSCARA QUE SE CREA INTERACTÚA CON EL CANAL ALFA DE LA CAPA, DE TAL FORMA QUE SI DICHO CANAL NO DEFINE TODA LA IMAGEN COMO OPACA, ENTONCES LA MÁSCARA PASA A INTERACTUAR CON EL FOTOGRAMA DE LA CAPA. A PARTIR DE AHÍ, CADA MÁSCARA ADICIONAL QUE CREEMOS INTERACTUARÁ CON LAS MÁSCARAS QUE VAYAMOS COLOCANDO EN EL PANEL LÍNEA DE TIEMPO.

EL RESULTADO FINAL DE TODOS LOS MODOS VARIARÁ DEPENDIENDO DE LOS MODOS QUE HAYAMOS APLICADO A LAS MÁSCARAS QUE OCUPAN LAS PRIMERAS POSICIONES DEL PANEL LÍNEA DE TIEMPO. HAY QUE TENER EN CUENTA QUE LOS MODOS DE MÁSCARA SOLO PUEDEN USARSE PARA RELACIONAR MÁSCARAS QUE ESTÉN DENTRO DE LA MISMA CAPA. UNA DE LAS APLICACIONES MÁS PRÁCTICAS DE LOS MODOS ES LA CREACIÓN DE FORMAS DE MÁSCARA COMPLEJAS CON MÚLTIPLES ÁREAS TRANSPARENTES, Y UN EJEMPLO TÍPICO ES EL QUE SE ESTABLECE PARA COMBINAR DOS MÁSCARAS DE TAL FORMA QUE EL ÁREA DE INTERSECCIÓN ENTRE LAS DOS QUEDE OPACA (VÉASE LA FIGURA 6.6).

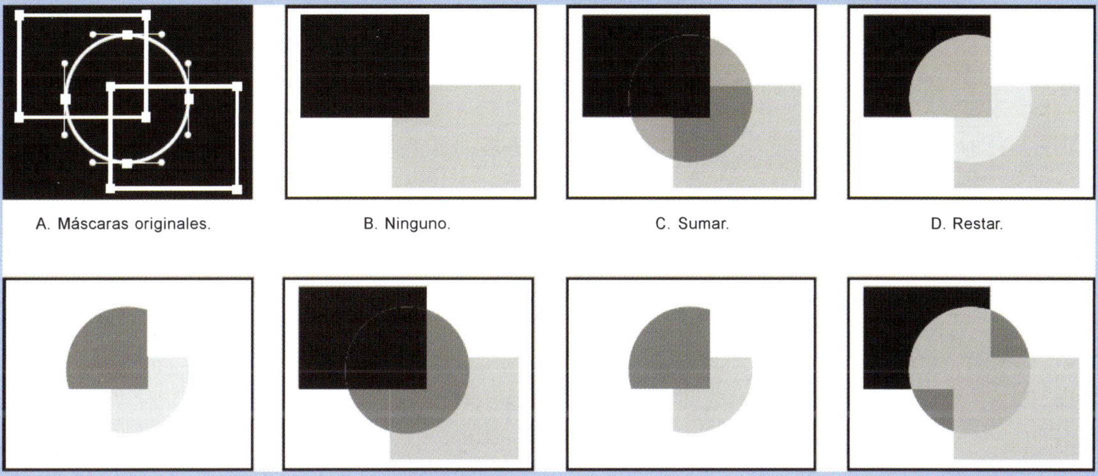

Figura 6.6.

Cambiar el modo de máscara

En este proyecto en concreto, necesitamos que todo lo que hay dentro de la máscara esté transparente y todo lo que quede fuera opaco. Por eso, tenemos que cambiar el modo de máscara.

1. Con la capa office_mask seleccionada en el panel Línea de tiempo, pulse la tecla **M** para ver la propiedad Forma de la máscara (véase la figura 6.7).

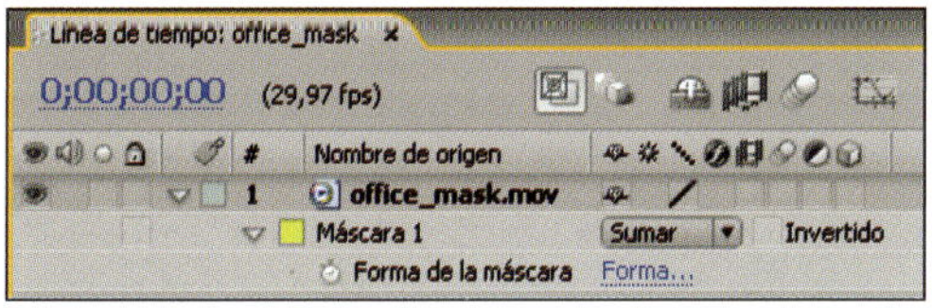

Figura 6.7.

NOTA: SI PULSA LA TECLA **M** DOS VECES SEGUIDAS, APARECEN TODAS LAS PROPIEDADES DE LA MÁSCARA DE LA CAPA SELECCIONADA.

Existen dos técnicas para cambiar el modo de máscara: una es elegir Restar en el menú emergente que está a la derecha de Máscara 1 y la otra es marcar la casilla Invertido.

2. Marque la casilla Invertido (véase la figura 6.8).

La máscara se invierte y lo que antes era opaco ahora es transparente y viceversa.

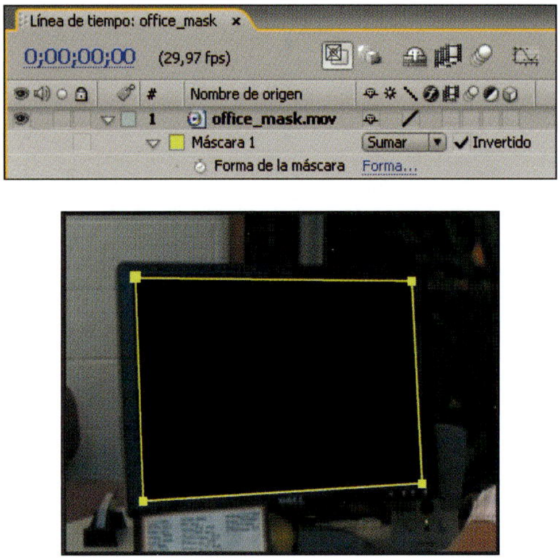

Figura 6.8.

3. Anule la selección de la capa office_mask haciendo clic en cualquier área vacía del panel Línea de tiempo. Si observa de cerca el monitor, es probable que vea trocitos de pantalla alrededor de los bordes de la máscara que no debieran estar ahí (véase la figura 6.9).

Figura 6.9.

Errores como éstos llamarán la atención sobre los cambios que hagamos en la capa, y es por eso que debemos corregirlos cambiando las líneas rectas a curvas.

Crear máscaras curvas

Las máscaras curvas o de forma libre usan curvas bézier porque ofrecen mayor control a la hora de definir formas. Con ellas, se pueden crear líneas rectas con ángulos pronunciados, curvas perfectamente suaves o combinaciones de ambas cosas.

1. En el panel Línea de tiempo, seleccione Máscara 1 (que es la máscara de la capa office_mask) para activarla y seleccionar todos sus vértices.

2. En el panel Herramientas, seleccione la herramienta **Convertir vértices**, que está escondida debajo de la herramienta **Pluma** (véase la figura 6.10).

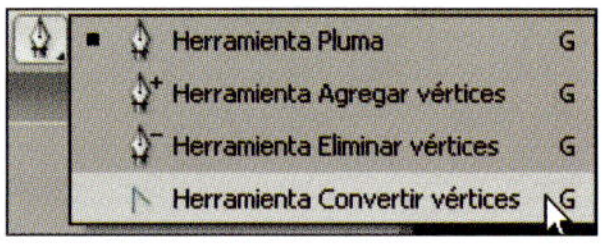

Figura 6.10.

TRUCO: EL MÉTODO ABREVIADO DE TECLADO DE LA HERRAMIENTA **PLUMA** ES **G**. PÚLSELA VARIAS VECES HASTA LLEGAR A LA HERRAMIENTA QUE NECESITA.

3. En el panel Composición, haga clic en cualquiera de los vértices. La herramienta **Convertir vértices**, como su propio nombre indica, convierte los vértices en puntos suaves (véase la figura 6.11).

4. Haga clic en la herramienta de **Selección** y clic en cualquier lugar del panel Composición para anular la selección de la máscara. Luego, haga clic en el primer vértice que hemos creado (véase la figura 6.12).

Aparecen dos controles de dirección que se extienden hacia fuera del punto. El ángulo y la longitud de estos controles son los factores que determinan la forma de la máscara.

5. Desplace el control derecho del primer vértice por la pantalla y observe cómo cambia la forma de la máscara. Observe, también, que cuanto más acerca el control de este primer vértice a otro vértice, menos efecto tiene el primero sobre la forma del trazado y más el segundo (véase la figura 6.13).

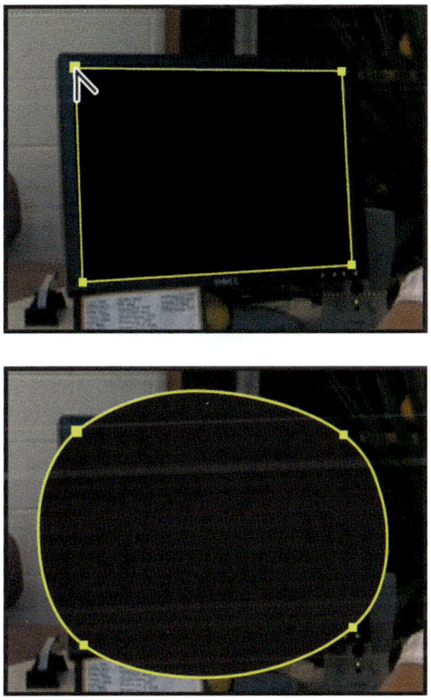

Figura 6.11.

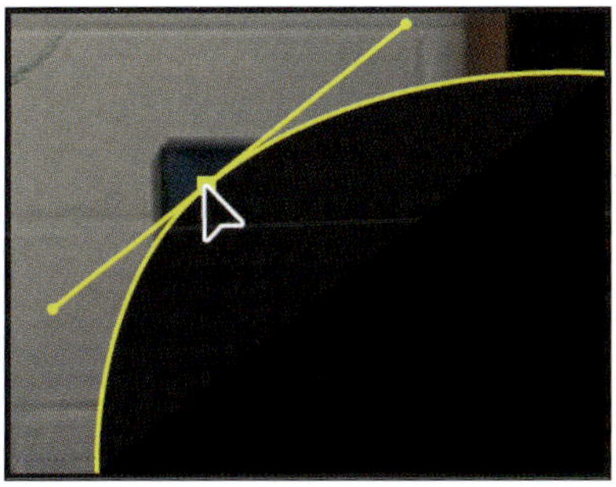

Figura 6.12.

6. Cuando ya se sienta cómodo con el movimiento de los controles de dirección, sitúe el vértice superior izquierda tal y como aparece en la figura 6.13. Como puede comprobar, son muy flexibles las formas que se pueden crear.

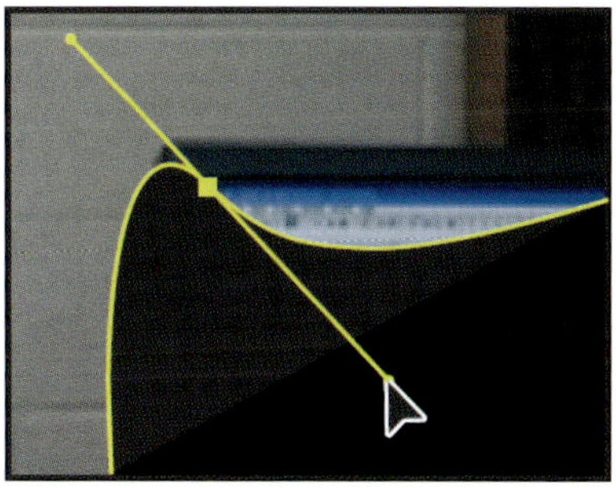

Figura 6.13.

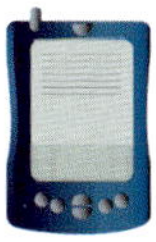

NOTA: SI LLEGARA A EQUIVOCARSE, PULSE **CONTROL-Z** (WINDOWS) O **COMANDO-Z** (MAC OS) PARA DESHACER LOS CAMBIOS. TAMBIÉN PUEDE CAMBIAR EL TAMAÑO DE LA VISTA Y MOVERSE POR ELLA CON LA HERRAMIENTA **MANO**, PARA CENTRAR EN CADA MOMENTO LA SECCIÓN DE IMAGEN EN QUE ESTÉ TRABAJANDO DENTRO DEL PANEL COMPOSICIÓN.

Romper controles de dirección

Por defecto, los dos controles de dirección de cada punto suave están conectados entre sí, de tal modo que si arrastramos uno, movemos inevitablemente su opuesto. Pero esta relación no es fija, sino que se puede romper para aumentar el grado de dominio sobre la forma de la máscara y crear, así, puntos muy afilados o largas curvas suaves.

1. Con la herramienta de **Selección** aún activa, pulse la tecla **Control** para cambiar temporalmente a la herramienta **Convertir vértices**.

2. Pulsando todavía la tecla **Control**, arrastre el control derecho del vértice superior izquierdo. Observe cómo el control izquierdo permanece quieto (véase la figura 6.14).

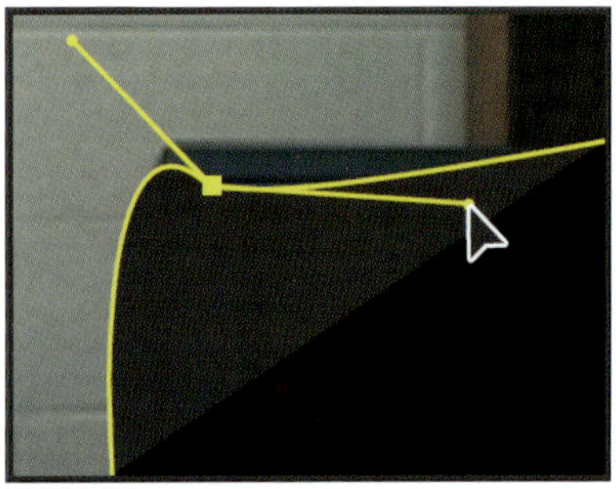

Figura 6.14.

3. Ajuste el control derecho hasta que el segmento superior de la forma de máscara siga más o menos la curva del monitor en esa esquina. No tenga miedo, que no hace falta que sea perfecto (véase la figura 6.15).

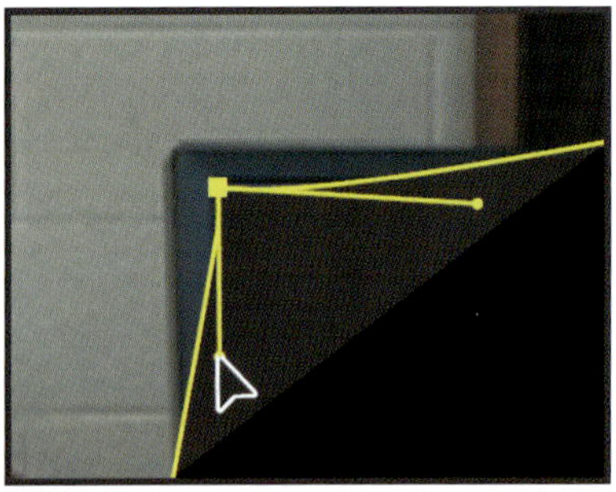

Figura 6.15.

4. Desplace el control izquierdo al mismo vértice hasta que el segmento izquierdo de la forma siga aproximadamente la curva del monitor en esa esquina.

5. Repita los pasos 1 a 4 en los puntos de las otras tres esquinas de la máscara hasta que la forma se ajuste más o menos a la curvatura del monitor (véase la figura 6.16).

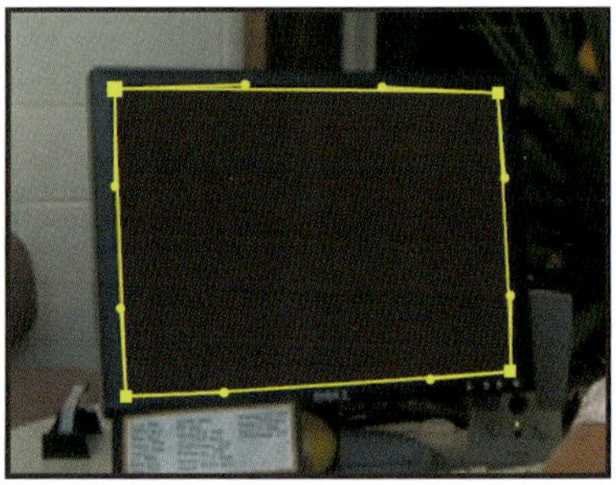

Figura 6.16.

6. Cuando termine, anule la selección de la capa office_mask en el panel Línea de tiempo para comprobar el borde de su máscara. Ahora no debe asomar ni un solo trocito de pantalla (véase la figura 6.17).

TRUCO: DE NUEVO, ES POSIBLE QUE PARA TRABAJAR TENGA QUE AJUSTAR LA VISTA EN EL PANEL COMPOSICIÓN CON LA HERRAMIENTA **ZOOM** O CON LA Ventana emergente de proporción de aumento, QUE ESTÁ EN LA PARTE INFERIOR DEL PANEL COMPOSICIÓN, Y CENTRAR EL OBJETO CON LA HERRAMIENTA **MANO**. RECUERDE QUE PUEDE CAMBIAR TEMPORALMENTE A LA HERRAMIENTA **MANO** MANTENIENDO PULSADA LA **BARRA ESPACIADORA**.

Figura 6.17.

7. Seleccione Archivo>Guardar para guardar los cambios.

Crear máscaras bézier

SI BIEN ES CIERTO QUE PODEMOS USAR LA HERRAMIENTA **CONVERTIR VÉRTICES** PARA TRANSFORMAR LOS VÉRTICES EN PUNTOS SUAVES, NO MENOS CIERTO ES QUE SE PUEDEN CREAR MÁSCARAS BÉZIER PARTIENDO TOTALMENTE DE CERO. EL PROCEDIMIENTO ES EL SIGUIENTE: HAGA CLIC EN EL PANEL COMPOSICIÓN CON LA HERRAMIENTA **PLUMA** EN EL LUGAR DONDE QUIERA COLOCAR EL PRIMER VÉRTICE Y OTRA VEZ CLIC DONDE QUIERA COLOCAR EL SEGUNDO. LUEGO, DESPLÁCESE EN LA DIRECCIÓN QUE DESEE PARA TRAZAR UNA CURVA Y, CUANDO ESTÉ CONTENTO CON EL RESULTADO DE LA CURVA, SUELTE EL BOTÓN DEL RATÓN. SIGA AÑADIENDO PUNTOS HASTA HABER CREADO LA FORMA QUE NECESITA Y CIERRE LA MÁSCARA HACIENDO CLIC EN EL PRIMER VÉRTICE O DOBLE CLIC EN EL ÚLTIMO. Y SI VE QUE ES NECESARIO, SELECCIONE LA HERRAMIENTA DE **SELECCIÓN** PARA REFINAR LA MÁSCARA.

CALAR LOS BORDES DE UNA MÁSCARA

La forma de máscara está bastante bien, pero quedaría aún mejor si suavizáramos ligeramente los bordes.

1. Seleccione Composición>Color de fondo, o pulse **Control-Mayús-B** (véase la figura 6.18).

Figura 6.18.

2. Haga clic en la muestra de color y seleccione blanco como color de fondo (RGB=255, 255, 255). Luego, haga clic en **Aceptar** para cerrar el Selector de color y otra vez en **Aceptar** para cerrar el cuadro de diálogo Color de fondo (véase la figura 6.19).

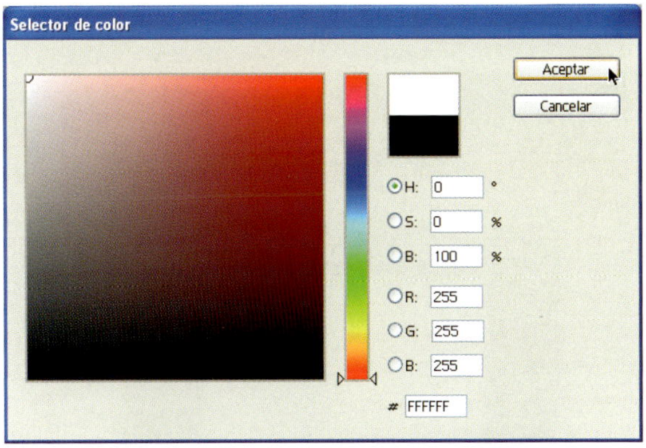

Figura 6.19.

Gracias a ese fondo blanco que se instala sobre la pantalla podemos ver que los bordes están algo cortantes y poco naturales. Así que el siguiente paso consiste en calar, o suavizar, los bordes.

3. Seleccione la capa office_mask en el panel Línea de tiempo y pulse la tecla **F** para mostrar la propiedad Calado de máscara de la máscara (véase la figura 6.20).

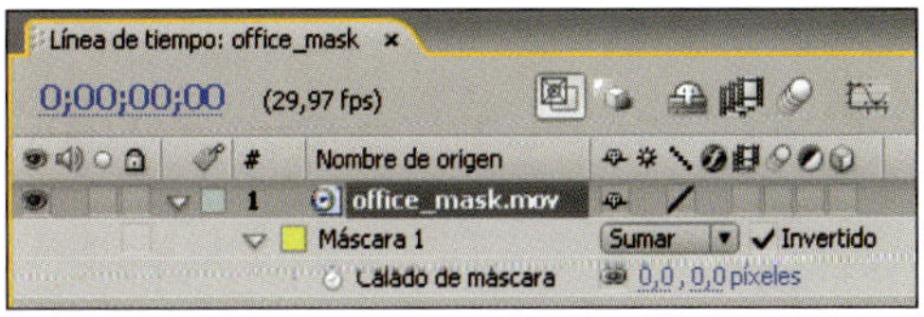

Figura 6.20.

4. Aumente el valor de calado a **1,5** y **1,5** píxeles (véase la figura 6.21).

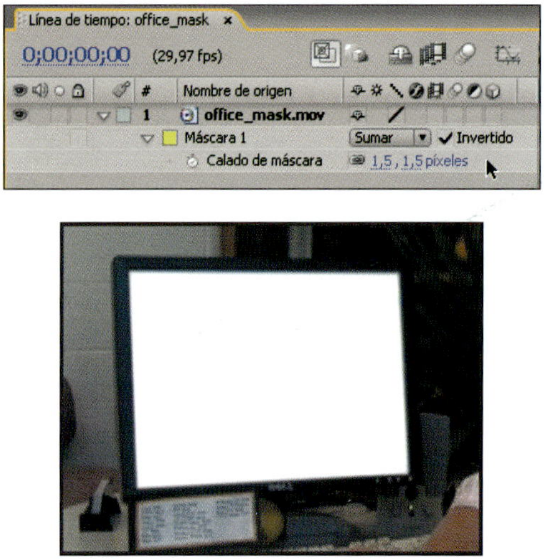

Figura 6.21.

5. Seleccione Archivo>Guardar para guardar los cambios.

SUSTITUIR EL CONTENIDO DE UNA MÁSCARA

Ya está todo preparado para sustituir el fondo por la película del noticiario de TV y fundirlo todo en la toma.

1. En el panel Proyecto, seleccione el archivo `news_promo.mov` y arrástrelo al panel Línea de tiempo hasta situarlo debajo de la capa office_mask (véase la figura 6.22).

2. Si es necesario, seleccione Ajustar hasta 100% en la Ventana emergente de proporción de aumento que está en la esquina inferior izquierda del panel Composición.

3. En el panel Composición, haga clic en la herramienta de **Selección** y desplace la capa news_promo hasta que el punto de anclaje se halle en el centro de la pantalla del monitor (véase la figura 6.23).

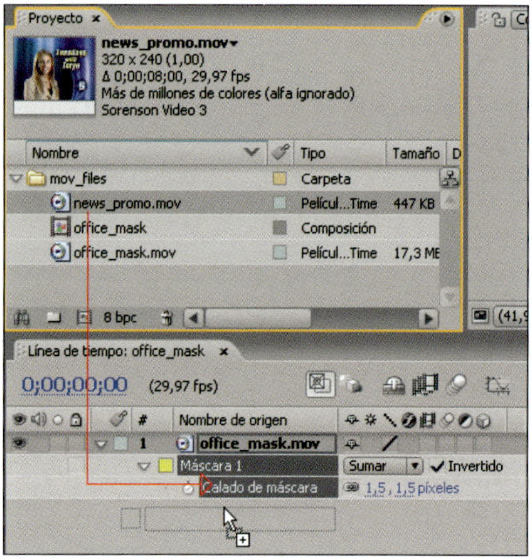

Figura 6.22.

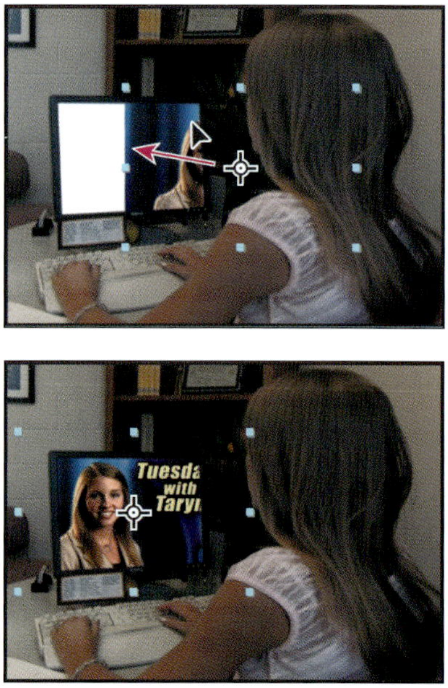

Figura 6.23.

Resituar y readaptar el tamaño de la secuencia del noticiario

La secuencia del noticiario es demasiado grande para la pantalla del monitor, así que no queda más remedio que ajustarle el tamaño como capa en 3D, pues es la forma que nos permite dominar mejor la forma y el tamaño de esta toma.

1. Con la capa news_promo seleccionada en el panel Línea de tiempo, haga clic en la casilla correspondiente al definidor **Capa 3D** de esta capa (véase la figura 6.24).

Figura 6.24.

2. Pulse la tecla **P** para mostrar los valores de posición de la capa news_promo.

La propiedad Posición de una capa en 3D consta de tres valores: de izquierda a derecha, representan los ejes de coordenadas x, y y z de la imagen, en el que el eje z controla la profundidad de la capa medida desde el punto de vista del espectador. Observe la representación de los tres en el panel Composición (véase la figura 6.25).

NOTA: APRENDEREMOS MÁS COSAS SOBRE LAS CAPAS EN 3D MÁS ADELANTE EN ESTE LIBRO.

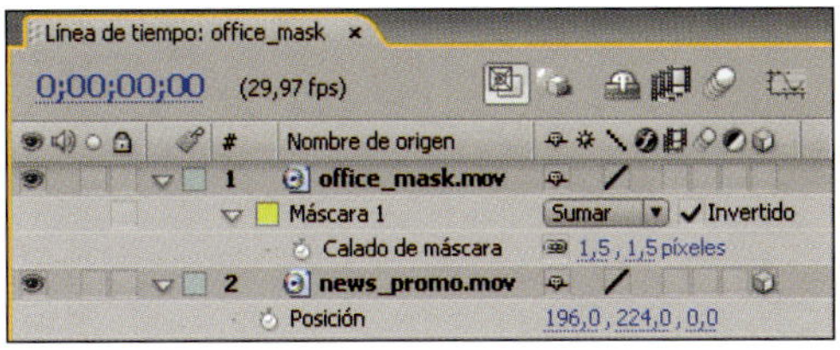

Figura 6.25.

3. En el panel Composición, sitúe el cursor encima de la flecha roja hasta que aparezca una x pequeña, que es la que permite controlar el eje x o eje horizontal de la capa.

4. Desplace el cursor a la izquierda o a la derecha, según sea necesario, para centrar el clip horizontalmente en la pantalla del monitor.

5. En el panel Composición, sitúe el cursor encima de la flecha verde hasta que aparezca una y pequeña, y muévase hacia arriba o hacia abajo hasta centrar bien el clip verticalmente.

6. En el panel Composición, sitúe el cursor encima del cubo azul en el que se cruzan las flechas roja y verde hasta que aparezca una z pequeña, y desplácela para aumentar la profundidad del campo de visión.

7. Siga desplazando los ejes x, y y z hasta que el clip quede bien ajustado en la pantalla del monitor, tal y como se muestra en la figura 6.26. Los valores finales de x, y y z deben ser más o menos los siguientes: **114**, **219** y **365** (véase la figura 6.26).

NOTA: YA SABE QUE TAMBIÉN PUEDE INTRODUCIR LOS VALORES DE POSICIÓN DIRECTAMENTE ESCRIBIÉNDOLOS EN EL PANEL LÍNEA DE TIEMPO EN VEZ DE DESPLAZANDO LOS PUNTOS EN EL PANEL COMPOSICIÓN.

Figura 6.26.

Rotar el clip

El clip del noticiario está ahora más centrado, pero aún le falta rotarlo un poco para mejorar la perspectiva.

1. Seleccione la capa news_promo en el panel Línea de tiempo y pulse la tecla **R** para ver los valores de rotación. De nuevo, como la capa es una capa en 3D, tenemos la posibilidad de dirigir la rotación en los ejes x, y y z.

2. Cambie el valor de Rotación Y a **-10,0°** para girar y ajustar la capa a la perspectiva del monitor.

3. Cambie el valor de Rotación Z a **-2,0°** para alinear la capa con el monitor.

Éste es el aspecto aproximado que debería tener ahora su composición (véase la figura 6.27).

4. Seleccione Archivo>Guardar para guardar los cambios.

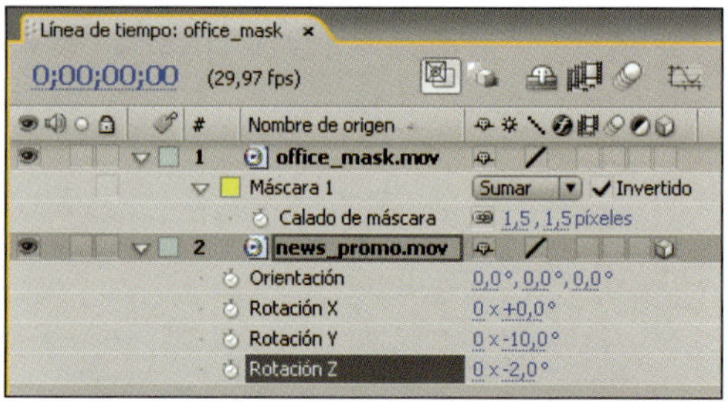

Figura 6.27.

AÑADIR REFLEJOS

La verdad es que nuestra imagen con la máscara queda bastante convincente, pero quedaría mucho más auténtica si le añadiéramos un reflejo en el monitor.

1. Seleccione Capa>Nuevo>Sólido o pulse **Control-Y**.

2. En el cuadro de diálogo Ajustes de sólido, asigne a la capa el nombre **Reflection**, haga clic en el botón **Hacer tamaño comp.**, cambie el Color a blanco y haga clic en **Aceptar** (véase la figura 6.28).

En vez de intentar re-crear exactamente la forma de la máscara de la capa office_mask, lo más fácil y directo es copiarla a la capa Reflection.

3. Seleccione la capa office_mask en el panel Línea de tiempo y pulse la tecla **M** para mostrar la propiedad Forma de la máscara.

Trabajar con máscaras

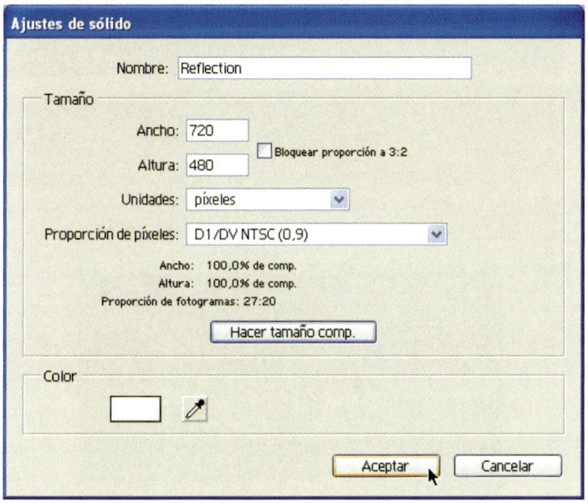

Figura 6.28.

4. Seleccione Máscara 1 y haga clic en Editar>Copiar o pulse **Control-C** (Windows) o **Comando-C** (Mac OS).

5. Seleccione la capa Reflection en el panel Línea de tiempo y haga clic en Editar>Pegar o pulse **Control-V** (Windows) o **Comando-V** (Mac OS).

En esta ocasión, queremos que el área de dentro de la máscara esté opaco y el área de fuera transparente.

6. Seleccione la capa Reflection en el panel Línea de tiempo y pulse la tecla **M** para mostrar la propiedad Forma de la máscara (véase la figura 6.29).

7. Anule la selección de la casilla de verificación Invertido y verá cómo la capa Reflection oscurece la capa news_promo (véase la figura 6.30).

8. Amplíe la vista, si lo desea, y en el panel Composición, seleccione el vértice inferior derecho de la máscara de la capa Reflection para desplazarla hasta la esquina superior izquierda de la máscara (véase la figura 6.31).

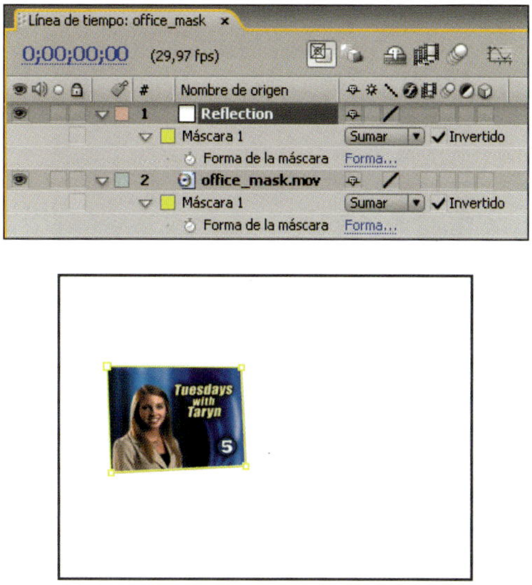

Figura 6.29.

Figura 6.30.

9. Ajuste los otros vértices y controles de dirección hasta que la forma presente un aspecto parecido al de la figura 6.32 (véase la figura 6.32).

Figura 6.31.

Figura 6.32.

10. Con la capa Reflection seleccionada en el panel Línea de tiempo, pulse la tecla **F** para ver la propiedad Calado de máscara.

11. Aumente el valor de calado a **90,0** y **90,0** píxeles (véase la figura 6.33).

Este ajuste crea un reflejo bastante aparente en el monitor, pero debido al orden de apilamiento de las capas, el reflejo contamina toda la toma.

12. Seleccione la capa Reflection en el panel Línea de tiempo y desplácela debajo de la capa office_mask (véase la figura 6.34).

13. Seleccione la capa Reflection en el panel Línea de tiempo y pulse **T** para ver sus propiedades de opacidad.

14. Reduzca la opacidad al **65%** para disminuir la intensidad del reflejo (véase la figura 6.35).

Figura 6.33.

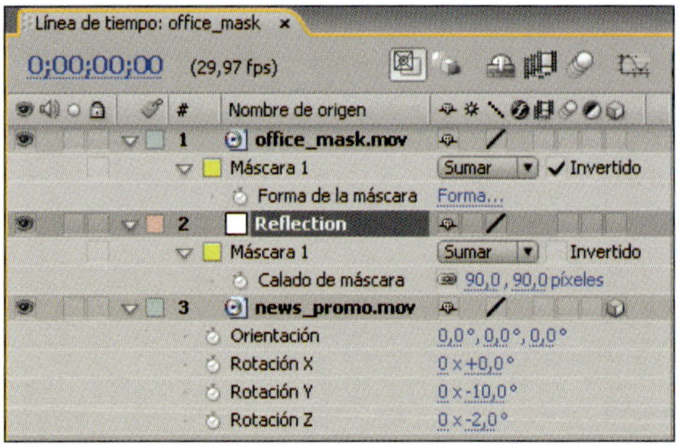

Figura 6.34.

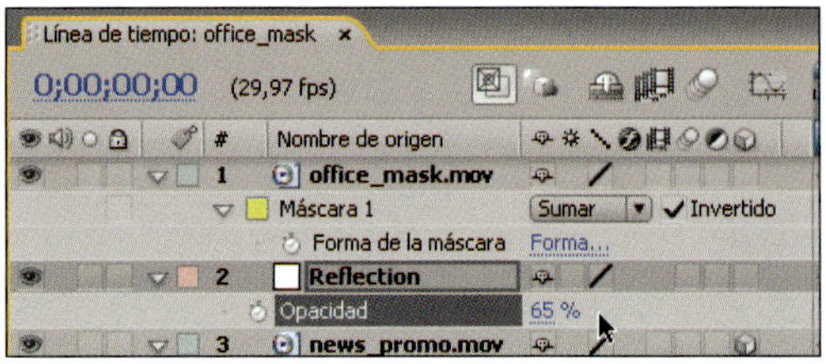

Figura 6.35.

15. En el panel Línea de tiempo, oculte todas las propiedades de todas las capas y anule, también, la selección de todas las capas.

Aplicar un modo de fusión

Una de las formas de crear interacciones de naturaleza única entre capas es experimentar con los modos de fusión, ya que permiten controlar el tipo de fusión o de reacción de una capa con las demás situadas debajo de ella. Los modos de fusión en After Effects funcionan exactamente igual que en Photoshop.

1. En el menú del panel Línea de tiempo, seleccione Columnas>Modos para mostrar en pantalla el menú emergente Modo.

2. Seleccione la opción Agregar en el menú emergente Modo de la capa Reflection (véase la figura 6.36).

Este ajuste crea un fuerte resplandor sobre la imagen que está en la pantalla del monitor y aviva los colores que hay debajo.

3. Seleccione Archivo>Guardar para guardar los cambios.

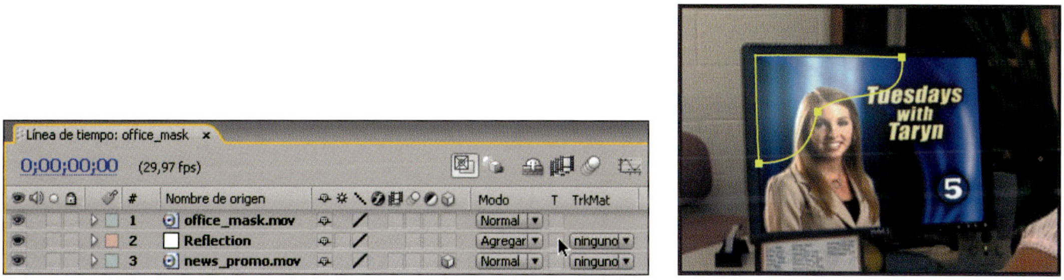

Figura 6.36.

Añadir una capa de luz en 3D

EN EL EJERCICIO ANTERIOR, HEMOS CREADO EL REFLEJO USANDO UNA CAPA DE COLOR SÓLIDO Y UNA MÁSCARA CALADA, PERO HAY OTRA POSIBILIDAD: EMPLEAR CAPAS DE LUZ EN 3D PARA INTRODUCIR UN REFLEJO REALISTA SOBRE LA SUPERFICIE DE LA PANTALLA. COMO AVISAMOS ANTERIORMENTE, A LO LARGO DEL LIBRO IREMOS APRENDIENDO MÁS COSAS SOBRE LAS CAPAS EN 3D, PERO SI SU CURIOSIDAD NO PUEDE ESPERAR, SIGA ESTOS PASOS SENCILLOS PARA CREAR UNA CAPA DE LUZ EN 3D EN EL PROYECTO QUE NOS OCUPA. ESTE EJERCICIO ES OPCIONAL.

1. DESACTIVE LA VISIBILIDAD DE LA CAPA Reflection HACIENDO CLIC EN EL BOTÓN **VÍDEO**.
2. SELECCIONE Capa>Nuevo>Luz.
3. EN EL CUADRO DE DIÁLOGO Ajustes de la luz, HAGA CLIC EN **ACEPTAR** PARA ACEPTAR LOS VALORES QUE APARECEN POR DEFECTO.
4. CON LA CAPA Luz 1 SELECCIONADA EN EL PANEL LÍNEA DE TIEMPO, PULSE LA TECLA **P** PARA VER LAS PROPIEDADES DE POSICIÓN, PUES SON LAS QUE AFECTAN A LA SITUACIÓN DE LA LUZ EN LA ESCENA.
5. AJUSTE LOS VALORES DE POSICIÓN A **260,0**, **-10,0** Y **-350,0** PARA DESPLAZAR LA LUZ A LA ZONA QUE QUEDA ENCIMA DEL MONITOR Y FUERA DE LA IMAGEN.
6. SELECCIONE LA CAPA Luz 1 EN EL PANEL LÍNEA DE TIEMPO Y PULSE LA TECLA **A** PARA VER LA PROPIEDAD Punto de interés, QUE DETERMINA LA DIRECCIÓN DE LA LUZ.

7. AJUSTE LOS VALORES DE PUNTO DE INTERÉS A **135** Y **200, 0**.

8. SELECCIONE LA CAPA news_promo EN EL PANEL LÍNEA DE TIEMPO Y PULSE **AA** PARA VER LAS PROPIEDADES Opciones de material, QUE DETERMINAN EL MODO EN QUE UNA CAPA EN 3D SE RELACIONA CON LAS LUCES Y LAS SOMBRAS, FACTORES AMBOS IMPORTANTES QUE INCIDEN EN EL REALISMO Y LA PERSPECTIVA DE UNA ANIMACIÓN EN 3D.

9. AUMENTE EL VALOR Especular AL **75%** Y EL VALOR Brillo AL **50%**.

10. REDUZCA EL VALOR Metal AL **50%**. ÉSTE ES EL VALOR QUE DETERMINA QUÉ CANTIDAD DEL COLOR DE LA CAPA DEBE REFLEJAR LA LUZ. COMO EN ESTA CAPA HAY AZULES OSCUROS, ES MUY POCA LA LUZ QUE SE REFLEJA. Y COMO HAY UNA SIMULACIÓN DE CRISTAL ENFRENTE DE LA CAPA, REDUCIR ESTE VALOR HACE QUE EL REFLEJO ADOPTE EL MISMO COLOR QUE LA LUZ.

Y ESO ES TODO. YA PODEMOS PASAR AL EJERCICIO DE CREAR VIÑETAS.

CREAR UNA VIÑETA

Hay un efecto que goza de gran popularidad en el mundo del diseño gráfico con movimiento que consiste en aplicar viñetas a las composiciones. El objetivo es normalmente simular las variaciones de luz de una lente de cristal para crear un aspecto interesante que concentre la atención sobre el objeto relevante de la imagen.

1. Seleccione Capa>Nuevo>Sólido o pulse **Control-Y**.

2. En el cuadro de diálogo Ajustes de sólido, asigne a la capa el nombre **Viñeta**, haga clic en el botón **Hacer tamaño comp.**, cambie el Color a negro (RGB=0, 0, 0) y haga clic en **Aceptar** (véase la figura 6.37).

Además de la herramienta **Pluma**, After Effects dispone de herramientas que nos permiten crear directamente máscaras rectangulares y elípticas.

3. En el panel Herramientas, haga clic y no suelte el ratón en la herramienta **Máscara rectangular** para ver la herramienta **Máscara elíptica** que está oculta debajo. Seleccione la herramienta **Máscara elíptica**.

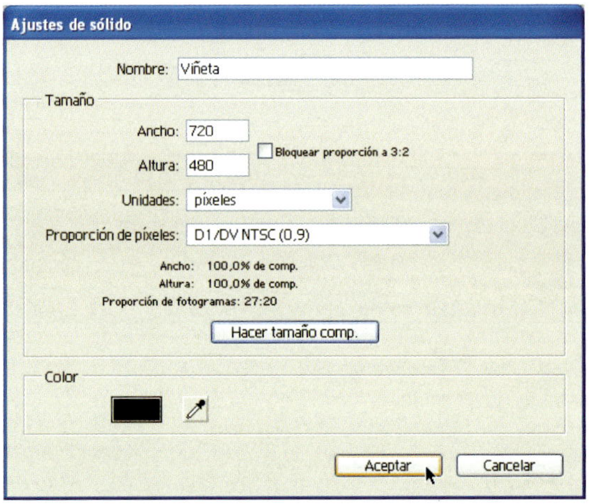

Figura 6.37.

4. En el panel Composición, sitúe el cursor de cruz en la esquina superior izquierda de la imagen y desplácese a la esquina opuesta para crear una forma elíptica que ocupe toda la imagen. Ajuste la forma y resitúela usando la herramienta de **Selección** si es necesario (véase la figura 6.38).

5. Con la capa Viñeta seleccionada en el panel Línea de tiempo, pulse la tecla **M** dos veces (**MM**) para ver todas las propiedades de máscara de esta capa (véase la figura 6.39).

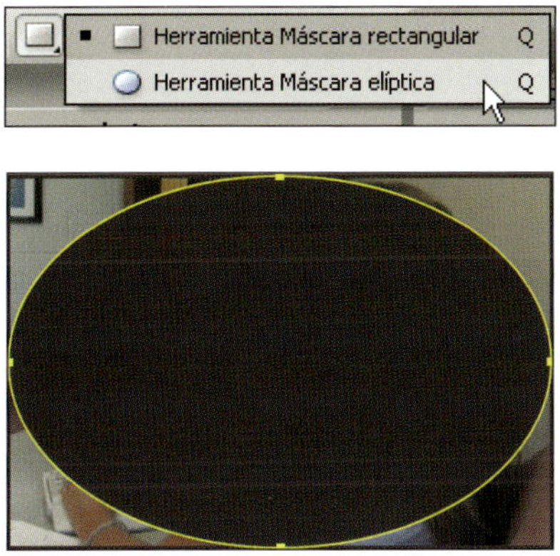

Figura 6.38.

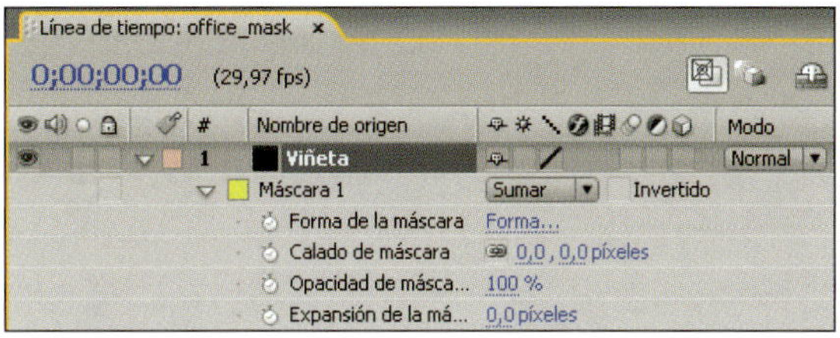

Figura 6.39.

6. Seleccione **Restar** en el menú emergente **Modo** de la **Máscara 1**.

7. Aumente el calado de la máscara a **200,0** y **200,0** píxeles.

Éste es el aspecto aproximado que debe presentar ahora su composición (véase la figura 6.40).

Figura 6.40.

Hasta con un radio de calado tan grande como éste, la viñeta sigue quedando demasiado intensa y limitada. Para darle algo más de respiro, podemos ajustar la propiedad **Expansión de la máscara**. Esta propiedad representa en píxeles la distancia medida a partir del borde de la máscara original a la que estamos alejando o acercando el borde ajustado.

Uso de las herramientas Máscara rectangular y Máscara elíptica

LA HERRAMIENTA **MÁSCARA RECTANGULAR**, COMO SU PROPIO NOMBRE INDICA, CREA MÁSCARAS RECTANGULARES O CUADRADAS, MIENTRAS QUE LA HERRAMIENTA **MÁSCARA ELÍPTICA** CREA MÁSCARAS ELÍPTICAS O CIRCULARES. SE EMPLEAN DESPLAZÁNDOLAS EN EL PANEL COMPOSICIÓN O EN EL PANEL CAPA. LAS MÁSCARAS QUE SE CREAN CON CUALQUIERA DE LAS DOS HERRAMIENTAS SE CARACTERIZAN PORQUE SE PROCESAN MÁS RÁPIDO QUE LAS CREADAS CON LA HERRAMIENTA **PLUMA**.

A MENUDO, DESEAREMOS QUE LA MÁSCARA SEA UN CUADRADO O UN CÍRCULO PERFECTO, Y PARA LOGRARLO, SOLO TENEMOS QUE MANTENER PULSADA LA TECLA **MAYÚS** CONFORME DESPLAZAMOS LAS HERRAMIENTAS MÁSCARA RECTANGULAR Y MÁSCARA ELÍPTICA, RESPECTIVAMENTE. POR OTRO LADO, SI QUEREMOS CREAR UNA MÁSCARA DESDE EL CENTRO, PULSAREMOS **CONTROL** UNA VEZ QUE EMPECEMOS A DESPLAZARNOS, Y SI QUEREMOS QUE LA MÁSCARA QUE CREEMOS DESDE EL CENTRO SEA UN CUADRADO O UN CÍRCULO PERFECTO, PULSAREMOS **CONTROL-MAYÚS** UNA VEZ QUE HAYAMOS EMPEZADO A DESPLAZARNOS.

8. Aumente el valor de expansión a **90,0** píxeles (véase la figura 6.41).

Figura 6.41.

Mucho mejor, ¿no cree?

9. Oculte las propiedades de la capa Viñeta y seleccione Archivo>Guardar.

AJUSTAR EL COLOR

La toma está bastante pulida, pero hay un detalle que se nos escapa: el color de la capa `office_mask` es bastante apagado y carente de brillo. Así que vamos a encenderlo un poco para que la imagen resalte y llame la atención.

1. Seleccione la capa office_mask en el panel Línea de tiempo.

2. Seleccione Efecto>Corrección de color> Niveles automáticos. Los niveles automáticos ajustan las luces y las sombras definiendo los píxeles más claros y más oscuros de cada canal de color como blancos y negros, y redistribuyendo los valores intermedios proporcionalmente. Como el ajuste se produce individualmente en cada canal de color, permite eliminar o introducir colores dominantes (véase la figura 6.42).

¿Qué buscamos aplicando este efecto? Algunas veces, las cámaras de vídeo favorecen ciertos colores en perjuicio de otros tintando las imágenes de tonos más fríos (más azules) o más cálidos (más rojos). El efecto Niveles automáticos permite establecer los píxeles negros y blancos de cada canal para suavizar el resultado final y hacer que parezca más natural.

Consejos para crear máscaras

SI HA USADO ANTERIORMENTE OTROS PROGRAMAS DEL ESTILO DE ILLUSTRATOR O PHOTOSHOP, ENTONCES SEGURAMENTE LAS MÁSCARAS Y LAS CURVAS BÉZIER SON YA CONCEPTOS FAMILIARES PARA USTED. SI NO ES ASÍ, HE AQUÍ ALGUNOS CONSEJOS QUE LE PUEDEN AYUDAR A CREARLAS DE FORMA PROFESIONAL.

- USE CUANTO MENOS VÉRTICES MEJOR.
- COMO HEMOS VISTO EN ESTE CAPÍTULO, LAS MÁSCARAS SE PUEDEN CERRAR HACIENDO CLIC EN EL VÉRTICE DE INICIO, PERO TAMBIÉN CABE LA POSIBILIDAD DE ABRIR MÁSCARAS QUE ESTÁN CERRADAS. PARA ELLO, SOLO HAY QUE HACER CLIC EN UNO DE SUS SEGMENTOS Y SELECCIONAR Capa>Máscara PARA ANULAR LA SELECCIÓN DE LA OPCIÓN Cerrado.
- SI TIENE UN TRAZADO ABIERTO Y QUIERE SEGUIR AGREGANDO PUNTOS, SOLO TIENE QUE PULSAR **CONTROL**, HACER CLIC EN EL ÚLTIMO PUNTO DEL TRAZADO PARA SELECCIONARLO Y SEGUIR EL PROCEDIMIENTO NORMAL PARA SEGUIR AÑADIENDO PUNTOS.

Figura 6.42.

El color de la capa office_mask debería ser mucho más natural ahora.

3. Seleccione Archivo>Guardar para guardar el proyecto ya terminado.

En este capítulo, hemos trabajado con las distintas herramientas de máscara que tiene el programa para ocultar, revelar y ajustar porciones de una composición con el fin de insertar una toma. Aparte de los fotogramas clave, las máscaras son, probablemente, una de las funciones más utilizadas de After Effects.

Si quiere, puede previsualizar ahora el clip, o procesarlo siguiendo el procedimiento que se describe más adelante en este libro.

REPASO

Preguntas

1. ¿Qué diferencia hay entre un punto suave y un punto del borde?

2. Nombre dos formas de ajustar la forma de una máscara.

3. ¿Para qué se utilizan los controles de dirección?

4. ¿ Qué diferencia hay entre una máscara abierta y una máscara cerrada?

Respuestas

1. Los puntos suaves se usan para controlar las curvas bézier de una máscara, mientras que los puntos del borde sirven para crear segmentos rectos.

2. La forma de una máscara se puede ajustar bien desplazando sus vértices individualmente o bien moviendo un segmento completo.

3. Los controles de dirección sirven para controlar la forma y el ángulo de una curva bézier.

4. Las máscaras abiertas se usan para controlar los efectos o la situación del texto, por ejemplo, pero no definen regiones de transparencia. Las máscaras cerradas definen regiones que afectan al canal alfa de las capas.

Capítulo 7

La técnica de incrustación puede emplearse para hacer aparecer imágenes de un hombre o mujer del tiempo en el noticiario de la noche, pero también hace referencia a una técnica de rodaje utilizada en las grandes producciones cinematográficas. Sea cual sea el caso, con After Effects, los resultados son espectaculares hasta en el proyecto más simple y de presupuesto más reducido.

Incrustaciones

En este capítulo, crearemos un spot publicitario para un segmento de noticias semanal de una cadena de televisión ficticia. Partiremos del material de archivo de un actor captado sobre un fondo de color verde para explorar los usos y aplicaciones de los efectos de incrustación. Usaremos estos efectos para eliminar el fondo y limpiar el borde de la incrustación con el fin de hacer desaparecer cualquier manchita verde que pueda quedar. Luego, añadiremos un título y situaremos el logotipo identificador de la estación que creamos en el capítulo 2 para completar el proyecto.

La duración aproximada de este capítulo es de 1 hora.

ACERCA DE LA INCRUSTACIÓN

El término incrustación se define como la aplicación de transparencia a una imagen a partir del valor de un color concreto (mediante una incrustación de color o una incrustación por croma lineal) o de un valor de brillo (mediante una clave de luminancia). Cuando se excluye un valor, todos los píxeles que tienen valores de color o luminancia similares se tornan transparentes.

La incrustación permite reemplazar más fácilmente fondos de color o brillo uniformes con imágenes. Esta técnica, denominada pantalla azul o pantalla verde, resulta especialmente eficaz cuando los objetos con los que se trabaja son tan complejos que es muy difícil aplicarles una máscara. Pero el nombre de la técnica no implica que el color sólido tenga que ser siempre el azul o el verde.

La incrustación de diferencias define los valores de transparencia en función de una imagen de fondo con una línea de base concreta. Pero además de excluir pantallas de un solo color, también se pueden eliminar fondos arbitrarios. ¿Y por qué deberíamos usar la técnica de incrustación y no otra? Las razones son muchas y muy variadas, pero he aquí algunas de ellas:

- La acción puede ser demasiado arriesgada para que la realice el actor en determinado escenario.
- El escenario puede ser demasiado peligroso tanto para el actor como para el equipo de rodaje.
- En el caso de películas de ciencia-ficción, ocurre que la situación real simplemente no existe.
- Se trabaja con un presupuesto limitado y no hay alternativa.

Conseguir que el resultado de una incrustación sea óptimo pasa por averiguar cuál es el formato que mejor funciona. Uno de los más populares es el formato MiniDV, y es el que emplearemos en este capítulo, pero la compresión puede introducir imágenes erróneas en este tipo de materiales de archivo, como por ejemplo regiones rellenas con bloques o zonas de solapamiento a lo largo de curvas y diagonales. Cuanto mayor es el índice de compresión digital, más difícil es obtener una incrustación limpia. Pero con After Effects se puede resolver éste y otros problemas típicos de las incrustaciones.

NOTA: UNA GARANTÍA DE ÉXITO EN EL CAMPO DE LAS INCRUSTACIONES EN FORMATO MINIDV ES QUE EL ESCENARIO DE FONDO SEA VERDE EN VEZ DE AZUL PORQUE LA INFORMACIÓN DE LUMINANCIA, QUE SUPONE EL 60 POR 100 DE LA SEÑAL DE VÍDEO, SE CODIFICA EN EL CANAL VERDE. EL VERDE ES, ADEMÁS, EL CANAL RGB QUE MENOS SE COMPRIME, MIENTRAS QUE EL AZUL TIENDE A SER EL QUE MÁS RUIDO COMPORTA.

PUNTO DE PARTIDA

Compruebe que los siguientes archivos se encuentran en la carpeta AE7_CIB>Lessons>Lesson07 de su disco duro. Si no es así, cópielos ahora desde el DVD que incluye este manual:

- En la carpeta Assets: 5.ai, Channel5_logo.aep, L7BG.mov, rotatedtype.ai y talent_DV.mov.
- En la carpeta denominada Sample_Movie: Lesson07.mov.

Abra y reproduzca la película Lesson07.mov para ver el resultado de lo que vamos a crear en este capítulo. Cuando termine, cierre el reproductor de QuickTime y borre el archivo si anda justo de espacio en disco.

PREPARACIÓN DEL PROYECTO

Antes de empezar, restaure las preferencias predeterminadas de After Effects.

1. Pulse **Control-Alt-Mayús** durante el inicio de After Effects. En la ventana que le pregunta si está seguro de querer eliminar el archivo de preferencias, haga clic en **Aceptar**.

After Effects abre por defecto un proyecto vacío y sin título.

2. Seleccione Archivo>Guardar como.

3. En el cuadro de diálogo Guardar como, acceda a la carpeta AE7_CIB>Lessons>Lesson07>Finished_Project.

4. Asigne al proyecto el nombre **Lesson07_Finished.aep** y haga clic en **Guardar**.

Importar el material de archivo

Para este ejercicio, tenemos que importar dos elementos de material de archivo.

1. Seleccione Archivo>Importar>Archivo.

2. Acceda a la carpeta AE7_CIB>Lessons>Lesson07>Assets y seleccione primero el archivo talent_DV.mov. Luego, haga **Control**-clic (Windows) o **Comando**-clic (Mac OS) para seleccionar también el archivo L7BG.mov y clic en **Abrir**. Los elementos de material de archivo aparecen ahora en el panel Proyecto, y lo primero que haremos será ordenarlos.

3. Seleccione Archivo>Nuevo>Nueva carpeta para crear una carpeta nueva en el panel Proyecto, o haga clic en el botón **Crear una nueva carpeta** que está en la parte inferior del panel (véase la figura 7.1).

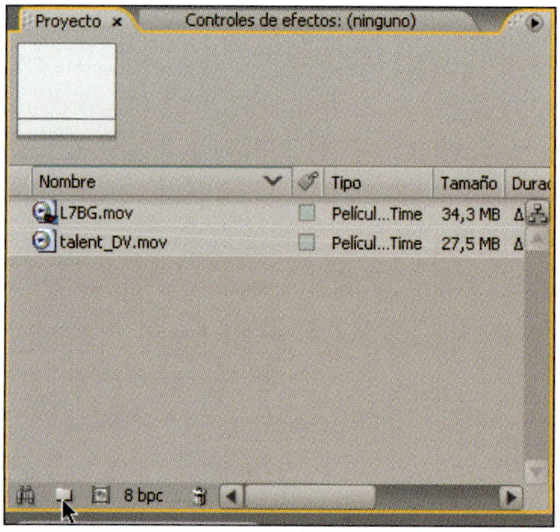

Figura 7.1.

4. Escriba **archivos_mov** como nombre para la carpeta, pulse **Intro** (Windows) o **Retorno** (Mac OS) para aceptarlo y arrastre los dos elementos de material de archivo dentro.

5. Haga clic en el triangulito para ampliar el contenido de la carpeta y ver lo que contiene (véase la figura 7.2).

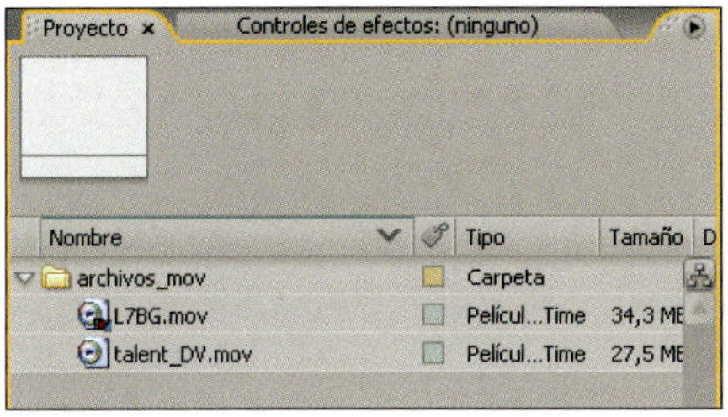

Figura 7.2.

Crear la composición

Para hacer el spot publicitario, hay que crear primero una nueva composición.

1. Seleccione Composición>Nueva composición o pulse **Control-N**.

2. En el cuadro de diálogo Ajustes de composición, escriba **Clave de diferencia color** en el campo Nombre de la composición.

3. Compruebe que el menú Ajuste preestablecido tenga seleccionada la opción NTSC DV, que es la que establece automáticamente el ancho, la altura y el índice de aspecto de los píxeles, así como la velocidad de fotograma de la composición.

4. En el campo Duración, escriba **800** para indicar 8 segundos, que es la longitud del archivo `talent_DV.mov`, y haga clic en **Aceptar** (véase la figura 7.3).

After Effects abre una nueva composición en los paneles Línea de tiempo y Composición.

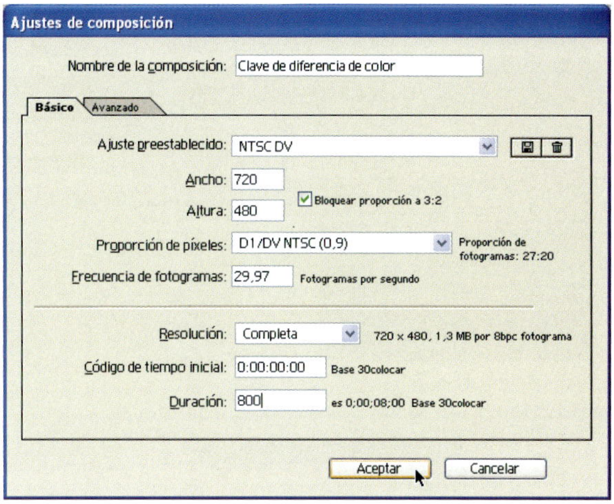

Figura 7.3.

CAMBIAR EL COLOR DE FONDO

El fondo predeterminado en After Effects es negro, lo que dificulta la visión de huecos y otros errores al extraer una incrustación. Por este motivo, cambiaremos el fondo para que no sea ni blanco ni negro y emplearemos el naranja.

1. Seleccione Composición>Color de fondo o pulse **Control-Mayús-B**.

2. Haga clic en la muestra de color y seleccione un tono naranja brillante, como por ejemplo el color RGB 255, 200, 0. Haga clic en **Aceptar** para cerrar el Selector de color, clic de nuevo en **Aceptar** para cerrar el cuadro de diálogo Color de fondo (véase la figura 7.4).

TRUCO: EN VEZ DE CAMBIAR EL COLOR DE FONDO, TAMBIÉN PUEDE HACER CLIC EN EL BOTÓN **CONMUTAR CUADRÍCULA DE TRANSPARENCIA** QUE ESTÁ EN LA PARTE INFERIOR DERECHA DEL PANEL COMPOSICIÓN PARA ACTIVAR UNA CUADRÍCULA DE FONDO DE TRANSPARENCIA. ESTE MÉTODO ES TAMBIÉN MUY EFICAZ A LA HORA DE DETECTAR ERRORES EN UNA INCRUSTACIÓN.

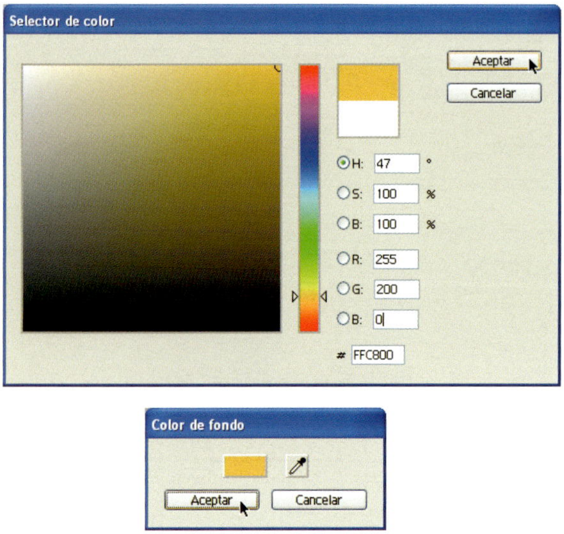

Figura 7.4.

AGREGAR EL PRIMER PLANO

En este paso, añadiremos a la composición el elemento de material de archivo denominado `talent_DV.mov`.

1. Pulse la tecla **Inicio** para asegurar que el indicador de tiempo actual se encuentre al principio de la regla de tiempo.

2. Arrastre el elemento `talent_DV.mov` desde el panel Proyecto y suéltelo en el panel Línea de tiempo para que aparezca en primer plano en el panel Composición (véase la figura 7.5).

Se trata de una secuencia muy simple sobre fondo verde. Si la previsualizamos manualmente arrastrando el indicador de tiempo actual por la regla de tiempo, veremos que la actriz casi no se mueve, factor que favorecerá sin duda la operación de incrustación que tenemos que realizar. Pero, observando con más atención, veremos también que el fondo verde no presenta una iluminación uniforme, sino que la parte superior está mucho más brillante que la parte inferior, y esto sí puede darnos algún que otro quebradero de cabeza.

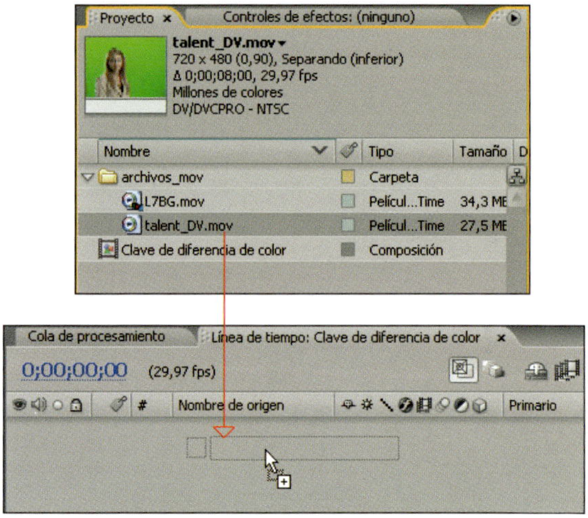

Figura 7.5.

Cuando After Effects extrae una incrustación, lo hace teniendo en cuenta el fotograma completo. Esto quiere decir, en otras palabras, que cuanto más grande sea el área que tiene que analizar y mayor el índice de variación de color, mayor será también el riesgo de que no podamos eliminar absolutamente todo el color del fondo. Pero existe una forma de reducir este riesgo y es empleando las llamadas máscaras basura.

Las máscaras basuras (o mates), como su propio nombre indica, tienen como objetivo enmascarar los elementos incorrectos o innecesarios de una imagen. Una cosa importante a tener en cuenta al aplicar este tipo de máscaras, es que hay que trazarlas de modo que sobren bastante por todas partes. Así, si el objeto se mueve, la máscara abarca todo el alcance del movimiento, mientras que si la creamos demasiado justa, al final hay que animarla en el tiempo, lo cual es una operación bastante engorrosa. No lo olvide, las máscaras basura se usan para solucionar problemas y no para crear nuevos.

CREAR MÁSCARAS BASURA

No hay límite para el número de máscaras basura que se pueden crear dentro de una misma composición. De hecho, en algunas secuencias altamente complejas es frecuente contar con varias que aíslen piernas, brazos, caras, cabello u otros elementos que no se quiere que aparezcan en la escena.

1. Pulse la tecla **Inicio** para restaurar el indicador de tiempo actual.

2. Seleccione la herramienta **Pluma** en el panel Herramientas.

3. Haga clic para situar los vértices alrededor del personaje y englobarlo completamente (véase la figura 7.6).

Figura 7.6.

4. Para estar seguros que la máscara basura no esté demasiado justa, arrastre el indicador de tiempo actual por la regla de tiempo para ver si el personaje se mueve en algún momento por fuera del área enmascarada. Si es así, seleccione la herramienta de **Selección** y ajuste los vértices.

5. Seleccione Archivo>Guardar para guardar los cambios.

APLICAR EFECTO CLAVE DE DIFERENCIA DE COLOR

Hay muchos efectos de incrustación en After Effects. Entre ellos, el efecto Clave de diferencia de color, que crea una transparencia a partir de puntos de inicio opuestos y divide la imagen en dos mates, Mate parcial A y Mate parcial B. El Mate parcial B basa la transparencia en el color de la incrustación que se haya especificado, mientras que el Mate parcial A lo hace en las áreas de la imagen que no contienen un segundo color distinto. Al combinar los dos mates con un tercero, llamado mate alfa, el efecto lo que hace es crear valores de transparencia bien definidos.

ADVERTENCIA: EL EFECTO CLAVE DE DIFERENCIA DE COLOR SÓLO ESTÁ DISPONIBLE EN LA VERSIÓN PRO DE AFTER EFFECTS.

¿Difícil de entender? La mayoría de la gente que se enfrenta al efecto Clave de diferencia de color suele salir corriendo a la primera de cambio, pero la verdad es que no hay razón para tenerle miedo, como veremos en el siguiente ejercicio.

1. Haga clic en la capa talent_DV.mov en el panel Línea de tiempo y seleccione Efecto> Clave>Clave de diferencia de color.

2. En el panel Controles de efectos, haga clic en el cuentagotas del ajuste de Incrustación por croma y clic en el verde de fondo de la vista en miniatura de la izquierda (véase la figura 7.7).

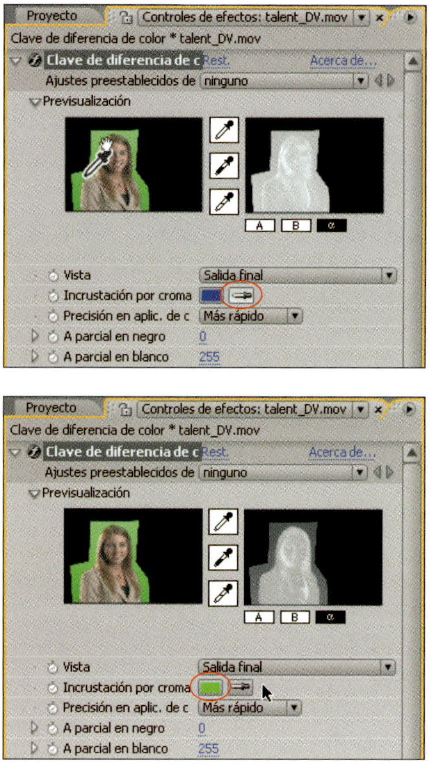

Figura 7.7.

3. Haga clic en el botón **A** que está debajo de la vista en miniatura de la derecha para visualizar el Mate parcial A (véase la figura 7.8).

Figura 7.8.

En la vista del Mate parcial A todavía se ven pedacitos de fondo, lo cual es una buena señal, porque permite refinar la incrustación, que es lo que vamos a hacer ahora.

4. Con el cuentagotas Negro (el que está en medio), haga clic en la parte más brillante del fondo que no ha quedado excluida en el Mate parcial A, más o menos encima de la cabeza del personaje (véase la figura 7.9).

5. Haga clic en el botón **B** debajo de la vista en miniatura para ver el Mate parcial B, que es la versión inversa del Mate parcial A (véase la figura 7.10).

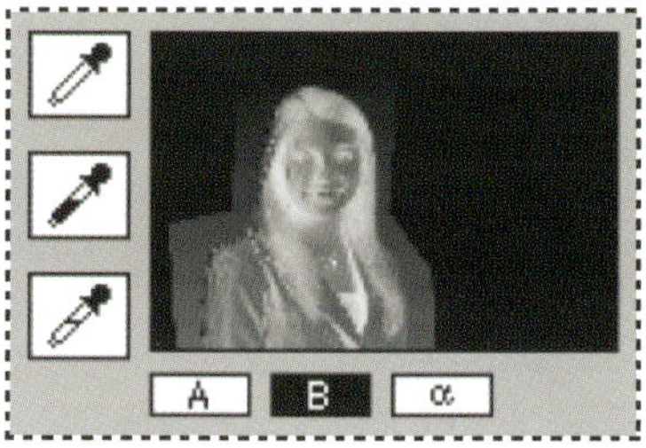

Figura 7.10.

6. De nuevo con el cuentagotas Negro, haga clic en la parte más brillante del fondo restante en el Mate parcial B (cerca del extremo inferior) para eliminar los trazos sobrantes de fondo (véase la figura 7.11).

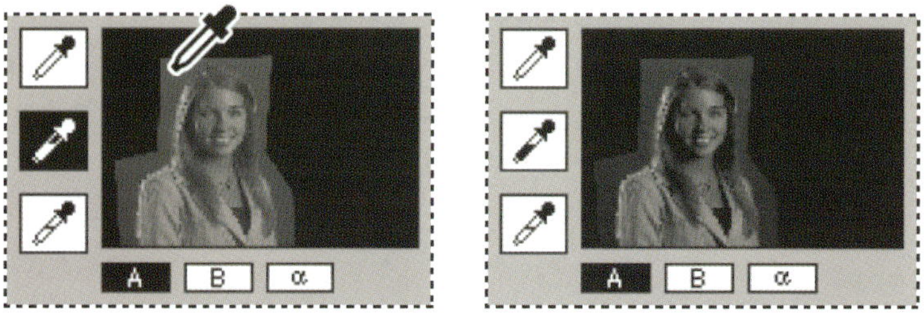

Figura 7.9.

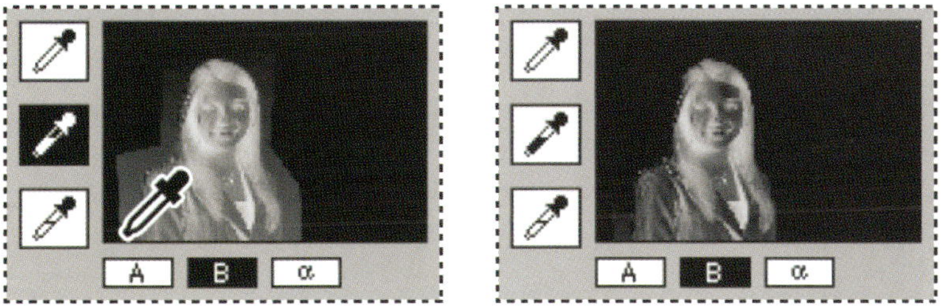

Figura 7.11.

7. Haga clic en el botón **Alfa** que está debajo de la vista en miniatura derecha. Si el que nos ocupa fuera un mate limpio, el personaje estaría completamente blanco, pero no es así, así que no queda más remedio que hacer algunos ajustes al efecto (véase la figura 7.12).

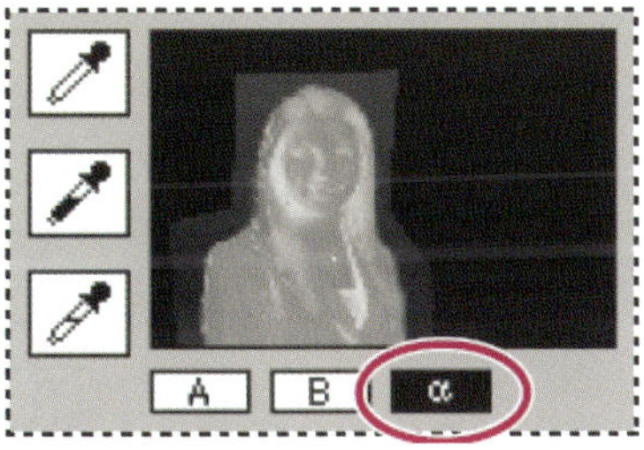

Figura 7.12.

8. En el panel Controles de efectos, aumente el valor Mate en negro a **50** y reduzca el valor Mate en blanco a **109**. Esta operación es parecida a la de regular los efectos Niveles (véase la figura 7.13).

Ajustar estos dos controles limpia el canal alfa de la imagen y el resultado es una incrustación limpia y perfecta en unos cuantos clic de ratón.

Comprobar el canal alfa para detectar errores

El fondo naranja (o transparente) de la composición hace más fácil ver si aún quedan trocitos verdes que no deberían, si bien dificulta ver los huecos que se pueden haber creado con el personaje. Para estar completamente seguros de que nuestra incrustación está perfecta, cambie a la vista canal alfa para ver el mate resultante.

1. En la parte inferior del panel Composición, haga clic en el botón **Mostrar canal** y seleccione la opción Alfa (véase la figura 7.14).

Figura 7.13.

Ahora sí se puede ver el mate en blanco y negro de la incrustación. La parte negra de la imagen representa las áreas transparentes, mientras que la parte blanca refleja las áreas opacas y las zonas grises (el borde calado que queda alrededor del personaje) las semitransparentes.

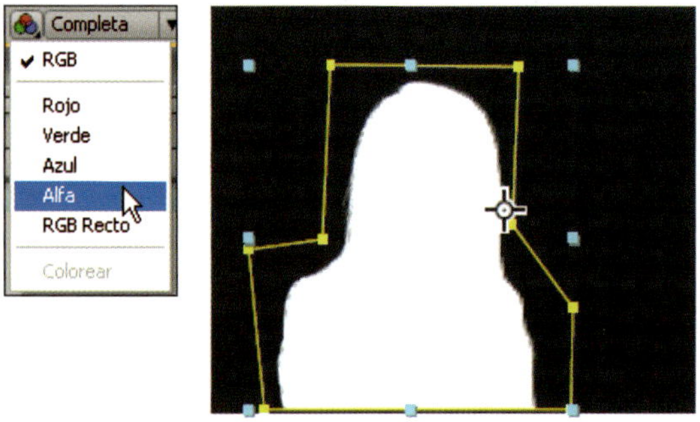

Figura 7.14.

2. Compruebe que no haya ninguna área negra o gris en el personaje. Si ha seguido bien los pasos, la respuesta debería ser afirmativa.

3. Seleccione Mostrar canal>RGB para regresar a la vista RGB.

4. Seleccione Archivo>Guardar para guardar los cambios.

EFECTO RETRACTOR DE MATE

Dado que el efecto Clave de diferencia de color sólo elimina color del clip, sigue habiendo bordes alrededor del personaje que no queremos que estén ahí. Para afinar aún más el perímetro del mate, hay que ajustarlo o, en otras palabras, retraerlo y estirarlo.

ADVERTENCIA: EL EFECTO RETRACTOR DE MATE SOLO ESTÁ DISPONIBLE EN LA VERSIÓN PRO DE AFTER EFFECTS.

1. Seleccione la capa talent_DV.mov en el panel Línea de tiempo y seleccione Efecto> Mate>Retractor de mate. Este efecto brinda mayor dominio sobre el borde del mate que el efecto Retractor simple. La diferencia principal entre uno y otro es que la retracción simple sólo permite retraer y estirar el mate, mientras que el Retractor de mate permite, además, suavizar o calar los bordes.

ADVERTENCIA: EL EFECTO RETRACTOR SIMPLE SOLO ESTÁ DISPONIBLE EN LA VERSIÓN PRO DE AFTER EFFECTS.

En el panel Controles de efectos, los tres controles principales del efecto Retractor de mate, que son Suavizado geométrico 1, Retraer 1 y Suavizado del nivel de gris 1, se emplean para estirar el mate lo más lejos posible sin modificar su forma, mientras que los tres siguientes se usan para retraerlo.

En el ejercicio concreto de este capítulo, sirven casi todos los ajustes predeterminados, pero sería demasiada suerte que sucediera esto siempre en la práctica. El único ajuste que hace falta retocar aquí es Suavizado geométrico 2 a fin de crear un desenfoque ligero a lo largo del borde del mate.

2. Aumente el valor de Suavizado geométrico 2 a **4,00**.

3. Compruebe el mate haciendo clic en el botón **Mostrar canal** que está en la parte inferior del panel Composición, y elija la opción Alfa (véase la figura 7.15).

¡El mate ha quedado perfecto!

4. Cambie a la vista RGB para seguir borrando pedacitos de verde que aún sobran.

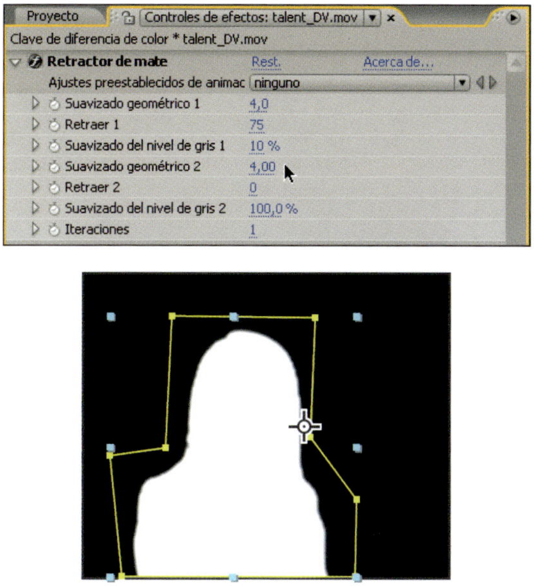

Figura 7.15.

EFECTO SUPRESIÓN DE REBASE

Si observa detenidamente el pelo del personaje, verá que aún quedan destellos verdes, resultado de reflejos de luz verde procedentes del fondo que rebotan sobre la imagen. Y en casos como éste es donde cobra protagonismo el efecto Supresión de rebase, que normalmente se utiliza para eliminar rebases de color de la incrustación de los bordes de un mate. En esencia, funciona igual que un filtro simple de desaturación.

ADVERTENCIA: EL EFECTO SUPRESIÓN DE REBASE SOLO ESTÁ DISPONIBLE EN LA VERSIÓN PRO DE AFTER EFFECTS.

1. Seleccione la capa talent_DV.mov en el panel Línea de tiempo y haga clic en Efecto>Clave> Supresión de rebase (véase la figura 7.16).

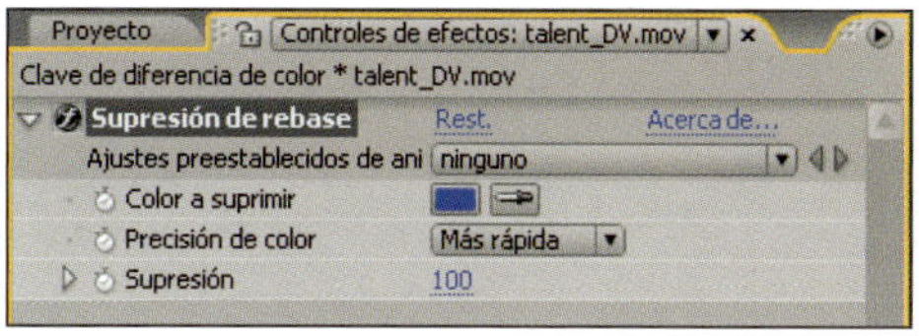

Figura 7.16.

Quizá le resulte más fácil seleccionar el color de rebase si deshabilita temporalmente el efecto Clave de diferencia de color.

2. En la parte superior del panel Controles de efectos, haga clic en el icono **Efecto**, que está a la izquierda del nombre del efecto Clave de diferencia de color, para deshabilitarlo.

3. En el efecto Supresión de rebase, seleccione el cuentagotas Color a suprimir y haga clic en una región verde cerca del pelo del personaje (véase la figura 7.17).

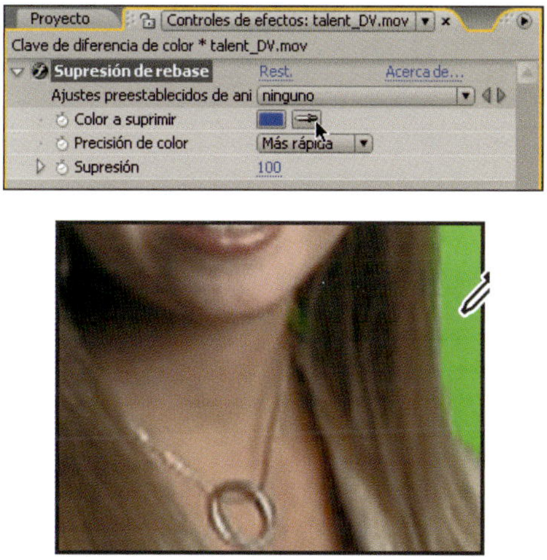

Figura 7.17.

4. Vuelva a habilitar el efecto Clave de diferencia de color. El personaje queda ahora excluido y el verde no deseado que permanecía dentro y alrededor del pelo ha desaparecido (véase la figura 7.18).

Figura 7.18.

Hacer incrustaciones con el efecto Keylight

SON MUCHAS LAS FORMAS QUE EXISTEN DE HACER INCRUSTACIONES EN AFTER EFFECTS ADEMÁS DEL EFECTO CLAVE DE DIFERENCIA DE COLOR. UNA ALTERNATIVA MUY EFICAZ ES EL EFECTO KEYLIGHT, PLUGIN PROPIEDAD DE THE FOUNDRY INCORPORADO LA VERSIÓN AFTER EFFECTS 7.0 PROFESSIONAL. SE TRATA DE UNA TÉCNICA DE INCRUSTACIÓN MUY POTENTE QUE DISPONE DE MUCHOS CONTROLES Y QUE CONSTITUYE UNO DE LOS POCOS EFECTOS CAPACES DE HACER INCRUSTACIONES LIMPIAS EN UN SOLO CLIC.

SI DESEA PROBAR EL EFECTO KEYLIGHT, INSTÁLELO USANDO EL DISCO DE INSTALACIÓN DE AFTER EFFECTS 7.0 SI NO LO HA HECHO YA, Y VUELVA A EMPEZAR ESTE CAPÍTULO COMPLETAMENTE PARA HACER EL SIGUIENTE EJERCICIO EN LUGAR DE LOS EJERCICIOS "APLICAR EL EFECTO CLAVE DE DIFERENCIA DE COLOR", "EFECTO RETRACTOR DE MATE" Y "EFECTO SUPRESIÓN DE REBASE".

1. CON LA CAPA talent_DV.mov SELECCIONADA EN EL PANEL LÍNEA DE TIEMPO, HAGA CLIC EN Efecto>Keying>Keylight (VÉASE LA FIGURA 7.19).

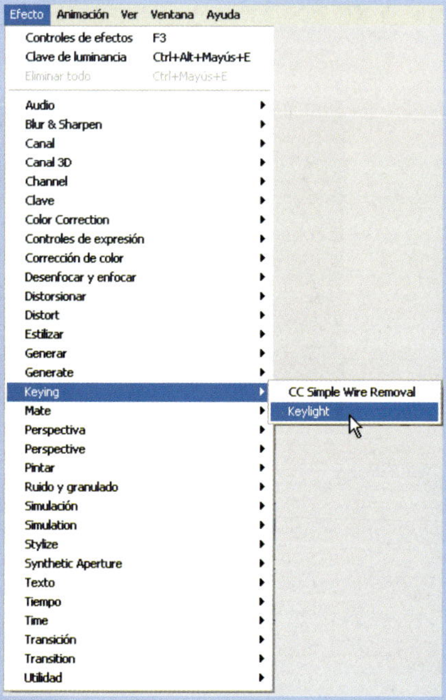

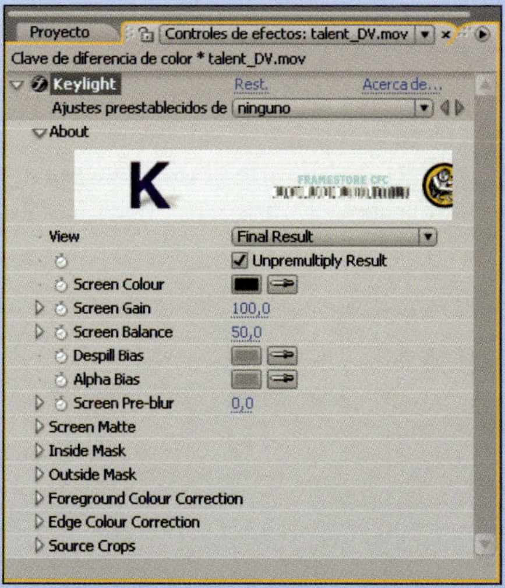

Figura 7.19.

Incrustaciones

IGUAL QUE EN EL CASO DE LA CLAVE DE DIFERENCIA DE COLOR, LO PRIMERO QUE HAY QUE HACER ES SELECCIONAR EL COLOR DE LA INCRUSTACIÓN.

2. EN EL PANEL CONTROLES DE EFECTOS, SELECCIONE EL CUENTAGOTAS Screen Colour.
3. EN EL PANEL COMPOSICIÓN, HAGA CLIC EN UN ÁREA VERDE DEL FONDO CERCA DEL HOMBRO DERECHO DEL PERSONAJE (VÉASE LA FIGURA 7.20).

Figura 7.20.

LOS RESULTADOS SON INSTANTÁNEOS, Y EN MUCHOS PROYECTOS DE INCRUSTACIÓN, UN SOLO CLIC SERÁ SUFICIENTE PARA OBTENER EL RESULTADO QUE BUSCAMOS. DE TODOS MODOS, HAY QUE COMPROBAR SIEMPRE SI HAN QUEDADO HUECOS O ERRORES, Y ES EL MENÚ EMERGENTE View EL QUE NOS AYUDARÁ A DETECTARLOS Y A CORREGIRLOS.

4. EN EL PANEL CONTROLES DE EFECTOS, SELECCIONE View>Status (VÉASE LA FIGURA 7.21).

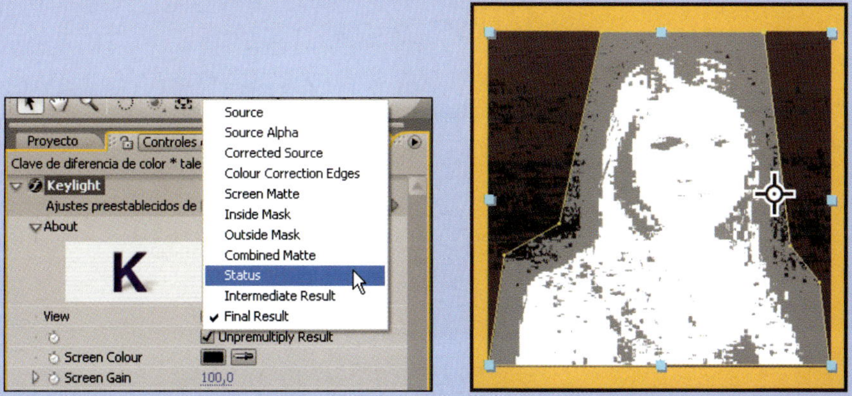

Figura 7.21.

ESTA OPERACIÓN NOS PERMITE OBTENER UNA VISTA EXAGERADAMENTE GRANDE DEL MATE GENERADA POR LA SELECCIÓN DEL COLOR DE INCRUSTACIÓN. LAS ÁREAS BLANCAS QUEDARÁN OPACAS, LAS NEGRAS TRANSPARENTES Y LOS PÍXELES GRISES SEMITRANSPARENTES. OBSERVE, SIN EMBARGO, QUE HAY AMPLIAS ZONAS DE LA IMAGEN QUE SIGUEN SIN ESTAR BIEN DEL TODO.

5. EN EL PANEL CONTROLES DE EFECTOS, AMPLÍE LA PROPIEDAD Screen Matte. AUMENTE EL VALOR Clip Black A **20,0** Y DISMINUYA EL VALOR Clip White A **90,0** (VÉASE LA FIGURA 7.22).

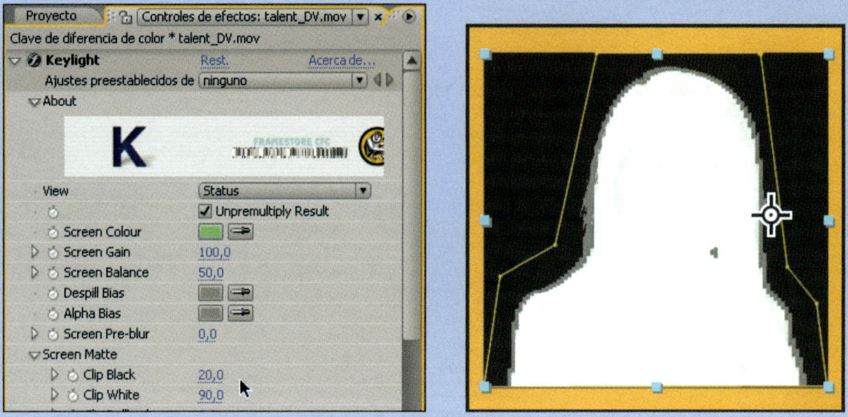

Figura 7.22.

ESTE PASO RETRAE EL MATE. AÚN HAY PÍXELES GRISES DENTRO Y ALREDEDOR DEL PERSONAJE, PERO NO IMPORTA PORQUE SE FUNDEN CON EL FONDO.

6. SELECCIONE View>Final Result PARA VER EL RESULTADO. NO ESTÁ MAL, ¿VERDAD?, PERO AÚN SE DETECTAN FALLOS EN LOS BORDES DEL PERSONAJE.
7. SELECCIONE View>Colour Correction Edges PARA MOSTRAR EL BORDE DEL MATE.
8. EN EL PANEL CONTROLES DE EFECTOS, AUMENTE EL VALOR Screen Pre-Blur A **5,0** Y DISMINUYA EL VALOR Clip Rollback A **0,5**.
9. SELECCIONE View>Final Result (VÉASE LA FIGURA 7.23).

Figura 7.23.

Y YA ESTÁ. AHORA, YA PODEMOS CONTINUAR CON EL RESTO DEL CAPÍTULO.

AJUSTE DEL CONTRASTE

Podemos hacer que la imagen resalte más ajustando los niveles.

1. Seleccione la capa talent_DV.mov en el panel Línea de tiempo y haga clic en Efecto> Corrección de color>Niveles (véase la figura 7.24).

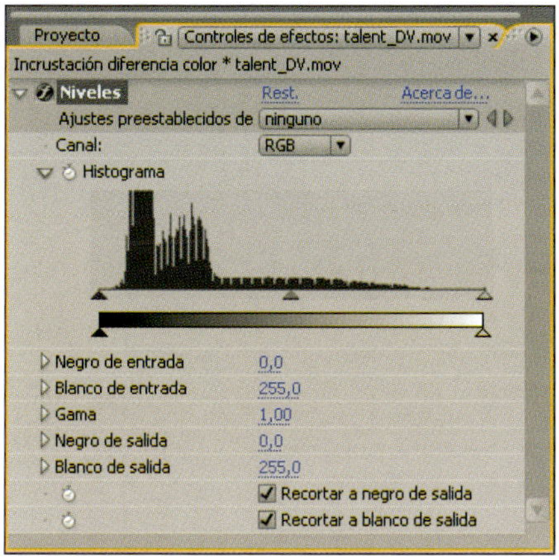

Figura 7.24.

2. En el área **Niveles** del panel Controles de efectos, aumente el valor **Negro de entrada** a **13,0**.

3. Disminuya el valor **Blanco de entrada** a **225,0**.

El efecto Niveles remapea el rango de los niveles de color de entrada en un rango nuevo y modifica la curva de corrección de gama. Se trata de un efecto muy útil cuando se hace necesario efectuar ajustes básicos de calidad de la imagen y funciona de la misma forma que el ajuste de Niveles de Photoshop (véase la figura 7.25).

AGREGAR UNA ANIMACIÓN DE FONDO

Ahora que ya tenemos la incrustación bien limpia, estamos preparados para agregar un fondo a la composición.

1. Pulse la tecla **Inicio** para restaurar el indicador de tiempo actual.

2. Haga clic en el panel Proyecto y arrastre el archivo `L7BG.mov` al panel Línea de tiempo. Suéltelo debajo del todo (véase la figura 7.26).

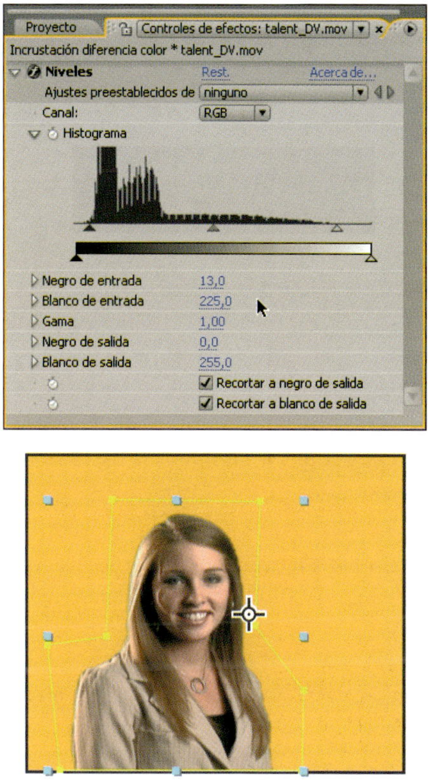

Figura 7.25.

Figura 7.26.

Veamos el aspecto que tiene el personaje incrustado sobre el fondo animado.

3. Pulse la tecla **0** en el teclado numérico para ver una previsualización de RAM de la composición.

Si es observador, ya habrá detectado algunos fallitos de solapamiento rodeando al personaje aquí y allí. Pero recuerde, estamos trabajando con material de archivo generado originalmente en formato MiniDV, así que ya sabíamos que algo así podía suceder. Además, no hay que olvidar que la resolución de un monitor de ordenador es siempre mayor que la de una pantalla de televisor. Para juzgar con precisión el resultado final de una incrustación, hay que conectar el sistema a un monitor de vídeo y visualizarlo en él.

4. Cuando haya terminado de ver la previsualización, pulse la **Barra espaciadora** para detenerla.

5. Seleccione Archivo>Guardar para guardar los cambios.

AGREGAR EL TÍTULO

Ahora, añadiremos una capa de texto y crearemos el título del spot publicitario.

1. Pulse la tecla **Inicio** para ir al principio de la regla de tiempo.

2. Haga clic en la herramienta **Tipo horizontal** T. en el panel Herramientas y seleccione Ventana>Carácter o pulse **Control-6** para abrir el panel Carácter.

3. En el panel Carácter, aplique los siguientes ajustes:

- Seleccione a una fuente sans serif negrita, como **Impact** o **Helvetica Bold**.

- Aumente el tamaño de la fuente a **60** píxeles.

- Haga clic en la muestra de Color de relleno y seleccione un tono amarillo claro, como por ejemplo RGB 255, 242, 158 (véase la figura 7.27).

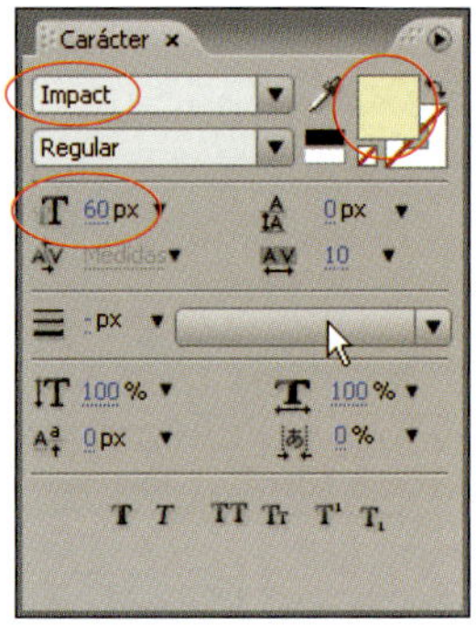

Figura 7.27.

4. Haga clic en el panel Composición a la derecha del personaje y escriba **Tuesdays with Taryn**, pulsando **Intro** (Windows) o **Retorno** (Mac OS) después de cada palabra (véase la figura 7.28).

Figura 7.28.

Aplicar estilo al título

El texto no está mal, pero queda un poco soso, así que lo resaltaremos un poco con algunos ajustes.

1. En el panel Línea de tiempo, haga doble clic en el nombre de la capa de texto para seleccionar todo el texto en el panel Composición.

2. En el panel Carácter, haga lo siguiente:

- Haga doble clic en la muestra de Color del trazo, elija el color negro (RGB=0, 0, 0) y haga clic en **Aceptar**.

- Cambie el valor Definir ancho del trazo a **6** píxeles y seleccione Relleno sobre trazo en el menú emergente de opciones de trazo que está a la derecha del anterior.

- Cambie el valor Definir el interlineado a **50** píxeles.

- Cambie el valor Definir espacio entre caracteres para los caracteres seleccionados a **25** píxeles (véase la figura 7.29).

Figura 7.29.

Ya está bastante mejor, pero no lo suficiente. La palabra "*with*" no es vital en la frase, así que la pondremos más pequeña para que no destaque tanto.

3. Seleccione la palabra "*with*" en el panel Composición y cambie el tamaño de la fuente a **48** píxeles, el interlineado a **48** píxeles y el espacio entre caracteres a **50** (véase la figura 7.30).

Figura 7.30.

4. Haga doble clic en el nombre de la capa de texto en el panel Línea de tiempo para seleccionar otra vez todas las palabras, y haga clic en el botón **Faux cursiva** *T* que está en la parte inferior del panel Carácter (véase la figura 7.31).

5. Abra el panel Párrafo haciendo clic en Ventana>Párrafo o pulsando **Control-7**.

6. En el panel Párrafo, haga clic en el botón **Centrar texto** (véase la figura 7.32).

Figura 7.31.

Figura 7.32.

Es muy probable que al centrar el texto se haya movido de sitio, así que ajuste su posición.

7. Con la herramienta de **Selección**, desplace la capa de texto en el panel Composición hasta situarla en la esquina superior derecha de la imagen (véase la figura 7.33).

Figura 7.33.

Comprobar la situación

Al posicionar el texto, hay que procurar siempre que quede englobado dentro de la zona segura de título de la pantalla, que es la zona que pueden ver los espectadores al visualizar la película final en su aparato de televisión. Para comprobar la situación del título, habilite la guía segura de título.

1. Haga clic en el botón **Elegir opciones de cuadrícula y de guía** que está en la parte de abajo del panel Composición, y seleccione la opción Márgenes seguros para título/acción en el menú emergente (véase la figura 7.34).

2. Use la herramienta de **Selección**, si es necesario, para desplazar y recolocar el título dentro de la zona segura de título (véase la figura 7.35).

Elija ahora si quiere dejar las guías visibles el resto de este capítulo o desactivarlas.

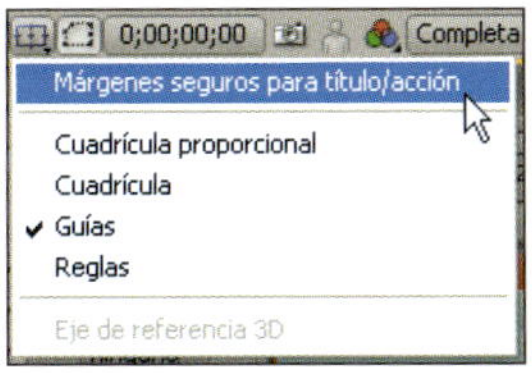

Figura 7.34.

Figura 7.35.

Añadir una sombra paralela

El texto está bastante conseguido, pero podríamos mejorarlo aplicándole una sombra paralela.

1. Con la capa de texto Tuesdays with Taryn seleccionada en el panel Línea de tiempo, haga clic en Efecto>Perspectiva>Sombra paralela.

2. En el panel Controles de efectos, aumente el valor de opacidad a **100%**.

3. Disminuya la Distancia (entre la sombra y el texto) a **0,0** y aumente el valor Suavizado a **80,0** (véase la figura 7.36).

Figura 7.36.

El título está fantástico ahora.

4. Seleccione Archivo>Guardar para guardar los cambios.

AGREGAR EL LOGOTIPO ANIMADO

En el capítulo 2, creamos un logotipo identificador para el noticiero ficticio Channel 5 y ahora lo vamos a importar a nuestro proyecto para añadirlo a nuestra composición.

1. Haga clic en el panel Proyecto y doble clic en un área vacía para abrir el cuadro de diálogo Importar archivo.

2. Acceda a la carpeta AE7_CIB>Lessons>Lesson07>Assets, seleccione el archivo `Channel5_logo.aep` y haga clic en **Abrir**.

Este proyecto es el mismo que creamos en el capítulo 2, salvo por el hecho de que no incluye la imagen del Puente Golden Gate y que se ha ajustado el tamaño para adaptarlo al índice de aspecto de este proyecto.

Cuando importamos un proyecto, After Effects crea una carpeta para él en el panel Proyecto que contiene tanto la composición como sus archivos media asociados.

3. Amplíe la carpeta `Channel5_logo.aep` en el panel Proyecto para ver lo que contiene (véase la figura 7.37).

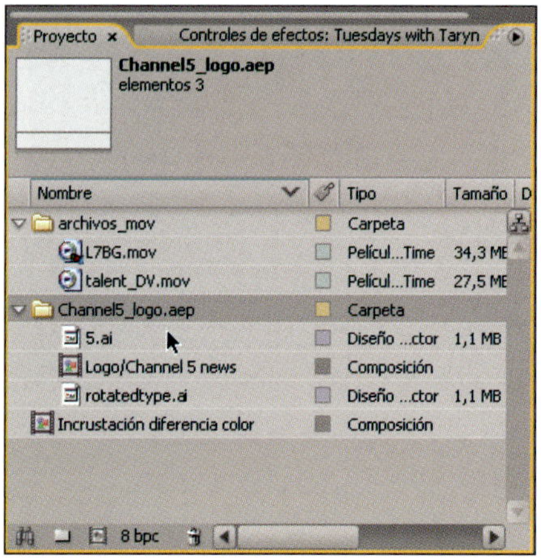

Figura 7.37.

4. Pulse la tecla **Inicio** para restaurar el indicador de tiempo actual. Si es necesario, cierre el panel Cola de procesamiento para que pueda ver el panel Línea de tiempo que contiene el efecto Clave de diferencia de color.

5. Desplace la composición Logo/Channel 5 news desde el panel Proyecto al panel Línea de tiempo y suéltelo encima de todas las capas (véase la figura 7.38).

COPIAR EFECTOS ENTRE DOS CAPAS

Al logotipo del noticiario del Channel 5 news le vendría bien un poco de la energía que hemos aplicado al título "*Tuesdays with Taryn*" y la forma más directa de hacerlo es copiando y pegando el efecto de uno a otro.

Figura 7.38.

1. Seleccione la capa de texto Tuesdays with Taryn en el panel Línea de tiempo y pulse **E** para ver la propiedad Efectos.

2. Seleccione el nombre de la propiedad Sombra paralela de la capa Tuesdays with Taryn y haga clic en Editar>Copiar o pulse **Control-C** (Windows) o **Comando-C** (Mac OS).

3. Seleccione la capa Logo/Channel 5 news en el panel Línea de tiempo y seleccione Editar>Pegar o pulse **Control-V** (Windows) o **Comando-V** (Mac OS).

After Effects copia el efecto Sombra paralela en el logotipo del canal de noticias aplicándole los mismos ajustes que tiene la capa de texto que contiene el título (véase la figura 7.39).

4. Guarde el proyecto y pulse la tecla **0** en el teclado numérico para generar y ver una previsualización de RAM del spot final. Si quiere, desplace la barra final del espacio de trabajo a más o menos el momento 4:20 para previsualizar solo la primera mitad de la compo-

sición, que es donde tiene lugar la mayoría de las animaciones.

5. Pulse la **Barra espaciadora** cuando termine para detener la previsualización.

¡Enhorabuena! Acaba de finalizar con éxito una operación de incrustación. Si desea procesarla, ya sabe que debe avanzar un poco más adelante en este libro para encontrar las instrucciones.

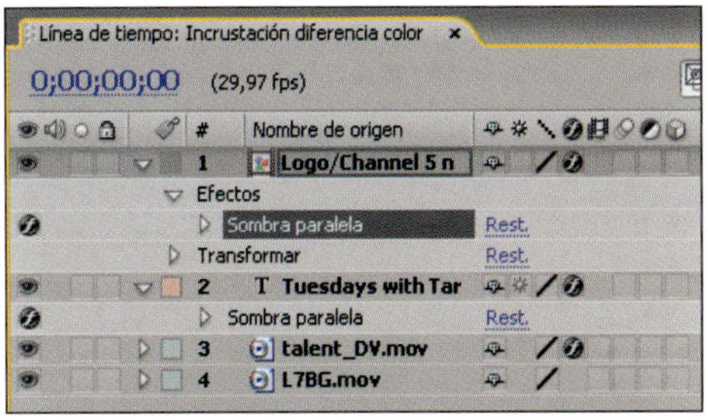

Figura 7.39.

REPASO

Preguntas

1. ¿Qué es la incrustación y cuándo se utiliza?

2. ¿Cuál es el propósito de utilizar una máscara basura?

3. ¿De qué forma se pueden detectar errores en una incrustación de color?

4. ¿Qué es el rebase y cómo puede solucionarse en After Effects?

Respuestas

1. El término incrustación se define como la aplicación de transparencia a una imagen a partir del valor de un color concreto (mediante una incrustación de color o una incrustación por croma lineal) o de un valor de brillo (mediante una clave de luminancia). Cuando se excluye un valor, todos los píxeles que tienen valores de color o luminancia similares se tornan transparentes. La incrustación permite reemplazar más fácilmente fondos de color o brillo uniformes con imágenes, lo que resulta especialmente eficaz cuando los objetos con los que se trabaja son tan complejos que es muy difícil aplicarles una máscara.

2. Las máscaras basuras se usan para eliminar partes no deseadas de una imagen limitando la región sobre la que After Effects debe realizar la búsqueda, acelerando los cálculos de las incrustaciones y aumentando la probabilidad de que el resultado sea lo más limpio posible.

3. Los canales alfa se usan para detectar errores en las incrustaciones de color. Primero, compruebe que el fondo es un color de contraste o active la cuadrícula de transparencia. Luego, haga clic en el botón **Mostrar canal**, que está en la parte inferior del panel Composición, y seleccione la opción Alfa en el menú emergente para ver un mate en blanco y negro de la incrustación. La parte negra de la imagen representa las áreas transparentes, mientras que la parte blanca refleja las áreas opacas y las zonas grises, las semitransparentes.

4. Se produce rebase de luz cuando el foco de luz que ilumina el fondo se refleja en el primer plano y colorea las sombras y las zonas iluminadas. Los rebases pueden eliminarse en After Effects gracias al efecto Supresión de rebase (*Spill Supresor* en inglés), que funciona, en esencia, igual que un filtro simple de desaturación. Para aplicarlo, seleccione la capa incrustada en el panel Línea de tiempo y haga clic en Efecto>Incrustación>Supresión de rebase (disponible sólo en la versión Professional del programa).

Capítulo 8

Ojalá que todas las secuencias que recibiéramos fueran auténticas obras maestras, pero la verdad es que, la que más y la que menos, todas necesitan correcciones de color. Gracias a After Effects, es posible transformar en cuestión de segundos un clip apagado y aburrido en uno sofisticado y lleno de vida.

Correcciones de color

Como su propio nombre indica, corregir el color significa alterar y adaptar el color de una imagen, es decir, optimizar el material original a fin de centrar la atención del espectador sobre el elemento clave de la toma, corregir errores en el equilibrio de blanco y la exposición, garantizar la consistencia de color de una secuencia a otra o crear una paleta de colores para el aspecto visual concreto que busca un director.

En el ejercicio de este capítulo, mejoraremos el color y la saturación de un video clip grabado un día en que el cielo estaba bastante nublado, y para ello, empezaremos creando máscaras para aislar secciones de la toma a las que luego aplicaremos toda una gama de efectos de corrección de color encaminados a limpiar y perfeccionar la imagen. Al final, eliminaremos secciones no deseadas de la secuencia con la herramienta **Tampón de clonar**.

La duración aproximada de este capítulo es de 1 hora.

PUNTO DE PARTIDA

Compruebe que los siguientes archivos se encuentran en la carpeta AE7_CIB>Lessons>Lesson08 de su disco duro. Si no es así, cópielos ahora desde el DVD que incluye este manual:

- En la carpeta denominada `Assets`: `campus_before.mov` y `storm_clouds.jpg`.
- En la carpeta denominada `Sample_Movie`: `Lesson08.mov`.

Abra y reproduzca la película `Lesson08.mov` para ver el resultado de lo que vamos a crear en este capítulo. Cuando termine, cierre el reproductor de QuickTime y borre el archivo si anda justo de espacio en disco.

PREPARACIÓN DEL PROYECTO

Antes de empezar, restaure las preferencias predeterminadas de After Effects.

1. Pulse **Control-Alt-Mayús** durante el inicio de After Effects. En la ventana que le pregunta si está seguro de querer eliminar el archivo de preferencias, haga clic en **Aceptar**.

After Effects abre por defecto un proyecto vacío y sin título.

2. Seleccione Archivo>Guardar como.

3. En el cuadro de diálogo Guardar como, acceda a la carpeta AE7_CIB>Lessons>Lesson08>Finished_Project.

4. Asigne al proyecto el nombre **Lesson08_Finished.aep** y haga clic en **Guardar**.

Importar el material de archivo

Para este ejercicio, tenemos que importar dos elementos de material de archivo.

1. Seleccione Archivo>Importar>Archivo.

2. Acceda a la carpeta AE7_CIB>Lessons>Lesson08>Assets, haga **Mayús**-clic para seleccionar los dos archivos que contiene, `campus_before.mov` y `storm_clouds.jpg`, y haga clic en **Abrir**. En los pasos siguientes, ordenaremos los materiales de archivo.

3. Seleccione Archivo>Nuevo>Nueva carpeta para crear una carpeta nueva en el panel Proyecto, o haga clic en el botón **Crear una nueva carpeta** que está en la parte inferior del panel.

4. Escriba **Películas** como nombre para la carpeta, pulse **Intro** (Windows) o **Retorno** (Mac OS) para aceptarlo y arrastre el archivo `campus_before.mov` dentro.

5. Cree otra carpeta, llámela **Imágenes** y arrastre dentro el archivo `storm_clouds.jpg`.

6. Haga clic en los triangulitos para ampliar el contenido de las carpetas y ver lo que contienen (véase la figura 8.1).

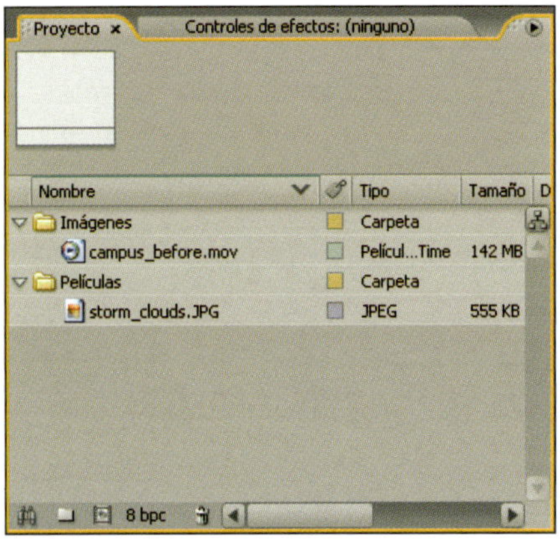

Figura 8.1.

Crear la composición

A continuación, crearemos una composición nueva basada en la película `campus_before.mov`.

1. Desplace el archivo `campus_before.mov` al botón **Crear una nueva composición**, que está en la parte inferior del panel Proyecto, para que el programa cree una composición nueva para el archivo original y la muestre en los paneles Composición y Línea de tiempo (véase la figura 8.2).

Figura 8.2.

2. (Opcional) Compruebe el índice de aspecto y la duración de la composición haciendo clic en Composición>Ajustes de la composición. Como puede observar, se trata de una composición NTSC DV de 5 segundos de duración. Haga clic en **Cancelar** para cerrar el cuadro de diálogo Ajustes de la composición (véase la figura 8.3).

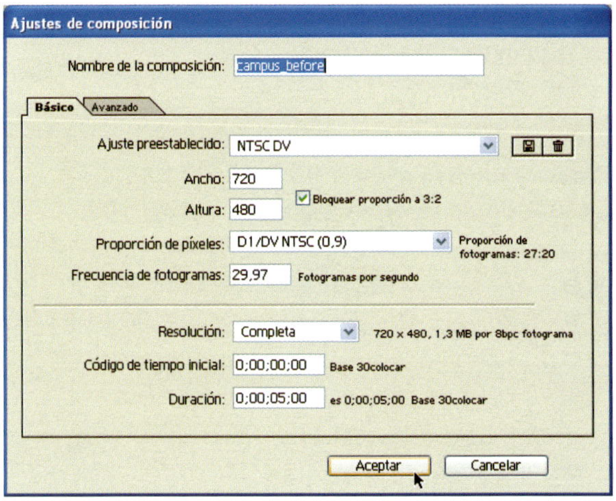

Figura 8.3.

3. Arrastre la composición campus_before a un área vacía del panel Proyecto para sacarla de la carpeta `Películas` (véase la figura 8.4).

4. Seleccione Archivo>Guardar para guardar los cambios.

AJUSTAR EL EQUILIBRIO DE COLOR

Y ahora ya estamos preparados para poner manos a la obra. Empezaremos por previsualizar el material de archivo original para ver qué hay que hacer.

1. Desplace manualmente el indicador de tiempo actual por la regla de tiempo para previsualizar la secuencia. Observe que la hierba, los arbustos y los árboles están tan oscuros y subexpuestos que casi parece que estén muertos. Pero podemos devolverlos a la vida aumentando sus valores de saturación y brillo. Empecemos con la hierba.

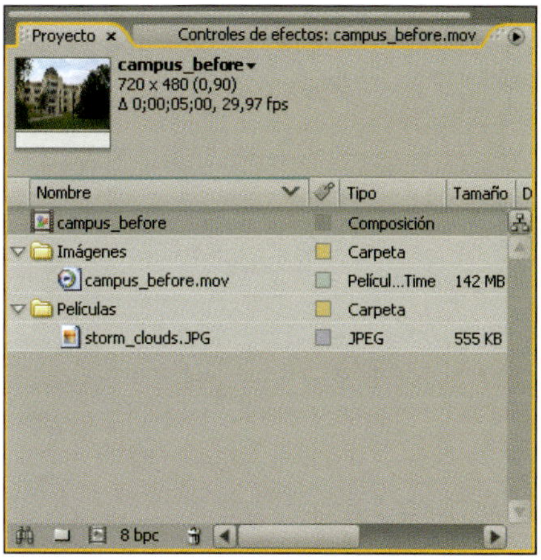

Figura 8.4.

Visualizar After Effects en un monitor de vídeo

LO MÁS RECOMENDABLE ES REALIZAR, SIEMPRE QUE SEA POSIBLE, LAS OPERACIONES DE CORRECCIÓN DE COLOR EN MONITORES DE VÍDEO EN VEZ DE EN PANTALLAS DE ORDENADOR, PORQUE A VECES, LAS DIFERENCIAS DE GAMMA ENTRE UNOS Y OTROS SON REALMENTE EXAGERADAS. LO QUE A PRIMERA VISTA PARECE CORRECTO EN UNA PANTALLA DE ORDENADOR, PUEDE VERSE DEMASIADO BRILLANTE O DESCOLORIDO EN UN MONITOR DE TRANSMISIÓN MEDIANTE CONEXIÓN AL PUERTO IEEE 1394 (FIREWIRE) DEL ORDENADOR. UNA FORMA DE HACERLO ES USANDO UNA GRABADORA DE CINTAS DE VÍDEO QUE ACEPTE FIREWIRE A FIN DE CREAR UN BUCLE DE LA SEÑAL PROCEDENTE DEL ORDENADOR CONECTANDO UN CABLE ENTRE EL MONITOR DE VÍDEO Y LA SALIDA MONITOR/VÍDEO DE LA GRABADORA.

1. CON EL MONITOR DE VÍDEO CONECTADO AL ORDENADOR, INICIE AFTER EFFECTS 7.0.
2. SELECCIONE Editar>Preferencias>Vista previa del vídeo, Y HAGA CLIC EN LA OPCIÓN IEEE 1394 (cumple con OHCI) DEL MENÚ EMERGENTE Dispositivo de salida.
3. EN CUANTO AL Modo de salida, SELECCIONE EL FORMATO ADECUADO DE SU SISTEMA, QUE EN EL CASO DE NORTEAMÉRICA ES NTSC Y EN EUROPA ES PAL.
4. PARA VISUALIZAR NUESTRA COMPOSICIÓN, COMPRUEBE LAS CASILLAS Vistas previas, Reflejar en el monitor del equipo, Interacciones Y Procesadores. SI SELECCIONA TODAS ESTAS OPCIONES, PODRÁ VER EN EL MONITOR DE VÍDEO TODOS Y CADA UNO DE LOS CAMBIOS Y ACTUALIZACIONES QUE HAGA A LA COMPOSICIÓN (VÉASE LA FIGURA 8.5).
5. HAGA CLIC EN **ACEPTAR** PARA CERRAR EL CUADRO DE DIÁLOGO Preferencias.

UNA COSA IMPORTANTE A TENER EN CUENTA ES QUE EL MONITOR DE VÍDEO O DE ORDENADOR DEBE ESTAR SIEMPRE CORRECTAMENTE CALIBRADO ANTES DE REALIZAR OPERACIONES DE CORRECCIÓN DE COLOR. SI DESEA SABER CÓMO SE CALIBRA UN MONITOR DE ORDENADOR, CONSULTE LA AYUDA DE AFTER EFFECTS.

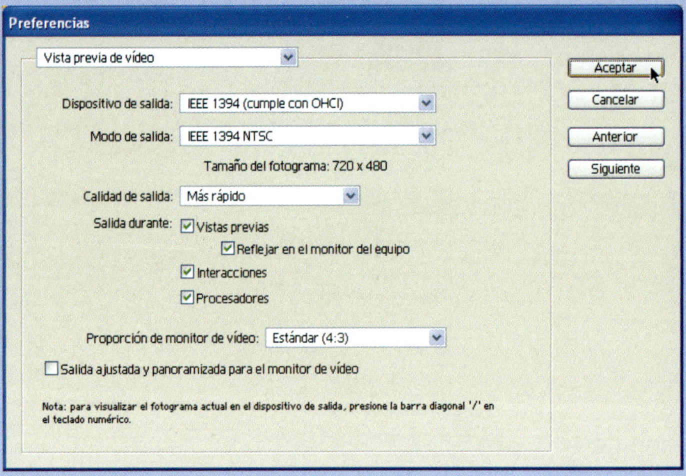

Figura 8.5.

Aplicar una máscara a la hierba

En primer lugar, aislaremos la hierba para no aumentar el brillo de toda la imagen y no reventar otras zonas bien expuestas, como por ejemplo el cielo.

1. Pulse la tecla **Inicio** para restaurar el indicador de tiempo actual.

2. Seleccione la capa campus_before.mov en el panel Línea de tiempo.

3. Póngale un nombre nuevo pulsando la tecla **Intro** (Windows) o **Retorno** (Mac OS) y escribiendo **Hierba**. Pulse **Intro** o **Retorno** para aceptarlo (véase la figura 8.6).

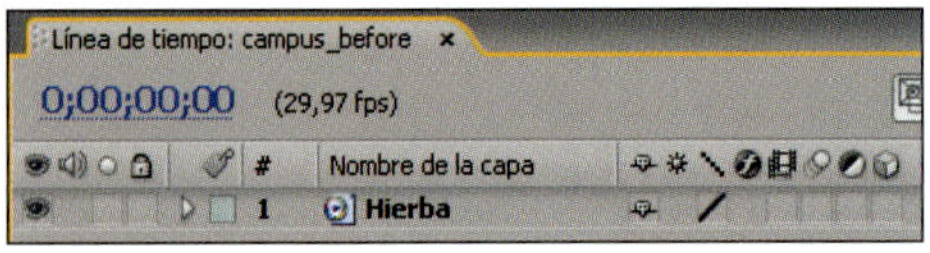

Figura 8.6.

Como vimos en un capítulo anterior, un truco eficaz consiste en cambiar el color de fondo de la capa cuando hay que crear o editar máscaras.

4. Seleccione Composición>Color de fondo y seleccione el color que más le guste. En nuestro caso, hemos elegido el rojo (RGB=255, 0, 0). Haga clic en **Aceptar** para cerrar el cuadro de diálogo Color de fondo (véase la figura 8.7).

Figura 8.7.

TRUCO: TAMBIÉN PUEDE HACER CLIC EN EL BOTÓN **CONMUTAR CUADRÍCULA DE TRANSPARENCIA** PARA VER LAS ÁREAS TRANSPARENTES DE LA COMPOSICIÓN.

El siguiente paso es aislar la hierba de esta capa creando una máscara con la herramienta **Pluma**.

5. Haga clic en la herramienta **Pluma**, aísle el área triangular de la hierba que está entre el camino pavimentado y el edificio: fije los tres vértices y, al final, haga clic en el primero para cerrar la máscara.

NOTA: SI NECESITA REPASAR EL USO DE LA HERRAMIENTA **PLUMA** PARA CREAR MÁSCARAS, CONSULTE EL CAPÍTULO CORRESPONDIENTE DE ESTE LIBRO (VÉASE LA FIGURA 8.8).

Figura 8.8.

Al cerrar la máscara, el resto de la imagen desaparece, pero no es eso lo que queremos, pues la intención es que todo forme parte de la escena. Para revelar todo, una posibilidad sería cambiar el modo de máscara de Agregar, pero entonces habría que hacer lo mismo en todas las máscaras que creáramos en esta capa, lo cual sería un fastidio, pues son varias las que necesitamos en este ejercicio para aislar otras zonas de hierba.

La mejor alternativa, pues, es agregar una capa de referencia.

6. Desplace otro ejemplo de la película `campus_before.mov` desde el panel Proyecto al panel Línea de tiempo y suéltela debajo de la capa Hierba.

7. Póngale de nombre **Fondo** (véase la figura 8.9).

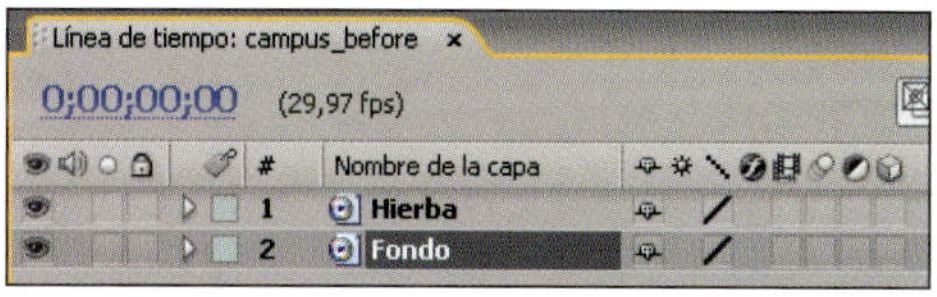

Figura 8.9.

8. Vuelva a seleccionar la capa Hierba en el panel Línea de tiempo y siga usando la herramienta **Pluma** para enmascarar todas las zonas de hierba de la imagen (véase la figura 8.10).

Figura 8.10.

Si bien es posible usar todas las máscaras que queramos, en nuestro caso concreto tres serían suficientes. Si quiere, puede hacer clic en la herramienta **Pluma** en una zona vacía del panel Composición para estar seguro de que selecciona toda la porción de hierba del extremo inferior hasta el borde de la imagen.

9. Con la capa Hierba seleccionada en el panel Línea de tiempo, pulse la tecla **F** para ver la propiedad Calado de máscara de cada una de las máscaras de la capa (véase la figura 8.11).

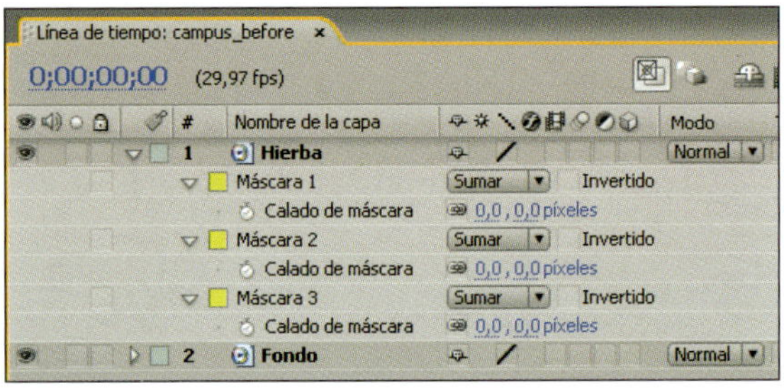

Figura 8.11.

10. Aumente el valor Calado de máscara a **10,0** y **10,0** píxeles en las tres máscaras de la capa Hierba, a fin de suavizar los bordes y evitar la presencia de motas evidentes al aplicar el efecto Equilibrio de color en el próximo ejercicio (véase la figura 8.12).

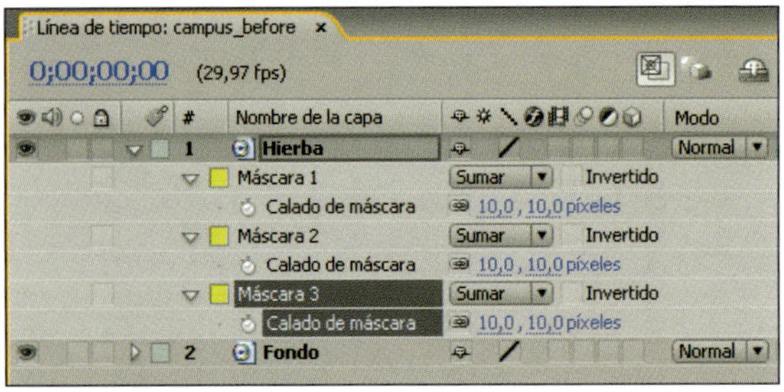

Figura 8.12.

Aumentar el brillo de la hierba

Como ya hemos comentado, es necesario aclarar la hierba o, en otras palabras, aumentar su luz, porque está demasiado oscura, y eso es lo que vamos a hacer ahora aplicando un efecto llamado Equilibrio de color. El efecto Equilibrio de color permite intensificar o reducir la saturación de uno de los canales, ya sea el rojo, el verde o el azul, en función de tres rangos de luz distintos (llamados difuminar, medios tonos e iluminar). En este caso, en vez de afectar a todos los colores de la toma, nos concentraremos exclusivamente en los verdes.

1. Con la capa Hierba seleccionada en el panel Línea de tiempo, haga clic en Efecto>Corrección de color>Equilibrio de color.

2. En el panel Controles de efectos, aumente el valor Iluminar equilibrio de verdes a **50,0**. Observe cómo se iluminan considerablemente las áreas verdes enmascaradas de la imagen (véase la figura 8.13).

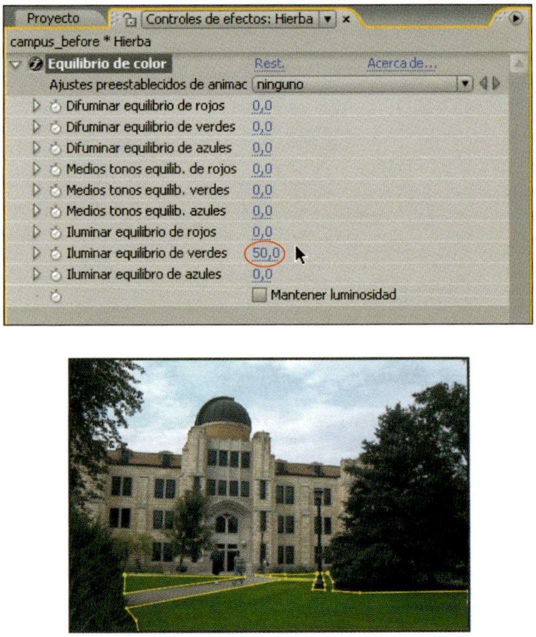

Figura 8.13.

3. A menos que quiera que la hierba presente ese tono azulado, disminuya el valor Iluminar equilibrio de azules a **-30,0**.

4. Marque la casilla Mantener luminosidad para conservar el brillo general de la imagen. Esta operación contribuye a mantener el equilibrio tonal general y a evitar que los colores se descontrolen demasiado. En otras palabras, lo que hace es evitar que todo se tiña de un verde artificial y procurar que las sombras de la imagen guarden un aspecto coherente (véase la figura 8.14).

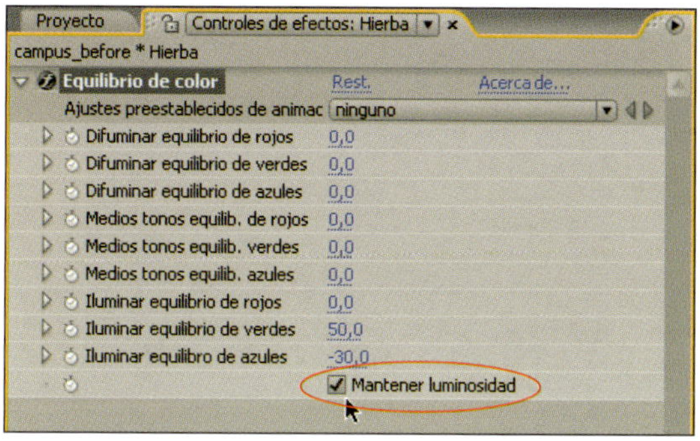

Figura 8.14.

5. Seleccione la capa Hierba en el panel Línea de tiempo y pulse **U** para ocultar sus propiedades y dejar el panel Línea de tiempo libre.

6. Seleccione Archivo>Guardar para guardar los cambios.

SUSTITUIR UN ELEMENTO DE LA IMAGEN

Ha llegado el momento de tomar carrerilla y aplicar algunos toques radicales a las nubes del cielo.

1. Pulse la tecla **Inicio** para restaurar el indicador de tiempo actual.

2. Haga clic en el panel Proyecto para traerlo hacia adelante. Luego, arrastre otro ejemplo de la película `campus_before.mov` desde él hasta el panel Línea de tiempo y suéltelo encima de las demás capas.

3. Cámbiele el nombre por el de **Cielo** (véase la figura 8.15).

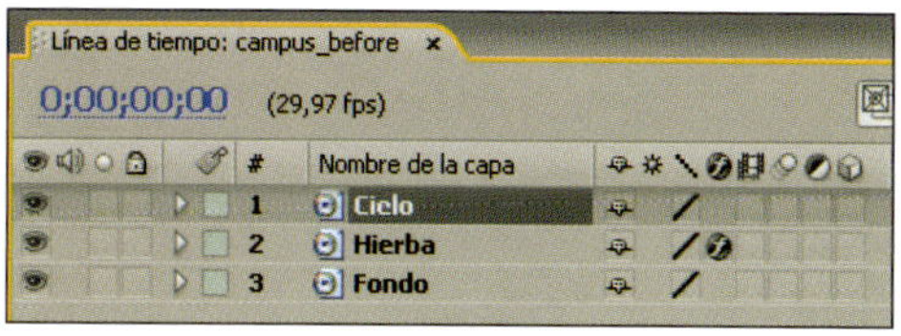

Figura 8.15.

Añadir nubes

Ahora, añadiremos nubes a la escena.

1. Arrastre el archivo `storm_clouds.JPG` desde el panel Proyecto al panel Línea de tiempo y sitúelo entre las capas Cielo y Hierba.

2. Anule la visibilidad de la capa Cielo haciendo clic en el icono **Vídeo** para ver bien toda la capa storm clouds.JPG. Para empezar, tenemos que escalar y resituar las nubes para adaptarlas al cielo de la imagen (véase la figura 8.16).

3. Con la capa storm_clouds.JPG seleccionada en el panel Línea de tiempo, pulse la tecla **S** para ver la propiedad Escala.

4. Disminuya los valores de escala a **60,0** y **60,0%** (véase la figura 8.17).

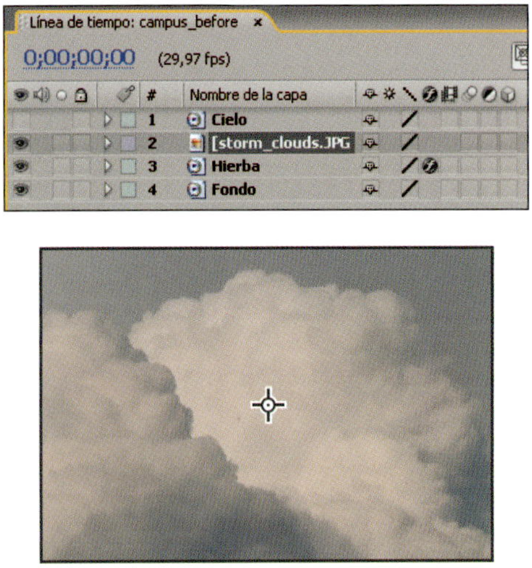

Figura 8.16.

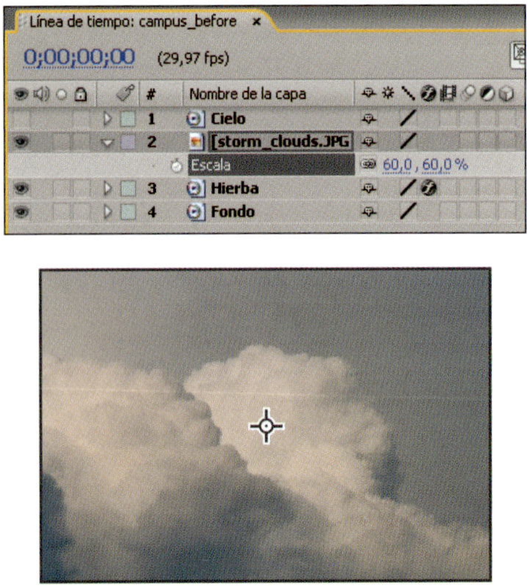

Figura 8.17.

TRUCO: SI ESCRIBE DIRECTAMENTE LOS VALORES CON EL TECLADO, PUEDE PULSAR LA TECLA **TAB** PARA SALTAR DE UN CAMPO A OTRO.

5. Compruebe que la capa storm_clouds.JPG siga seleccionada en el panel Línea de tiempo y pulse la tecla **P** para ver la propiedad Posición.

6. Cambie los valores de posición a **425,0** y **150,0** (véase la figura 8.18).

Figura 8.18.

7. Con la capa storm_clouds.JPG aún seleccionada en el panel Línea de tiempo, pulse **U** para ocultar sus propiedades.

Corrección del color de las nubes

Aunque las nubes de tormenta son bastante realistas, el contraste de la imagen sigue siendo bastante limitado y siguen estando demasiado oscuras y planas.

1. Con la capa storm_clouds.JPG seleccionada en el panel Línea de tiempo, seleccione Efecto>Corrección de color>Niveles automáticos (véase la figura 8.19).

El efecto Niveles automáticos ajusta automáticamente las luces y las sombras, y lo hace definiendo los píxeles más claros y más oscuros de cada canal de color como blancos y negros, respectivamente, y redistribuyendo los píxeles intermedios proporcionalmente. Dado que el efecto se aplica de forma independiente en cada canal, corremos el riesgo de eliminar o introducir un color dominante que antes no existía. En nuestro caso, por ejemplo, al aplicar los valores predeterminados, el efecto Niveles automáticos ha introducido un azul dominante que resalta las nubes en el cielo.

Figura 8.19.

Enmascarar el cielo

A continuación, vamos a descartar el cielo original para que se vean bien las nubes de tormenta. Hay varias formas de hacer esto. Una es trazar una máscara exacta que oculte las zonas que no queremos que aparezcan, y la otra es usar un mate de seguimiento. En nuestro ejercicio, haremos lo segundo.

1. Seleccione Columnas>Modos en el menú del panel Línea de tiempo.

2. Cambie el menú emergente TrkMat de la capa storm_clouds.JPG a Mate Luma "Cielo".

Esta operación elimina la parte brillante del cielo y crea un hueco para que asomen las nubes de tormenta que están debajo (véase la figura 8.20).

Limpiar la máscara

El mate de seguimiento Luma ha hecho un buen trabajo, pero aún queda huecos en las partes más brillantes de la capa, como son las ventanas del edificio. La mejor forma de solucionar estos pequeños errores es convertir la capa Cielo en una imagen en blanco y negro de alto contraste. ¿Y cuál es el efecto o efectos que consiguen hacer esto? En primer lugar, usaremos el llamado efecto Tono/Saturación y luego, el efecto Brillo y Contraste.

1. Active temporalmente la visibilidad de la capa Cielo haciendo clic en el icono **Vídeo** en el panel Línea de tiempo.

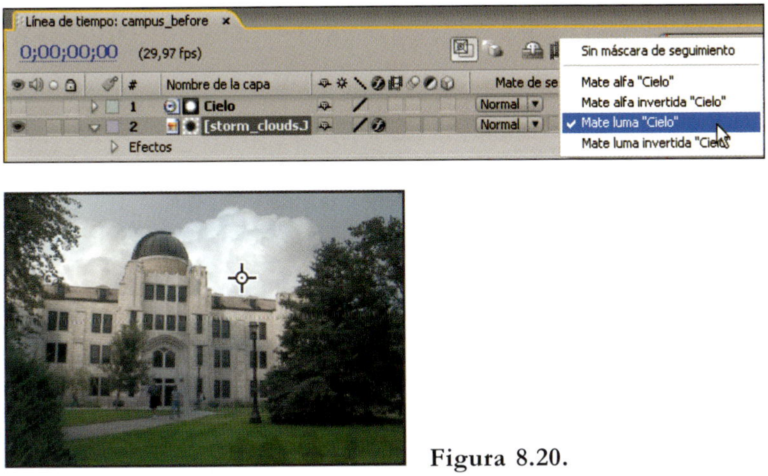

Figura 8.20.

2. Seleccione la capa Cielo en el panel Línea de tiempo y seleccione Efecto>Corrección de color>Tono/Saturación (véase la figura 8.21).

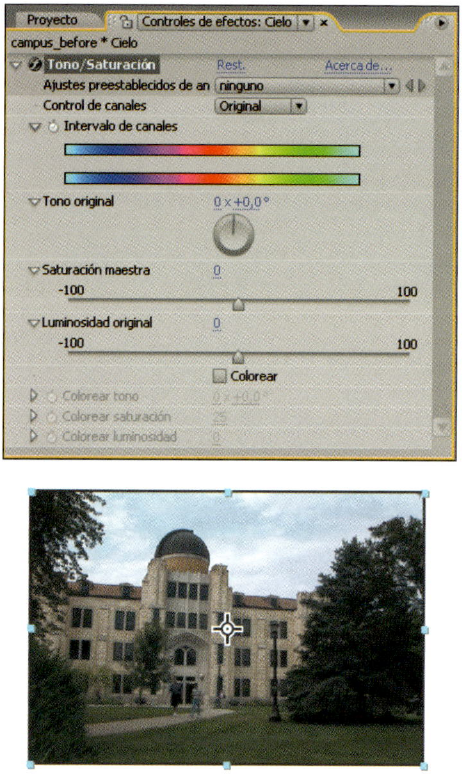

Figura 8.21.

3. En el panel Controles de efectos, disminuya el valor Saturación maestra a **-100** y el de Luminosidad original a **–10** (véase la figura 8.22).

4. Seleccione Efecto>Corrección de color> Brillo y Contraste.

5. Oculte las propiedades del efecto Tono/ Saturación en el panel Controles de efectos para ver bien las del efecto Brillo y Contraste.

6. Reduzca el valor de brillo a **-52,0** y aumente el valor de contraste a **100,0**.

Mucho mejor. Pero aún hay algunos píxeles fastidiosos que siguen danzando alrededor del marco blanco de la puerta del edificio, los cuales corregiremos aplicando una máscara simple (véase la figura 8.23).

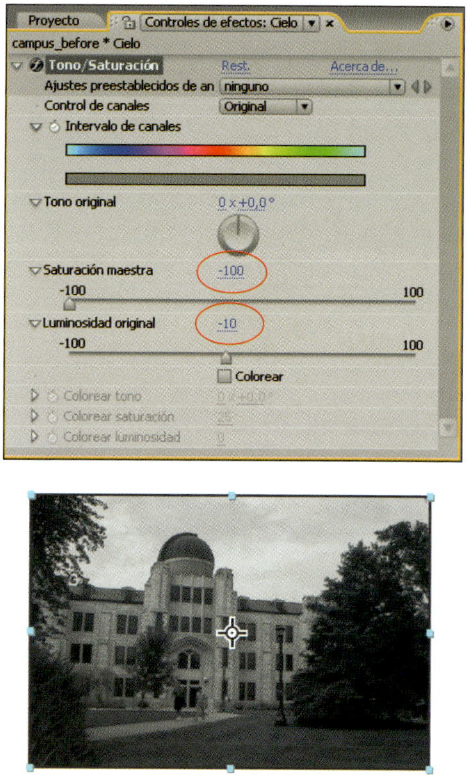

Figura 8.22.

7. Con la capa Cielo aún seleccionada en el panel Línea de tiempo, use la herramienta **Máscara rectangular** para trazar una selección alrededor de los dos píxeles blancos más visibles del edificio, más o menos en el centro del panel Composición (véase la figura 8.24).

Al arrastrar la herramienta **Máscara rectangular**, aparece, en la zona exterior al área seleccionada, la imagen a todo color. Esto se debe a que el modo de máscara por defecto es Agregar, cuya función es conservar intacta la información dentro de la máscara y eliminar (o enmascarar) el

Correcciones de color

resto. Como aún está visible la capa Fondo, ésa es la capa que vemos. Para que todo lo que queda fuera de la máscara esté visible y desaparezca la zona englobada por la máscara, hay que invertir la selección.

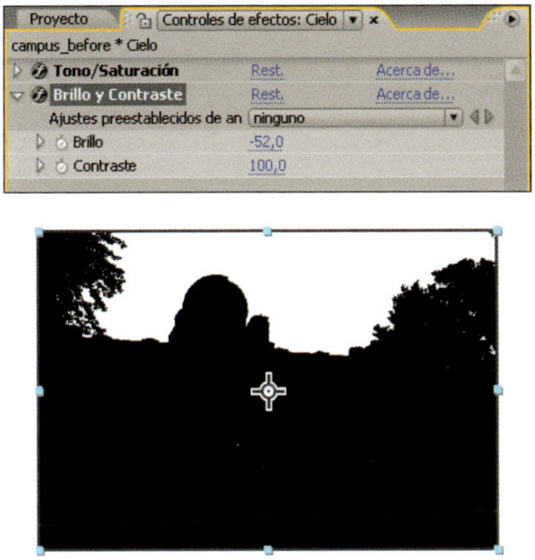

Figura 8.23.

Figura 8.24.

8. Seleccione la capa Cielo en el panel Línea de tiempo, pulse la tecla **M** para ver la propiedad Máscara 1 y marque la casilla Invertido para invertir la máscara (véase la figura 8.25).

9. Ahora, anule la visibilidad de la capa Cielo haciendo clic en el icono **Vídeo**, haga clic en la herramienta de **Selección** y clic en el área vacía del panel Composición (véase la figura 8.26).

Figura 8.25.

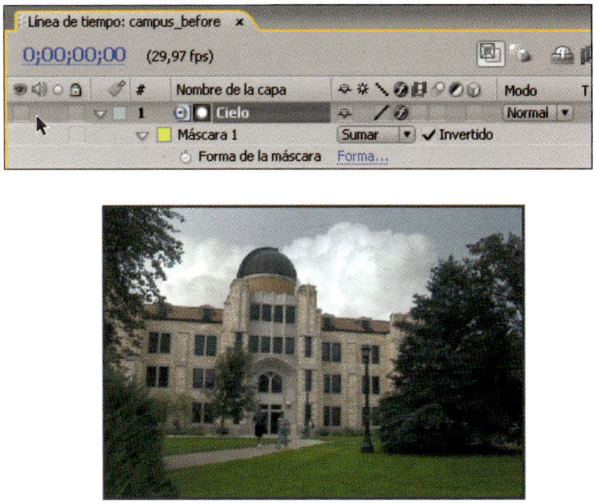

Figura 8.26.

Tachán. Qué fácil, ¿verdad? Mucho más fácil que dibujar a mano una máscara alrededor del edificio y los árboles.

10. Seleccione la capa Cielo en el panel Línea de tiempo y pulse **U** para ocultar sus propiedades. Luego, haga clic en un área vacía del panel Línea de tiempo para anular la selección de todas las capas y seleccione Archivo>Guardar para guardar los cambios.

ILUMINAR OTRAS ZONAS OSCURAS

La imagen está cada vez mejor, pero si bien es muy probable que sus vecinos alaben el trabajo que ha hecho con el césped, el arbusto que está en primer plano y el árbol grande de hoja perenne todavía están oscuros y subexpuestos. Vamos a arreglarlo.

Enmascarar el arbusto y el árbol

Igual que hicimos con la hierba, primero aislaremos el arbusto y el árbol, y luego corregiremos el color.

1. Pulse la tecla **Inicio** para restaurar el indicador de tiempo actual.

2. Haga clic en el panel Proyecto para traerlo a primer plano, arrastre otro ejemplo de la película `campus_before.mov` desde él hasta el panel Línea de tiempo y sitúelo encima de las demás capas.

3. Llame a esta nueva capa **Árbol y arbusto** (véase la figura 8.27).

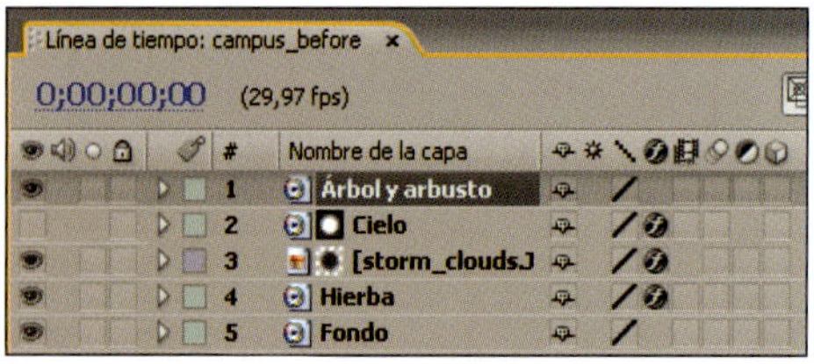

Figura 8.27.

4. Con la herramienta **Pluma**, aísle el arbusto que está en primer plano a la izquierda de la imagen y el árbol que está en la esquina de la derecha (véase la figura 8.28).

5. Con la capa Árbol y arbusto seleccionada en el panel Línea de tiempo, pulse la tecla **F** para ver la propiedad Calado de máscara de las dos máscaras de la capa.

Figura 8.28.

6. Aumente el valor de Calado de máscara de cada máscara a **10,0** y **10,0** píxeles (véase la figura 8.29).

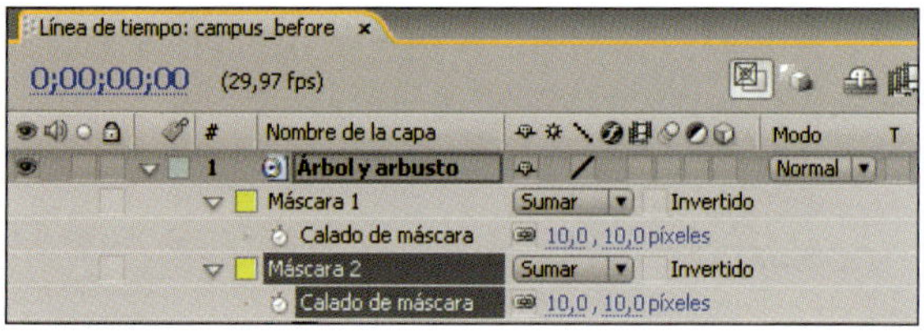

Figura 8.29.

7. Seleccione la capa Árbol y arbusto en el panel Línea de tiempo y pulse **U** para ocultar las propiedades.

Eliminar motas del cielo y copiar efectos

De nuevo, el cielo representa el elemento más problemático a la hora de corregir el color de esta toma. Como lo que queremos es eliminar completamente el cielo original, lo que hay que hacer es enmascararlo desde detrás del árbol. Además, hay que iluminar tanto el árbol como el arbusto, pero en vez de hacerlo todo de nuevo, aceleraremos el proceso copiando efectos entre capas y aplicando luego el mate de seguimiento.

1. Seleccione la capa Árbol y arbusto en el panel Línea de tiempo, pulse **Control-D** para duplicarla y cámbiele el nombre **Árbol y arbusto 2** por el de **Mate de árbol** (véase la figura 8.30).

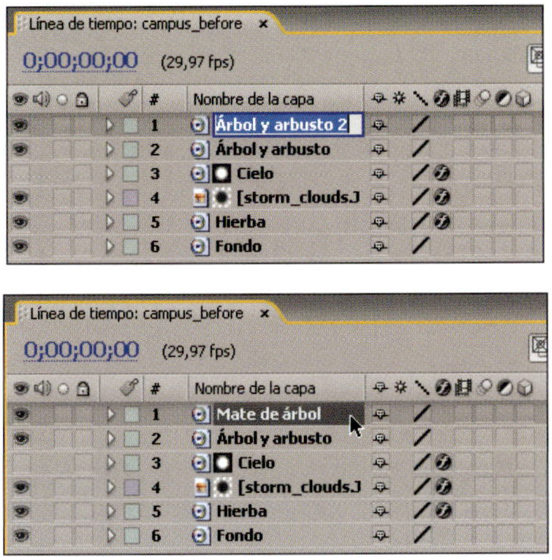

Figura 8.30.

La primera decisión acertada para poder iluminar el árbol y el arbusto pasa por aplicarles los mismos efectos Tono/Saturación y Brillo y Contrastes que aplicamos a la capa Cielo.

2. Seleccione la capa Cielo en el panel Línea de tiempo y pulse la tecla **E** para ver las propiedades Tono/Saturación y Brillo y Contraste.

3. Haga **Mayús**-clic para seleccionar ambos efectos y luego haga clic en Editar>Copiar o pulse **Control-C** (Windows) o **Comando-C** (Mac OS).

4. Seleccione la capa Mate de árbol en el panel Línea de tiempo y haga clic en Editar>Pegar o pulse **Control-V** (Windows) o **Comando-V** (Mac OS) (véase la figura 8.31).

Figura 8.31.

Y ahora que ya están copiados los efectos, vamos a crear el mate.

5. Seleccione la capa Árbol y arbusto en el panel Línea de tiempo y haga clic en TrkMat> Mate luma invertida "Mate de árbol" (véase la figura 8.32).

Figura 8.32.

Excelente. Ya solo queda corregir el color de la capa Árbol y arbusto.

6. Oculte las propiedades de la capa Cielo en el panel Línea de tiempo y seleccione Archivo> Guardar para guardar los cambios.

CORREGIR UN RANGO DE COLORES

Si bien hemos conseguido aislar el árbol y el arbusto, solo con aplicar un efecto niveles asomarían rápidamente los bordes de la máscara. Por eso, lo que necesitamos es un método que nos permita seleccionar un rango específico de colores y corregir justo dicha área como una especia de corrección de color secundaria. El método existe y se llama efecto Color Finesse de Synthetic Aperture, y es una aplicación externa que incorpora After Effects y que ofrece la capacidad de aislar rangos de colores y de ajustar solo los colores especificados.

ADVERTENCIA: EL SIGUIENTE EJERCICIO REQUIERE TENER INSTALADO EL ENTORNO DE CORRECCIÓN DE COLOR COLOR FINESSE DE SYNTHETIC APERTURE. LOS ARCHIVOS DE INSTALACIÓN ESTÁN EN EL DISCO DE INSTALACIÓN DE AFTER EFFECTS.

1. Con la capa Árbol y arbusto seleccionada en el panel Línea de tiempo, seleccione Efecto>Synthetic Aperture>SA Color Finesse.

2. En el área SA Color Finesse del panel Controles de efectos, haga clic en el botón **Setup** (véase la figura 8.33).

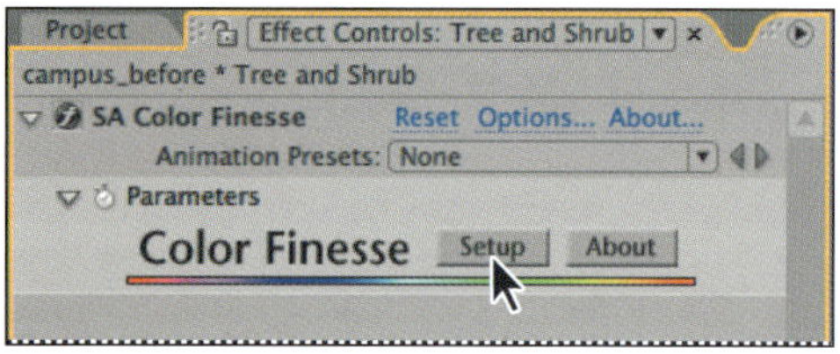

Figura 8.33.

SA Color Finesse se abre en una ventana flotante (véase la figura 8.34).

3. Marque la casilla de la ficha Secondary para activar la corrección de color secundaria y marque la casilla para abrir los controles de la corrección de color secundaria (véase la figura 8.35).

SA Color Finesse permite realizar hasta seis operaciones diferentes de corrección de color secundaria, pero aquí solo haremos una.

4. Marque la casilla de la ficha A para realizar la operación de corrección de color.

5. Con los cuatro cuentagotas Sample, haga cuatro selecciones de color en el árbol. Intente tomar muestras de varios tonos de verde y abarcar desde los más oscuros a los más claros, ampliando la vista, si ve que es necesario(véase la figura 8.36).

Figura 8.34.

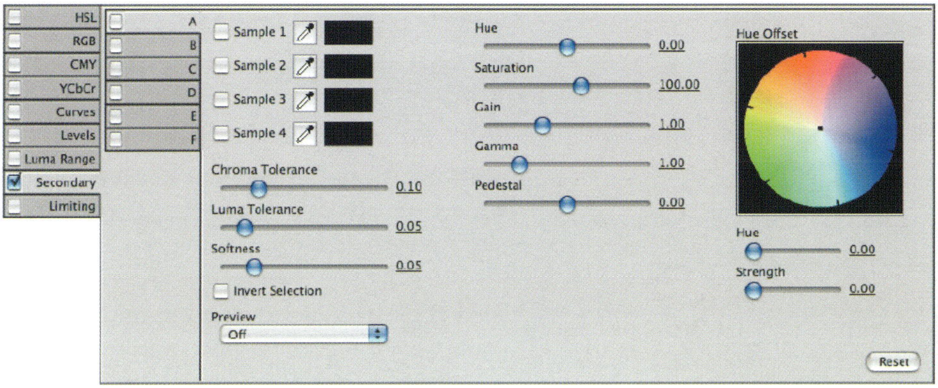

Figura 8.35.

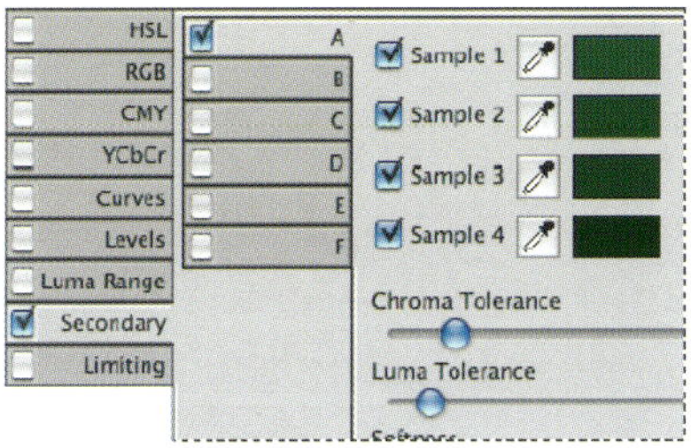

Figura 8.36.

Aunque las cuatro muestras no coincidan con el rango completo de contrastes del árbol, SA Color Finesse dispone de controles capaces de refinar la selección de color.

6. Todavía en la ficha A, seleccione Preview> Mask para ver las áreas seleccionadas y las áreas enmascaradas (sombreadas en rojo) (véase la figura 8.37).

7. Ajuste los reguladores de Chroma Tolerance, Luma Tolerance y Softness hasta que todo esté seleccionado excepto el árbol, el arbusto y la mayor parte de la hierba. No hay valores fijos aquí, ya que los ajustes dependerán en gran medida de los colores que se hayan tomado como muestra. De todos modos, la figura 8.38 muestra los valores que nosotros hemos utilizado y el aspecto que más o menos debería tener la imagen (véase la figura 8.38).

Figura 8.37.

8. Aumente el valor Gain a **1,33**.

9. Seleccione Preview>Off, haga clic en **OK** para aceptar la corrección y cerrar la ventana SA Color Finesse (véase la figura 8.39).

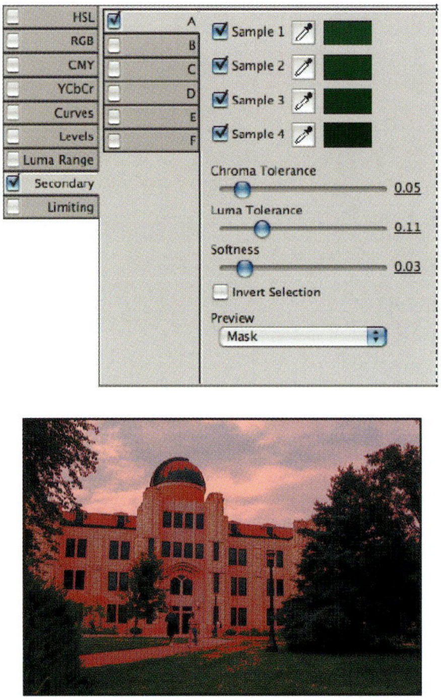

Figura 8.38.

Figura 8.39.

Gracias al ajuste Gain que acabamos de realizar, el árbol y el arbusto presentan un aspecto mucho más brillante en la imagen.

10. Seleccione Archivo>Guardar para guardar los cambios.

NOTA: SI DESEA SABER MÁS SOBRE SA COLOR FINESSE, LEA EL MANUAL QUE SE INCLUYE EN EL DISCO DE INSTALACIÓN DE AFTER EFFECTS.

AUMENTAR LA TEMPERATURA DEL COLOR CON EL EFECTO FILTRO DE FOTOS

Finalmente, vamos a elevar la temperatura del color del edificio para hacerlo más atractivo con el efecto Filtro de fotos.

El efecto Filtro de fotos imita la técnica de colocar un filtro de color sobre la lente de una cámara, para ajustar el equilibrio y la temperatura del color de la luz que se transmite a través de la lente y exponer después la película. Se puede seleccionar un ajuste predeterminado de color para aplicar un ajuste de tono a una imagen, o se puede especificar un color personalizado mediante el Selector de color o el cuentagotas.

1. Con la capa Fondo seleccionada en el panel Línea de tiempo, seleccione Efecto>Corrección de color>Filtro de fotos.

2. En el panel Controles de efectos, seleccione Filtro>Filtro cálido (81) (véase la figura 8.40).

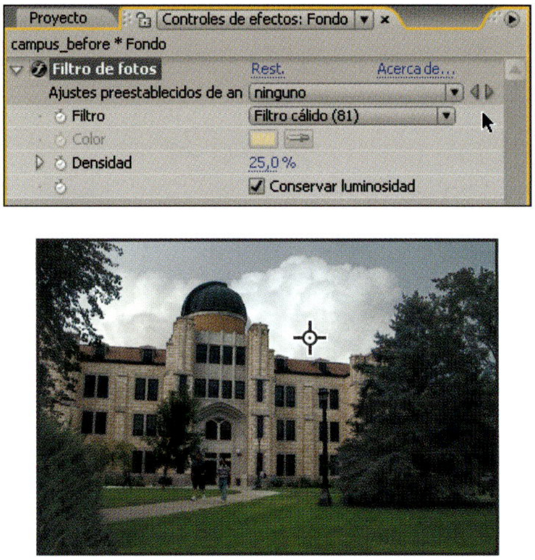

Figura 8.40.

Eso está mejor.

3. Seleccione Archivo>Guardar.

DESCARTAR ELEMENTOS INDESEADOS

El color presenta un aspecto magnífico, pero no crea que hemos terminado aún. El director quiere quitar de la escena al estudiante que viste la camisa y que camina de izquierda a derecha en el fondo de la imagen porque considera que distrae la atención del espectador. Así, usaremos la herramienta **Tampón de clonar** para borrar este elemento no deseado fotograma a fotograma, una operación que lejos de ser glamorosa, a veces no queda más remedio que hacer.

NOTA: EL SIGUIENTE EJERCICIO ES UNA BUENA PRÁCTICA, PERO A VECES CONSUME DEMASIADO TIEMPO, DE AHÍ QUE LO INCLUYAMOS COMO OPCIONAL.

1. Seleccione la herramienta **Tampón de clonar** en el panel Herramientas.

La herramienta **Tampón de clonar** toma muestras de los píxeles de la capa original y los aplica a la capa destino, la cual puede ser la misma capa u otra dentro de la misma composición.

Preparar el espacio de trabajo

Ahora, configuraremos el espacio de trabajo trayendo a primer plano los paneles que necesitamos para pintar.

1. Seleccione Ventana>Espacio de trabajo>Pintar para que After Effects abra por un lado el panel Capa, que es donde realizaremos todas las operaciones de pintura, y por otro, los paneles Pintar y Puntas del pincel.

2. Haga doble clic en la capa Fondo en el panel Línea de tiempo para abrirlo en el panel Capa, pues es la capa en la que vamos a pintar (véase la figura 8.41).

3. En el panel Puntas del pincel, seleccione un pincel circular difuso de 17 píxeles (véase la figura 8.42).

NOTA: A MEDIDA QUE VAYA UTILIZANDO EL TAMPÓN, ES PROBABLE QUE TENGA QUE AUMENTAR O REDUCIR EL TAMAÑO DEL PINCEL, PERO 17 PÍXELES ES UN BUEN PUNTO DE PARTIDA.

Pintar en el tiempo

Si está acostumbrado a trabajar en Photoshop, entonces el concepto de clonar no será nuevo para usted. Pero la novedad en After Effects es que aquí es posible clonar a lo largo del tiempo y no sólo en imágenes estáticas en 2D como ocurre en Photoshop.

1. Pulse la tecla **Inicio** para restaurar el indicador de tiempo actual.

2. Amplíe la vista del estudiante que camina en el fondo de izquierda a derecha de la imagen y vuelva a seleccionar la herramienta **Tampón de clonar**, si es necesario (véase la figura 8.43).

Por defecto, todas las operaciones de pintura y clonado permanecen constantes toda la duración de la composición, pero esto tiende a provocar problemas más tarde, y en nuestro caso, cuando el estudiante se mueva hacia dentro de la zona pintada. Por eso, lo mejor es cambiar la duración de la operación de clonado.

3. En el panel Pintar, seleccione Duración>Un fotograma para restringir el área clonada en pantalla a un solo fotograma (véase la figura 8.44).

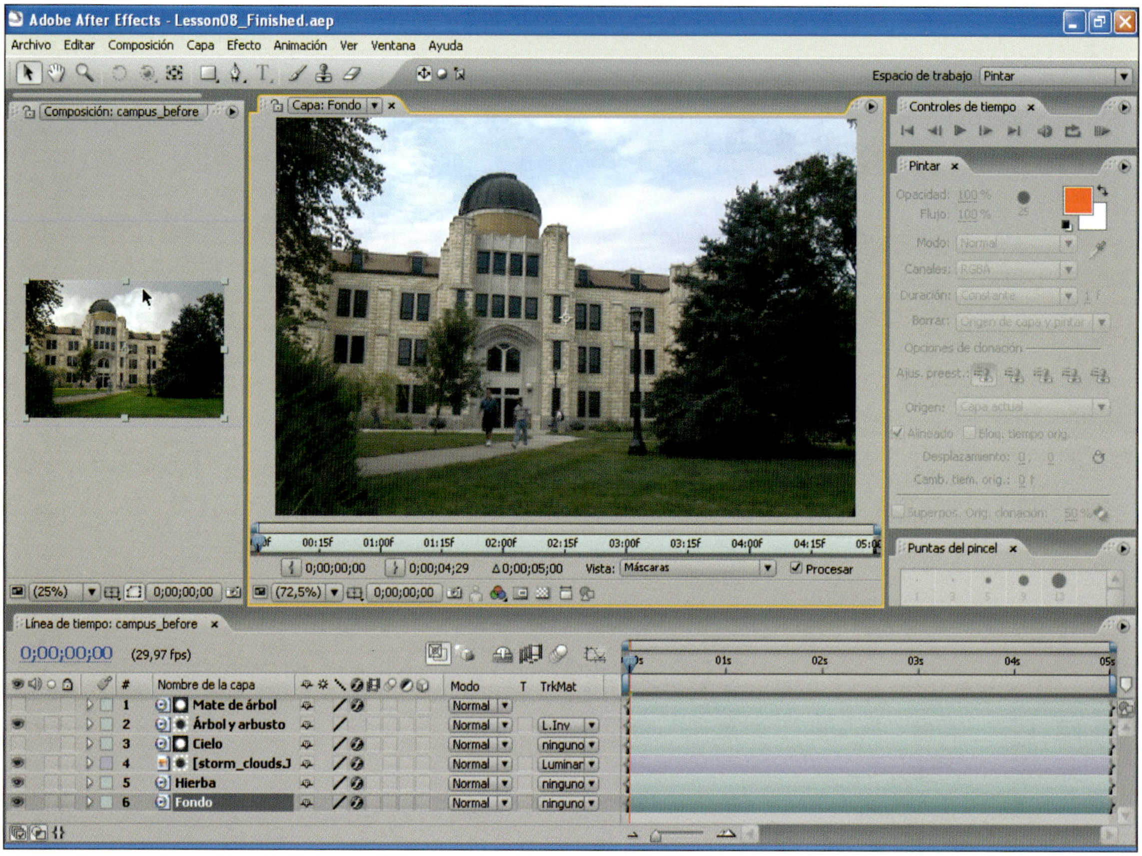

Figura 8.41.

Figura 8.42.

Figura 8.43.

Ahora, hay que indicar a la herramienta **Tampón de clonar** que debe tomar información desde un punto del tiempo que se encuentra en el futuro, es decir, un punto en el que los dos sujetos del fondo están fuera de la pantalla.

4. Cambie el valor Camb. tiem. orig. del panel Pintar a **30** fotogramas. Al hacerlo, gradualmente verá una especie de solapamiento fantasma de los fotogramas que estamos cambiando. Este

ajuste permite tomar una muestra de la capa desde un punto de tiempo distinto (véase la figura 8.45).

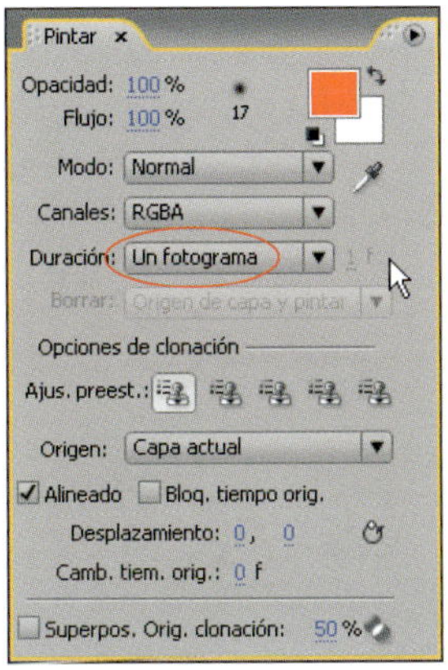

Figura 8.44.

Figura 8.45.

5. En el panel Capa, pinte el estudiante del fondo con la herramienta **Tampón de clonar**. La clave está en aplicar solo los trazos esenciales y que sean lo más pequeños posible. Compruebe que el área de clonado no sea demasiado grande o podría abarcar trazos del personaje de otro fotograma (véase la figura 8.46).

Figura 8.46.

TRUCO: SI BIEN ES CIERTO QUE SE PUEDE USAR EL RATÓN PARA PINTAR EN AFTER EFFECTS, HACERLO A VECES PUEDE RESULTAR BASTANTE ENGORROSO. SI TIENE QUE USAR HERRAMIENTAS DE PINTURA CON CIERTA ASIDUIDAD, LO MÁS RECOMENDABLE ES INVERTIR EN UNA TABLETA GRÁFICA.

Una vez que ha borrado el estudiante del primer fotograma, avance al siguiente y repita el mismo procedimiento.

6. Pulse la tecla **AvPág** para avanzar un fotograma.

TRUCO: USE **AVPÁG** PARA AVANZAR EN EL PANEL LÍNEA DE TIEMPO FOTOGRAMA POR FOTOGRAMA, Y **REPÁG** PARA RETROCEDER FOTOGRAMA A FOTOGRAMA. USE **MAYÚS-AVPÁG** O **MAYÚS-REPÁG** PARA MOVERSE HACIA DELANTE O HACIA ATRÁS 10 FOTOGRAMAS, RESPECTIVAMENTE.

7. Repita los pasos 5 y 6 para cada fotograma hasta el final de la secuencia. Dado que el estudiante camina acercándose a los dos hombres que están en primer plano (más o menos en el momento 2:15), habrá que reducir el tamaño del pincel y también cambiar el valor Camb. tiem. orig. hacia delante o hacia atrás a medida que avancemos. Por ejemplo, en el momento 2:00, cambie el Camb. tiem. orig. a **-54** a fin de encontrar una zona limpia para seguir clonando. En otros puntos de la regla de tiempo, tendrá que tomar una decisión sobre qué valor adjudicar, pero tenga en cuenta que la clave está en encontrar un fotograma en el que los sujetos en primer plano no interfieran con el área que está clonando.

Comprobar el trabajo

Cuando termine, vea una previsualización de RAM y compruebe que el estudiante no aparece y desaparece de la escena como si fuera un fantasma.

1. Haga clic en el botón **Previsualización de RAM** en el panel Controles de tiempo.

2. Si observa que aparece un brazo o una pierna en la secuencia, vaya al fotograma en cuestión y retoque esa zona. Para saber si ha eliminado totalmente el elemento, no debería quedar ningún rastro de él en ningún fotograma (véase la figura 8.47).

Figura 8.47.

3. Cuando termine, seleccione Archivo> Guardar para guardar el proyecto terminado.

Si desea procesar la composición ahora, avance al capítulo que trata el procesamiento para ver cómo se hace.

Felicidades. Ha hecho un trabajo realmente fantástico corrigiendo el color de esta composición. Y ha aprendido a borrar a pinceladas un elemento no deseado de una secuencia, que aunque es un trabajo tedioso, saber cómo se hace es vital para obtener los mejores resultados.

REPASO

Preguntas

1. ¿Por qué es necesario corregir el color de las tomas de vídeo?

2. ¿Qué hace el efecto Equilibrio de color y qué significa la opción Mantener luminosidad?

3. ¿Qué efecto podemos usar para elevar la temperatura de los colores de una imagen?

4. A fin de pintar un objeto en una escena y conservar intacto el fondo que tiene detrás, ¿qué ajuste hay que aplicar en el panel Pintar?

Respuestas

1. Corrección de color tiene como objetivo optimizar el material original a fin de centrar la atención del espectador sobre el elemento clave de la toma, corregir errores en el equilibrio de blanco y la exposición, garantizar la consistencia de color de una secuencia a otra o crear una paleta de colores para el aspecto visual concreto que busca el director.

2. El efecto Equilibrio de color permite aumentar o disminuir la saturación de uno de los canales de color, el rojo, el verde o el azul, en función de tres rangos de luz distintos (llamados difuminar, medios tonos e iluminar). Marcar la opción Mantener luminosidad contribuye a conservar el brillo general de la imagen y a mantener, por tanto, el equilibrio tonal general.

3. Puede usar el efecto Filtro de fotos para elevar la temperatura del color de una imagen. Este efecto imita la técnica de colocar un filtro de color sobre la lente de una cámara para ajustar el equilibrio y la temperatura del color de la luz que se transmite a través de la lente y exponer después la película. Seleccione un Filtro cálido en el panel Controles de efectos del efecto Filtro de fotos para dar calidez a los colores de una imagen.

4. El ajuste Camb. tiem. orig. especifica el número de segundos que transcurren entre la muestra y el trazo de clonado a la hora de borrar a pinceladas un objeto de una escena.

Capítulo 9

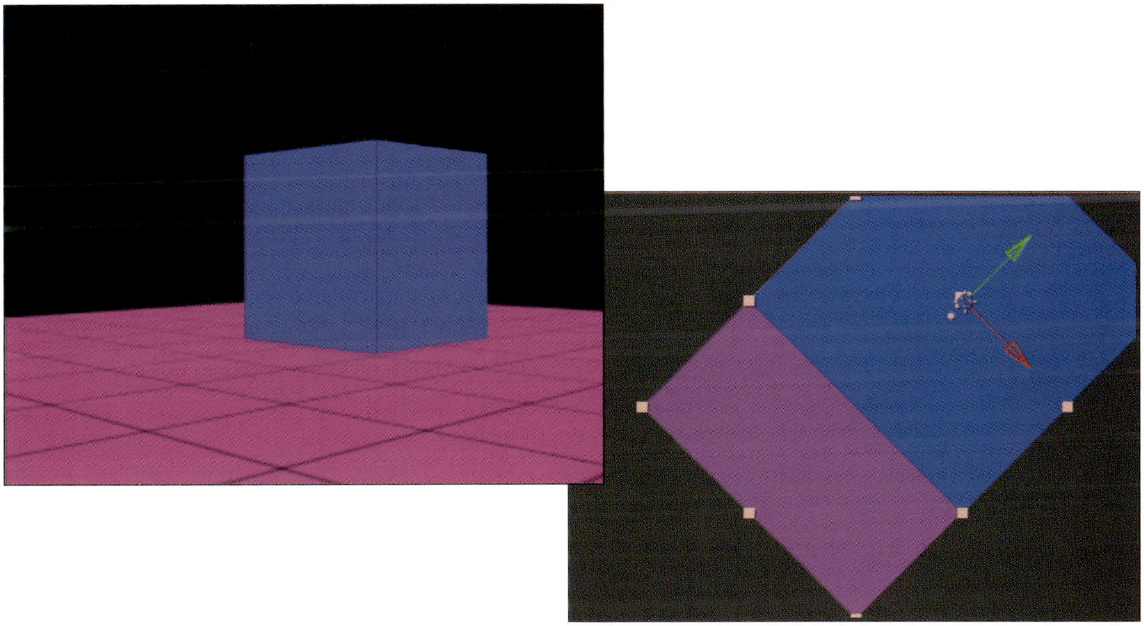

Con sólo hacer clic sobre un definidor en el panel Línea de tiempo de After Effects, se puede transformar una capa 2D en una capa 3D, y abrir una ventana a todo un mundo lleno de posibilidades.

Creación y animación de objetos en 3D

After Effects no solo trabaja con las capas en dos dimensiones (x, y), como hemos estado haciendo hasta ahora, sino también en tres dimensiones (x, y, z). Cuando asignamos a una capa la propiedad de ser tridimensional (3D), lo que hacemos es dar la orden a After Effects para que añada un tercer eje a fin de controlar la profundidad de la capa. Al combinar la profundidad con distintas formas de luces y de ángulos de cámara, conseguimos crear proyectos animados en 3D que aprovechan toda la gama de efectos naturales relacionados con el movimiento, la luz y las sombras, la perspectiva y el enfoque.

En este capítulo, crearemos una composición básica que nos va a permitir explorar los modos que existen de manipulación y animación de capas 3D básicas, y en el siguiente, perfeccionaremos la misma composición añadiéndole luces, efectos y otros elementos. El proyecto consiste en una animación Web para una empresa ficticia llamada Orange Dot, Inc.

La duración aproximada de este capítulo es de 1 hora y media.

PUNTO DE PARTIDA

Compruebe que los siguientes archivos se encuentran en la carpeta AE7_CIB>Lessons>Lesson09 de su disco duro. Si no es así, cópielos ahora desde el DVD que incluye este manual:

- En la carpeta denominada `Sample_Movie`: `Lesson09.mov`.

ADVERTENCIA: EN ESTE CAPÍTULO NO HAY CARPETA `Assets` DE RECURSOS YA QUE VAMOS A CREAR LA COMPOSICIÓN DE CERO EN AFTER EFFECTS.

Abra y reproduzca la película `Lesson09.mov` para ver el resultado de lo que vamos a crear en este capítulo. Cuando termine, cierre el reproductor de QuickTime y borre el archivo si anda justo de espacio en disco.

PREPARACIÓN DEL PROYECTO

Antes de empezar, restaure las preferencias predeterminadas de After Effects.

1. Pulse **Control-Alt-Mayús** durante el inicio de After Effects. En la ventana que le pregunta si está seguro de querer eliminar el archivo de preferencias, haga clic en **Aceptar**.

After Effects abre por defecto un proyecto vacío y sin título.

2. Seleccione Archivo>Guardar como.

3. En el cuadro de diálogo Guardar como, acceda a la carpeta AE7_CIB>Lessons>Lesson09>Finished_Project.

4. Asigne al proyecto el nombre **Lesson09_Finished.aep** y haga clic en **Guardar**.

Crear la composición

La animación que vamos a crear en este capítulo es para la página Web de la empresa ficticia Orange Dot, Inc., por lo que el primer paso es configurar la composición para que esté optimizada para Web.

1. Haga clic en el botón **Crear una nueva composición** en la parte inferior del panel Proyecto.

2. En el cuadro de diálogo Ajustes de composición, escriba el nombre **Orange_Dot** en Nombre de la composición, seleccione el

Ajuste preestablecido>Vídeo Web, 320 x 240, ajuste la Duración a **10:00** y haga clic en **Aceptar** (véase la figura 9.1).

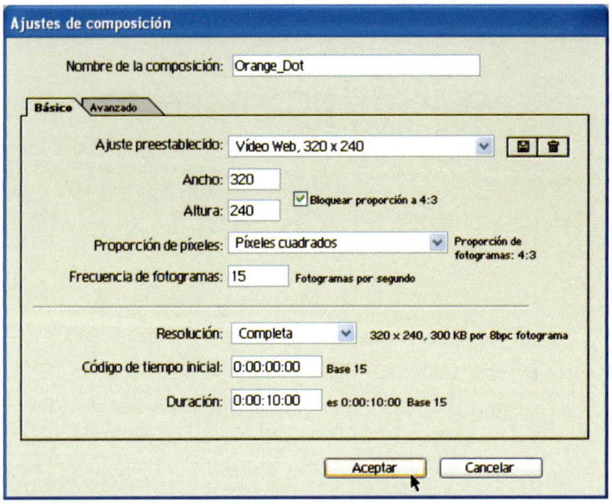

Figura 9.1.

ANIMAR UN CUADRADO EN EL ESPACIO 3D

Cuando empieza la animación, lo que vemos es un cuadrado azul que se aproxima en el espacio. A continuación, aparecen varios cuadrados más que se van uniendo al primero hasta formar un cubo. El primer paso es, por tanto, crear y animar el primer cuadrado azul.

Crear el cuadrado

Puesto que el destino del spot de Orange Dot es ser transmitido vía Web, debemos asignar al cuadrado un color seguro para la Web, a fin de que el aspecto de la animación sea consistente en el mayor número de sistemas posible.

1. Con el panel Composición o Línea de tiempo activo, seleccione Capa>Nuevo>Sólido.

2. En el cuadro de diálogo Ajustes de sólido, haga lo siguiente:

- Asigne a la capa el nombre **Cube Bottom**.
- Ajuste la altura a **320** píxeles.
- Haga clic en la muestra de color y en el cuadro de diálogo Selector de color, escriba el número **3333CC** en el campo #. Luego, haga clic en **Aceptar** para seleccionar el color y regresar al cuadro de diálogo Ajustes de sólido.
- Haga clic de nuevo en **Aceptar** (véase la figura 9.2).

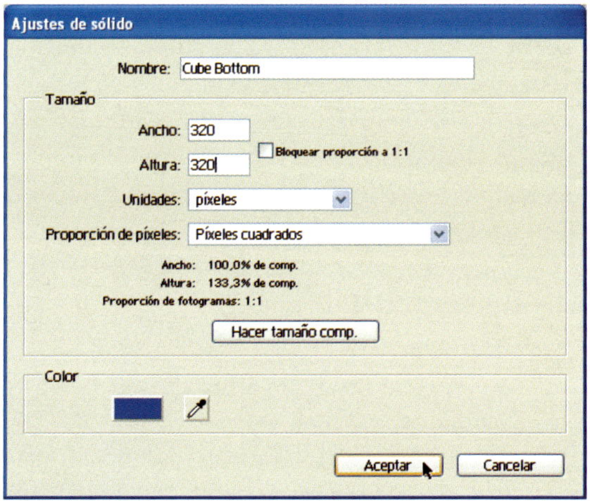

Figura 9.2.

Activar el definidor Capa 3D

En este momento, la capa es plana, es decir, sólo tiene dimensiones en los ejes x (anchura) e y (altura), los cuales pueden, por supuesto, modificarse. Pero para añadir una tercera dimensión a la capa, es decir, el eje z (profundidad), solo hay que hacer clic en el definidor **Capa 3D**.

1. En el panel Línea de tiempo, haga clic con el botón derecho del ratón (Windows) o **Control**-clic (Mac OS) en el nombre de la columna

Primario y seleccione la opción Ocultar. Haga lo mismo con el nombre de la columna # (número de capa). El objetivo de ocultar estas columnas es tener más espacio para trabajar en la regla de tiempo (véase la figura 9.3).

2. En el panel Línea de tiempo, haga **Control**-clic en el triangulito que está a la izquierda del nombre de la capa Cube Bottom para ver los valores de la propiedad Transformar (véase la figura 9.4).

3. Haga clic en la casilla más a la derecha de la columna Definidores/Modos correspondiente a la capa Cube Bottom para activar en ella el definidor **Capa 3D**. Inmediatamente, aparecen dentro del grupo Transformar tres propiedades de rotación en 3D, y además, las propiedades que antes solo incluían dos valores correspondientes a las dos dimensiones x e y, ahora incluyen un tercer valor correspondiente a la dimensión z. También aparece un tercer grupo de propiedades llamado Opciones de material (véase la figura 9.5).

NOTA: EL GRUPO DE PROPIEDADES Opciones de material PERMITEN ESPECIFICAR EL MODO DE INTERACCIÓN DE LA CAPA CON LA LUZ. LO VEREMOS EN EL SIGUIENTE CAPÍTULO CUANDO APLIQUEMOS EFECTOS EN 3D A LA COMPOSICIÓN QUE ESTAMOS CREANDO AQUÍ.

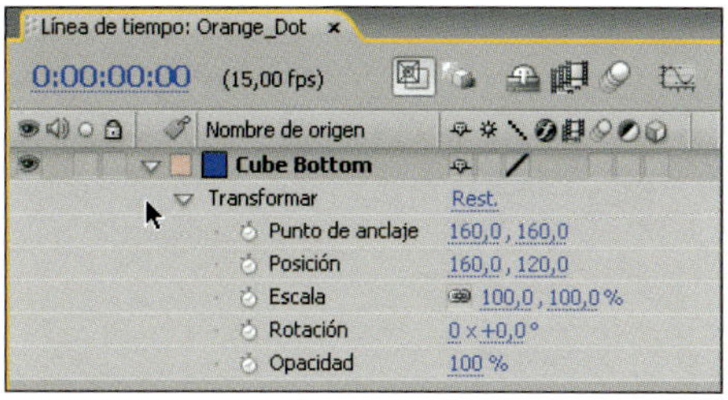

Figura 9.4.

Figura 9.5.

Animar el cuadrado en el espacio

Ahora, animaremos la posición de la capa en las tres dimensiones.

1. Con la capa Cube Bottom seleccionada en el panel Línea de tiempo, pulse la tecla **P** para ver sólo los valores de posición.

2. Pulse la tecla **Inicio** para restaurar el indicador de tiempo actual.

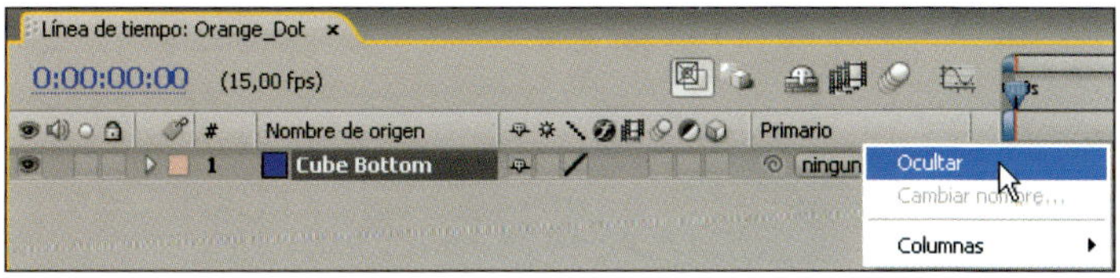

Figura 9.3.

3. Haga clic en el **Cronómetro de variación de tiempo** de la propiedad Posición para agregar un fotograma clave con los valores predeterminados, es decir, **160**, **120** y **0** (x, y y z, respectivamente) (véase la figura 9.6).

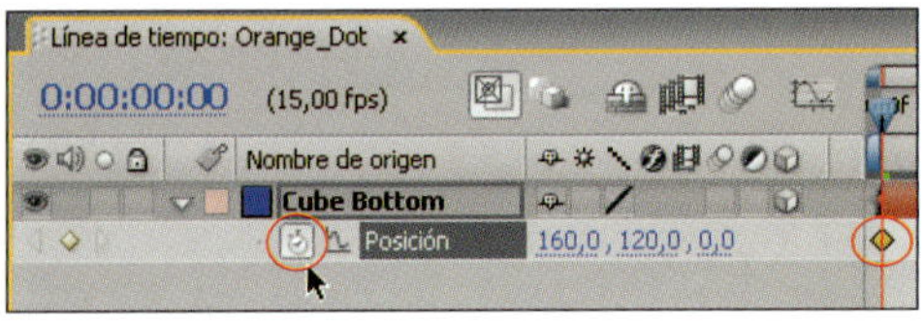

Figura 9.6.

4. Avance al momento 0:05.

5. Ajuste el valor de posición z (el primero por la derecha) a **1000,0** para que After Effects añada un fotograma clave y el cuadrado aparezca más pequeño en el panel Composición (véase la figura 9.7).

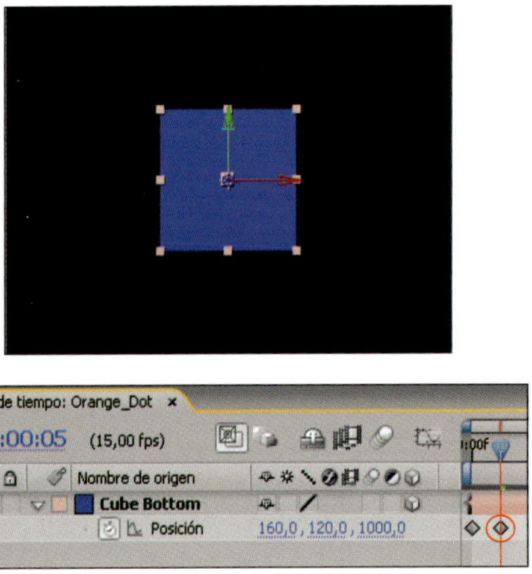

Figura 9.7.

6. Arrastre el marcador **Fin del entorno de trabajo** al momento 0:10 (véase la figura 9.8).

7. Pulse la **Barra espaciadora** para previsualizar los fotogramas del entorno de trabajo y ver cómo el cuadrado parece que va reduciéndose proporcionalmente de tamaño cuando en realidad lo que hace es alejarse en el espacio 3D (véase la figura 9.9).

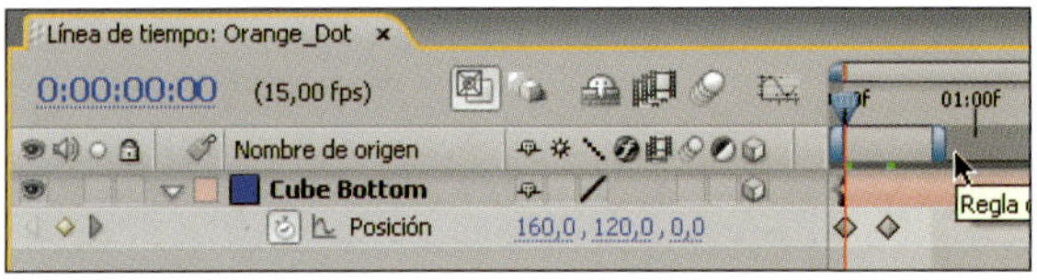

Figura 9.8.

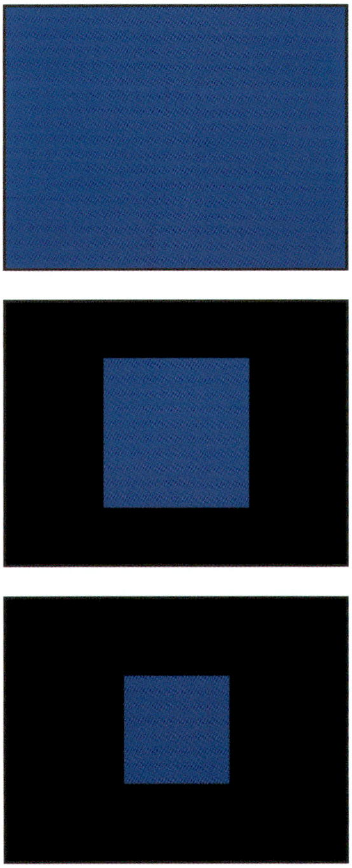

Figura 9.9.

8. Vuelva a pulsar la **Barra espaciadora** para detener la previsualización. Pulse la tecla **Inicio** para retroceder al principio de la regla de tiempo y seleccione Archivo>Guardar para guardar los cambios.

USO DE LAS VISTAS 3D

A veces, el aspecto de las capas 3D puede ser decepcionante, pues no es raro que parezcan reducirse de tamaño en los ejes x e y, por ejemplo, cuando en realidad lo que hacen es desplazarse a lo largo del eje z. La vista que aparece por defecto en el panel Composición no suele ser muy exacta, pero no es la única que hay. El menú emergente Seleccionar diseño de vista, que está en la parte inferior del panel Composición, permite dividir el panel en varias vistas distintas de un mismo fotograma para visualizar el trabajo desde distintos ángulos. Para pasar a la vista que queramos, solo tenemos que especificarla en este menú emergente Activación de la vista 3D.

1. Si la ventana de aplicación de After Effects no está maximizada para que ocupe toda la pantalla, haga clic en el botón **Maximizar** que está en la esquina superior derecha.

2. Con el cursor en el panel Composición, pulse la tecla **acento grave** (`) para que el panel ocupe toda la ventana de la aplicación ocultando todos los demás. (No pulse **Mayús** cuando pulse la tecla **acento grave**.)

3. En la parte inferior del panel Composición, haga clic en el menú emergente Seleccionar diseño de vista y seleccione 2 Vistas: Horizontal para que la parte izquierda del panel muestre la vista Superior del fotograma y la derecha la vista Cámara activa, que es la misma que estábamos viendo antes.

4. Haga clic en la parte izquierda del panel Composición para seleccionar la vista Superior y haga clic en la opción Izquierda del menú emergente Activación de la vista 3D, en la parte inferior del panel (véase la figura 9.10).

ADVERTENCIA: AFTER EFFECTS RESALTA LA VISTA QUE ESTÁ ACTIVA MARCANDO LAS ESQUINAS CON ANCLAS TRIANGULARES AMARILLAS.

5. Haga clic en la capa Cube Bottom (la vista que está en la parte derecha del panel Composición) y observe el eje 3D en colores que aparece sobre el punto de anclaje en ambas vistas: la flecha roja es el eje x, la verde el eje y, y la azul el eje z. En este momento, el eje z se encuentra justo en la intersección de los otros dos ejes. Observe, además, que cada vez que pasamos el cursor por encima de uno de los ejes, aparece la letra correspondiente a dicho eje. Si movemos o giramos la capa cuando el cursor está encima de un eje, limitamos el movimiento a dicho eje (véase la figura 9.11).

NOTA: ESTAS FLECHAS APARECIERON TAMBIÉN AL ACTIVAR LA PRIMERA VEZ EL DEFINIDOR **CAPA 3D**.

6. Con la capa Cube Bottom seleccionada, pulse la tecla **AvPág** varias veces para avanzar varios fotogramas y observe cómo aparece la nueva posición en ambas vistas. En la parte de la izquierda, el eje z se extiende desde el centro de la capa hacia la izquierda. (Reduzca la vista un momento para ver mejor, si lo necesita.) Al pulsar **AvPág**, verá cómo la forma se aleja en el espacio en vez de reducirse de tamaño, que es lo que parecía antes al visualizarla en 2D (véase la figura 9.12).

7. Pulse la tecla **acento grave** para regresar el entorno de trabajo estándar.

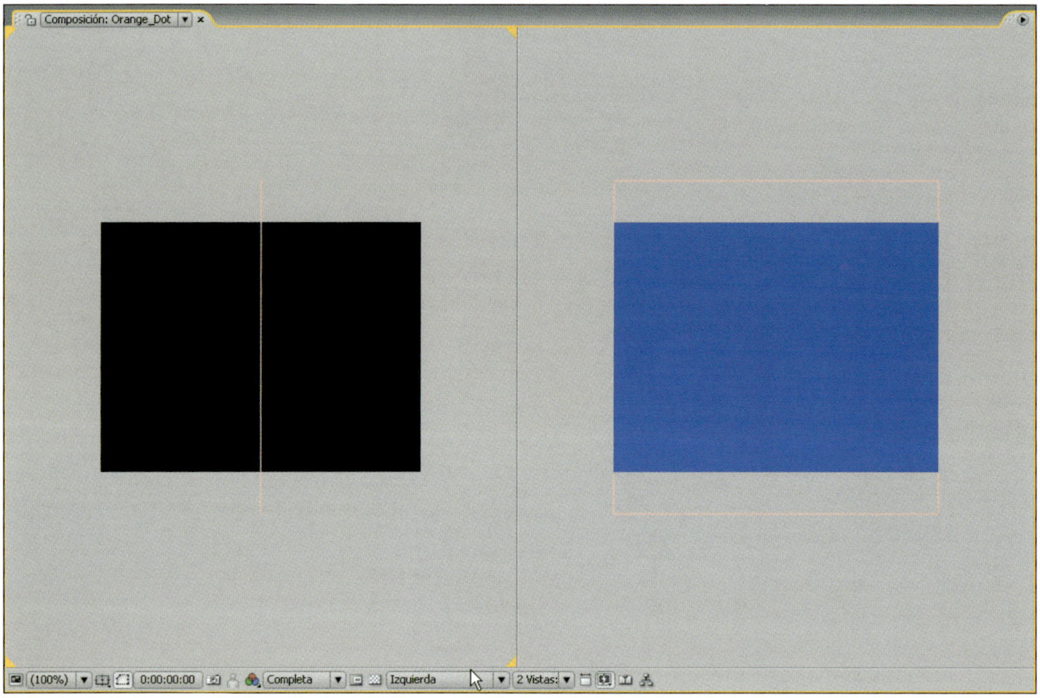

Figura 9.10.

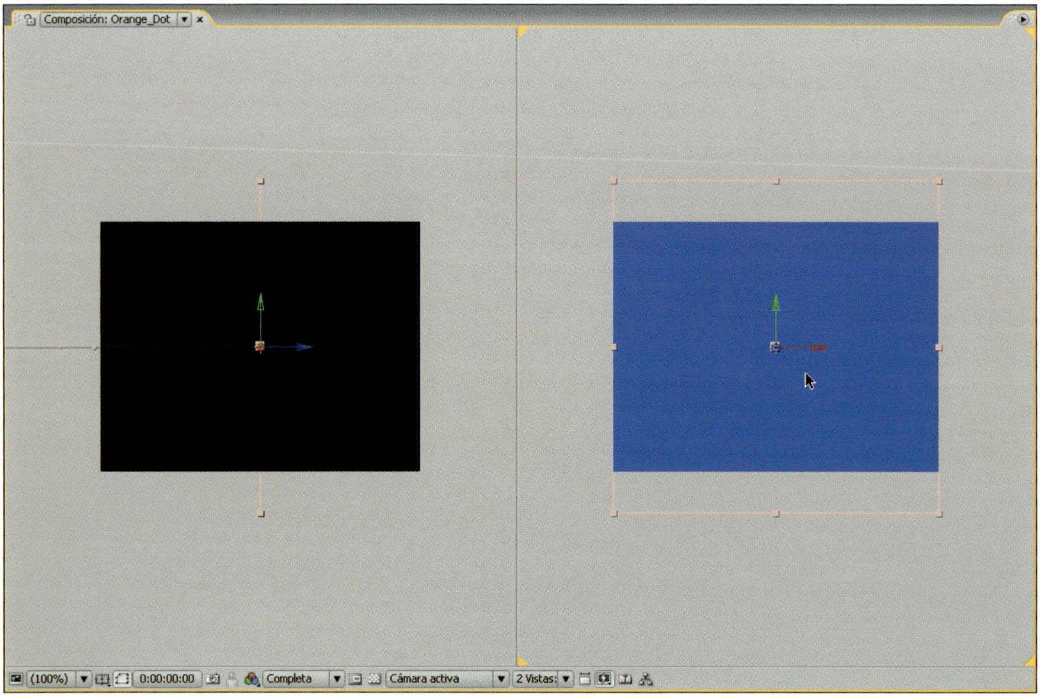

Figura 9.11.

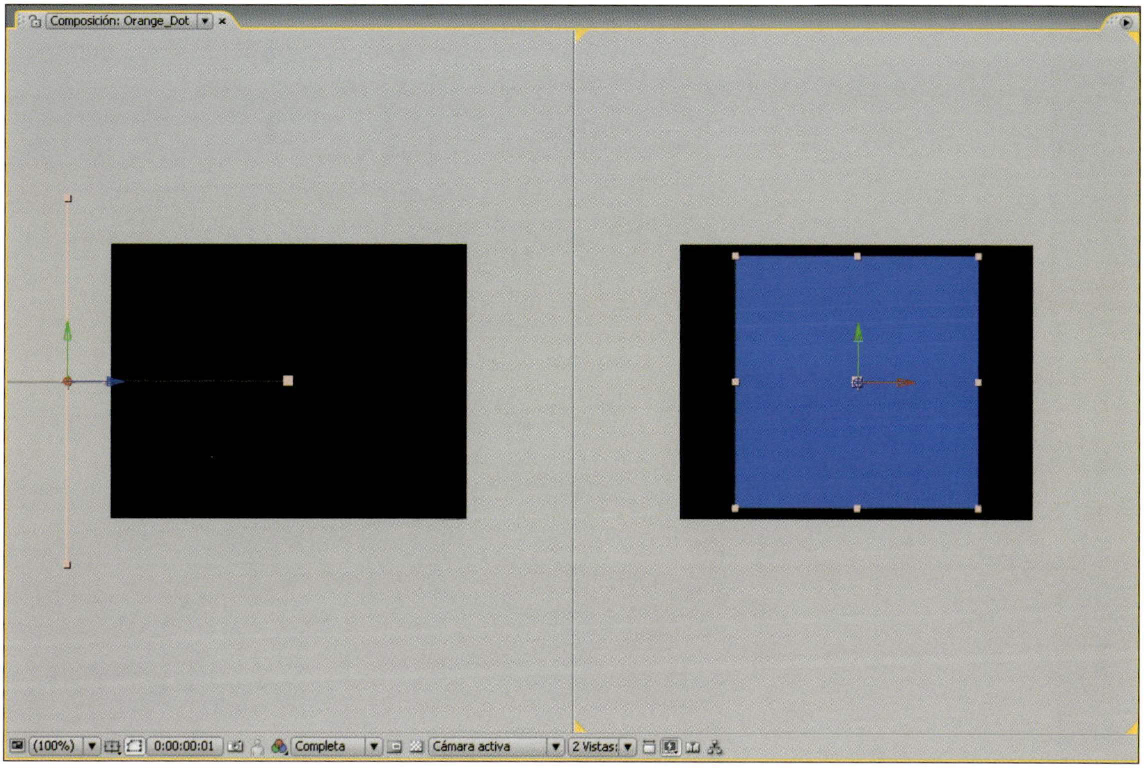

Figura 9.12.

DAR LA VUELTA A LA BASE DEL CUBO

Después de que el cuadrado se aleje del espectador, queremos que se caiga hacia detrás, y para conseguirlo, tenemos que rotarlo desde la base, es decir, mover el punto de anclaje de la capa desde el medio a la parte inferior de la forma.

Mover el punto de anclaje de la capa

Una forma de mover el punto de anclaje sería cambiar directamente el valor Punto de anclaje de la capa en el panel Línea de tiempo, pero si lo hiciéramos así, el cuadrado se desplazaría con relación a la composición, que es justo lo que no queremos. En vez de eso, resituaremos el punto de anclaje haciendo uso de la herramienta **Panorámica trasera**. Si hacemos un poco de memoria de capítulos anteriores, recordará que cuando se usa esta herramienta para desplazar el punto de anclaje, los valores de posición se ajustan automáticamente en el panel Línea de tiempo, a fin de garantizar que la capa permanezca en su posición actual con relación a la composición.

1. Pulse la tecla **Inicio** para retroceder al principio de la regla de tiempo.

2. Seleccione la capa Cube Bottom en el panel Línea de tiempo y pulse **Mayús-A** para ver la propiedad Punto de anclaje encima de la propiedad Posición (véase la figura 9.13).

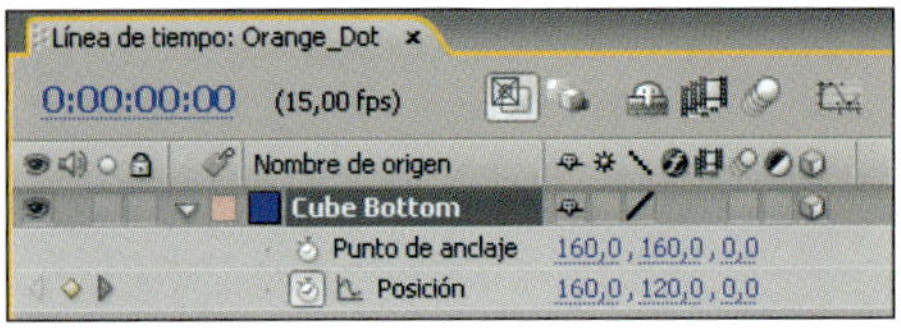

Figura 9.13.

3. Seleccione la herramienta **Panorámica trasera** en el panel Herramientas y observe el cursor de cruz que marca el punto de anclaje de la capa. En la vista Cámara activa, se encuentra en la intersección de los ejes x e y.

4. En la vista Cámara activa, arrastre el punto de anclaje a la esquina inferior de la capa. Pulse **Mayús** una vez que comience a desplazar el cursor para limitar el movimiento horizontalmente. Deténgase cuando el punto de anclaje se encuentre en el borde inferior de la capa, o en otras palabras, fuera de la vista de la cámara. Conforme nos movemos, los valores de punto de anclaje y de posición se van actualizando continuamente en el panel Línea de tiempo. Compruebe que al final son los siguientes: **160,0**, **320,0** y **0,0** los valores del punto de anclaje, y **160,0**, **280,0** y **0,0** los de posición. Escriba directamente los número, si es necesario, para afinar al máximo la operación de panorámica (véase la figura 9.14).

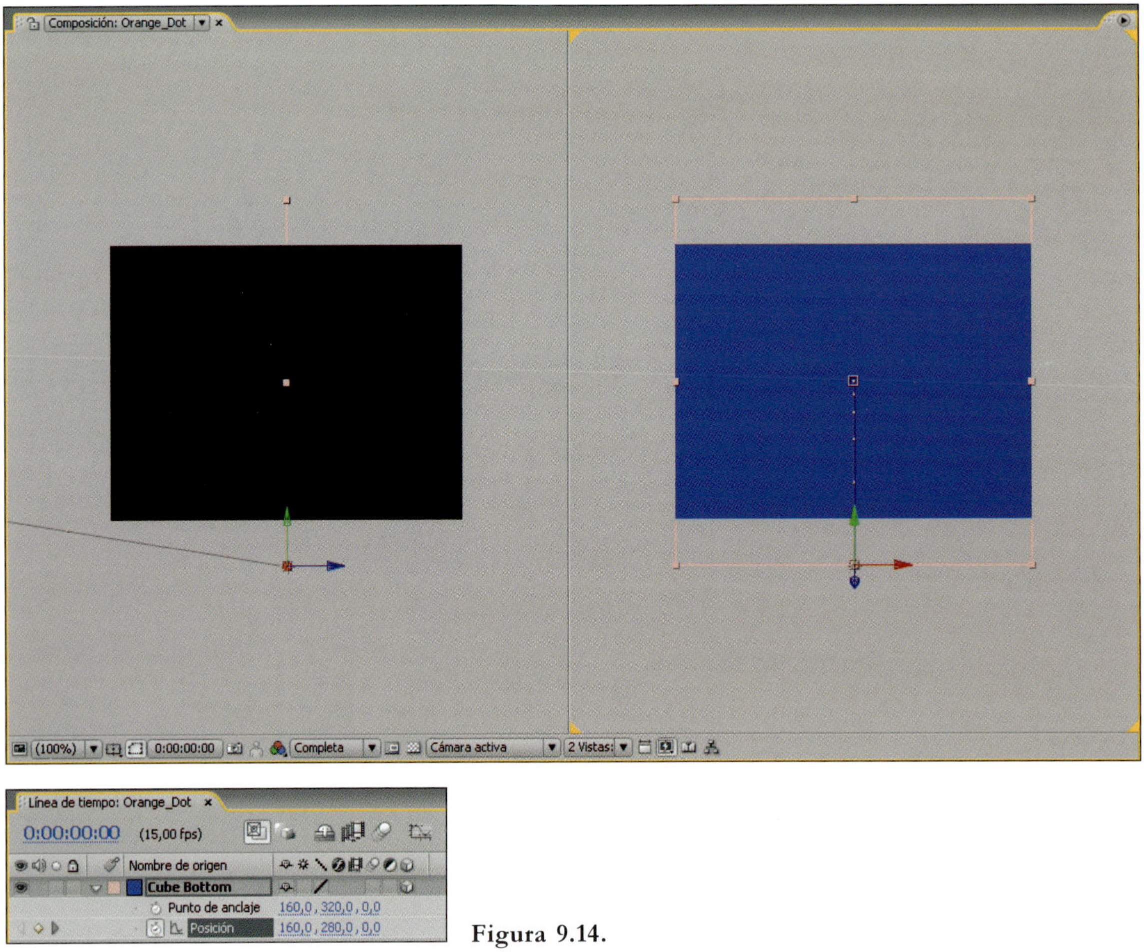

Figura 9.14.

5. Pulse la tecla **K** para avanzar al siguiente fotograma clave, es decir, el momento 0:05.

6. Haga clic en la herramienta de **Selección**, sitúe el cursor encima del eje y de la capa Cube Bottom (la flecha verde) en la vista Cámara activa del panel Composición, y desplácelo hacia abajo hasta que el valor de posición marque **280,0**. Observe ahora cómo el cuadrado vuelve a estar situado en el centro de la composición.

7. Pulse la **Barra espaciadora** para ver una previsualización del entorno de trabajo en la vista Cámara activa del panel Composición. No ha cambiado nada, ¿verdad? No se preocupe. Ya verá los frutos cuando gire el cuadrado.

Girar el cuadrado sobre su espalda

Con el punto de anclaje en la nueva posición, el cuadrado rotará tomando como eje su arista inferior.

1. Pulse la tecla **Inicio** para restaurar la regla de tiempo.

2. Con la capa Cube Bottom seleccionada en el panel Línea de tiempo, pulse **Mayús-R** para ver la propiedad Orientación y Rotación que aparece debajo de la de punto de anclaje y la de posición.

3. Haga clic en el icono **Cronómetro de variación de tiempo** de la propiedad Rotación X para añadir un fotograma clave en el ángulo predeterminado, es decir, **0,0°**.

4. Avance al momento 0:10, que es cinco fotogramas después de que el cuadrado haya terminado de alejarse en el espacio.

5. Cambie el valor del ángulo de rotación X a **-45,0°** para que After Effects agregue un fotograma clave en el momento actual, y observe en la vista Cámara activa del panel Composición cómo el cuadrado rota 45° sobre su arista inferior. Esta operación nos ayuda a ver la rotación, pero lo que queremos realmente es que el cuadrado caiga y quede completamente plano (véase la figura 9.15).

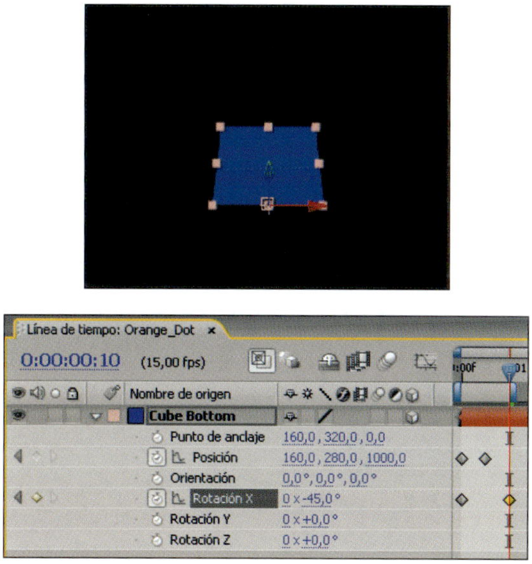

Figura 9.15.

6. Cambie el valor del ángulo de rotación X a **-90,0°** para que el cuadrado termine de caer del todo y quede completamente plano.

7. Arrastre el marcador **Fin del entorno de trabajo** al momento 2:00 para aumentar el espacio disponible y ver mejor la previsualización.

8. Pulse la **Barra espaciadora** para previsualizar la animación y observe el cuadrado alejándose y cayendo de espaldas en el espacio. Cuando termine, vuelva a pulsar la **barra espaciadora** para detener la previsualización (véase la figura 9.16).

Acerca de la rotación 3D

EXISTEN DOS FORMAS POSIBLES DE AJUSTAR LA ROTACIÓN 3D DE UNA CAPA: CAMBIANDO SUS VALORES DE ORIENTACIÓN O CAMBIANDO SUS VALORES DE ROTACIÓN X, Y Y Z, UTILIZANDO, POR EJEMPLO, LA HERRAMIENTA **ROTACIÓN**.

CUANDO SE ANIMA CUALQUIERA DE LOS VALORES DE ORIENTACIÓN DE UNA CAPA 3D, EL DESPLAZAMIENTO SIGUE EL TRAYECTO DE ROTACIÓN MÁS CORTO POSIBLE EN EL ESPACIO 3D, A FIN DE QUE LOS GIROS SEAN LO MÁS NATURALES Y PREDECIBLES POSIBLES. PERO ESTOS TRAYECTOS PUEDEN SUAVIZARSE CAMBIANDO LA INTERPOLACIÓN ESPACIAL DE FOTOGRAMAS CLAVE A CURVA AUTOMÁTICA.

CUANDO SE ANIMAN LOS VALORES DE ROTACIÓN X, Y O Z DE UNA CAPA 3D, LA ROTACIÓN SIGUE EL EJE CUYOS VALORES SE HAYAN MODIFICADO. SE PUEDE AJUSTAR TANTO EL NÚMERO DE ROTACIONES COMO EL ÁNGULO DE GIRO, ASÍ COMO AGREGAR FOTOGRAMAS CLAVE AL GIRO DE CADA EJE DE UNA MISMA CAPA DE FORMA INDIVIDUAL. ANIMAR OBJETOS HACIENDO USO DE ESTAS PROPIEDADES PERMITE ALCANZAR MAYOR DOMINIO Y PERFECCIÓN A TRAVÉS DE LA INSERCIÓN DE FOTOGRAMAS CLAVE Y EXPRESIONES, MÁS QUE ANIMAR USANDO SOLO LA PROPIEDAD ORIENTACIÓN, SI BIEN EL RESULTADO SOBRE EL MOVIMIENTO TIENDE A SER MENOS PREDECIBLE. LAS PROPIEDADES INDIVIDUALES DE ROTACIÓN RESULTAN ESPECIALMENTE EFICACES PARA CREAR GIROS CON MÚLTIPLES REVOLUCIONES A LO LARGO DE UN SOLO EJE.

Girar el cuadrado

Ahora, queremos que el cuadrado gire 45° en el sentido de las agujas del reloj para tener una mejor perspectiva del cubo al final.

1. Haga clic en cualquier sitio de la Vista Cámara activa, que es la parte derecha del panel Composición, para estar seguro de que está activa.

2. En el menú emergente Seleccionar diseño de vista, que está en la parte inferior del panel Composición, haga clic en la opción 1 Vista y compruebe, además, que el menú emergente Activación de la vista 3D sigue en Cámara activa.

3. Seleccione la herramienta **Rotación** en el panel Herramientas y haga clic en el menú emergente Definir para elegir la opción Rotación (véase la figura 9.17).

4. Avance al momento 0:10, el punto del último fotograma clave de rotación X.

Figura 9.16.

Figura 9.17.

5. Haga clic en el icono **Cronómetro de variación de tiempo** de la propiedad Rotación Z para agregar un fotograma clave con el valor de ángulo predeterminado **0,0°** (véase la figura 9.18).

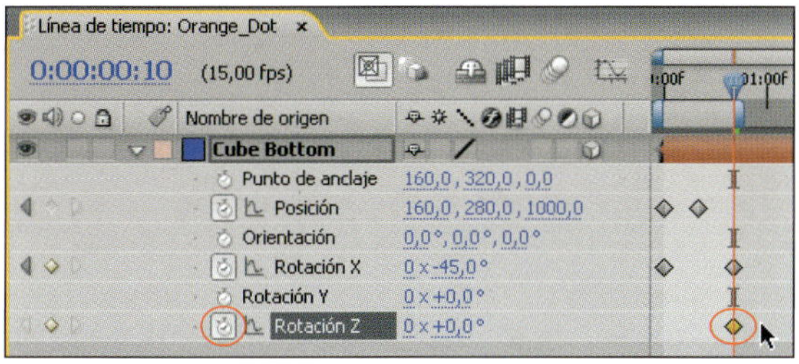

Figura 9.18.

6. Avance al momento 1:10.

7. En el panel Composición, desplace el eje z (la flecha azul) hacia la izquierda pulsando la tecla **Mayús** cuando haya empezado a moverse para limitar el movimiento a intervalos de 45 grados. Suelte el ratón cuando el valor de rotación Z marque **+45,0** (introdúzcalo manualmente, si es necesario) para que After Effects agregue un fotograma clave (véase la figura 9.19).

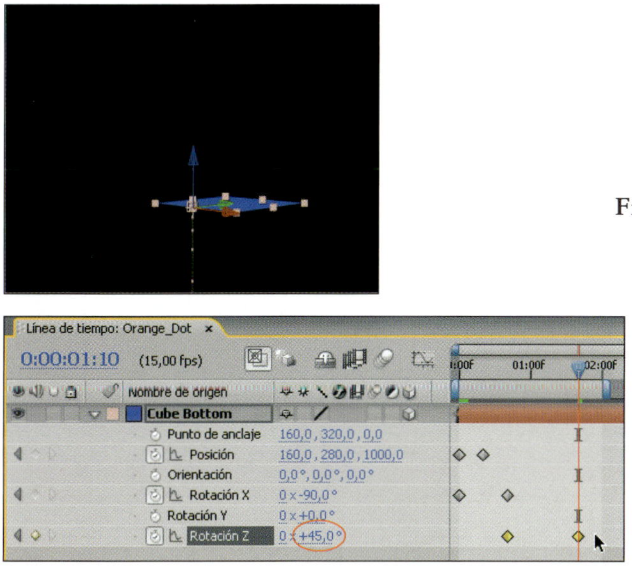

Figura 9.19.

8. Pulse la tecla **Inicio** para volver al principio de la regla de tiempo y pulse la **Barra espaciadora** para ver una previsualización de la animación. Observe cómo el cuadrado primero se aleja, luego se cae de espaldas y, finalmente, gira 45° en el sentido de las agujas del reloj (véase la figura 9.20).

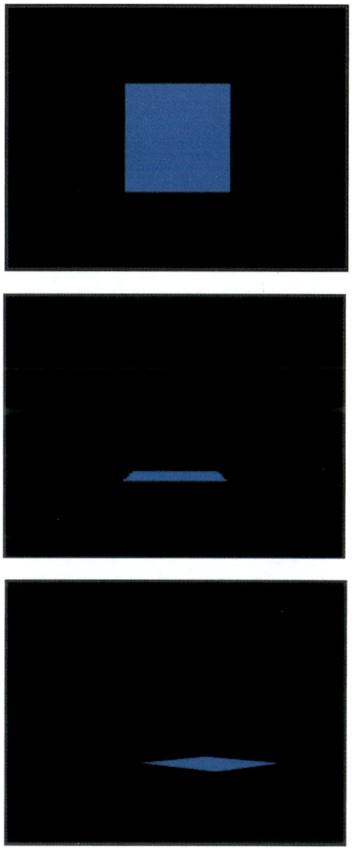

Figura 9.20.

Añadir pausas

Ahora, daremos un toquecito de suavidad a los fotogramas clave añadiendo pequeñas pausas entre las distintas etapas del movimiento del cuadrado.

1. Avance al momento 0:08, que es tres fotogramas más adelante del último fotograma clave de Posición.

2. Haga clic en el nombre Rotación X para seleccionar todos los fotogramas clave que abarca la propiedad.

3. Desplace el primer fotograma clave de rotación X (el de la izquierda) hacia la derecha y observe cómo le acompaña también el otro fotograma clave. No olvide pulsar la tecla **Mayús** cuando empiece a moverse para restringir el primer fotograma clave al indicador de tiempo actual, al momento 0:08, y suéltela después (véase la figura 9.21).

4. Avance al momento 1:06, es decir, tres fotogramas después del último fotograma clave de rotación X.

5. Haga clic en el nombre Rotación Z para seleccionar todos los fotogramas clave de la propiedad.

6. Desplace el primer fotograma clave de rotación Z hacia la derecha y no olvide pulsar **Mayús** para restringir el movimiento del indicador de tiempo actual (en el momento 1:06) y soltar después (véase la figura 9.22).

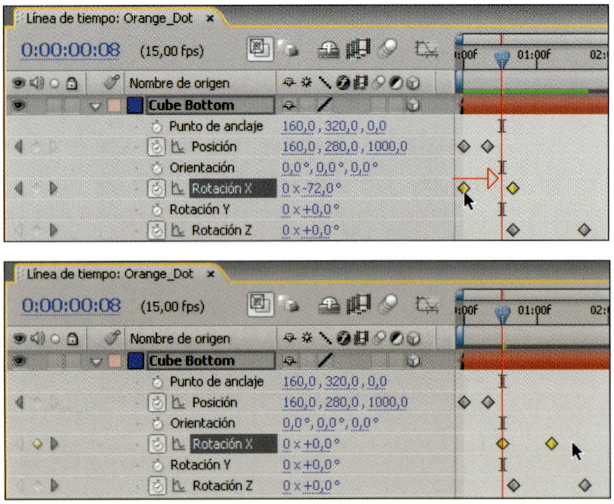

Figura 9.21.

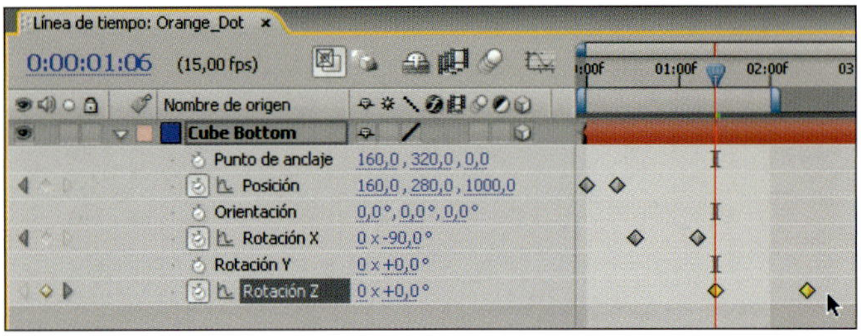

Figura 9.22.

7. Desplace el marcador **Fin del entorno de trabajo** al momento 2:10 para que el entorno de trabajo incluya todos los fotogramas clave más un pequeño sangrado de tiempo después del último fotograma clave, y observe una nueva previsualización pulsando la **Barra espaciadora**. Ahora, el cuadrado se aleja en el espacio, hace una breve pausa, cae de espaldas, vuelve a hacer una pausa y, finalmente, ejecuta el giro.

8. Despeje el panel Línea de tiempo como tarea de preparación para el siguiente ejercicio: cierre todas las propiedades de la capa Cube Bottom y pulse la tecla **Inicio** para retroceder al momento 0:00.

9. Seleccione Archivo>Guardar para guardar los cambios.

CREAR EL SUELO EN 3D

Una vez que el cuadrado azul cae y gira, queremos que aparezca un suelo violeta debajo. Este suelo lo crearemos a partir de otra capa de color sólido.

Crear la capa del suelo

De hecho, la capa para el suelo la podemos crear a partir de una copia de la capa Cube Bottom.

1. Seleccione la capa Cube Bottom en el panel Línea de tiempo y ejecute Editar>Duplicar.

2. Seleccione la segunda capa Cube Bottom y cámbiele el nombre a **Floor** (véase la figura 9.23).

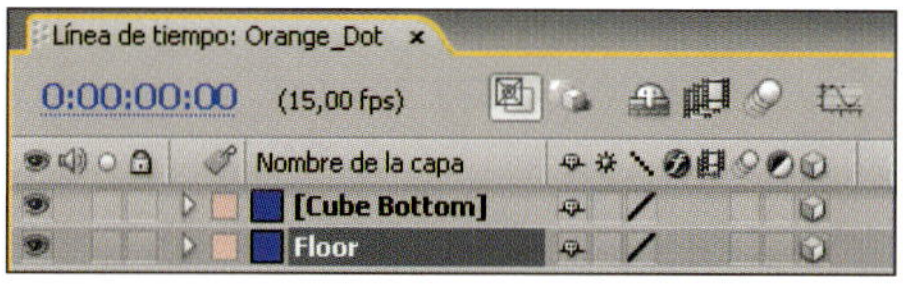

Figura 9.23.

3. Avance al momento 2:09, es decir, tres fotogramas después del último fotograma clave de la capa Cube Bottom.

4. Con la capa Floor seleccionada en el panel Línea de tiempo, pulse **Alt-[** (Windows) u **Opción-[** (Mac OS) para desplazar el Punto de entrada de la capa al tiempo actual (véase la figura 9.24).

5. Con la capa Floor aún seleccionada en el panel Línea de tiempo, haga clic en Capa> Configuración de sólidos.

6. En el cuadro de diálogo Ajustes de sólido, en el campo Nombre escriba **Floor** y haga clic en la muestra de color para abrir el cuadro de diálogo Selector de color.

7. Escriba **990099** en el campo **#** para seleccionar un violeta compatible con la Web, y haga clic en **Aceptar** para cerrar el cuadro de diálogo Selector de color.

8. De regreso en el cuadro de diálogo Ajustes de sólido, haga clic en **Nuevo** (véase la figura 9.25).

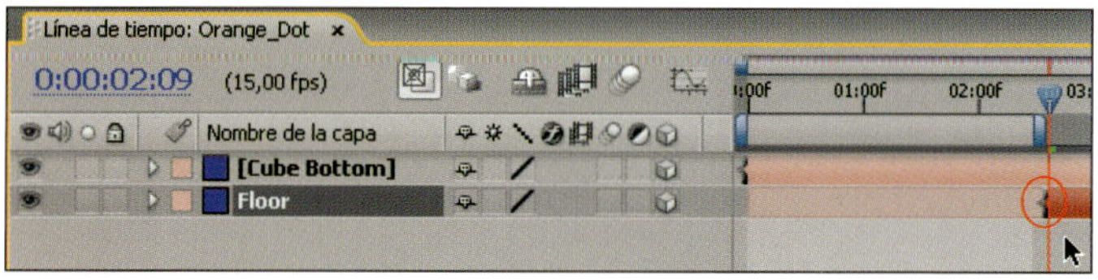

Figura 9.24.

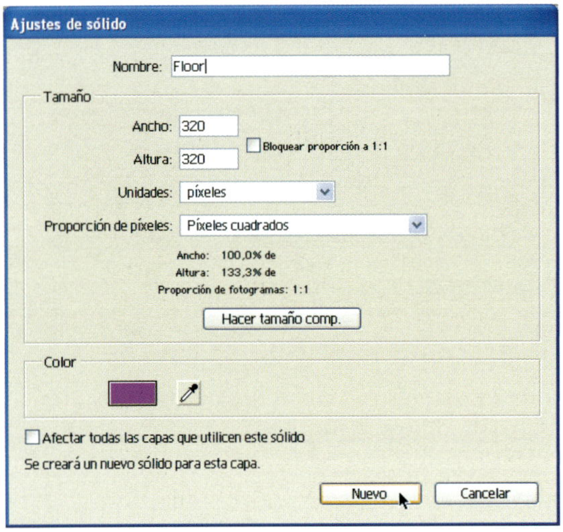

Figura 9.25.

Posicionar el suelo

Queremos que el suelo se extienda desde las cuatro caras del cuadrado azul, así que tendremos que devolver el punto de anclaje de la capa Floor a su posición predeterminada en el centro de la capa.

1. Con la capa Floor seleccionada en el panel Línea de tiempo, pulse la tecla **A** para ver la propiedad Punto de anclaje.

2. Haga clic con el botón derecho del ratón (Windows) o **Control**-clic (Mac OS) en el nombre de la propiedad Punto de anclaje y seleccione la opción Reestablecer para restaurar los valores predeterminados del punto de anclaje (**160,0**, **160,0** y **0,0**) y resituarlo en el medio de la capa. Observe cómo se mueve la capa en el panel Composición (véase la figura 9.26).

3. Con la capa Floor seleccionada en el panel Línea de tiempo, pulse la tecla **P** para ver la propiedad Posición y ocultar la propiedad Punto de anclaje.

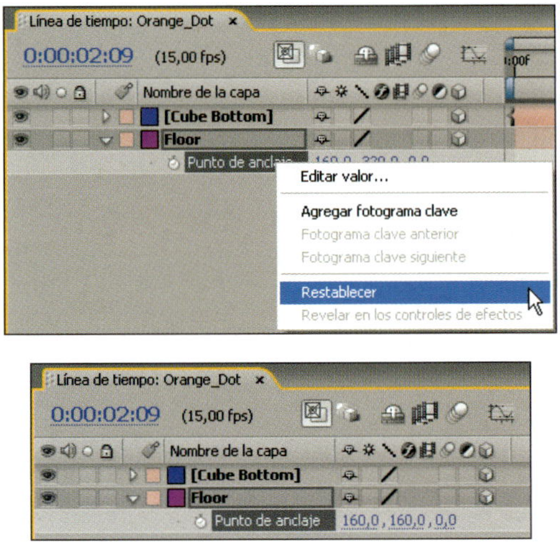

Figura 9.26.

4. En el menú emergente Activación de la vista 3D, que está en la parte inferior del panel Composición, seleccione la opción Superior. Si mira la composición, parecerá que está vacía, pero esto es debido a que las capas se encuentran fuera de la vista Superior predeterminada.

5. Con la capa Floor seleccionada en el panel Línea de tiempo, haga clic en Ver>Ver las capas seleccionadas para que After Effects ajuste el punto de vista y la dirección de la vista e incluya las seleccionadas. Como resultado, aparece la capa Floor en el panel Composición y vemos en qué punto la capa Cube Bottom la solapa (véase la figura 9.27).

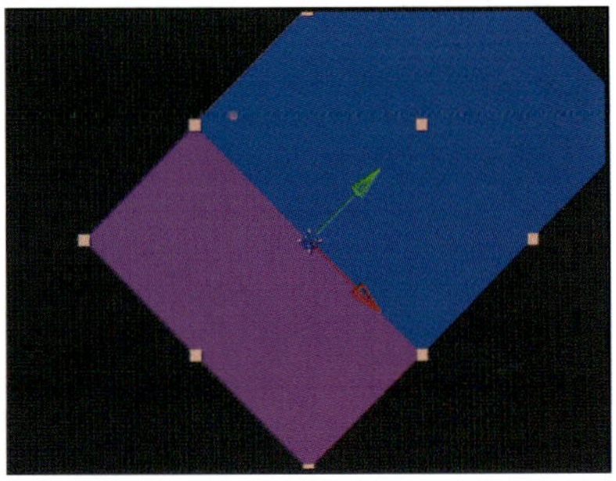

Figura 9.27.

6. Haga clic en la herramienta de **Selección** y desplace el eje y la capa Floor (la flecha verde) hacia la esquina superior derecha de la composición hasta que quede oculto debajo de la capa Cube Bottom. Los valores finales de posición deberían ser **273,0**, **280,0** y **1111,0**, así que si quiere, también puede introducirlos manualmente.

ADVERTENCIA: AFTER EFFECTS AÑADE UN FOTOGRAMA CLAVE DE POSICIÓN PORQUE LOS OTROS DOS QUE TENÍA ERAN LOS COPIADOS DE LA CAPA Cube Bottom. NO SE PREOCUPE, ESTO NO AFECTA A LA ANIMACIÓN (VÉASE LA FIGURA 9.28).

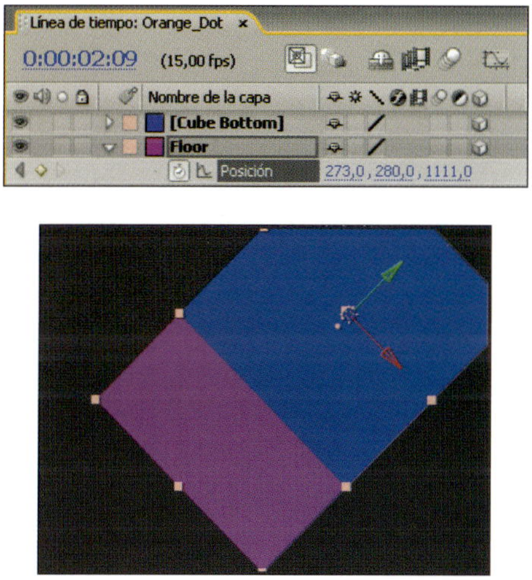

Figura 9.28.

Animar el suelo

Ahora, animaremos el suelo para que se extienda hacia fuera desde la base del cuadrado azul.

1. Seleccione la opción Cámara activa en el menú emergente Activación de la vista 3D del panel Composición.

2. Con la capa Floor seleccionada en el panel Línea de tiempo, pulse la tecla **S** para ver la propiedad Escala.

3. Aún en el momento 2:09, haga clic en el **Cronómetro de variación de tiempo** de la propiedad Escala para agregar un fotograma clave (véase la figura 9.29).

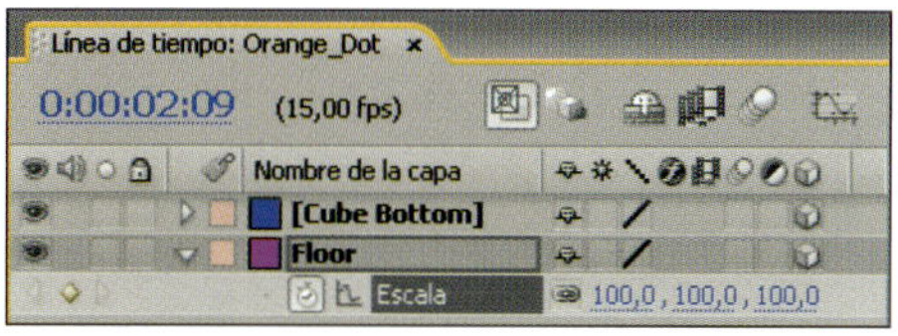

Figura 9.29.

4. Avance al momento 3:00.

5. En el panel Línea de tiempo, desplace hacia la derecha cualquiera de los valores de escala de la capa Floor hasta que se extienda más allá de las cuatro caras y la base visible de la composición, como se observa en la figura 9.30. Los valores finales de escala no tienen por qué ser exactos, pero deberían rondar entre **575%** y **600%**. After Effects añade, claro está, un fotograma clave de Escala (véase la figura 9.30).

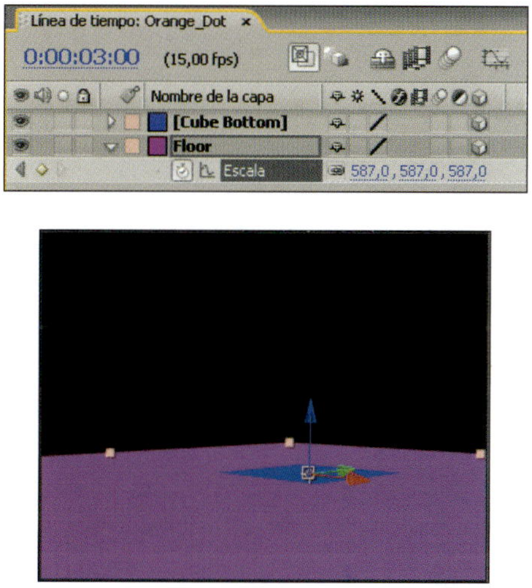

Figura 9.30.

6. Arrastre el marcador **Fin del entorno de trabajo** al momento 4:00 y use la **Barra espaciadora** para ver una previsualización de la

secuencia. Después de la animación del cubo, un suelo violeta aparece y se extiende desde su base (véase la figura 9.31).

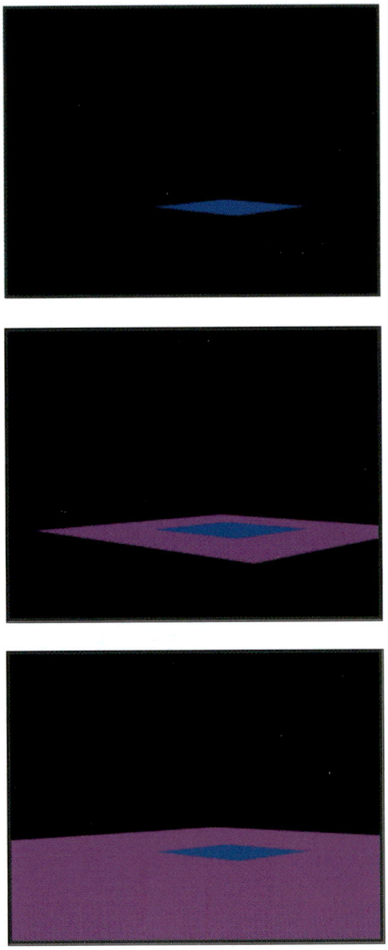

Figura 9.31.

Agregar una cuadrícula al suelo

El suelo hasta ahora es de color sólido y no ofrece mucha idea de perspectiva con respecto al cubo, así que le aplicaremos un efecto Cuadrícula para arreglarlo.

1. Avance al momento 3:10, que es el punto en que se puede ver el suelo escalado en el panel Composición.

2. Con la capa Floor seleccionada en el panel Línea de tiempo, haga clic en Efecto>Generar> Cuadrícula para que After Effects inserte una cuadrícula en la capa (véase la figura 9.32).

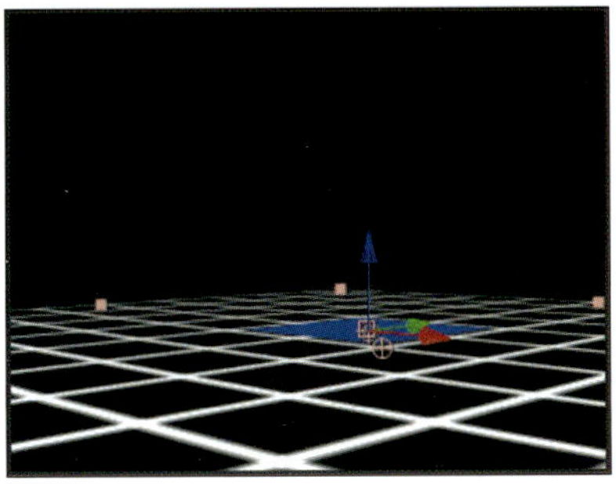

Figura 9.32.

3. En el panel Controles de efectos, marque la casilla Invertir cuadrícula para tornar las líneas transparentes y los cuadrados opacos y rellenos de color blanco (véase la figura 9.33).

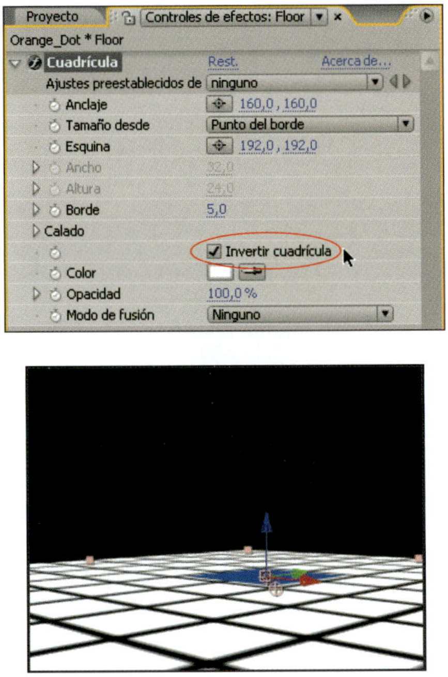

Figura 9.33.

4. Haga clic en el cuentagotas que está al lado de la propiedad Color en el panel Controles de efectos.

5. Sitúelo encima del cuadrado violeta que está a la izquierda del nombre de la capa Floor en el panel Línea de tiempo y haga clic en él para que los cuadrados de la cuadrícula se rellenen de ese color (véase la figura 9.34).

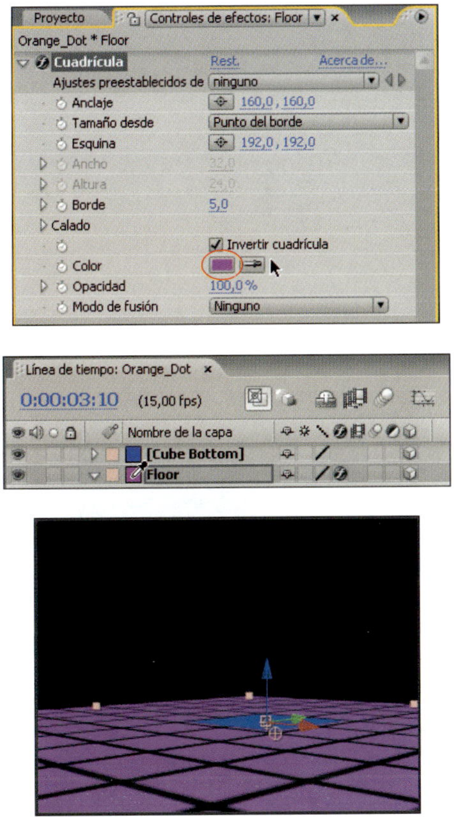

Figura 9.34.

6. En el panel Controles de efectos, cambie el valor de la propiedad Borde a **1,0** para que las líneas de la cuadrícula sean más finas (véase la figura 9.35).

7. Pulse la **Barra espaciadora** para previsualizar los resultados y cierre todas las propiedades de la capa Floor en el panel Línea de tiempo para dejarlo bien despejado.

8. Seleccione Archivo>Guardar para guardar los cambios.

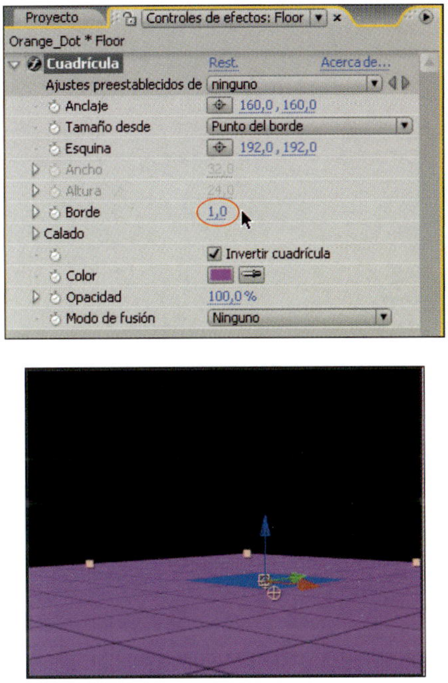

Figura 9.35.

CREAR LAS CARAS DEL CUBO

La composición nos está quedando bastante bien. Ya hemos creado la base del cubo y el suelo, así que el siguiente paso será ensamblar las caras del cubo.

Crear la primera cara

Lo primero que vamos a hacer es crear y situar una nueva capa de color sólido.

1. Avance al momento 3:00.

2. Anule la selección de todas las capas en el panel Línea de tiempo y haga clic en Capa> Nuevo>Sólido.

3. En el cuadro de diálogo Ajustes de sólido, haga lo siguiente:

- En el campo Nombre, escriba **Cube Side**.
- Compruebe que tanto el Ancho como la Altura estén ajustados a **320** píxeles.
- Haga clic en el cuentagotas de la sección Color y clic en el cuadrado azul que está a la izquierda del nombre de la capa Cube Bottom en el panel Línea de tiempo.
- Haga clic en **Aceptar** para crear la capa (véase la figura 9.36).

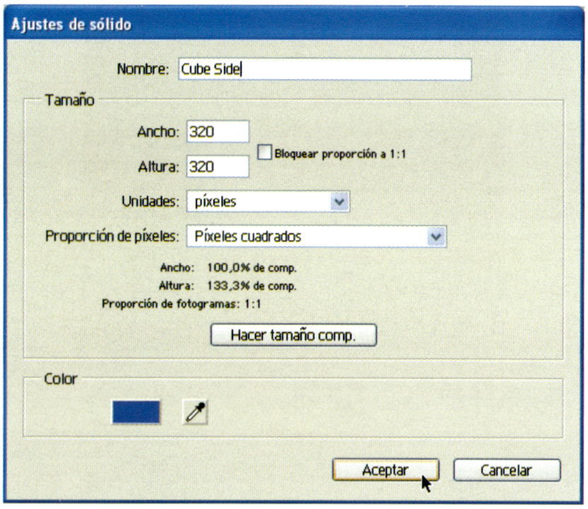

Figura 9.36.

4. Compruebe que la capa Cube Side está arriba del todo en el panel Línea de tiempo, y si no lo está, colóquela.

5. Active el definidor **Capa 3D** de esta capa Cube Side (véase la figura 9.37).

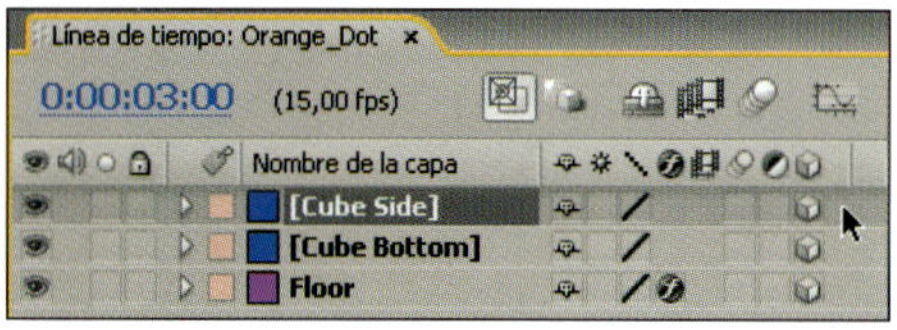

Figura 9.37.

6. Con la capa Cube Side seleccionada en el panel Línea de tiempo, pulse la tecla **A** para ver la propiedad Punto de anclaje.

7. Ajuste los valores de punto de anclaje a **160,0**, **320,0** y **0,0** para fijar el punto de anclaje en la base de la capa para poder girarla por ese borde.

8. Con la capa Cube Side seleccionada en el panel Línea de tiempo, pulse **Mayús-R** para ver también las propiedades de Rotación y Orientación, y fije el valor de Rotación Y a **+45,0°** (véase la figura 9.38).

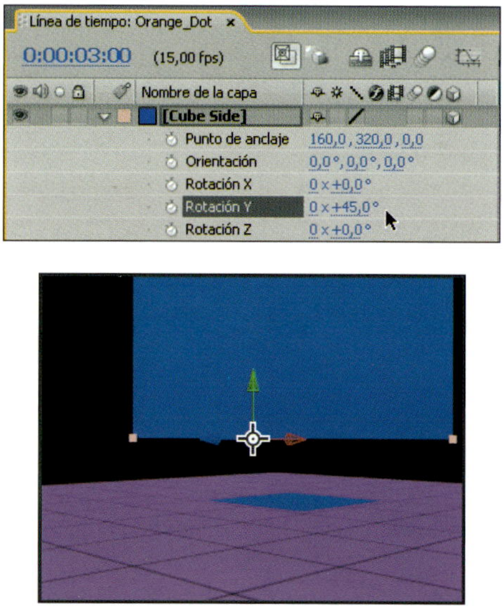

Figura 9.38.

9. Con la capa Cube Side seleccionada en el panel Línea de tiempo, pulse **Mayús-P** para ver también la propiedad Posición y ajuste los valores a **388,0**, **280,0** y **1224,0** para colocar la capa Cube Side perpendicular a la capa Cube Bottom y a lo largo de su lado derecho más lejano (véase la figura 9.39).

10. Oculte todas las propiedades de la capa Cube Side para tener más espacio para el siguiente ejercicio.

Creación y animación de objetos en 3D

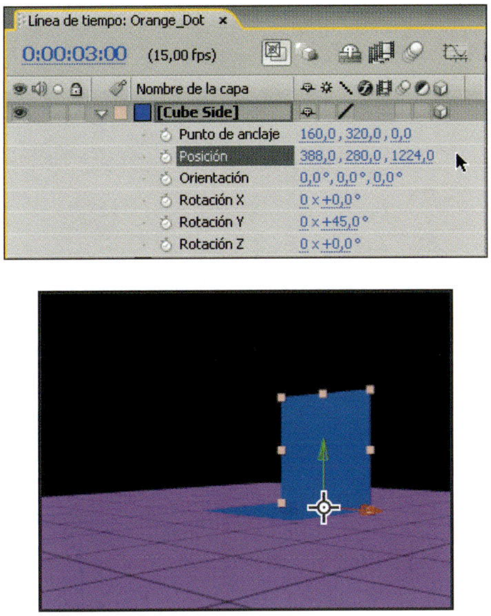

Figura 9.39.

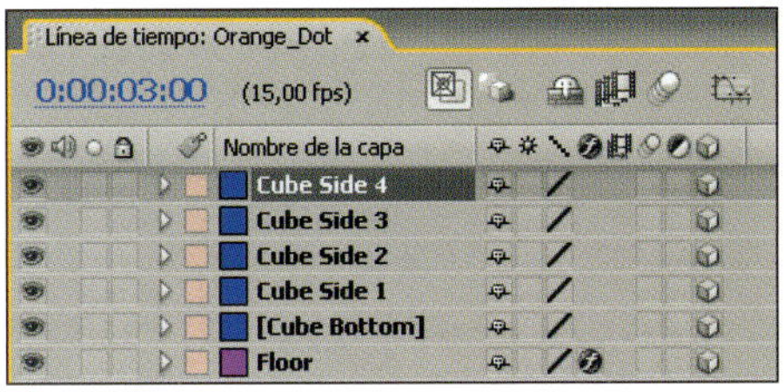

Figura 9.40.

Crear las otras caras

Podemos crear rápida y directamente las otras tres caras del cubo duplicando la que acabamos de crear.

1. Seleccione la capa Cube Side en el panel Línea de tiempo y pulse **Control-D** tres veces para crear tres copias.

2. Haga clic en ellas una por una y escríbales los siguientes nombres: **Cube Side 1**, **Cube Side 2**, **Cube Side 3** y **Cube Side 4**. Compruebe que la capa Cube Side 1 sea la última de las cuatro y la capa Cube Side 4 la primera, como se muestra en la figura 9.40.

3. Haga **Mayús**-clic para seleccionar las cuatro capas Cube Side en el panel Línea de tiempo.

4. Pulse **Alt-[** para desplazar los puntos de entrada de las cuatro a la vez al momento actual, es decir, el momento 3:00 (véase la figura 9.41).

Posicionar las caras del cubo

En el mundo real, usaríamos la herramienta de **Selección** para situar y girar las tres caras restantes del cubo en el panel Composición. Por suerte, en este libro solo estamos practicando, así que aceleraremos un poco las cosas proporcionándole los valores de posición y rotación que necesita para alinear las caras a lo largo de los extremos inferiores del cubo. De todos modos, si prefiere hacerlo manualmente, adelante, es un magnífico ejercicio de práctica.

Haga clic en la herramienta de **Selección** y seleccione Activación de la vista 3D>Superior en la parte inferior del panel Composición.

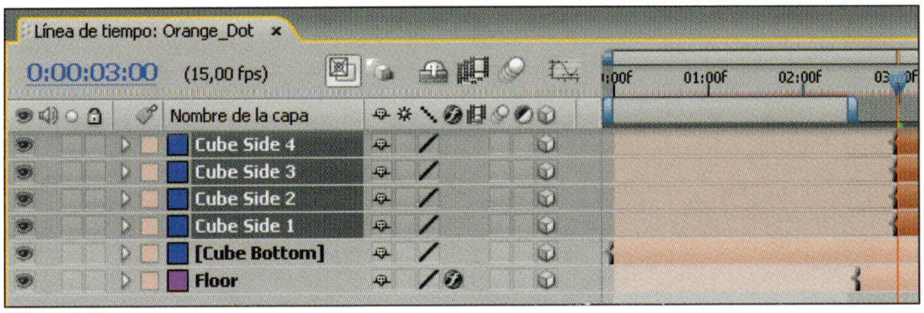

Figura 9.41.

1. Seleccione la capa Cube Side 2 en el panel Línea de tiempo. Pulse la tecla **P** y luego **Mayús-R** para ver las propiedades Posición, Orientación y Rotación de la capa.

2. Ajuste el valor de Rotación Y a **135,0°** y los valores de posición a **162,0**, **280,0** y **1226,0**. Luego, oculte las propiedades de esta capa para que quede bien despejado el panel.

3. Seleccione la capa Cube Side 3. Pulse la tecla **P** y luego **Mayús-R** para ver las mismas propiedades.

4. Ajuste el valor de Rotación Y a **135,0°** y los valores de posición a **388,0**, **280,0** y **1000,0**, y oculte todas las propiedades, igual que antes.

5. Seleccione la capa Cube Side 4 y pulse la tecla **P** para ver los valores de posición.

6. Escriba estos nuevos valores, **162,0**, **280,0** y **1000,0**, y oculte las propiedades.

7. Para ver mejor el cubo, seleccione 2 Vistas: Horizontal en el menú emergente Seleccionar diseño de la vista, que está en la parte inferior del panel Composición, y ajuste una a Cámara activa y la otra a Superior (en el menú emergente Activación de la vista 3D). Ahora, las caras del cubo deberían reposar sobre los cuatro extremos y levantarse perpendiculares a ellos (véase la figura 9.42).

8. Regrese a la opción de visualización 1 Vista y Cámara activa cuando termine.

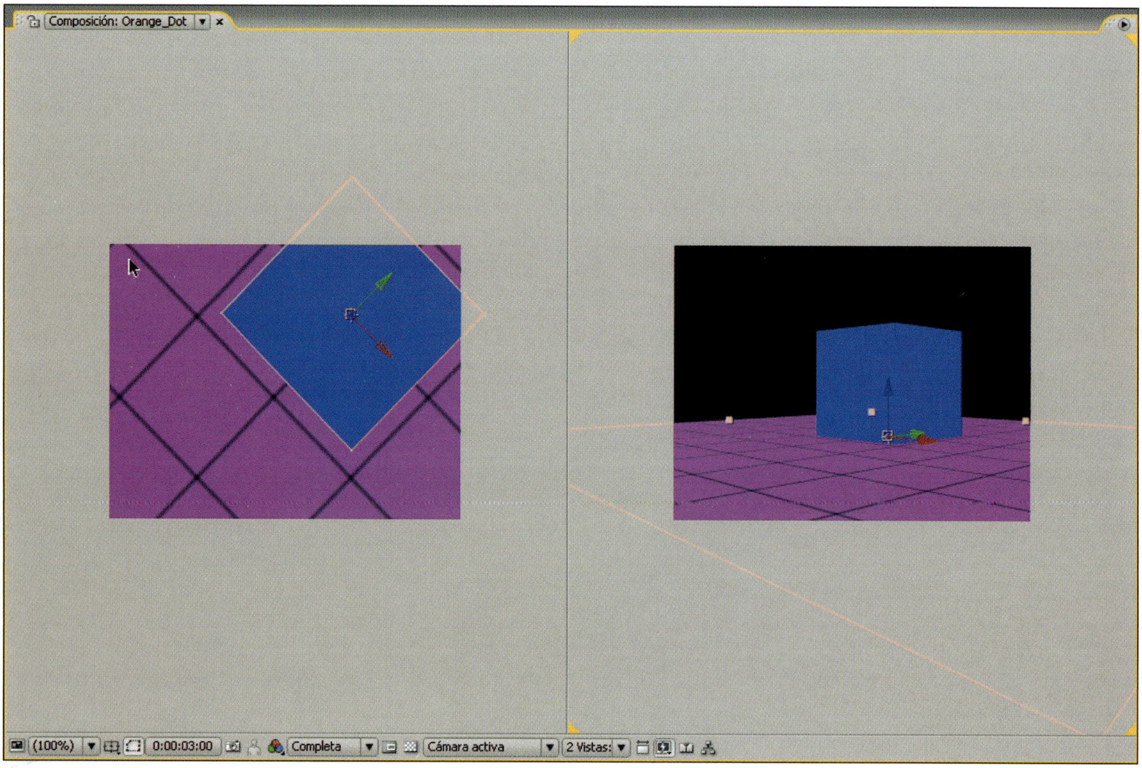

Figura 9.42.

ANIMAR LAS CARAS DEL CUBO

Tenemos ya las caras del cubo en su posición de pie final, aunque quizá sea aún un poco prematuro afirmarlo así, porque primero tendríamos que aplicarles el movimiento para que se levantasen. Para animar las caras, primero avanzaremos en el tiempo para establecer este resultado en cada cara y luego retrocederemos para girarlas una por una. De nuevo, le daremos los valores exactos, pero si prefiere hacerlo manualmente, seleccione la herramienta **Rotación** con la opción Orientación en el panel Herramientas y gire una por una todas las capas alrededor del eje z.

1. Avance al momento 5:05, después de que termine la animación de la capa Floor y unos instantes más para dar tiempo a las caras del cubo a colocarse en posición.

2. Seleccione la capa Cube Side 4 en el panel Línea de tiempo, pulse la tecla **R** para ver sus propiedades de Orientación y Rotación, y haga clic en el **Cronómetro de variación de tiempo** para agregar un fotograma clave de Orientación en la posición levantada (**0,0°**, **0,0°** y **0,0°**) (véase la figura 9.43).

3. Avance al momento 5:00 y cambie los valores de orientación de la capa Cube Side 4 a **305,3°**, **330,0°** y **54,7°** para que After Effects agregue un fotograma clave (véase la figura 9.44).

4. Oculte las propiedades de la capa Cube Side 4 y retroceda al momento 4:10.

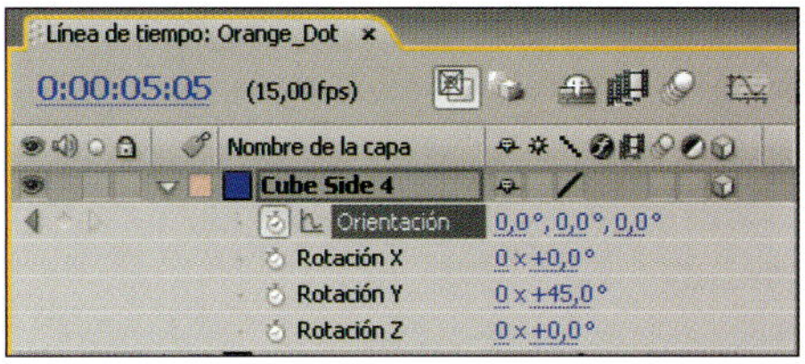

Figura 9.43.

5. Seleccione la capa Cube Side 3, pulse la tecla **R** y haga clic en el **Cronómetro de variación de tiempo** para agregar un fotograma clave de Orientación.

6. Retroceda al momento 4:05 y cambie los valores de orientación a **305,3°**, **30,0°** y **305,3°** para que After Effects agregue un fotograma clave.

7. Oculte las propiedades de la capa Cube Side 3 y retroceda al momento 4:00.

8. Seleccione la capa Cube Side 2, pulse **R** y haga clic en el **Cronómetro de variación de tiempo** para agregar un fotograma clave de Orientación.

9. Retroceda al momento 3:10 y cambie los valores de orientación a **54,7°**, **30,0°** y **54,7°** para que After Effects vuelva a añadir un fotograma clave.

10. Oculte las propiedades de la capa Cube Side 2 y retroceda al momento 3:05.

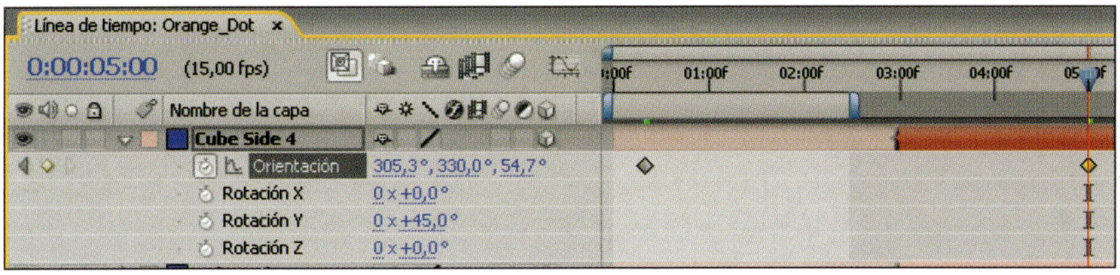

Figura 9.44.

11. Seleccione la capa Cube Side 1, pulse **R** y haga clic en el **Cronómetro de variación de tiempo** para agregar un fotograma clave de Orientación.

12. Retroceda al momento 3:00 y cambie el valor de orientación a **54,7°**, **330,0°** y **305,3°** para que After Effects añada un fotograma clave, y listo. Ya puede previsualizar toda la animación y ver los resultados del trabajo excelente que acaba de hacer.

13. Amplíe el marcador **Fin del entorno de trabajo** al momento 5:10, pulse la tecla **Inicio**, anule la selección de todas las capas en el panel Línea de tiempo y pulse la **Barra espaciadora** para iniciar la previsualización y ver cómo las caras del cubo se levantan una por una justo después de que el suelo se haya escalado.

14. Cuando termine de ver la previsualización, oculte las propiedades de la capa Cube Side 1, pulse la tecla **Inicio** y seleccione Archivo> Guardar.

Enhorabuena. Ha conseguido ensamblar una forma en 3D y animarla en el espacio. Y ahora, pase al siguiente capítulo para seguir trabajando en este proyecto. ¿Y qué haremos? Pues introducir un nuevo interés visual en la escena con luces 3D y cámaras 3D para crear una esfera naranja animada y un logotipo de texto animado.

REPASO

Preguntas

1. ¿Qué le ocurre a una capa cuando se activa su definidor **Capa 3D**?

2. ¿Por qué es importante tener acceso a múltiples vistas de una composición que contiene capas 3D?

3. ¿Qué diferencia hay entre modificar los valores de punto de anclaje de una capa en el panel Línea de tiempo y mover físicamente el punto en el panel Composición con la **Herramienta de panorámica trasera**?

Respuestas

1. Al activar el definidor **Capa 3D** de una capa en el panel Línea de tiempo, lo que hacemos es permitir el movimiento y la rotación en el eje z. Además, la capa adquiere una serie de propiedades nuevas exclusivas de las capas 3D capas, como es el grupo de propiedades Opciones de material.

2. A veces, el aspecto de las capas 3D puede ser decepcionante, dependiendo de la vista que tengamos seleccionada en el panel Composición. Al habilitar diferentes vistas 3D, podemos ver la verdadera posición de una capa con relación a las demás dentro de una misma composición.

3. Cuando se ajustan los valores de punto de anclaje de una capa en el panel Línea de tiempo, la capa se mueve en el panel Composición aunque los valores de posición permanezcan invariables. Sin embargo, cuando se mueve el punto de anclaje con la herramienta **Panorámica trasera**, los valores de posición cambian automáticamente para adaptarse a la composición y a las demás capas.

Capítulo 10

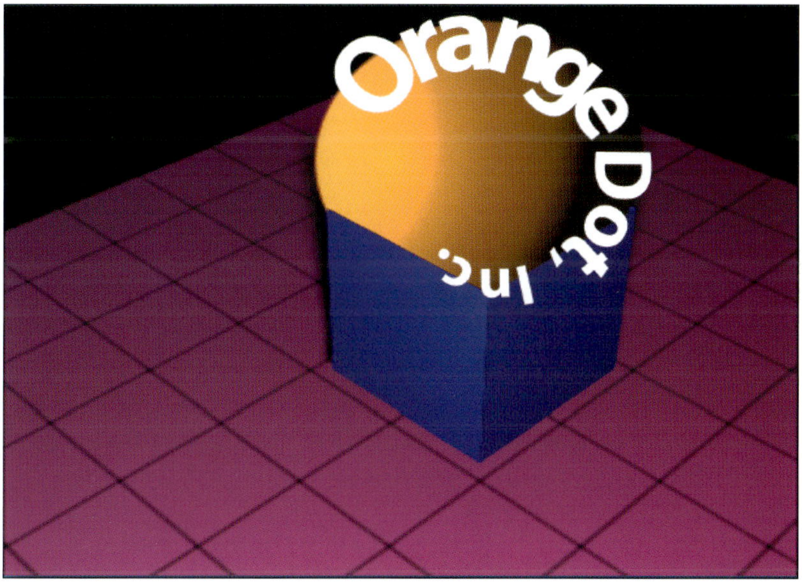

Partiendo del cubo animado en 3D creado en el capítulo anterior, completaremos la composición aplicando ciertos efectos 3D como luces y cámaras entre otros muchos elementos animados.

Efectos 3D

El punto de partida del presente capítulo es el resultado final del capítulo anterior. En él creamos la primera mitad de una animación para una empresa ficticia llamada Orange Dot, Inc., que hasta el momento, consiste en un cubo que se despliega en el espacio en 3D. En este capítulo, completaremos el proyecto añadiendo luces, sombras, efectos y otros elementos a la composición, y conforme lo hacemos, aprenderemos a sacar el mayor rendimiento a ciertas funciones 3D adicionales que ofrece After Effects.

La duración aproximada de este capítulo es de 1 hora y media.

PUNTO DE PARTIDA

Compruebe que los siguientes archivos se encuentran en la carpeta AE7_CIB>Lessons>Lesson10 de su disco duro. Si no es así, cópielos ahora desde el DVD que incluye este manual:

- En la carpeta denominada `Sample_Movie`: `Lesson10.mov`.
- En la carpeta `Start_Project_File`: `Lesson10_Start.aep`.

Abra y reproduzca la película `Lesson10.mov` para ver el resultado de lo que vamos a crear en este capítulo. Cuando termine, cierre el reproductor de QuickTime y borre el archivo si anda justo de espacio en disco.

ADVERTENCIA: ANTES DE EMPEZAR ESTE CAPÍTULO, COMPRUEBE QUE TIENE INSTALADO CYCORE EFFECTS, QUE ES UN PLUGIN QUE INCORPORA EL DISCO DE INSTALACIÓN DE AFTER EFFECTS.

PREPARACIÓN DEL PROYECTO

En este capítulo no es necesario crear un proyecto nuevo. Hay dos opciones: recurrir directamente al archivo `Lesson10_Start.aep` del CD que acompaña a este libro, o usar el archivo que usted mismo creó en el ejercicio del capítulo anterior. Si completó el ejercicio entero, los dos archivos deberían ser equivalentes, pero si encontró alguna dificultad o no llegó hasta el final por cualquier motivo, le recomendamos que emplee el archivo que le proporcionamos en el CD.

Antes de empezar, restaure las preferencias predeterminadas de After Effects.

1. Pulse **Control-Alt-Mayús** durante el inicio de After Effects. En la ventana que le pregunta si está seguro de querer eliminar el archivo de preferencias, haga clic en **Aceptar**.

2. Seleccione Archivo>Abrir proyecto.

3. Siga uno de estos pasos:

   - Acceda a la carpeta AE7_CIB>Lessons>Lesson10>Start_Project_File, seleccione el archivo `Lesson10_Start.aep` y haga clic en **Abrir**.

   - Acceda a la carpeta AE7_CIB>Lessons>Lesson09>Finished_Project, seleccione el archivo `Lesson09_Finished.aep` y haga clic en **Abrir**.

4. Seleccione Archivo>Guardar como.

5. Acceda a la carpeta AE7_CIB>Lessons>Lesson10>Finished_Project de su disco duro, asigne al proyecto el nombre **Lesson10_Finished.aep** y haga clic en **Guardar**.

LUCES 3D

Hasta el momento, nuestro proyecto de spot publicitario para la empresa Orange Dot se compone de un suelo y un cubo, que son los elementos que creamos en el ejercicio anterior. Pero antes de introducir la esfera elástica naranja, aplicaremos algunos efectos de luces a la escena.

Crear una capa de luz

En After Effects, se llama luz a un tipo de capa que arroja luz sobre otra capa. Existen cuatro opciones de luz distintas llamadas Paralelo, Luz concentrada, Punto y Ambiente, cada una con sus propias características y ajustes. Por defecto, las luces van dirigidas a lo que llamamos un punto de interés, definido como la propiedad que especifica el punto de la composición al que señala la luz.

Agreguemos, pues, una capa de luz a la composición Orange_Dot.

1. En el panel Proyecto, seleccione la composición Orange_Dot y haga clic bien en el panel Línea de tiempo o en el panel Composición.

2. Pulse la tecla **Inicio** para restaurar el indicador de tiempo actual.

3. Seleccione Capa>Nuevo>Luz.

4. En el cuadro de diálogo Ajustes de la luz, haga lo siguiente:

- Escriba **Spotlight1** en el campo Nombre.

- Seleccione Tipo de luz>Luz concentrada.

- Ajuste el valor de Intensidad a **225%** y el de Ángulo de cono a **117°**.

- Compruebe que el Calado de cono marque **50%** y que el Color sea el blanco.

- Marque la casilla Proyectar sombras.

- Compruebe que Oscuridad de la sombra marque **100%** y ajuste el valor de Difusión de la sombra a **100** píxeles.

- Haga clic en **Aceptar** para crear la capa de luz (véase la figura 10.1).

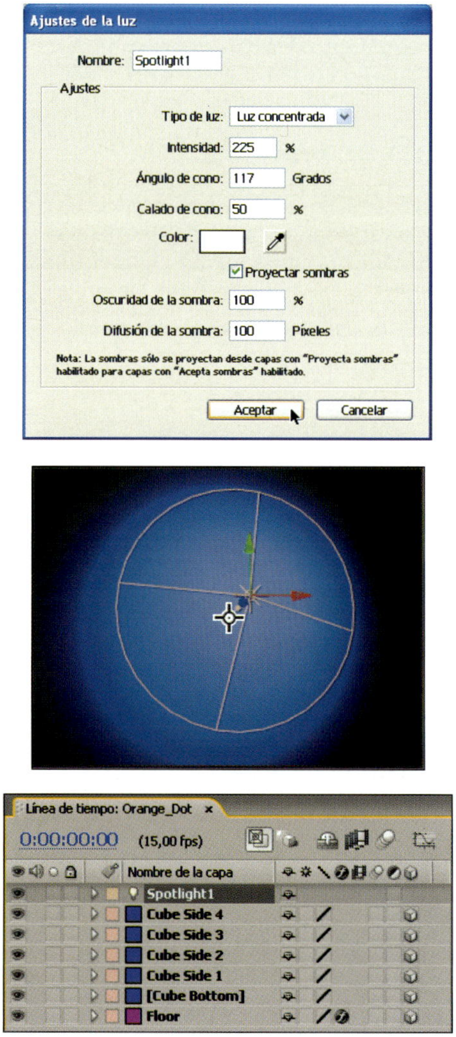

Figura 10.1.

La capa de luz está representada en el panel Línea de tiempo con el icono de una bombillita, mientras que el punto de interés aparece en el panel Composición como un cursor de cruz.

Ajustar el punto de interés

Por defecto, el punto de interés de una capa de luz se encuentra justo en el centro de la composición y la vista de luz se orienta automáticamente hacia él. Así, el siguiente paso será proyectar la luz para que incida sobre el cubo desde arriba.

1. Seleccione la opción 2 Vistas:Horizontal en el menú emergente Seleccionar diseño de vista que está en la parte inferior de panel Composición.

2. Haga clic en la mitad izquierda para hacerla activa y compruebe que el menú emergente Activación de la vista 3D tenga seleccionada la opción Superior (la vista de la derecha debería estar en Cámara activa) (véase la figura 10.2).

3. Avance al momento 5:05, que es cuando los cuatro lados del cubo han terminado de ponerse de pie.

NOTA: LA LUZ APARECERÁ ATRAVESANDO TODA LA COMPOSICIÓN, PERO AL TRABAJAR EN EL MOMENTO 5:05, PODEMOS VER CLARAMENTE CÓMO INTERACTÚA CON EL CUBO.

4. Seleccione la capa Cube Bottom en el panel Línea de tiempo y haga **Control**-clic para seleccionar también la capa Spotlight1.

5. Haga clic en Ver>Ver las capas seleccionadas para visualizar las dos capas en ambas vistas en el panel Composición (véase la figura 10.3).

6. Seleccione solo la capa Spotlight1 en el panel Línea de tiempo y amplíe todas las propiedades del epígrafe Transformar (véase la figura 10.4).

7. Con la capa Spotlight 1 seleccionada en el panel Línea de tiempo, arrastre los valores x-y-z de la propiedad Punto de interés, hasta que el cursor de cruz que marca el punto de interés se sitúe en el centro del cubo en la vista Superior del panel Composición. Al final, los valores deben ser **270,0**, **120,0** y **1103,0**, respectivamente, así que si quiere, también puede introducirlos manualmente (véase la figura 10.5).

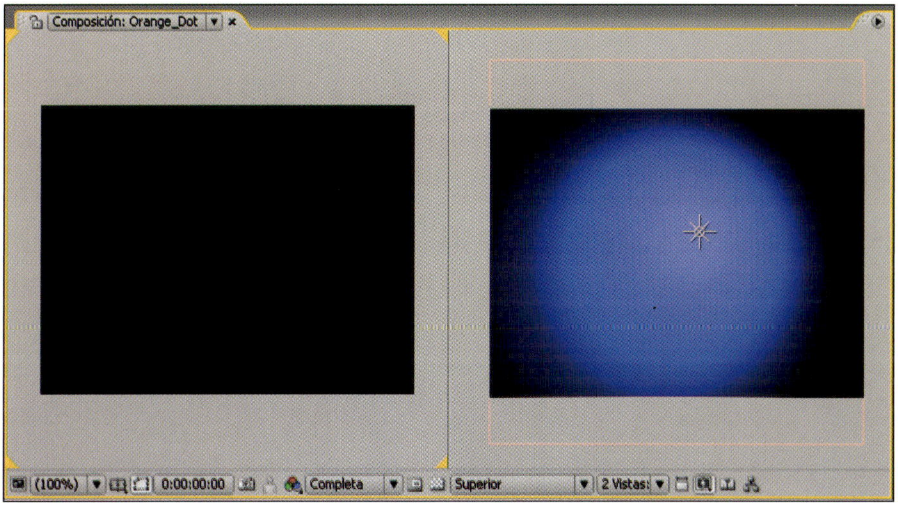

Figura 10.2.

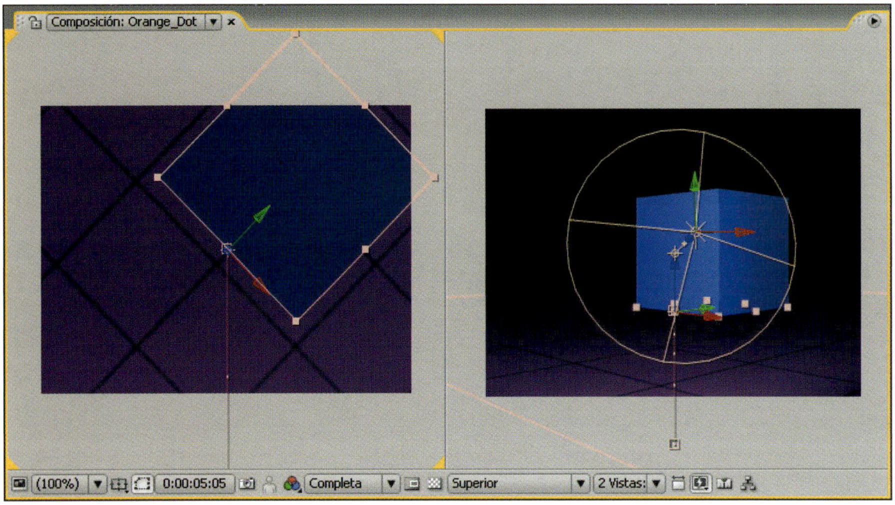

Figura 10.3.

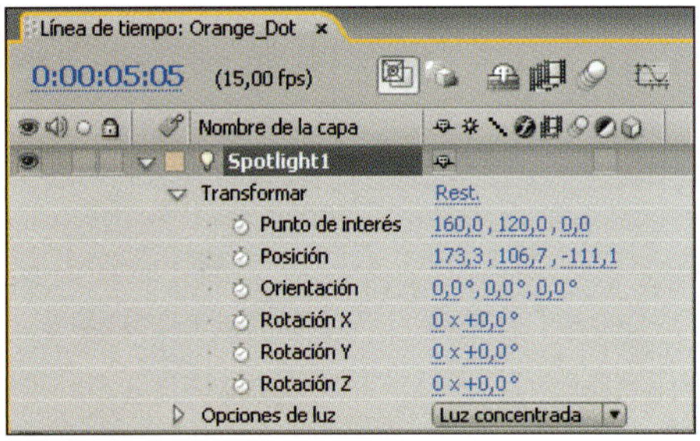

Figura 10.4.

NOTA: OTRA POSIBILIDAD ES DESPLAZAR DIRECTAMENTE EL CURSOR DE CRUZ QUE MARCA EL PUNTO DE INTERÉS EN LA VISTA SUPERIOR DEL PANEL COMPOSICIÓN PARA RECOLOCARLO.

8. En el menú emergente Seleccionar diseño de vista, haga clic en la opción 4 Vistas: Izquierda para ver cuatro vistas distintas del cubo, tres apiladas a la izquierda del panel Composición y una más grande a la derecha. Las de la izquierda corresponden, de arriba abajo, a las vistas Superior, Frente y Derecha, mientras que la de la derecha corresponde a la vista Cámara activa (véase la figura 10.6).

9. Seleccione la vista Derecha (que es la tercera de las tres que están apiladas a la izquierda) y, si es necesario, reduzca un poco el grado de visualización y muévase con la herramienta **Mano** hasta centrar en pantalla el cono de proyección de luz y el punto de interés. Una vez tenga la vista bien ajustada, haga clic en la herramienta **Selección** (véase la figura 10.7).

10. Sin apartar la mirada del punto de interés en las distintas vistas del panel Composición, arrastre, en el panel Línea de tiempo, el valor del eje y de la propiedad **Punto de interés** (el segundo empezando por la izquierda) hacia la derecha hasta situarlo sobre la cuadrícula del suelo. Al final, los valores del punto de interés deberían ser **270,0**, **264,0** y **1103,0**, así que ya sabe que, si quiere, puede introducirlos manualmente (véase la figura 10.8).

Efectos 3D

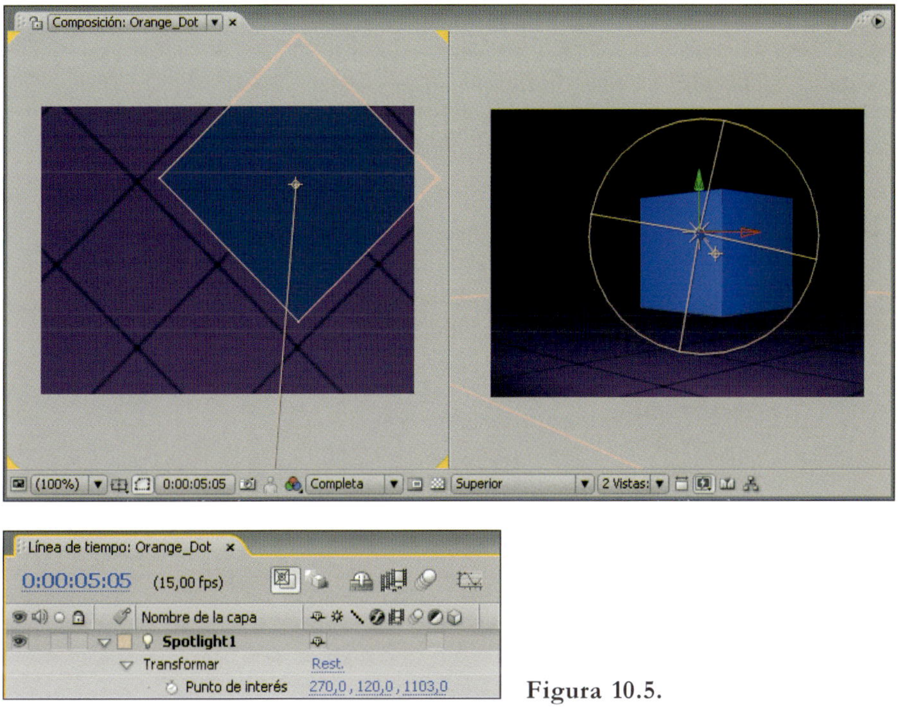

Figura 10.5.

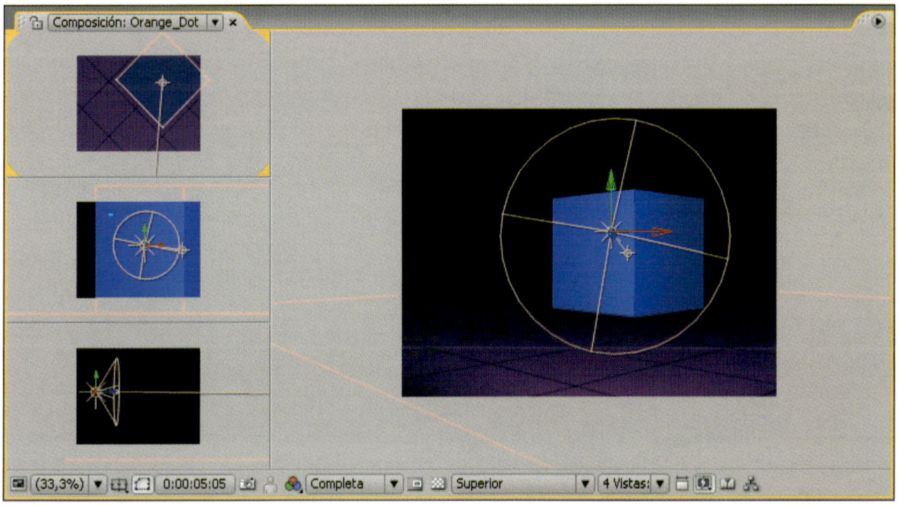

Figura 10.6.

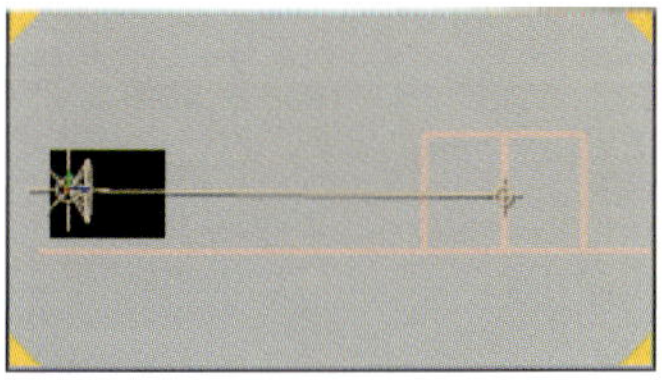

Figura 10.7. *Vista Derecha con la capa Spotlight1 seleccionada y el cono de luz y el punto de interés visibles.*

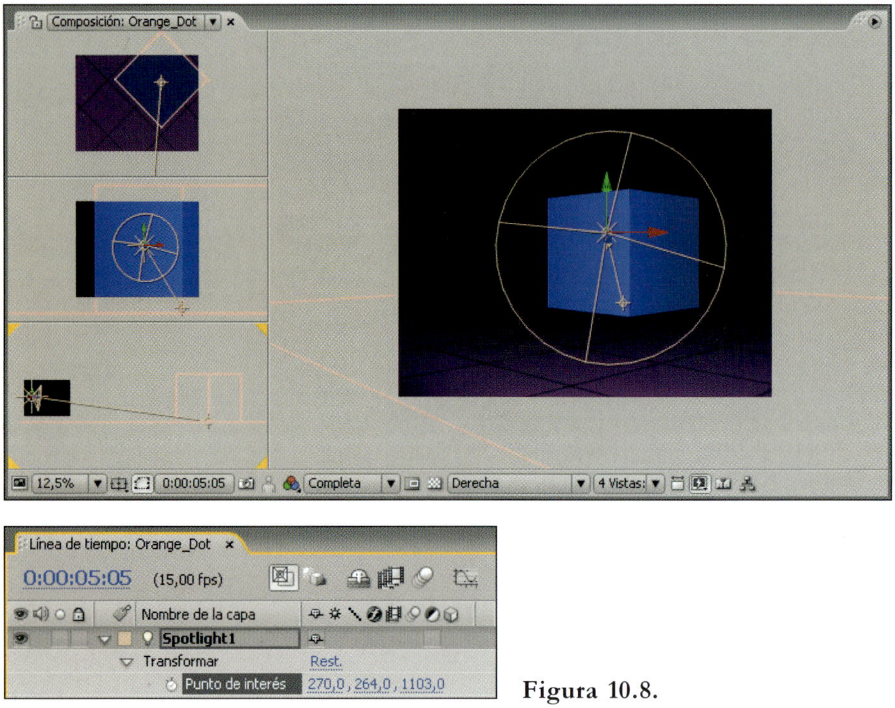

Figura 10.8.

Situar el foco de luz

Ahora, ajustaremos la posición del foco de luz. Pero cuidado, porque si lo arrastramos en el panel Composición, en vez de ajustar el foco, lo que hacemos es desplazar el punto de interés de la luz y cambiar la posición de la capa de luz en el panel Línea de tiempo.

1. Seleccione la capa Spotlight1 en el panel Línea de tiempo y pulse **P** para ver la propiedad Posición (véase la figura 10.9).

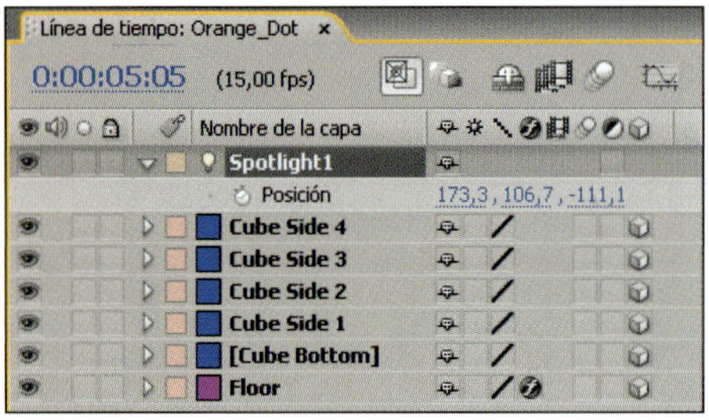

Figura 10.9.

2. Sin perder de vista las vistas Derecha y Cámara activa del panel Composición, arrastre, en el panel Línea de tiempo, el valor del eje y de la propiedad Posición (el segundo empezando por la izquierda) hacia la izquierda hasta que el cono de luz esté muy lejos y por encima de la composición. El valor final debe ser **-700,0**, así que introdúzcalo manualmente si así lo prefiere (véase la figura 10.10).

Para acelerar un poco el proceso, ajustaremos el valor del eje z de la posición directamente.

3. Escriba **-430,0** como nuevo valor del eje z de la propiedad Posición en el panel Línea de tiempo para traer la luz de vuelta al espacio 3D (véase la figura 10.11).

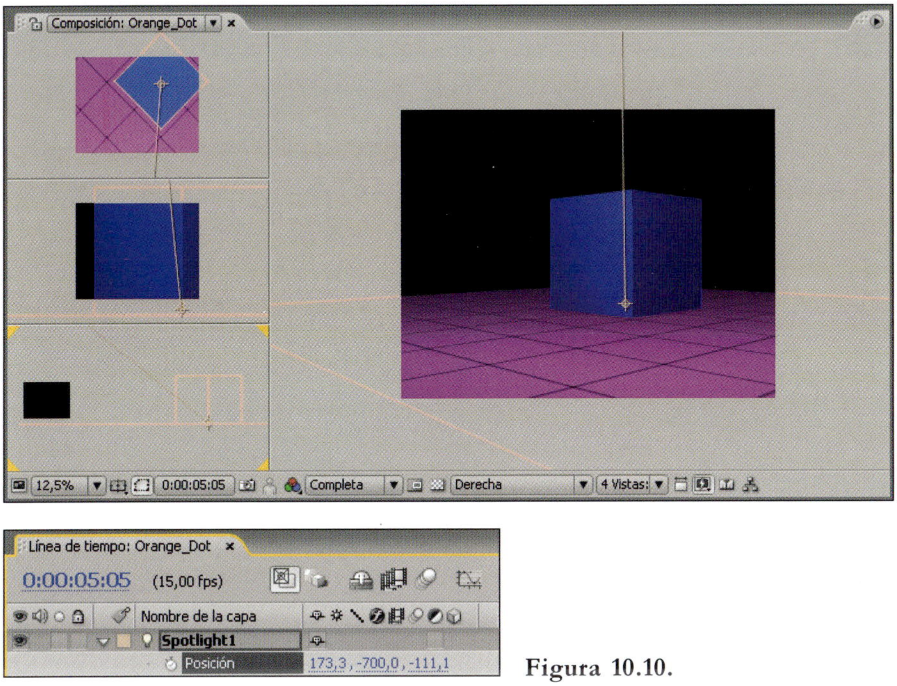

Figura 10.10.

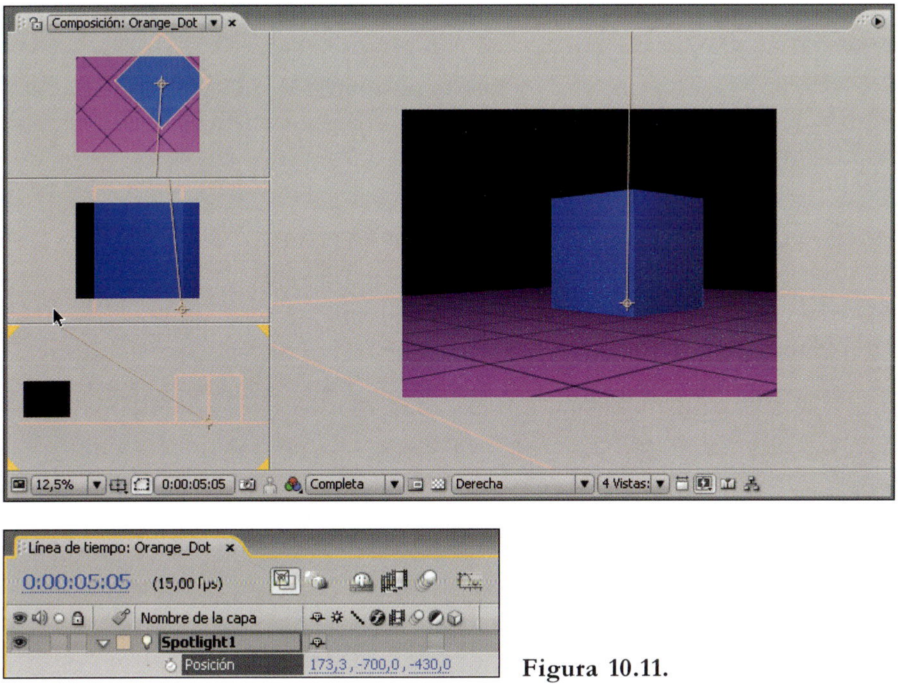

Figura 10.11.

4. Seleccione la capa Spotlight1 y pulse **U** para ocultar las propiedades.

5. Anule la selección de todas las capas activas en el panel Línea de tiempo, pulse la tecla **Inicio** y previsualice la composición pulsando la **barra espaciadora**. Cuando termine, seleccione Archivo>Guardar para guardar los cambios.

APLICAR SOMBRAS

Cuando en una capa activa el definidor **Capa 3D**, la dota del poder de responder a las capas de luz y sombra de acuerdo con los ajustes que especifique en el grupo de propiedades Opciones de material. Estas propiedades son las grandes herramientas de realismo y perspectiva de las animaciones en 3D.

1. Avance al momento 5:05 y no deje de prestar atención a los cuatro lados del cubo.

2. Haga clic en Seleccionar diseño de la vista>1 Vista y compruebe que el menú emergente Activación de la vista 3D marque la opción Cámara activa (véase la figura 10.12).

3. Haga **Mayús**-clic para seleccionar las cuatro capas de los lados del cubo en el panel Línea de tiempo (véase la figura 10.13).

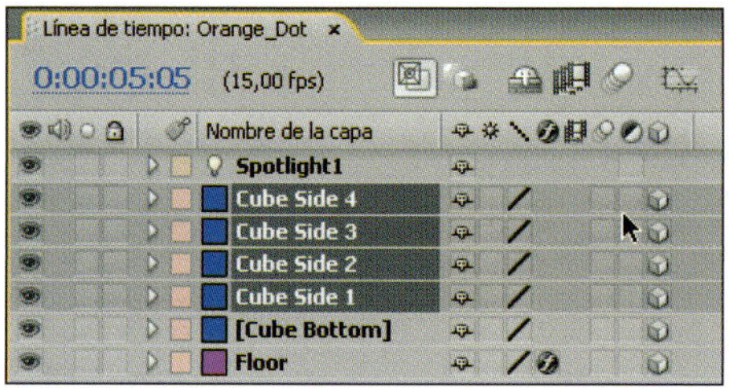

Figura 10.13.

4. Pulse **AA** para ampliar el grupo de propiedades Opciones de material de las cuatro capas (véase la figura 10.14).

5. Con las cuatro capas seleccionadas, active en la primera, Cube Side 4, la propiedad Proyecta sombras haciendo clic sobre la palabra azul subrayada Desactivado, para que se active en las otras tres a la vez (véase la figura 10.15).

6. Oculte las propiedades de las cuatro caras del cubo y anule la selección de todas las capas.

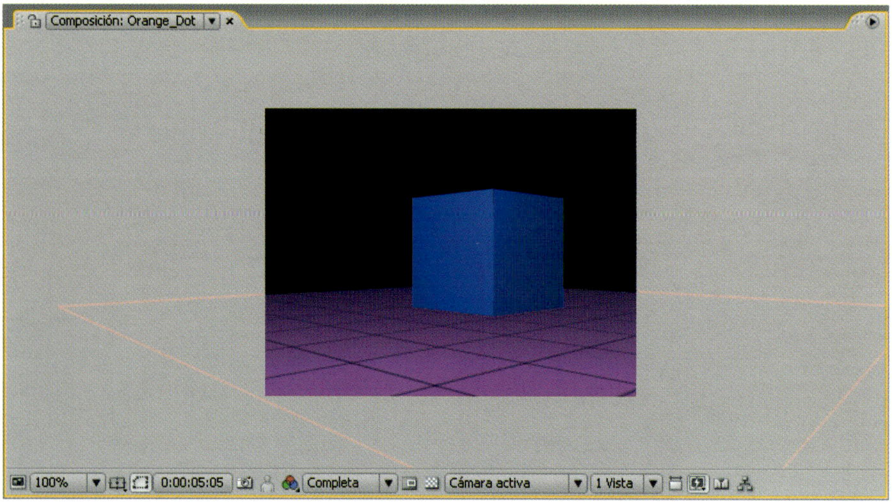

Figura 10.12.

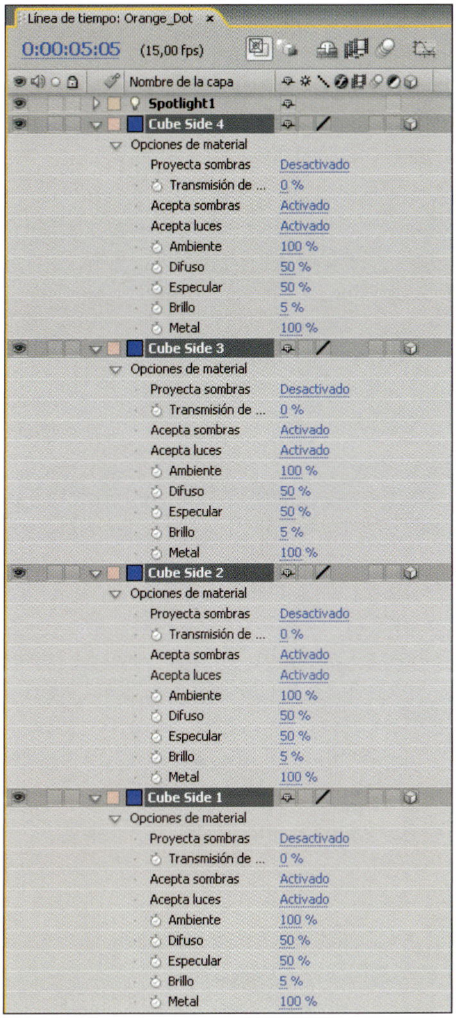

Figura 10.14.

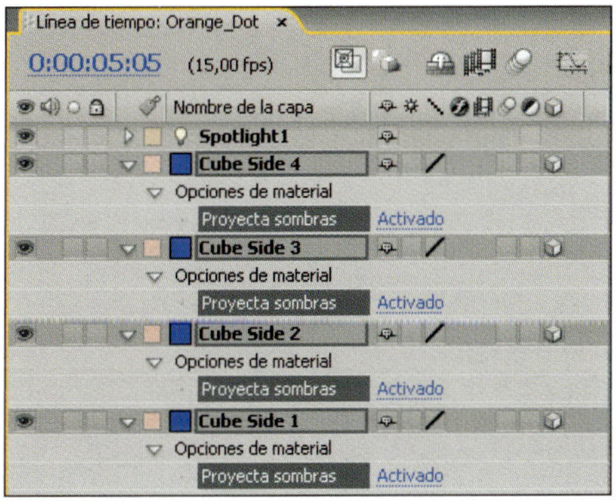

Figura 10.15.

7. Pulse la tecla **Inicio** para retroceder al principio de la regla de tiempo y pulse la **barra espaciadora** para previsualizar los resultados. Observe, pues, las sombras que proyectan las caras del cubo cuando se van levantando (véase la figura 10.16).

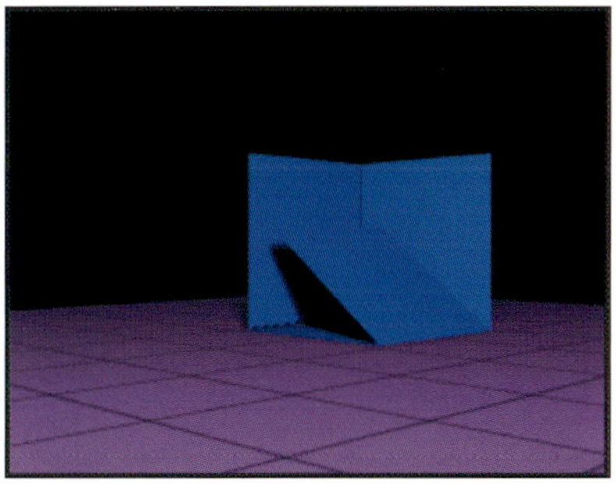

Figura 10.16.

8. Pulse la **barra espaciadora** para detener la previsualización cuando haya terminado y seleccione Archivo>Guardar para guardar los cambios.

AGREGAR UNA CÁMARA

Las capas 3D se pueden visualizar desde múltiples ángulos y distancias mediante lo que llamamos cámaras. Al fijar una vista de cámara en una composición, enfocamos las capas como si las estuviéramos viendo a través de una cámara. Podemos elegir entre la Cámara activa que incorpora el programa, o crear una totalmente nueva con el nombre que queramos y adaptarla a nuestras necesidades concretas. Cuando aún no se han creado cámaras personalizadas, la Cámara activa es la que se ve por defecto en el panel Composición.

Hasta ahora, la composición Orange_Dot se desarrolla frente a la Cámara activa predeterminada. Pero la siguiente secuencia de la animación requiere una perspectiva que enfoque el cubo desde arriba, razón por la que crearemos una capa de cámara y animaremos la cámara virtual.

1. Avance al momento 5:05 y anule la selección de todas las capas en el panel Línea de tiempo (véase la figura 10.17).

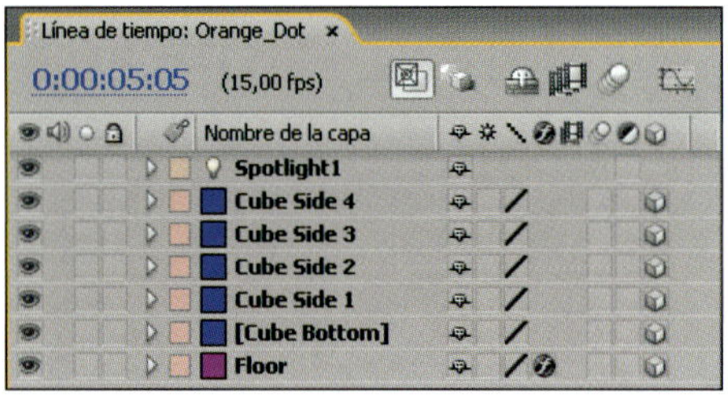

Figura 10.17.

2. Seleccione Capa>Nuevo>Cámara.

3. En el cuadro de diálogo Configuración de la cámara, acepte todas las opciones predeterminadas, incluidos el nombre, Cámara 1, y el Ajuste preestablecido a 50mm, y haga clic en **Aceptar** (véase la figura 10.18).

¿Qué ha cambiado? Por un lado, aparece la capa Cámara 1 en primera posición en el panel Línea de tiempo (que incluye un icono de cámara), y por otro, el panel Composición se actualiza y refleja la perspectiva de la nueva capa de cámara. La vista no parece que haya cambiado mucho, pero esto es debido a que el ajuste preestablecido de 50mm emplea los mismos valores que la vista Cámara activa predeterminada.

4. Seleccione la opción 2 Vistas:Horizontal en el menú emergente Activación de la vista 3D. La vista Superior aparece a la izquierda, mientras que la vista Cámara activa permanece a la derecha (véase la figura 10.19).

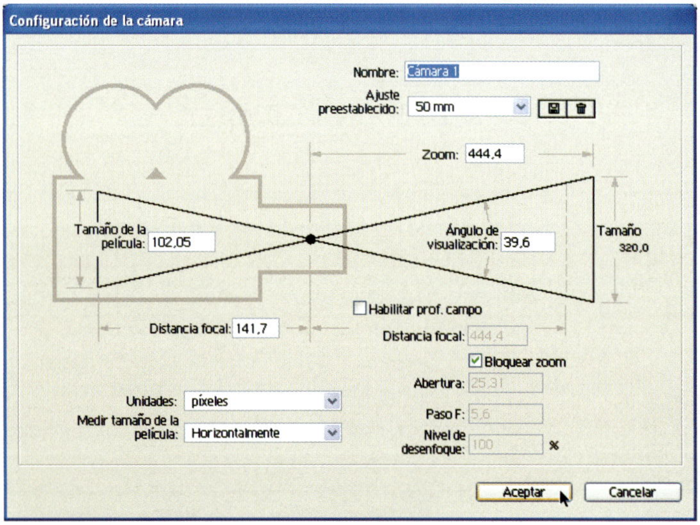

Figura 10.18.

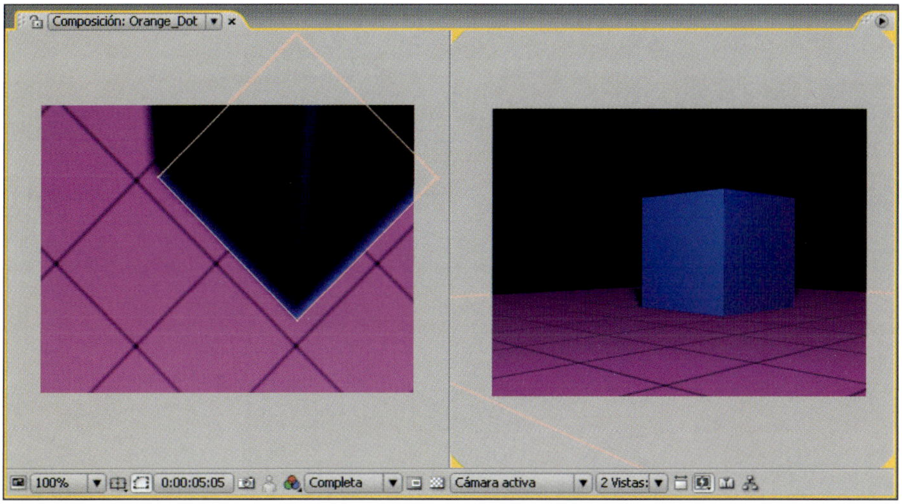

Figura 10.19.

Ajustar el punto de interés de la cámara

Como las capas de luz, las capas de cámara también tienen un punto de interés que determina el enfoque de la cámara. En nuestro ejercicio, ajustaremos la capa de cámara de modo que enfoque el cubo de principio a fin mientras animamos la posición de la cámara.

1. En el panel Línea de tiempo, amplíe el grupo de propiedades Transformar de la capa Cámara 1 (véase la figura 10.20).

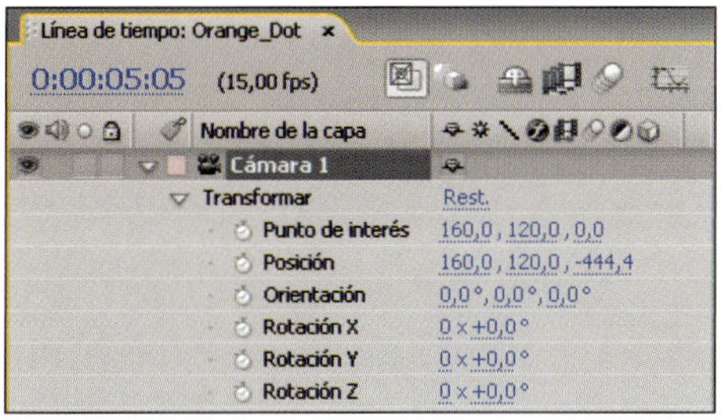

Figura 10.20.

2. Con la mirada fija en la vista Superior del panel Composición, arrastre hacia la derecha el valor del punto de interés del eje z hasta que el icono se encuentre dentro del cubo en el panel Composición. El valor final debería ser **1117,0**, así que si lo prefiere, ya sabe que puede introducirlo manualmente (véase la figura 10.21).

Animar la cámara

Si desplazamos la capa de cámara arrastrándola en el panel Composición, el punto de interés también se mueve. Por eso, es mejor reposicionar la cámara en el panel Línea de tiempo.

1. Avance al momento 5:07, es decir, dos fotogramas después de que las caras hayan formado el cubo completo.

2. Haga clic en el **Cronómetro de variación de tiempo** de posición de la capa Cámara 1 para añadir un fotograma clave con los valores predeterminados de la propiedad (**160,0**, **120,0** y **-444,4**) (véase la figura 10.22).

3. Amplíe el grupo de propiedades Opciones de cámara.

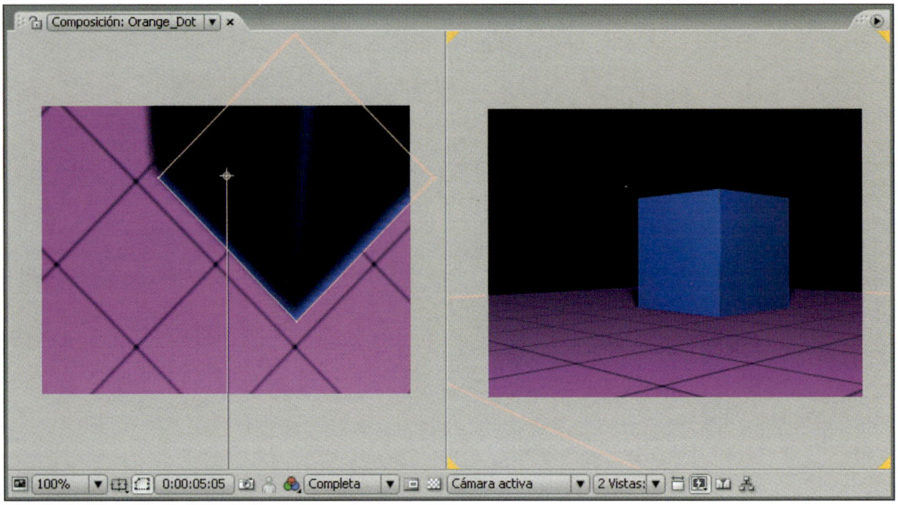

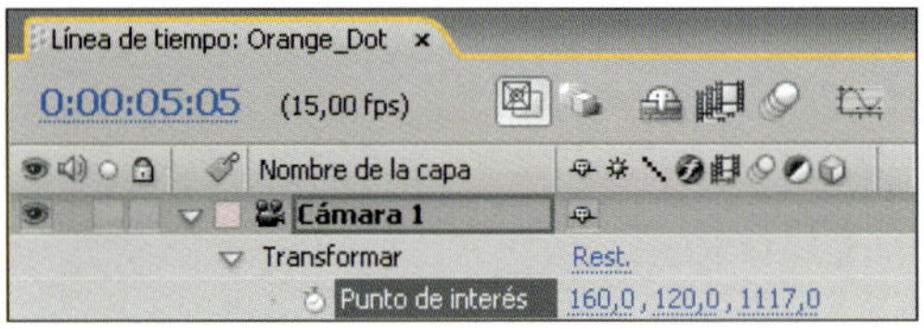

Figura 10.21.

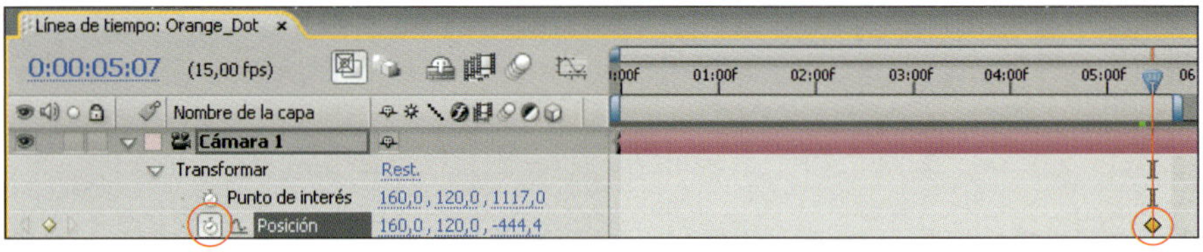

Figura 10.22.

4. Haga clic en el **Cronómetro de variación de tiempo** de la propiedad Zoom para agregar un fotograma clave con el valor predeterminado, es decir, **444,4** píxeles (véase la figura 10.23).

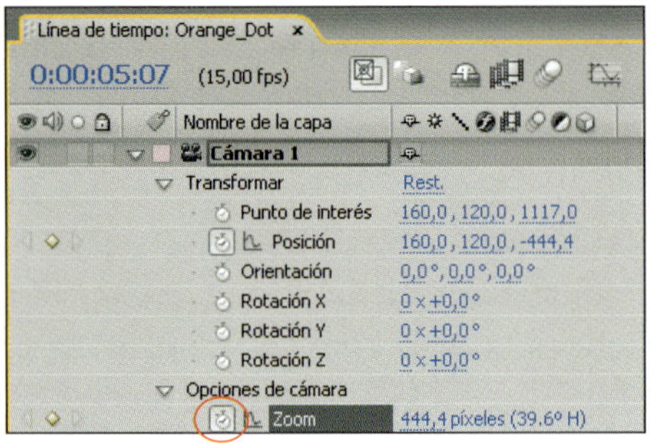

Figura 10.23.

5. Avance al momento 6:04 y extienda el marcador **Fin del entorno de trabajo** al momento 6:10.

6. Cambie el valor del eje y de la propiedad Posición a **-1000,0** para mover la cámara hacia arriba y que After Effects agregue un fotograma clave (véase la figura 10.24).

7. Cambie el valor de Zoom a **500,0** píxeles para que After Effects añada otro fotograma clave (véase la figura 10.25).

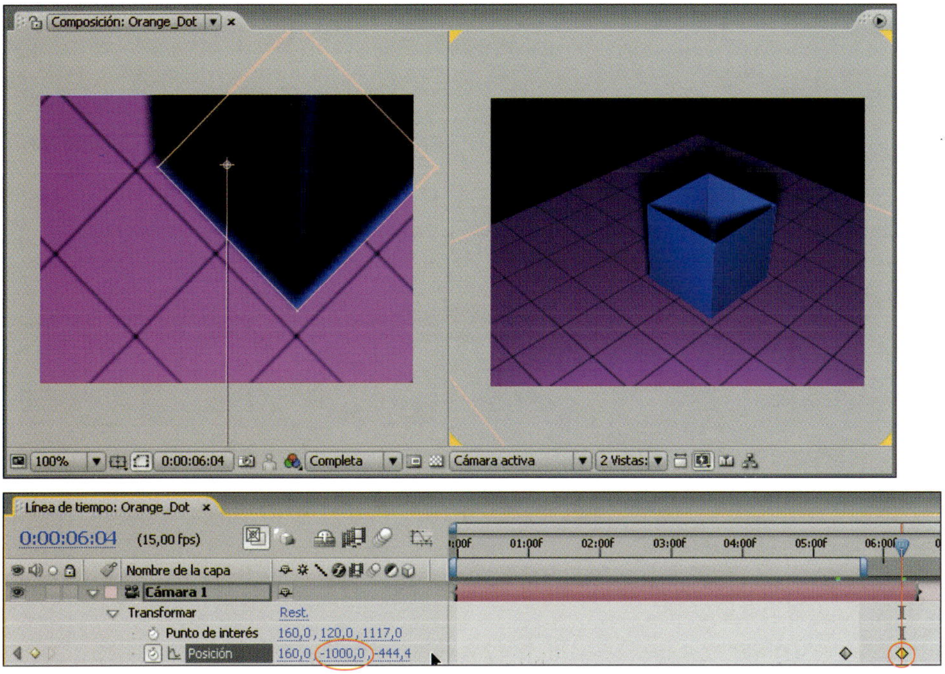

Figura 10.24.

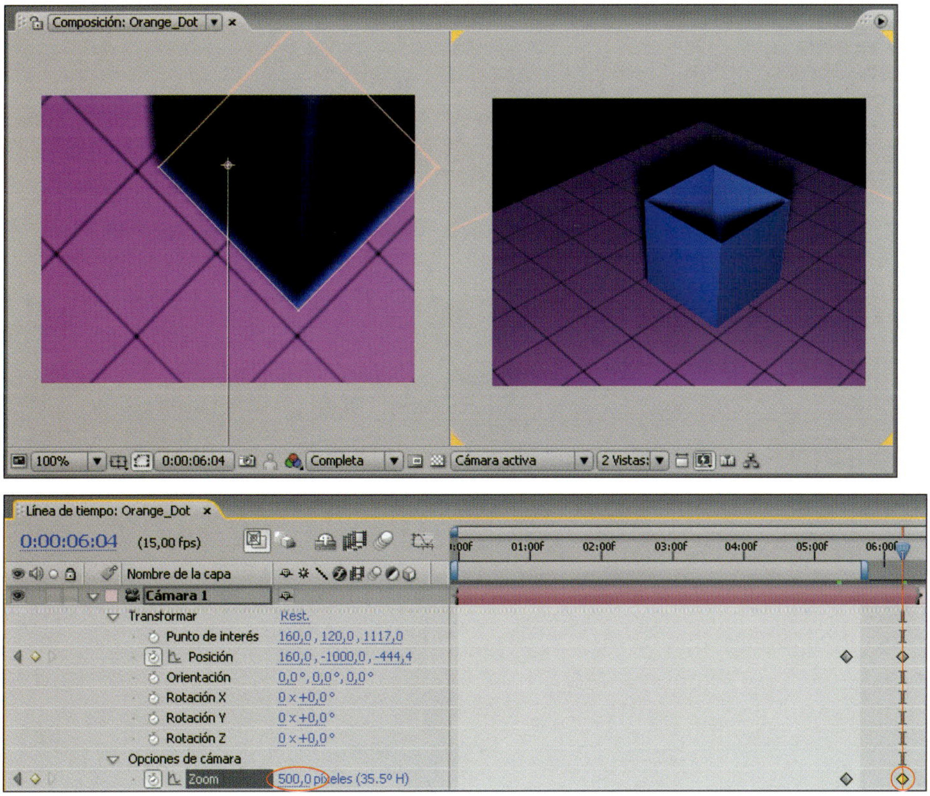

Figura 10.25.

8. Regrese a la opción 1 Vista en el panel Composición y compruebe que tenga elegida la opción Cámara activa.

9. Pulse la tecla **Inicio** para retroceder al momento 0:00 y luego la **barra espaciadora** para ver una previsualización de la animación.

10. Pulse la **barra espaciadora** para detener la previsualización cuando haya terminado de verla.

11. Oculte todas las propiedades de la capa Cámara 1 y seleccione Archivo>Guardar para guardar los cambios.

AÑADIR UNA ESFERA ANIMADA

Una vez que ya hemos añadido luces, sombras y una cámara a la animación, ya podemos crear el otro elemento animado protagonista de nuestra composición: el punto naranja (que es, en realidad, una esfera) que emerge del cubo.

Crear la esfera

Igual que hicimos con las caras del cubo, crearemos la esfera naranja a partir de una capa de color sólido y luego le aplicaremos el efecto Cycore CC Esfera. Asegúrese de tener instalado el plug-in de After Effects que se encuentra en el disco de instalación antes de seguir adelante.

1. Avance al momento 6:04.

2. Anule la selección de todas las capas en el panel Línea de tiempo y seleccione Capa> Nuevo>Sólido.

3. En el cuadro de diálogo Ajustes de sólido, haga lo siguiente:

- Escriba **Orange Dot** como nombre para la capa.
- Ajuste la Altura a **320** píxeles.
- Haga clic en la muestra de color. En el Selector de color, escriba **FF9900** en el campo **#** y haga clic en **Aceptar**.
- Vuelva a hacer clic en **Aceptar** (véase la figura 10.26).

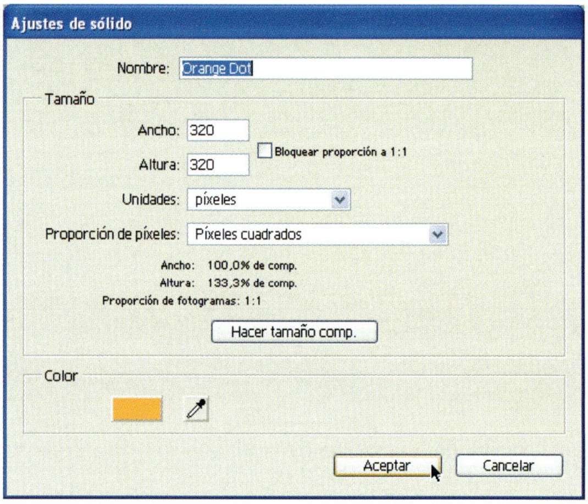

Figura 10.26.

La nueva capa aparece encima de todas las demás en el panel Línea de tiempo y también en el centro del panel Composición (véase la figura 10.27).

Ahora, convirtamos este cuadrado en una esfera.

4. Con la capa Orange Dot seleccionada en el panel Línea de tiempo, haga clic en Efecto> Perspective>CC Sphere.

5. En el panel Controles de efectos, ajuste el Radius a **160,0** (véase la figura 10.28).

Enhorabuena. Ya tiene la esfera.

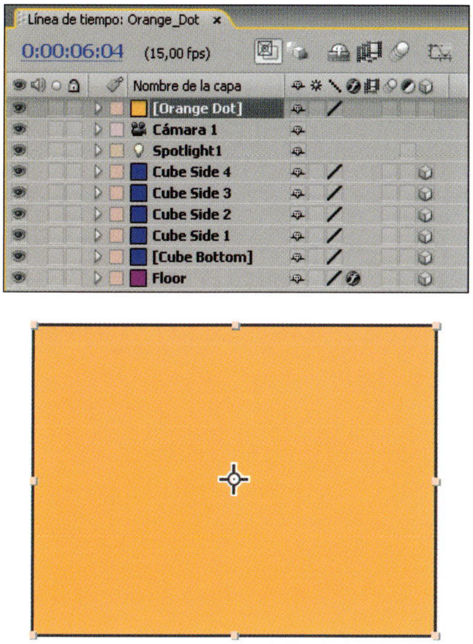

Figura 10.27.

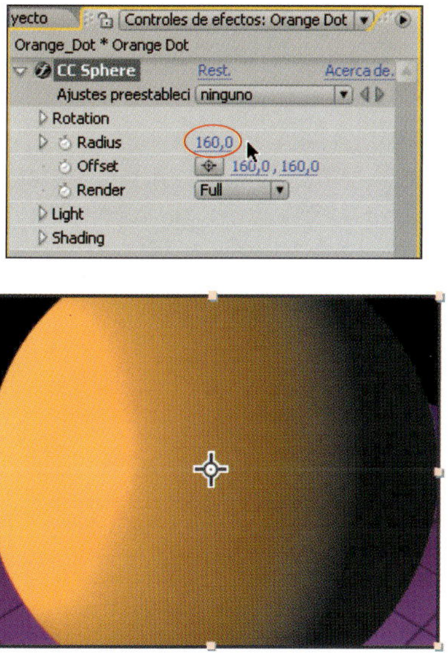

Figura 10.28.

Situar la esfera

Aunque la esfera parece tener profundidad, solo se mueve en los ejes x e y de la composición, así que el siguiente paso es activar el definidor **Capa 3D** de la capa para animar la esfera hacia los lados de los demás elementos del espacio 3D.

1. En el momento 6:04, active el definidor **Capa 3D** de la capa Orange Dot. En este momento, la capa deja de estar visible en el panel Composición, debido a que el valor de posición del eje z es 0,0, es decir, fuera de vista de la cámara (véase la figura 10.29).

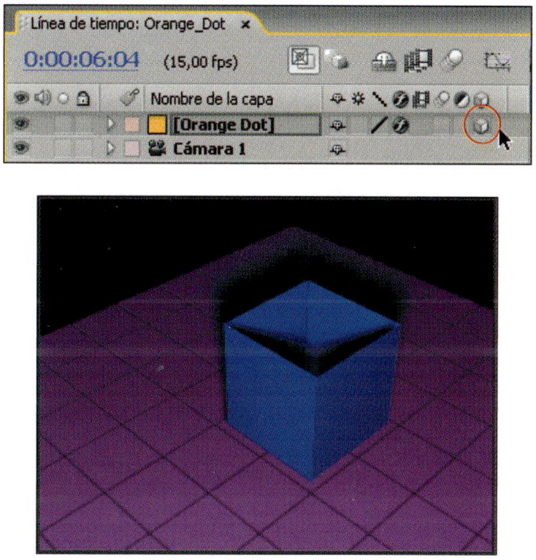

Figura 10.29.

2. Seleccione la capa Orange Dot en el panel Línea de tiempo y pulse la tecla **P** para ver sus valores de posición.

3. Escriba los nuevos valores de posición siguientes: **270,0**, **138,0** y **1115,0** para colocar la capa a la vista de la cámara y dentro del cubo (véase la figura 10.30).

4. Seleccione la capa Orange Dot y pulse **AA** para ver el grupo de propiedades Opciones de material.

5. Desactive las propiedades Acepta sombras y Acepta luces y observe que, ahora, la capa ni muestra sombras proyectadas por otras capas (las

caras del cubo), ni su color se ve afectado por la luz que la alcanza (véase la figura 10.31).

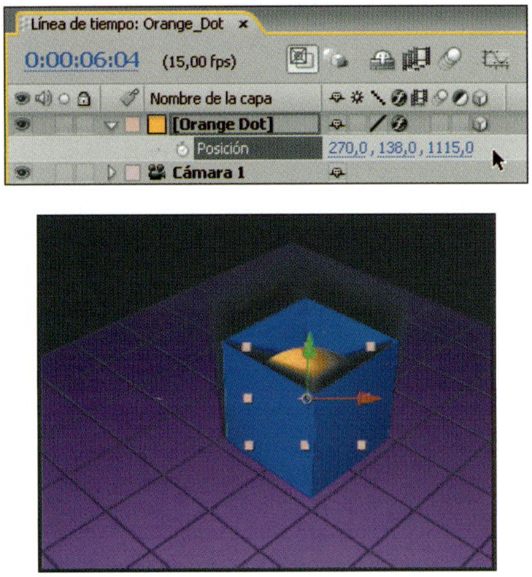

Figura 10.30.

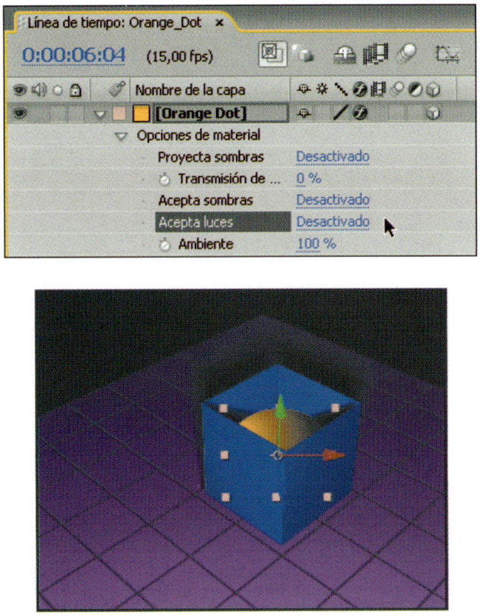

Figura 10.31.

6. Haga clic en el triangulito que está a la izquierda del nombre de la capa Orange Dot para ocultar todas las propiedades.

Desinflar el punto naranja

Para que la esfera emerja más gradualmente del cubo, aplicaremos primero un efecto Deformación a la capa y luego animaremos el efecto.

1. Avance al momento 6:09.

2. Con la capa Orange Dot seleccionada en el panel Línea de tiempo, pulse **Alt-¡** para mover el Punto de entrada de la capa al tiempo actual (véase la figura 10.32).

3. Seleccione Efecto>Distorsionar>Deformación. Las opciones predeterminadas del efecto Deformación distorsionan la esfera y la asemejan a un huevo que se sale por los bordes del cubo, así que no nos queda más remedio que personalizar las propiedades del efecto (véase la figura 10.33).

4. En el efecto Deformación dentro del panel Controles de efectos, seleccione Estilo de deformación>Abombado.

5. Cambie el valor Curvar a **-100**. En este momento, la esfera desaparece, así que haga clic en el **Cronómetro de variación de tiempo** de la propiedad Curvar para añadir un fotograma clave (véase la figura 10.34).

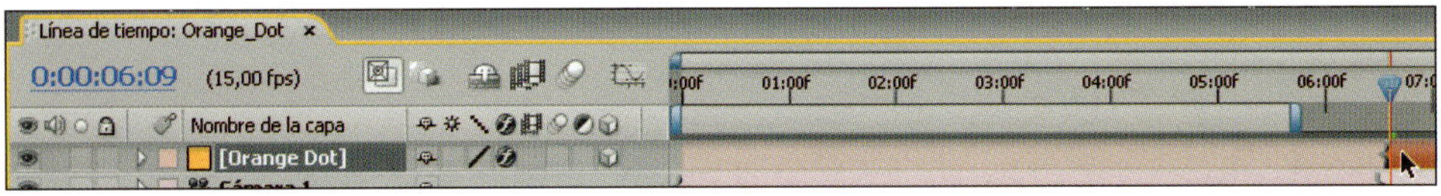

Figura 10.32.

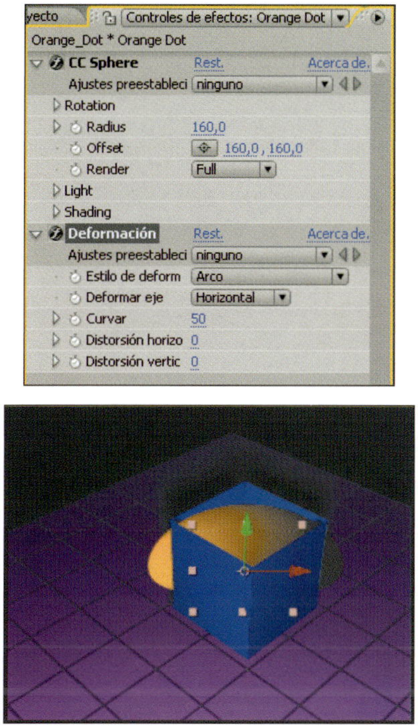

Figura 10.33.

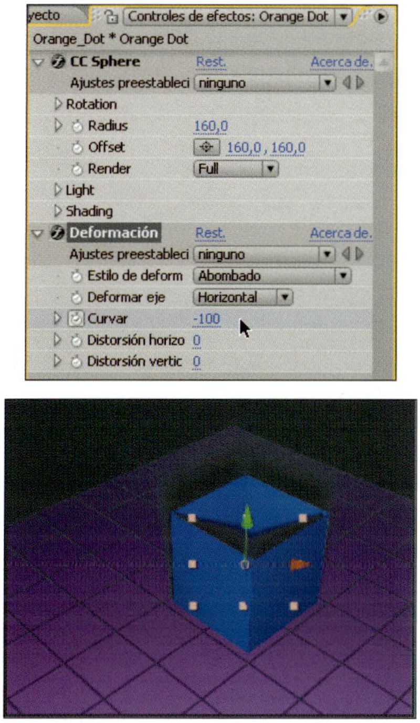

Figura 10.34.

Inflar la esfera

Y ahora tenemos que elevar y dejar caer la esfera suavemente varias veces hasta que se hinche del todo y se salga del cubo. Para ello, animaremos la propiedad Curvar del efecto Deformación.

1. Aún en el momento 6:09, cambie el valor Distorsión vertical del efecto a **-65**.

2. Seleccione la capa Orange Dot en el panel Línea de tiempo y pulse la tecla **U** para ver, en este caso, la propiedad Curvar del efecto Deformación (véase la figura 10.35).

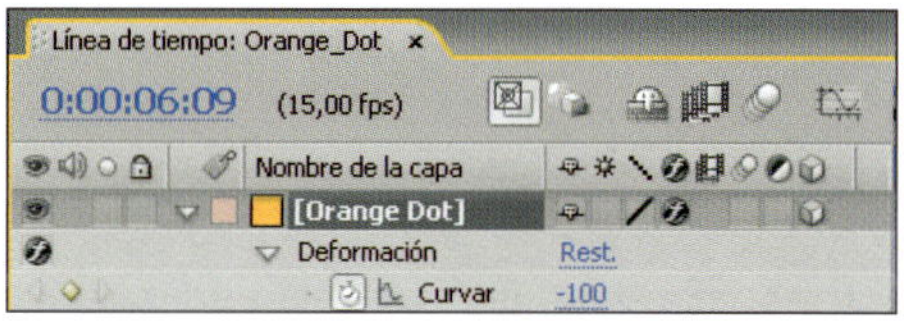

Figura 10.35.

3. Avance al momento 7:12 y cambie el valor Curvar a **100** para que After Effects agregue un fotograma clave y la esfera aparezca en el cubo en el panel Composición (véase la figura 10.36).

4. Retroceda al momento 6:11, es decir, dos fotogramas después del primer fotograma clave Curvar.

5. Haga clic en el definidor Agregar o quitar fotograma clave en el tiempo actual, que está a la izquierda en el panel Línea de tiempo, para añadir un fotograma clave Curvar en el momento 6:11 y hacer aparecer un diamante amarillo ◇ en el definidor y en la regla de tiempo (véase la figura 10.37).

6. Pulse la tecla **AvPág** dos veces para avanzar dos fotogramas hasta el momento 6:13 y haga clic en el definidor Agregar o quitar fotograma clave en el tiempo actual para añadir otro fotograma clave.

7. Repita el paso 6 hasta haber añadido un fotograma clave cada dos segundos entre el primer y el último fotograma clave Curvar (véase la figura 10.38).

Y ahora, ajuste el valor de la propiedad Curvar de cada fotograma clave.

8. Retroceda al momento 6:11, el punto del segundo fotograma clave Curvar y cambie el valor a **-42** (véase la figura 10.39).

TRUCO: AL PULSAR LA TECLA **K**, MOVEMOS EL INDICADOR DE TIEMPO ACTUAL AL SIGUIENTE FOTOGRAMA CLAVE VISIBLE; PERO SI PULSAMOS LA TECLA **J**, MOVEMOS EL INDICADOR AL FOTOGRAMA PREVIO. LAS TECLAS **J** Y **K** PERMITEN NAVEGAR AL FOTOGRAMA CURVAR ADECUADO EN LOS PASOS 9 A 11.

9. Pulse la tecla **K** dos veces para avanzar al fotograma clave Curvar del momento 7:00 y cambie el valor a **30**.

10. Pulse la tecla **K** dos veces más para ir al fotograma clave Curvar del momento 7:04 y cambie el valor a **55**.

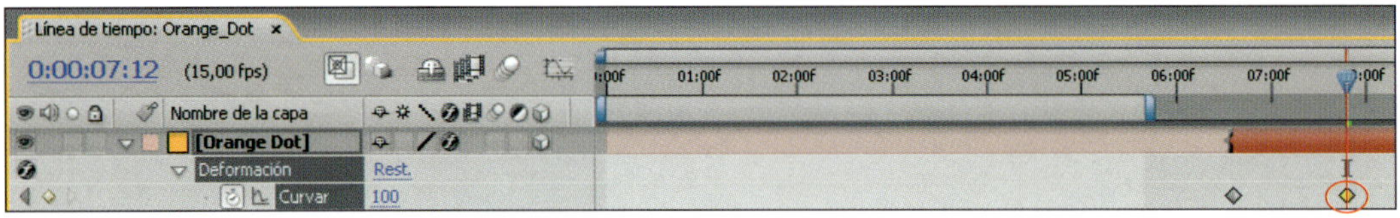

Figura 10.36.

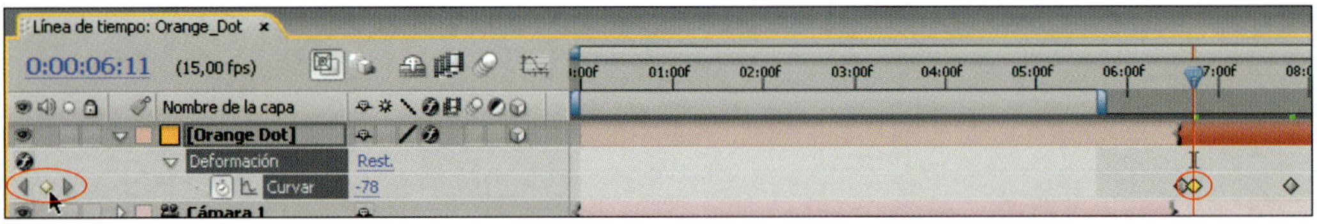

Figura 10.37.

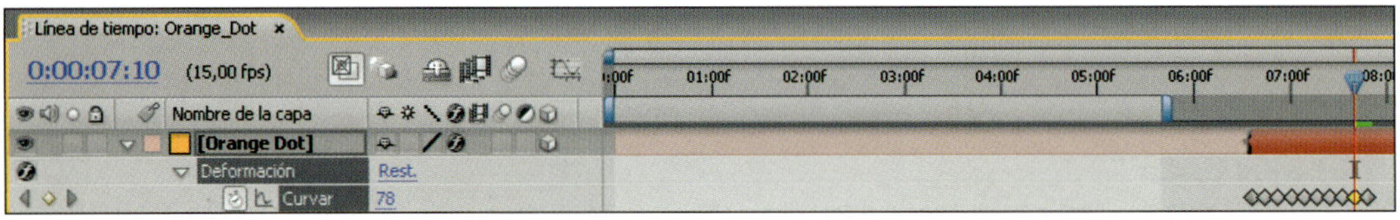

Figura 10.38.

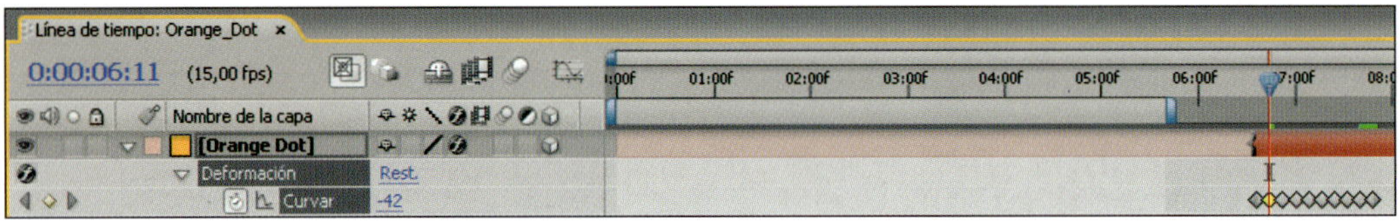

Figura 10.39.

11. Pulse la tecla **K** dos veces más para ir al fotograma clave Curvar del momento 7:08 y cambie el valor a **96**.

12. Seleccione Archivo>Guardar para guardar los cambios.

Abombar la esfera

Para lograr los resultados deseados, tenemos que afinar los momentos finales de la esfera dentro del cubo.

1. Con la capa Orange Dot seleccionada en el panel Línea de tiempo, pulse la tecla **E** para ver las propiedades de sus efectos (véase la figura 10.40).

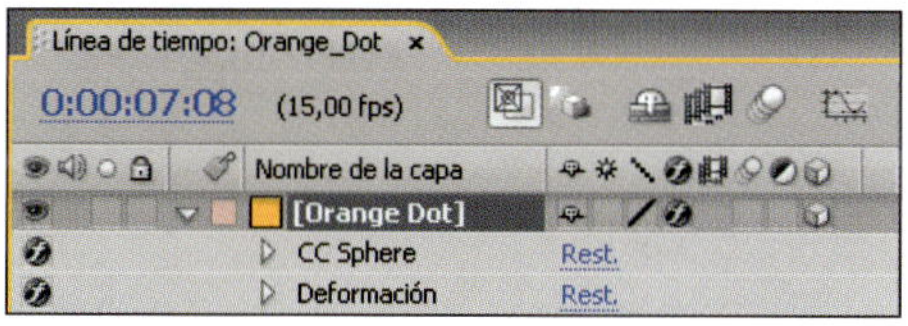

Figura 10.40.

2. Amplíe las propiedades del efecto Deformación de la capa.

3. Avance al momento 7:12.

4. Haga clic en el **Cronómetro de variación de tiempo** de la propiedad Distorsión vertical para añadir un fotograma clave (véase la figura 10.41).

5. Seleccione la capa Orange Dot en el panel Línea de tiempo y pulse **Mayús-P** para ver también los valores de posición.

6. Haga clic en el **Cronómetro de variación de tiempo** de la propiedad Posición para agregar un fotograma clave.

7. Seleccione de nuevo la capa Orange Dot y pulse otra vez **Mayús-S** para ver también los valores de escala.

8. Haga clic en el **Cronómetro de variación de tiempo** de la propiedad Escala para agregar un fotograma clave.

9. Con la capa Orange Dot seleccionada, pulse la tecla **U** para ver solo las propiedades propias de la capa (véase la figura 10.42).

10. Pulse la tecla **AvPág** para avanzar un fotograma al momento 7:13.

11. Ajuste las siguientes propiedades:

- Curva: **0**.
- Distorsión vertical: **0**.
- Posición: **270,0**, **-109,0** y **1115,0**.
- Escala: **147,0**, **147,0** y **147,0%** (véase la figura 10.43).

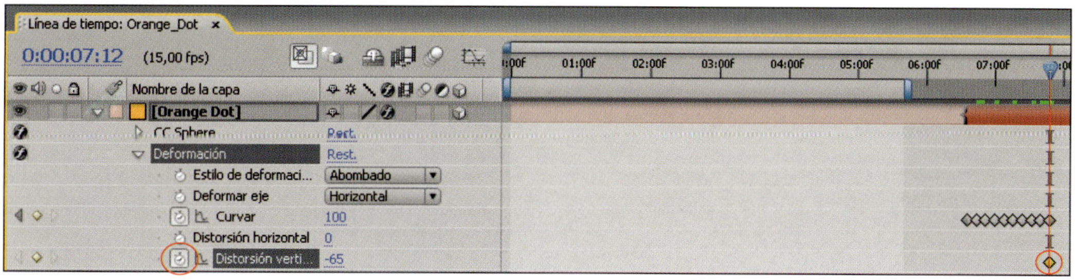

Figura 10.41.

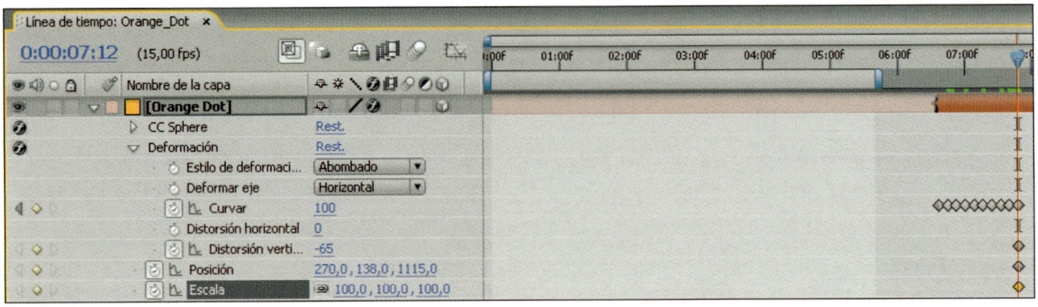

Figura 10.42.

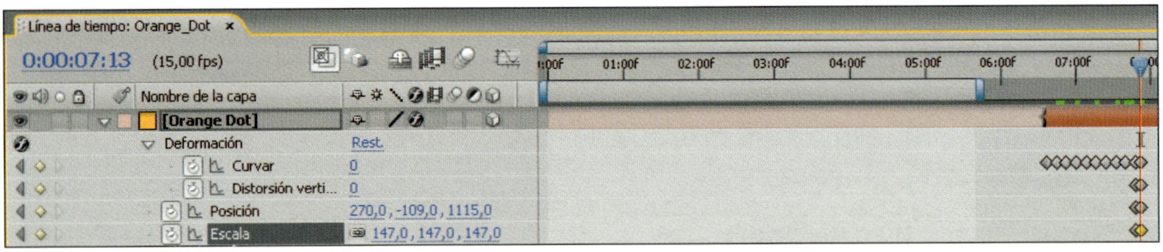

Figura 10.43.

After Effects agrega un fotograma clave a cada una de las cuatro propiedades.

12. Haga clic en el triangulito que está a la izquierda del nombre de la capa Orange Dot para ocultar sus propiedades.

Previsualizar la esfera animada

Y ha llegado el momento de previsualizar la animación de la esfera para ver qué tal nos ha quedado.

1. Retroceda al momento 6:04 y arrastre el marcado **Inicio del entorno de trabajo** al mismo momento. Luego, arrastre el marcador **Fin del entorno de trabajo** a más o menos el momento 8:04 para dar un margen de tiempo a la animación real (véase la figura 10.44).

2. Anule la selección de todas las capas del panel Línea de tiempo y pulse la **barra espaciadora** para previsualizar el entorno de trabajo. La esfera naranja debería no aparecer al principio, a continuación elevarse y caer varias veces dentro de la caja como si la estuvieran hinchando y, finalmente, detenerse una vez que salte hacia fuera de la caja (véase la figura 10.45).

3. Pulse la **barra espaciadora** para detener la previsualización, luego, arrastre el marcador **Inicio del entorno de trabajo** al principio de la regla de tiempo y el marcador **Fin del entorno de trabajo** al final de la regla de tiempo.

4. Seleccione Archivo>Guardar para guardar los cambios.

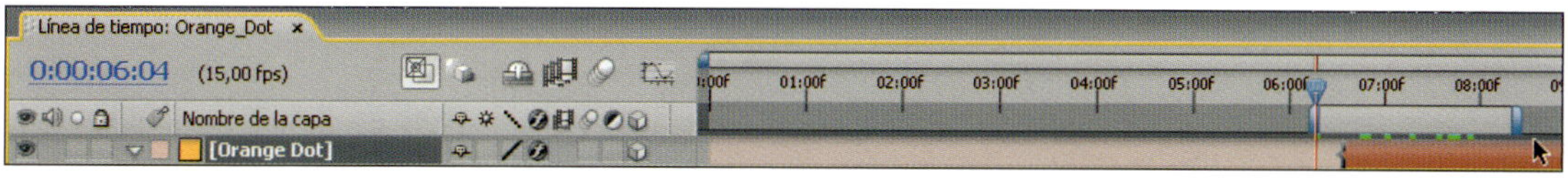

Figura 10.44.

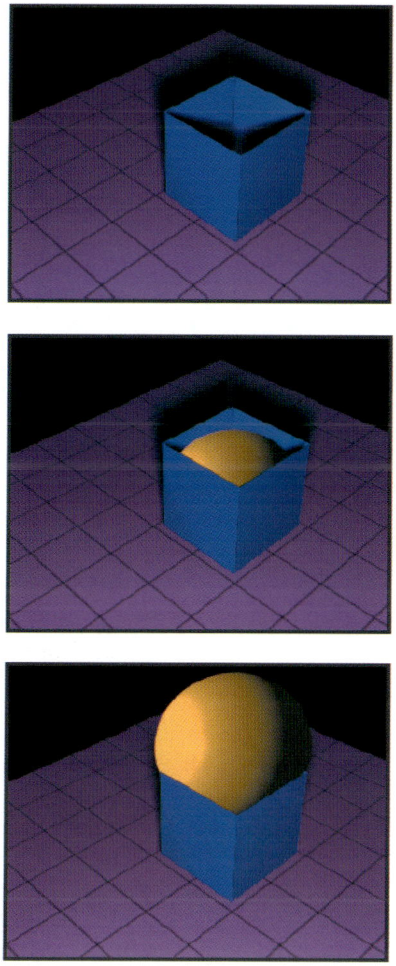

Figura 10.45.

AÑADIR EL LOGOTIPO

El siguiente ejercicio consiste en crear el logotipo animado que aparece al final de la animación aplicando un ajuste preestablecido de animación de texto.

Crear la capa de texto

Para el logotipo, emplearemos un trazado preestablecido de texto. Si hace un poco de memoria, recordará que los trazados preestablecidos usaban cuadros de texto, así que para este ejercicio, crearemos una capa de texto vacía, aplicaremos el trazado preestablecido y personalizaremos la fuente.

1. Anule la selección de todas las capas en el panel Línea de tiempo y haga clic en Capa>Nuevo>Texto para que After Effects añada una nueva capa, llamada Texto 1, en los paneles Línea de tiempo y Composición.

2. Avance al momento 7:13, que es cuando el punto naranja salta afuera del cubo.

3. Compruebe que la capa de texto (ahora llamada capa de texto vacía) esté seleccionada en el panel Línea de tiempo y haga clic en Animación>Examinar ajustes preestablecidos para abrir Bridge.

4. En Bridge, haga doble clic en la carpeta `Texto` y después en la carpeta `Trazados`.

5. Previsualice el ajuste Espiral larga y haga doble clic en él para aplicarlo en After Effects a la capa de texto vacía (véase la figura 10.46).

De regreso en After Effects, el ajuste preestablecido aparece en el panel Composición con su nombre en inglés escrito a lo largo del trazado de la espiral, mientras que en el panel Línea de tiempo, el nombre de la capa ahora es spiral long y se muestran las propiedades del ajuste de animación (véase la figura 10.47).

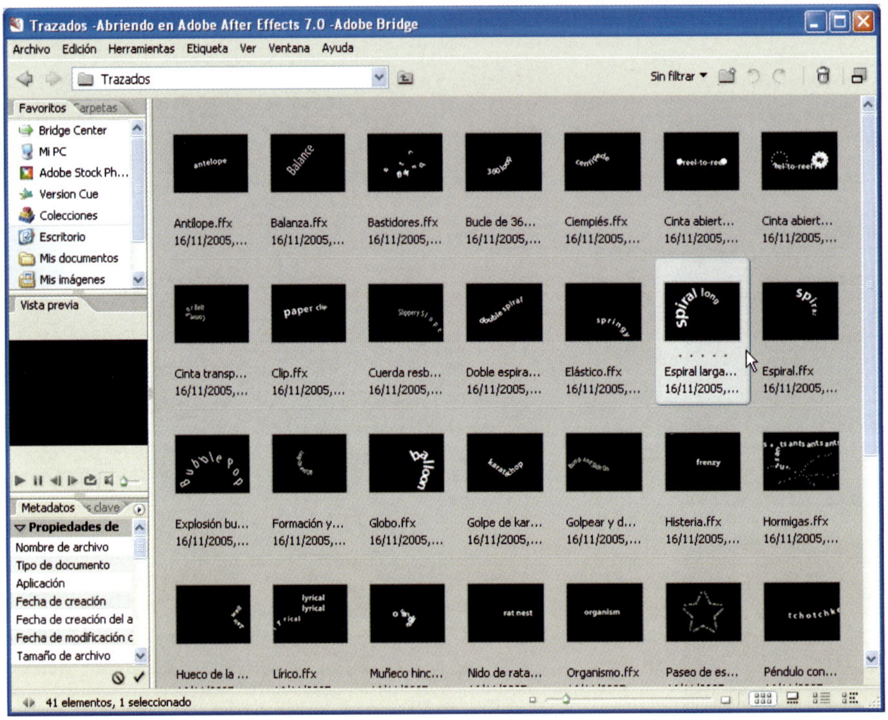

Figura 10.46.

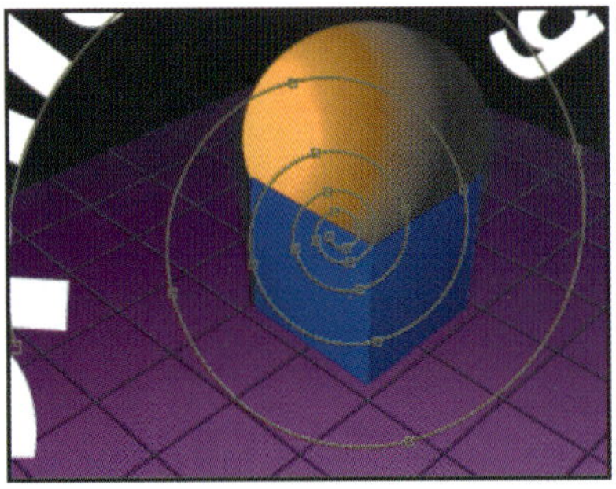

Figura 10.47.

Cambiar el sentido de la animación

Como veíamos en el panel de Bridge, el ajuste preestablecido Espiral larga anima el texto hacia dentro a lo largo de una espiral hasta que desaparece. Pero nosotros queremos justo lo contrario, es decir, que el texto se anime hacia fuera, así que tendrá que invertir los fotogramas clave que ha aplicado al ajuste.

1. Seleccione la capa spiral long en el panel Línea de tiempo y pulse la tecla **U** para ver sólo las propiedades propias de los fotogramas clave (véase la figura 10.48).

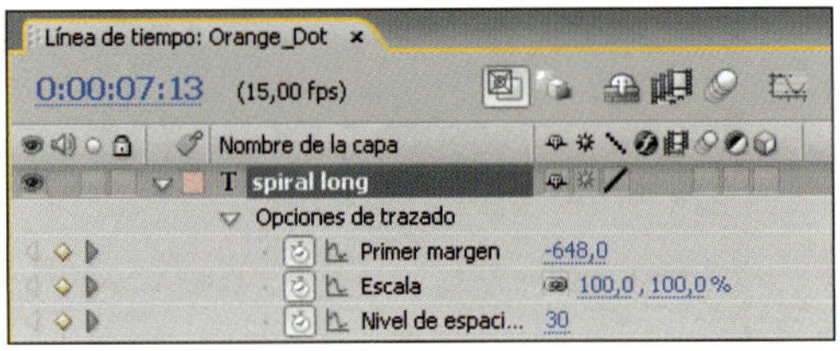

Figura 10.48.

2. Haga **Mayús**-clic en los nombres de las propiedades Primer margen, Escala y Nivel de espacio entre caracteres para seleccionar todos sus fotogramas clave (véase la figura 10.49).

3. Seleccione Animación>Asistente de fotogramas clave>Fotogramas clave con tiempo inverso (véase la figura 10.50).

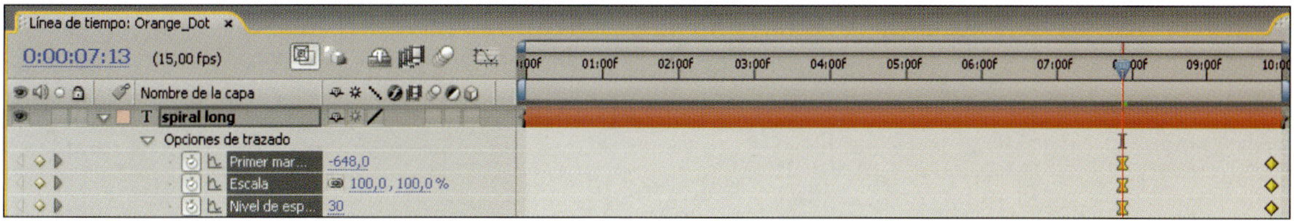

Figura 10.49.

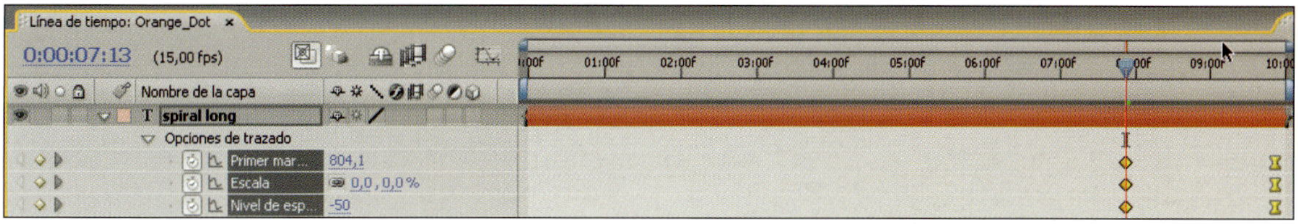

Figura 10.50.

Colocar el texto

En esta parte del proyecto, cabe la posibilidad de escalar la capa 2D para situar el texto, es decir, que no sería necesario convertirla en capa 3D para recolocarla a lo largo del eje z.

1. Seleccione la capa spiral long en el panel Línea de tiempo y pulse la tecla **S** para ver sólo la propiedad Escala.

2. Cambie los valores de escala a **32,0** y **32,0%** (véase la figura 10.51).

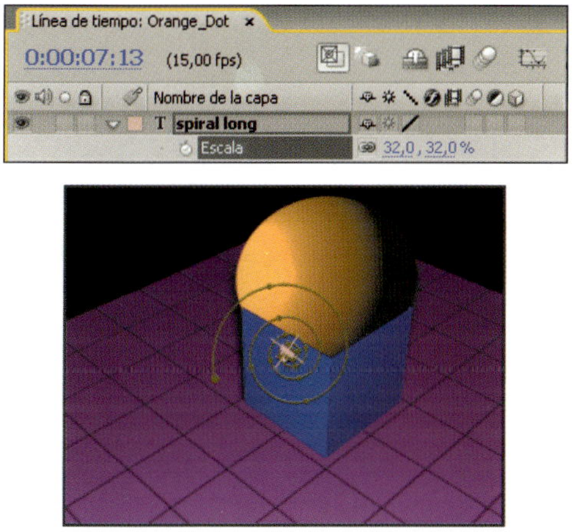

Figura 10.51.

3. Seleccione la capa spiral long en el panel Línea de tiempo y pulse la tecla **P** para ver sólo la propiedad Posición.

4. Cambie los valores de posición a **191,0** y **79,0** para que la espiral se centre más o menos dentro de la esfera (véase la figura 10.52).

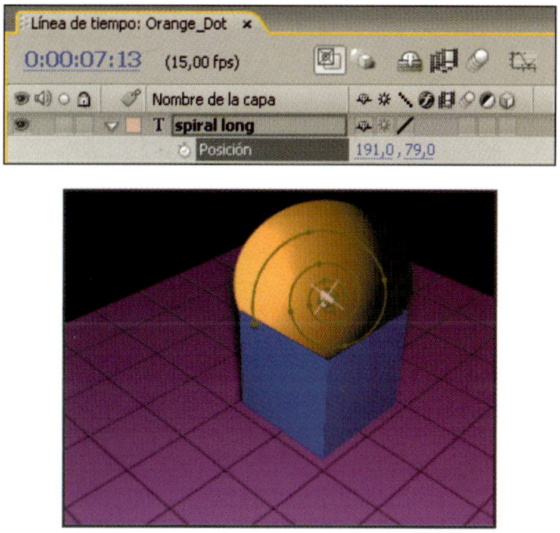

Figura 10.52.

Personalizar el texto

Finalmente, sustituiremos el texto y escribiremos el nombre de la empresa, Orange Dot, Inc.

1. Avance al momento 9:13, que es cuando termina la animación de la espiral.

2. Seleccione la capa spiral long en el panel Línea de tiempo.

3. Seleccione la herramienta **Tipo horizontal** T. en el panel Herramientas.

4. En el panel Composición, seleccione el texto del cuadro y escriba **Orange Dot, Inc.**

Luego, pulse **Intro** en el teclado numérico (véase la figura 10.53).

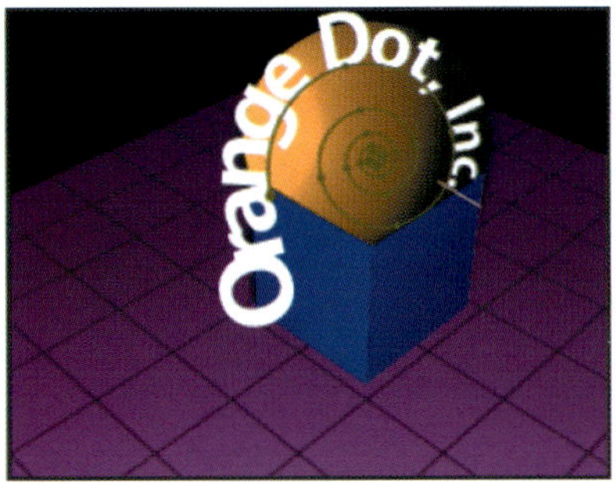

Figura 10.53.

5. Si lo desea, puede seleccionar Ventana> Carácter y elegir una fuente distinta, o aceptar la fuente sans serif predeterminada del ajuste Espiral larga.

6. Seleccione la capa de texto que ahora se llama Orange Dot, Inc. en el panel Línea de tiempo y oculte sus propiedades.

Últimos retoques

Enhorabuena. Ha completado la segunda parte de esta animación en 3D. Y no ha sido tan complicado, ¿verdad? Ahora, si quiere, previsualícela entera.

1. Anule la selección de todas las capas en el panel Línea de tiempo.

2. Pulse la tecla **Inicio** para retroceder al principio de la regla de tiempo.

3. Pulse **0** en el teclado numérico para ver una previsualización de RAM de toda la composición.

4. Seleccione Archivo>Guardar para guardar el proyecto.

5. Cierre Bridge.

Si desea generar el proyecto, avance al último capítulo para ver las instrucciones. Como alternativa, puede exportar la animación como archivo de Macromedia Flash (SWF) para usarlo en la Web. Para ver cómo exportar animaciones Flash, consulte el capítulo 2.

REPASO

Preguntas

1. ¿Cómo se emplean las luces 3D en After Effects?

2. ¿Qué es una capa de cámara?

3. ¿Qué es un punto de interés?

Respuestas

1. En After Effects, se llama luz a un tipo de capa que arroja luz sobre otra capa. Existen cuatro opciones de luz distintas llamadas Paralelo, Luz concentrada, Punto y Ambiente, cada una con sus propias características y ajustes.

2. Las capas 3D se pueden visualizar desde múltiples ángulos y distancias mediante lo que llamamos cámaras. Al fijar una vista de cámara en una composición, enfocamos las capas como si las estuviéramos viendo a través de una cámara. Podemos elegir entre la Cámara activa que incorpora el programa, o crear una totalmente nueva con el nombre que queramos y adaptarla a nuestras necesidades concretas. Cuando aún no se han creado cámaras personalizadas, la Cámara activa es la que se ve por defecto en el panel Composición.

3. Las cámaras y las luces incluyen una propiedad que especifica el punto de la composición hacia el que se va enfocada la cámara o la luz. Por defecto, este punto llamado de interés se sitúa en el centro de la composición, y la vista de la cámara o de la luz se orienta automáticamente hacia él, pero puede moverse en cualquier momento.

Capítulo 11

La versión Profesional de After Effects ofrece las mismas funciones que la Estándar e incorpora otras adicionales, como son la estabilización avanzada del movimiento, el rastreo del movimiento, efectos de alta definición y algunas más para entornos de producción más exigentes.

Técnicas de edición avanzadas

Técnicas de edición avanzadas

La versión Profesional de After Effects 7.0 ofrece las herramientas 2D y 3D básicas de diseño gráfico con movimiento, además de funciones variadas como la estabilización de movimiento, el rastreo de movimiento, herramientas avanzadas de incrustación, efectos de distorsión, la capacidad para reajustar el tiempo de los materiales de archivo mediante el efecto Deformación de tiempo, soporte para imágenes de color HDR (de rango dinámico alto), procesamiento en red y mucho más.

En este capítulo aprenderemos, en primer lugar, a usar las funciones de estabilización de movimiento y de rastreo de movimiento que incorpora la versión Profesional de After Effects, para estabilizar las tomas de una cámara portátil y para seguir el movimiento de un objeto con respecto a otro dentro de una imagen a fin de que los movimientos de ambos estén sincronizados. En segundo lugar, emplearemos funciones de posicionamiento de bordes para seguir el movimiento de un objeto con perspectiva. Por último, exploraremos algunos de los efectos digitales de alta gama, como son un generador de sistemas de partículas y el efecto Deformación de tiempo.

Si no dispone de la versión Profesional de After Effects, puede descargar una versión de prueba desde el sitio de Adobe (www.adobe.es) para hacer los ejercicios que planteamos en este capítulo. Pero si va a usar el software de forma continuada, lo recomendable es adquirir la licencia.

La duración aproximada de este capítulo es de 2 horas.

PUNTO DE PARTIDA

Compruebe que los siguientes archivos se encuentran en la carpeta AE7_CIB>Lessons>Lesson 11 de su disco duro. Si no es así, cópielos ahora desde el DVD que incluye este manual:

- En la carpeta `Assets`: `banner.ai`, `building.mov`, `flowers.mov`, `Group_Approach[DV].mov` y `petals.ai`.

- En la carpeta `Sample_Movies`: `Lesson_11_Stabilize_and_Track.mov`, `Lesson11_Multipoint.mov`, `Lesson_11_Particles.mov` y `Lesson11_Timewarp.mov`.

Abra y reproduzca la película `Lesson11.mov` para ver el resultado de lo que vamos a crear en este capítulo. Cuando termine, cierre el reproductor de QuickTime y borre el archivo si anda justo de espacio en disco.

NOTA: SI QUIERE, PUEDE VER TODAS LAS PELÍCULAS A LA VEZ, PERO SI NO VA A HACER TODO EL EJERCICIO DE UNA VEZ EN UNA MISMA SESIÓN, VEA CADA UNA INDEPENDIENTEMENTE JUSTO ANTES DE TERMINAR LA ACTIVIDAD RELACIONADA.

USAR ESTABILIZACIÓN DE MOVIMIENTO

Si el material de archivo procede de una cámara portátil, es muy probable que las tomas salgan un poco movidas, y una forma de estabilizarlas es eliminar todo movimiento irregular que les sobre.

Al estabilizar materiales de archivo, lo primero que hace After Effects es monitorizar el movimiento de la toma y adaptar los valores de posición y rotación de cada uno de los fotogramas a fin de eliminar todo el movimiento innecesario. Al reproducir la secuencia, el movimiento aparece amortiguado porque la propia capa se mueve progresivamente para compensar el movimiento no deseado.

PREPARACIÓN DEL PROYECTO

Antes de empezar, restaure las preferencias predeterminadas de After Effects.

1. Pulse **Control-Alt-Mayús** durante el inicio de After Effects. En la ventana que le pregunta si está seguro de querer eliminar el archivo de preferencias, haga clic en **Aceptar**.

After Effects abre un proyecto nuevo sin nombre.

2. Seleccione Archivo>Guardar como.

3. En el cuadro de diálogo Guardar como, acceda a la carpeta AE7_CIB>Lessons> Lesson11>Finished_Projects.

4. Asigne al proyecto el nombre **Lesson11_ Stabilize_and_Track.aep** y haga clic en **Guardar**.

Importar el material de archivo

Para este ejercicio, tenemos que importar un elemento de material de archivo.

1. Haga clic en un área vacía del panel Proyecto para abrir el cuadro de diálogo Importar archivo.

2. Acceda a la carpeta AE7_CIB>Lessons> Lesson11>Assets, seleccione el archivo `flowers.mov` y haga clic en **Abrir**.

Crear la composición

Pasemos, pues, a crear la composición.

1. Seleccione Composición>Nueva composición o pulse **Control-N**.

2. En el cuadro de diálogo Ajustes de composición, escriba **Stabilize_and_Track** en el campo Nombre de la composición.

3. Compruebe que el menú emergente Ajuste preestablecido tenga elegida la opción NTSC DV para ajustar automáticamente el ancho, la altura, la proporción de píxeles y la frecuencia de fotogramas de la composición.

4. En el campo Duración, escriba **1000** para indicar 10 segundos, que es la longitud del archivo `flowers.mov`, y haga clic en **Aceptar** (véase la figura 11.1).

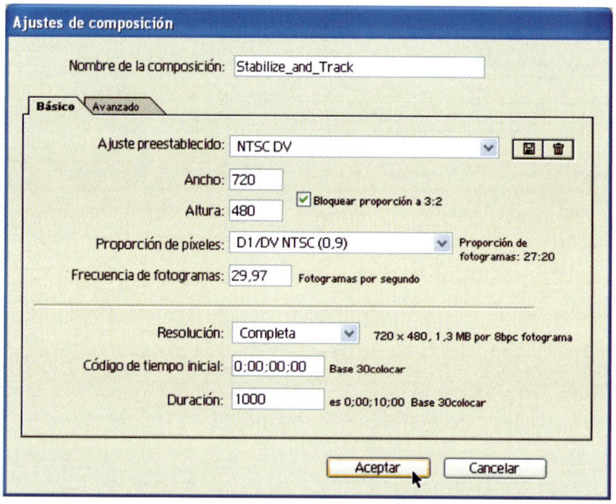

Figura 11.1.

Ahora, agregue el elemento de material de archivo a la composición y previsualícela.

5. Arrastre el archivo `flowers.mov` desde el panel Proyecto al panel Línea de tiempo y preste atención a la imagen de las flores en el panel Composición (véase la figura 11.2).

6. Arrastre el indicador de tiempo actual por la regla de tiempo para previsualizar manualmente el material de archivo. Se trata de una toma obtenida con una cámara portátil a últimas horas de la tarde. Hay una leve brisa que agita

las plantas y que desestabiliza ligeramente la cámara.

Figura 11.2.

Para estabilizar esta imagen, lo primero que hay que hacer es identificar dos áreas de la toma que se estén fijas en el fotograma. A estas áreas se las denomina en After Effects regiones de características.

La figura 11.3 muestra las dos regiones de características que emplearemos en nuestro proyecto.

Figura 11.3.

Es importante localizar y dimensionar rigurosamente las regiones de características. Si quiere que el rastreo sea lo más suave posible, debe procurar seleccionar áreas:

- que estén visibles en toda la toma;
- que tengan un color que contraste claramente con el entorno;
- que tengan una forma distintiva (al menos con respecto a la región de búsqueda) y
- que tengan forma y color consistentes en toda la toma.

Posicionar los puntos de rastreo

After Effects monitoriza el movimiento comparando subpíxeles del área seleccionada de un fotograma con los del siguiente. En otras palabras, hay que especificar un área de origen, y es aquí donde se utilizan los llamados puntos de rastreo. Los puntos de rastreo delimitan regiones de características y también regiones de búsqueda con un punto de adición. After Effects muestra el punto de rastreo durante la operación de rastreo en el panel Capa.

Pasemos, ahora, a abrir el panel Controles del rastreador y a aplicar puntos de rastreo al clip.

1. Pulse la tecla **Inicio** para restaurar el indicador de tiempo actual.

ADVERTENCIA: ES MUY IMPORTANTE COMPROBAR QUE EL INDICADOR DE TIEMPO ACTUAL SE ENCUENTRE AL PRINCIPIO DE LA REGLA DE TIEMPO PARA GARANTIZAR LA PRECISIÓN DE LA OPERACIÓN DE RASTREO, PUES ÉSTE UTILIZA EL MOMENTO ACTUAL PARA DETERMINAR EL RASTREO DE MOVIMIENTO.

2. Seleccione **Ventana>Controles del rastreador** para abrir el panel Controles del rastreador, que es el panel en el que especificaremos las capas de origen y destino del movimiento, y el tipo de pista que queremos usar, entre otras opciones de rastreo (véase la figura 11.4).

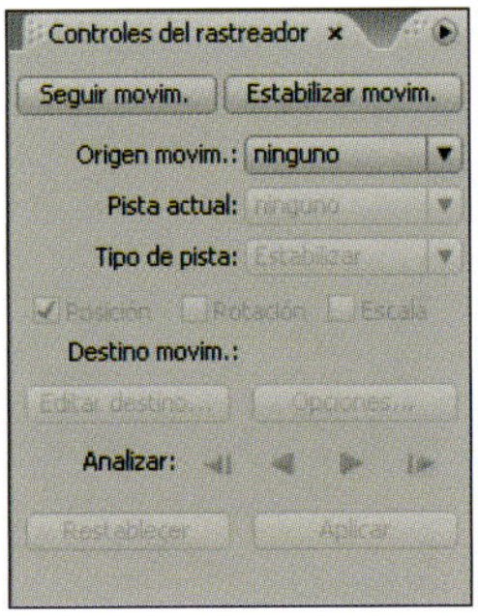

Figura 11.4.

3. Haga clic en botón **Estabilizar movim.** y compruebe que está seleccionada la opción flowers.mov en el menú emergente Origen movim, para indicar a After Effects que lo que queremos hacer es estabilizar el movimiento de la capa de las flores. Al ajustar estas opciones, por un lado se abre el panel Capa, y por el otro, observe que en el panel Controles del rastreador, el menú emergente Pista actual indica Rastreador 1 y el menú emergente Tipo de pista, Estabilizar (véase la figura 11.5).

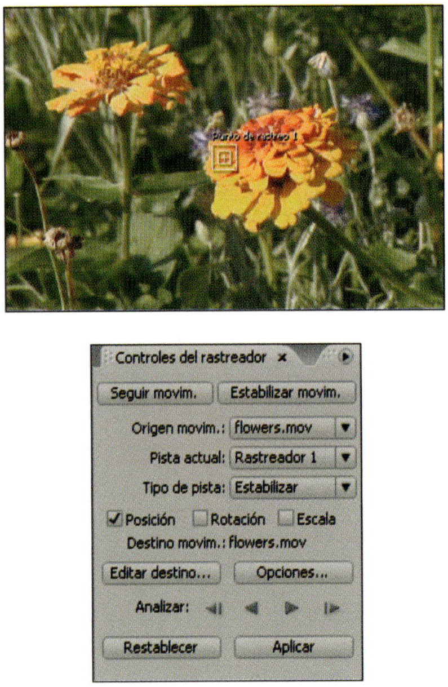

Figura 11.5.

Cuando previsualizamos manualmente el material de archivo, seguramente advirtió que la cámara no solo se movía a la izquierda, a la derecha, arriba y abajo, sino que también giraba ligeramente, de ahí la necesidad de estabilizar, también, la rotación de la toma y no solo la posición.

4. Compruebe que as casillas Posición y Rotación están las dos marcadas en el panel Controles del rastreador. Ahora, deberían aparecer dos puntos de rastreo en el panel Capa (véase la figura 11.6).

Figura 11.6.

5. Observe que el destino del movimiento es la capa flowers.mov. Cuando se estabiliza una toma, los datos resultantes se pueden aplicar a la capa original, como se indica aquí, o se puede seleccionar otra capa haciendo clic en el botón **Editar destino**. Para nuestro ejercicio, lo dejaremos por ahora en flowers.mov.

Y ya estamos preparados para aplicar los puntos de rastreo.

6. Con la herramienta de **Selección**, arrastre el indicador del Punto de rastreo 1 (atrapándolo por el centro) en el panel Capa y sitúelo sobre la primera región de características, que es el capullo de flor cerrado de color verde claro que está debajo y a la izquierda de la flor naranja (véase la figura 11.7).

7. Arrastre el Punto de rastreo 2 (atrapándolo por el centro) a la segunda región de características, que es la hojita verde claro que está a la derecha de la flor naranja (véase la figura 11.8).

Figura 11.7.

Figura 11.8.

Mover y redimensionar los puntos de rastreo

MUCHAS VECES, PARA DEFINIR EL RASTREO DE MOVIMIENTO, ES NECESARIO PRECISAR AL MÁXIMO LA SITUACIÓN DE LOS PUNTOS DE RASTREO Y AJUSTAR LA REGIÓN DE CARACTERÍSTICAS, LA REGIÓN DE BÚSQUEDA Y EL PUNTO DE ADICIÓN. ESTOS ELEMENTOS SE PUEDEN MOVER Y REDIMENSIONAR INDEPENDIENTEMENTE O EN GRUPO ARRASTRÁNDOLOS CON LA HERRAMIENTA DE **SELECCIÓN**, CUYO ICONO DE PUNTERO ADOPTA UNA FORMA DISTINTA EN FUNCIÓN DE LA ACTIVIDAD QUE DEBE REALIZAR (VÉASE LA FIGURA 11.9).

- PARA ACERCAR O ALEJAR LA REGIÓN DE CARACTERÍSTICAS, SELECCIONE Ampliar característica al arrastrar EN EL MENÚ EMERGENTE DEL PANEL CONTROLES DEL RASTREADOR. CUANDO ESTA OPCIÓN ESTÁ ACTIVADA, LLEVA UNA MARCA A LA IZQUIERDA DEL NOMBRE.
- PARA MOVER A LA VEZ LA REGIÓN DE CARACTERÍSTICAS, LA REGIÓN DE BÚSQUEDA Y EL PUNTO DE ADICIÓN, ARRASTRE LA HERRAMIENTA DE **SELECCIÓN** DENTRO DE LA ZONA DEL PUNTO DE RASTREO (EVITANDO LOS BORDES DE LA REGIÓN Y EL PUNTO DE ADICIÓN) HASTA QUE APAREZCA EL PUNTERO CORRESPONDIENTE.
- PARA MOVER JUNTAS SOLO LAS REGIONES DE CARACTERÍSTICAS Y DE BÚSQUEDA, ARRASTRE EL EXTREMO DE LA REGIÓN DE CARACTERÍSTICAS CON LA HERRAMIENTA DE **SELECCIÓN** HASTA QUE APAREZCA EL PUNTERO CORRESPONDIENTE.

- PARA MOVER JUNTAS SOLO LAS REGIONES DE CARACTERÍSTICAS Y DE BÚSQUEDA, PULSE **ALT** Y ARRASTRE CON LA HERRAMIENTA DE **SELECCIÓN** DENTRO DE LA PROPIA REGIÓN HASTA QUE APAREZCA EL PUNTERO CORRESPONDIENTE.
- PARA MOVER SOLO LA REGIÓN DE BÚSQUEDA, SELECCIONE LA HERRAMIENTA DE **SELECCIÓN** Y ARRASTRE EL BORDE DE LA REGIÓN HASTA QUE APAREZCA EL PUNTERO CORRESPONDIENTE.
- PARA MOVER SOLO EL PUNTO DE ADICIÓN, SELECCIONE LA HERRAMIENTA DE **SELECCIÓN** Y ARRASTRE EL PUNTO HASTA QUE APAREZCA EL PUNTERO CORRESPONDIENTE.
- PARA REDIMENSIONAR LA REGIÓN DE CARACTERÍSTICAS O DE BÚSQUEDA, ARRASTRE UN CONTROL DE BORDE.

SI DESEA MÁS INFORMACIÓN SOBRE LOS PUNTOS DE RASTREO, CONSULTE LA AYUDA DE AFTER EFFECTS.

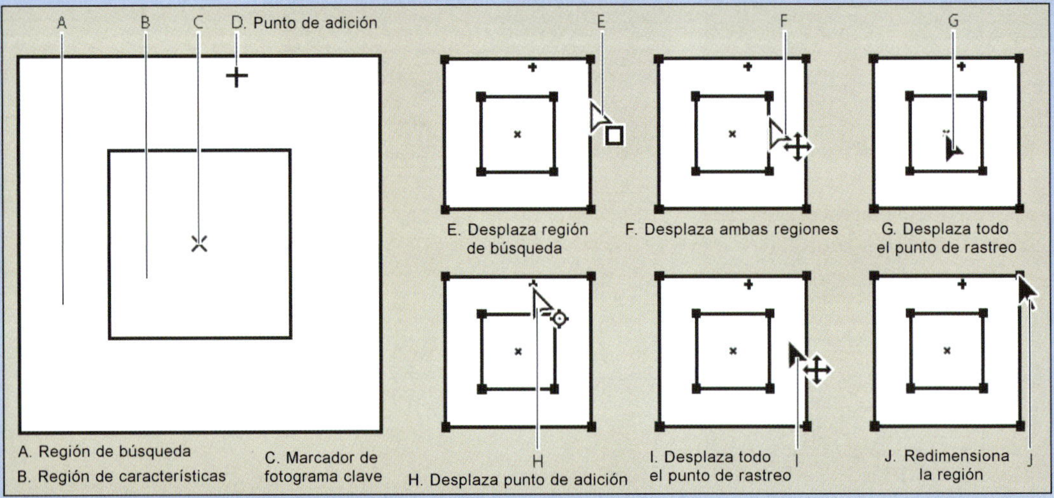

Figura 11.9. *Componentes del punto de rastreo (izquierda) e iconos de puntero de la herramienta de* ***Selección*** *(derecha).*

Analizar y aplicar la estabilización

Una vez que ya tenemos los dos puntos de rastreo definidos, After Effects ya puede analizar los datos y aplicar el rastreo de estabilización.

1. En el panel Controles del rastreador, haga clic en el botón **Analizar hacia delante** para que After Effects analice la estabilización de movimiento para toda la duración del clip (véase la figura 11.10).

Figura 11.10.

2. Cuando se complete el análisis, haga clic en el botón **Aplicar**.

3. En el cuadro de diálogo Opciones aplic. rastreador mov, haga clic en **Aceptar** para aplicar la estabilización a los ejes x e y (véase la figura 11.11).

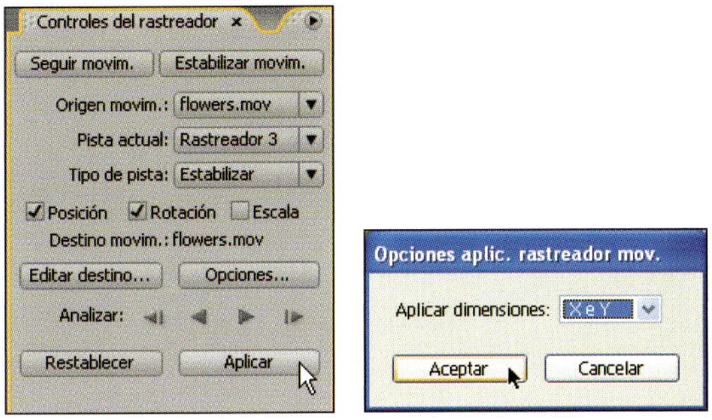

Figura 11.11.

En este momento, los datos del rastreo se añaden en el panel Línea de tiempo a la capa flowers, donde aparecen los puntos de rastreo, sus propiedades y sus fotogramas clave. También aparecen los fotogramas clave de Punto de Anclaje, de Posición y de Rotación aplicados a la capa. Además, hemos creado fotogramas clave para todos y cada uno de los cuadros, así que en realidad, son 300 fotogramas en una secuencia de 10 segundos. After Effects vuelve a abrir, además, la imagen de las flores en el panel Composición (véase la figura 11.12).

4. Oculte las propiedades de la capa flowers en el panel Línea de tiempo y observe una previsualización de RAM de la toma ya estabilizada. Cuando termine, pulse la **barra espaciadora**.

Escalar la capa

Si bien es verdad que hemos estabilizado el material de archivo, todavía queda un problema, porque aplicamos el rastreo a las propiedades Punto de Anclaje y Rotación de la capa, pero la capa se mueve y gira entera. Es decir, vemos los bordes de la toma y el espacio vacío que rodea a algunos de los fotogramas. La única forma de arreglar esto es escalando la capa.

1. Pulse la tecla **Inicio** para retroceder al principio de la regla de tiempo.

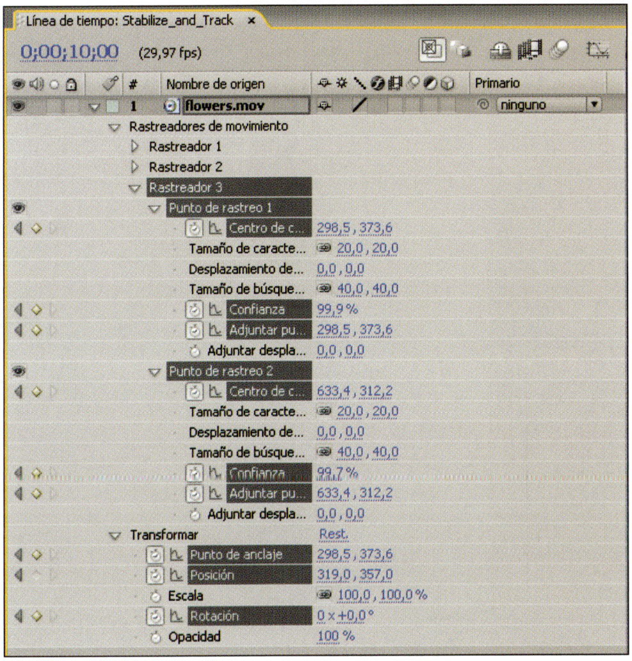

Figura 11.12.

2. Con la capa flowers seleccionada en el panel Línea de tiempo, pulse la tecla **S** para ver sus valores de Escala.

3. Arrastre el indicador de tiempo actual por la regla de tiempo hasta identificar el momento de mayor desplazamiento de la capa, más o menos 7:16 (véase la figura 11.13).

4. Aumente los valores de Escala a **110,0** y **110,0%** y observe cómo se extiende el clip hasta ocupar todo el cuadro (véase la figura 11.14).

Figura 11.13.

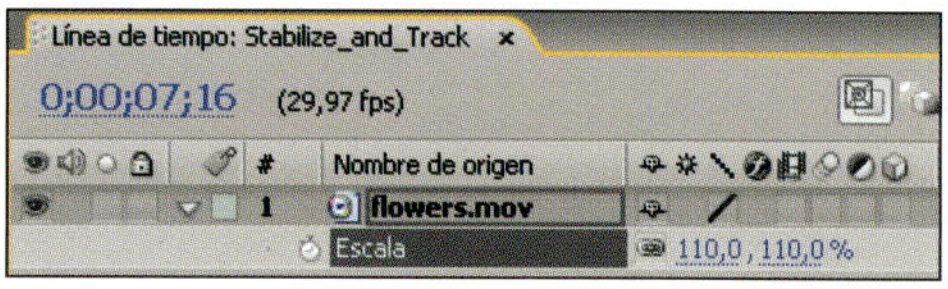

Figura 11.14.

5. Avance al momento 2:16 donde aún puede verse espacio vacío alrededor de la toma.

Como los datos de rastreo se aplican al punto de anclaje de la capa, podemos reposicionarla entera sin desestabilizarla.

6. Con la capa flowers seleccionada en el panel Línea de tiempo, pulse la tecla **P** para ver sus valores de Posición. El rastreo añadió un fotograma clave de Posición inicial, pero no lo necesitamos, así que haga clic en el **Cronómetro de variación de tiempo** para eliminarlo.

7. Ajuste los valores de Posición a **325,0** y **375,0** (véase la figura 11.15).

8. Previsualice manualmente el clip de nuevo para comprobar los deslizamientos de los bordes. Quizás haya que escalar la capa uno o dos puntos porcentuales. Cuando termine, retroceda al momento 0:00.

ADVERTENCIA: CUANTO MÁS SE ESCALA LA CAPA, MÁS SE DEGRADA LA CALIDAD DE LA IMAGEN, ASÍ QUE RESTRINJA LAS OPERACIONES DE ESCALA A CUANDO SEA ABSOLUTAMENTE INDISPENSABLE.

9. Vuelva a ver una previsualización de RAM. Ahora, la toma debería balancearse de forma constante y uniforme, y el único movimiento que la afecta es el del viento que agita las flores.

10. Pulse la **barra espaciadora** para detener la previsualización cuando termine.

11. En el panel Línea de tiempo, oculte las propiedades de la capa flowers, pulse la tecla **Inicio** para restaurar la regla de tiempo y seleccione Archivo>Guardar para guardar los cambios.

Figura 11.15.

En el ejercicio que acabamos de terminar, hemos podido comprobar que estabilizar una toma no es tan fácil y directo como parece. Para compensar los datos de movimiento o giro que se aplican a una capa, es necesario ajustar paralelamente las propiedades de escala y posición, y estos ajustes pueden, en última instancia, perjudicar la calidad del material de archivo. La frontera entre estabilizar y degradar es tan fina a veces, que cuando es inevitable, se convierte en una de las decisiones más comprometidas y difíciles de tomar.

USAR RASTREO DE MOVIMIENTO DE PUNTO ÚNICO

Dado que el número de producciones que incorporan elementos digitales en las tomas finales no deja de crecer, se hacía necesario inventar un método sencillo que sincronizase los efectos generados por ordenador con el cine o el vídeo. After Effects es la solución, pues pone en nuestras manos la capacidad de seguir, o rastrear, un área definida de la toma y aplicar su movimiento a otras capas, ya contengan texto, efectos, imágenes u otros tipos de material de archivo. El resultado es un efecto visual de alta precisión que coincide con el movimiento original del material de archivo.

Cuando se rastrea movimiento en una composición de After Effects que contiene múltiples capas, el tipo de pista que se emplea por defecto recibe el nombre Transformar, y es la encargada de rastrear la posición y/o la rotación para poder aplicarla luego a otra capa. Cuando se rastrea la posición, se crea un solo punto de rastreo y se generan fotogramas clave de Posición, mientras que cuando se rastrea la rotación, se crean dos puntos de rastreo y se producen fotogramas clave de Rotación.

En este ejercicio, seguiremos trabajando con la misma secuencia de la flor: añadiremos una capa de texto a la composición y rastrearemos el texto para que siga el movimiento trazado por el balanceo de una de las flores.

ADVERTENCIA: ESTE EJERCICIO PARTE EXACTAMENTE DEL PUNTO DONDE DEJAMOS EL ANTERIOR, ASÍ QUE ANTES DE EMPEZAR, ASEGÚRESE DE LLEGAR HASTA EL FINAL, COMPRUEBE QUE TIENE EL PROYECTO `Lesson11_Stabilize_and_ Track.aep` ABIERTO EN LA VERSIÓN PROFESIONAL DE AFTER EFFECTS Y QUE EL PROGRAMA MUESTRA EL ESPACIO DE TRABAJO DE RASTREO DE MOVIMIENTO.

Preparar la capa de texto

Empezaremos importando el texto que necesitamos en este ejercicio de un archivo de Illustrator.

1. Haga doble clic en un área vacía del panel Proyecto para abrir el cuadro de diálogo Importar archivo.

2. Acceda a la carpeta AE7_CIB>Lessons>Lesson11>Assets, seleccione el archivo `petals.ai` y haga clic en **Abrir**.

3. Arrastre el archivo `petals.ai` desde el panel Proyecto al panel Línea de tiempo y suéltelo encima de la capa flowers (véase la figura 11.16).

Posicionar el punto de rastreo

Una vez que ya tenemos el texto agregado a la composición Stabilize_and_Track, ya podemos posicionar el punto de rastreo.

1. Pulse la tecla **Inicio** para restaurar la regla de tiempo.

2. Seleccione la capa flowers en el panel Línea de tiempo.

3. Haga clic en el botón **Seguir movimiento** del panel Controles del rastreador. Se abre el panel Capa con un Punto de rastreo 1 en el centro de la imagen. Observe los ajustes en el panel Controles del rastreador: el origen del movimiento indica flowers.mov; la pista actual indica Rastreador 2, y el destino del movimiento indica petals.ai, ya que After Effects aplica automáticamente el destino a la capa que está inmediatamente encima de la capa origen (véase la figura 11.17).

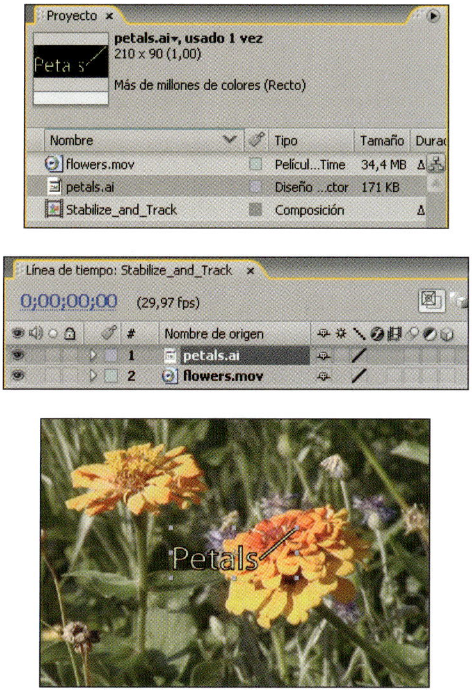

Figura 11.16.

Ahora, posicionemos el punto de rastreo.

4. Con la herramienta de **Selección**, mueva el Punto de rastreo 1 (atrapándolo por el centro) en el panel Capa y colóquelo sobre la zona en sombra de la flor grande que está en primer plano (véase la figura 11.18).

Figura 11.17.

Figura 11.18.

5. Ajuste el tamaño y la posición de las regiones de características y de búsqueda para que abarquen toda la zona sombreada, pero intente que las cajas sean lo más pequeñas posibles a fin de minimizar el tiempo necesario para rastrear la toma.

A continuación, moveremos el punto de adición al lugar donde queremos colocar la capa petals.

6. Arrastre el punto de adición hacia abajo y hacia la izquierda de la flor principal (véase la figura 11.19).

Figura 11.19.

Analizar y aplicar el rastreador

Ya tenemos definidos la región de características y el punto de adición, así que el siguiente paso es aplicar el rastreador.

1. Haga clic en el botón **Analizar hacia delante** ▶ del panel Controles del rastreador.

2. Cuando termine el análisis, haga clic en el botón **Aplicar**.

3. En el cuadro de diálogo Opciones aplic. rastreador mov, haga clic en **Aceptar** para aplicar el rastreador de movimiento a los ejes x e y.

Los datos de rastreo de movimiento se añaden al panel Línea de tiempo, donde podemos ver que los datos propiamente dichos se encuentran en la capa flower, mientras que los resultados se aplican a la propiedad Posición de la capa petals. He aquí otra diferencia entre rastreo y estabilización: los datos resultantes se aplican a la posición de una capa, en vez de a su punto de anclaje (véase la figura 11.20).

Observe, además, que la capa petals se ha desplazado al lugar del punto de adición.

4. Mire una previsualización de RAM y preste atención a la sincronización del balanceo de la capa petals con el movimiento de la flor, como si la palabra estuviera enganchada a ella.

Comprobar desviaciones

CUANDO UNA IMAGEN SE MUEVE EN UNA TOMA, CAMBIAN VARIAS COSAS: LA LUZ, LOS OBJETOS QUE HAY ALREDEDOR Y EL ÁNGULO DEL OBJETO PRINCIPAL, Y PUEDE OCURRIR QUE UNA CARACTERÍSTICA QUE ANTES ERA MUY EVIDENTE, AHORA APENAS PUEDE IDENTIFICARSE A NIVEL DE SUBPÍXELES. EDUCAR AL OJO PARA QUE DISTINGA CARACTERÍSTICAS RASTREABLES ES UNA DESTREZA QUE REQUIERE TIEMPO Y PRÁCTICA, Y MUCHAS VECES, NI LA EXPERIENCIA NOS SALVA DE QUE SE NOS DESVÍEN LAS REGIONES DE CARACTERÍSTICAS. REAJUSTAR REGIONES DE CARACTERÍSTICAS Y DE BÚSQUEDA, CAMBIAR LAS OPCIONES DE RASTREO Y VOLVER A INTENTARLO SON PASOS INELUDIBLES DEL PROCESO ESTÁNDAR DE RASTREO DIGITAL. HE AQUÍ LOS PASOS A SEGUIR CUANDO SE DETECTA QUE SE HA PRODUCIDO DESVIACIÓN:

1. DETENGA INMEDIATAMENTE EL ANÁLISIS HACIENDO CLIC EN EL BOTÓN **DETENER** DEL PANEL CONTROLES DEL RASTREADOR.
2. MOVER EL INDICADOR DE TIEMPO ACTUAL AL ÚLTIMO PUNTO DE RASTREO ADECUADO. ESTO SE VE MEJOR EN EL PANEL CAPA.
3. REPOSICIONAR Y/O REDIMENSIONAR LAS REGIONES DE CARACTERÍSTICAS Y DE BÚSQUEDA, TENIENDO CUIDADO DE NO MOVER INVOLUNTARIAMENTE EL PUNTO DE ADICIÓN. SI LO HICIÉRAMOS, SE PRODUCIRÍA UN SALTO EVIDENTE EN LA CAPA RASTREADA.
4. HAGA CLIC EN EL BOTÓN **ANALIZAR HACIA DELANTE** PARA RESUMIR EL RASTREO.

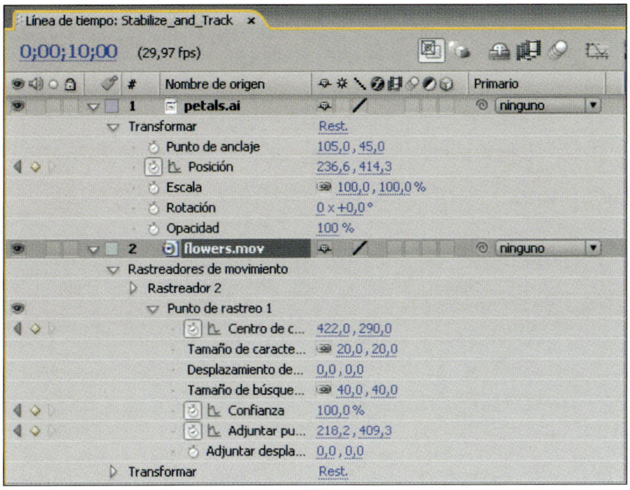

Figura 11.20.

5. Cuando termine, pulse la **barra espaciadora**.

6. Oculte las propiedades de ambas capas en el panel Línea de tiempo, seleccione Archivo>Guardar y luego Archivo>Cerrar proyecto.

Rastrear el movimiento de un elemento con respecto al material de fondo puede resultar verdaderamente divertido siempre y cuando tengamos una característica fija y constante a partir de la cual determinar un punto de rastreo de movimiento único.

USAR RASTREO MULTIPUNTO

After Effects ofrece dos tipos avanzados más de rastreo que usan múltiples puntos de rastreo: posicionamiento de bordes en paralelo y posicionamiento de bordes en perspectiva.

Cuando se rastrea el movimiento mediante el posicionamiento de bordes en paralelo, se rastrean simultáneamente tres puntos del material de archivo original. After Effects calcula automáticamente la posición de un cuarto punto para que las líneas entre los puntos sigan siendo paralelas. Al aplicar el movimiento a una capa de destino, el efecto Posicionar bordes distorsiona la capa como si se estuviera sesgando, escalando y rotando, pero no le aplica perspectiva, es decir, las líneas paralelas continúan paralelas y no se modifican las distancias.

Cuando se rastrea el movimiento mediante el posicionamiento de bordes en perspectiva, se rastrean simultáneamente cuatro puntos del material de archivo original. Al aplicar el movimiento en destino, el efecto Posicionar bordes distorsiona la capa a partir del movimiento de los cuatro puntos, simulando cambios en la perspectiva. En este ejercicio, incorporaremos una pancarta a la pared lateral de un edificio mediante el posicionamiento de bordes en perspectiva. Si aún no ha visto la película de muestra de esta actividad, hágalo ahora antes de seguir adelante.

PREPARACIÓN DEL PROYECTO

Para empezar, abriremos After Effects y crearemos un proyecto nuevo.

1. Inicie la versión Profesional de After Effects, si no la tiene ya abierta, y pulse **Control-Alt-Mayús** para restaurar las preferencias predeterminadas. Cuando el programa le pregunte si quiere borrar el archivo de preferencias, haga clic en **Aceptar**.

After Effects se abre y aparece un proyecto vacío sin título.

ADVERTENCIA: SI HACE ESTE EJERCICIO INMEDIATAMENTE A CONTINUACIÓN DEL ANTERIOR Y AFTER EFFECTS ESTABA YA ABIERTO, SUSTITUYA EL PASO 1 POR LO SIGUIENTE: SELECCIONE Ventana>Espacio de trabajo>Restablecer "Estándar" Y LUEGO Archivo>Nuevo>Nuevo proyecto SI NO SE ABRE UN PROYECTO VACÍO SIN TÍTULO EN LA VENTANA DE LA APLICACIÓN.

2. Seleccione Archivo>Guardar como.

3. En el cuadro de diálogo Guardar como, acceda a la carpeta AE7_CIB>Lessons>Lesson11>Finished_Projects.

4. Asigne al proyecto el nombre **Lesson11_Multipoint_Finished.aep** y haga clic en **Guardar**.

Importar el material de archivo

Para este ejercicio, tenemos que importar dos elementos de material de archivo.

1. Haga doble clic en un área vacía del panel Proyecto para abrir el cuadro de diálogo Importar archivo.

2. Acceda a la carpeta AE7_CIB>Lessons>Lesson11>Assets.

3. Haga **Control**-clic (Windows) o **Comando**-clic (Mac OS) para seleccionar simultáneamente los archivos `banner.ai` y `building.mov` y haga clic en **Abrir**.

4. En el cuadro de diálogo banner.ai, compruebe que, por un lado, el menú Importar tipo tenga seleccionada la opción Material de archivo y, por otro, la sección Opciones de capas tenga marcada la casilla Capas fusionadas, y haga clic en **Aceptar**.

Crear la composición

Ahora, crearemos una composición nueva.

1. Pulse **Control-N**.

2. En el cuadro de diálogo Ajustes de composición, escriba **Multipoint_Tracking** en el campo Nombre de la composición.

3. Compruebe que el menú emergente Ajuste preestablecido tenga elegida la opción NTSC DV para ajustar automáticamente el ancho, la altura, la proporción de píxeles y la frecuencia de fotogramas de la composición.

4. En el campo Duración, escriba **1000** para indicar 10 segundos, que es la longitud del archivo `building.mov`, y haga clic en **Aceptar** (véase la figura 11.21).

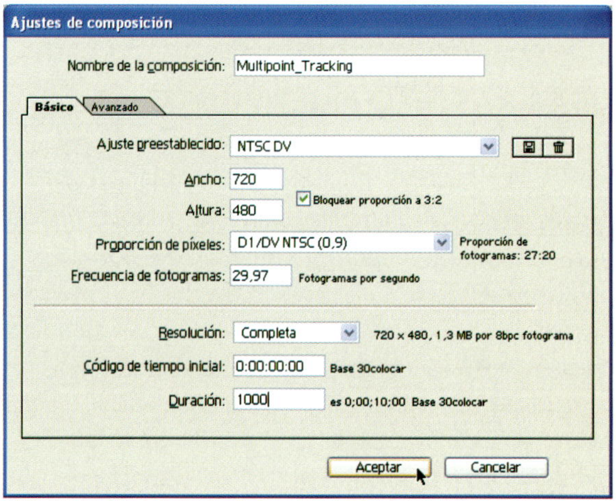

Figura 11.21.

Ahora, añadiremos los elementos de material de archivo al panel Línea de tiempo, uno por uno.

5. Arrastre el archivo `building.mov` desde el panel Proyecto al panel Línea de tiempo para que aparezca automáticamente en el panel Composición (véase la figura 11.22).

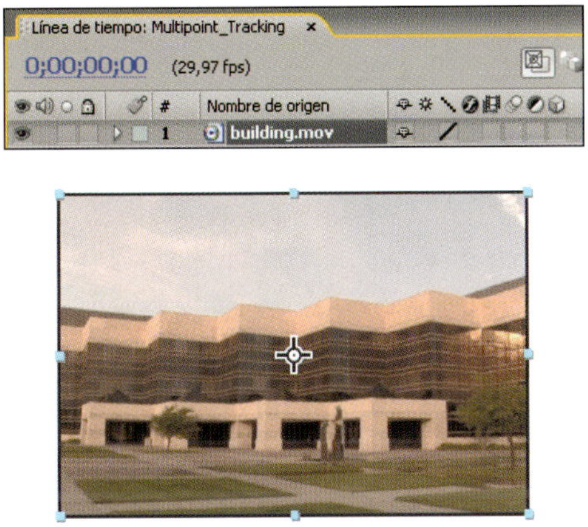

Figura 11.22.

6. Previsualice manualmente el material de archivo y observe cómo la toma está bastante movida por haber sido obtenida con una cámara portátil. Con un edificio de este tamaño, es demasiado complicado (y poco práctico) colocar puntos de rastreo, así que lo más aconsejable es identificar características alternativas para rastrear. Y recuerde, la región de características no tiene por qué estar en el mismo lugar que el punto de adición. Como, por defecto, el rastreador rastrea por luminancia, en esta imagen lo que haremos será emplear como áreas de rastreo zonas que presenten fuertes contrastes de luces.

7. Pulse la tecla **Inicio** para regresar al principio de la regla de tiempo.

8. Arrastre el archivo `banner.ai` desde el panel Proyecto al panel Línea de tiempo y suéltelo encima de todas las capas (véase la figura 11.23).

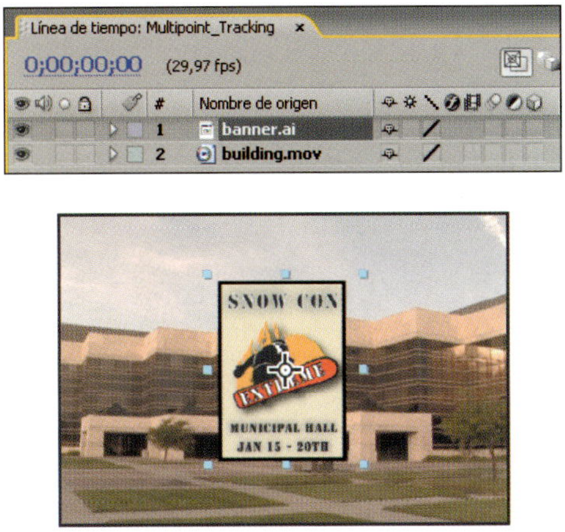

Figura 11.23.

Movimiento de los puntos de rastreo

Ha llegado el momento de añadir los puntos de rastreo a la capa building.mov.

1. Seleccione la capa building.mov en el panel Línea de tiempo.

2. Seleccione Ventana>Controles del rastreador.

3. En el panel Controles del rastreador, seleccione Origen movim.>building.mov y haga clic en el botón **Seguir movim**. La imagen del edificio se abre en el panel Capa mostrando un punto de rastreo justo en el centro. De todos modos, lo que haremos será rastrear cuatro puntos para poder adosar la pancarta al lateral del edificio (véase la figura 11.24).

4. Seleccione Tipo de pista>Posicionar bordes en perspectiva para añadir tres puntos de rastreo más en el panel Capa (véase la figura 11.25).

Figura 11.24.

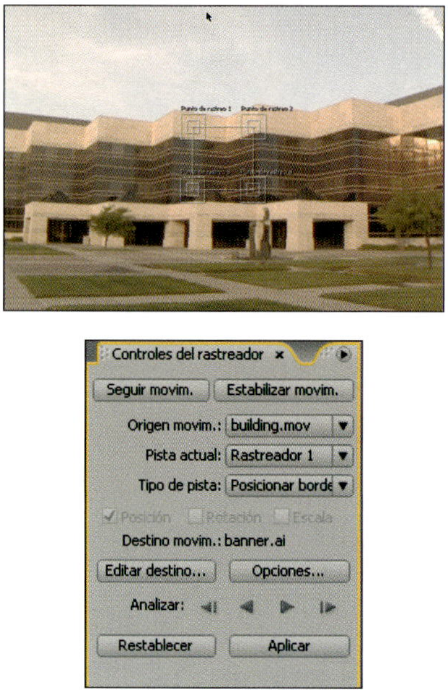

Figura 11.25.

5. Arrastre los puntos de rastreo a cuatro zonas que tengan grados de contraste distintos. Si quiere, puede fijarse en la figura 11.26 a modo de ejemplo.

Figura 11.26.

6. Ahora, arrastre el punto de adición de cada punto de rastreo a una pared. Como la pancarta es rectangular, intente ceñirse rigurosamente a los bordes de la pared. La figura 11.27 muestra cómo deben quedar más o menos las regiones de características y de búsqueda, y los puntos de adición.

Figura 11.27.

TRUCO: SE ACONSEJA AMPLIAR LA VISTA DE LA IMAGEN PARA PRECISAR AL MÁXIMO LA POSICIÓN Y AJUSTE DE LOS PUNTOS DE RASTREO Y REDUCIRLA DESPUÉS.

Aplicar rastreo multipunto

A continuación, analizaremos los datos y aplicaremos el rastreo.

1. Haga clic en el botón **Analizar hacia delante** ▶ del panel Controles del rastreador y, cuando termine el análisis, haga clic en el botón **Aplicar** para calcular el rastreo.

2. Observe los resultados en el panel Línea de tiempo: el efecto Posicionar bordes y los fotogramas clave de Posición de la capa banner.ai, y el punto de rastreo data de la capa building.mov (véase la figura 11.28).

3. Mire una previsualización de RAM para ver los resultados del rastreo.

4. Cuando termine, pulse la **barra espaciadora**. Si no le gusta lo que ve, regrese al panel Controles del rastreador, haga clic en el botón **Restablecer** y vuelva a intentarlo. Con la práctica, logrará identificar cada vez más fácilmente las regiones de características.

5. Pulse la tecla **Inicio** para retroceder al momento 0:00, oculte las propiedades de las capas building.mov y banner.ai y seleccione Archivo>Guardar para guardar los cambios.

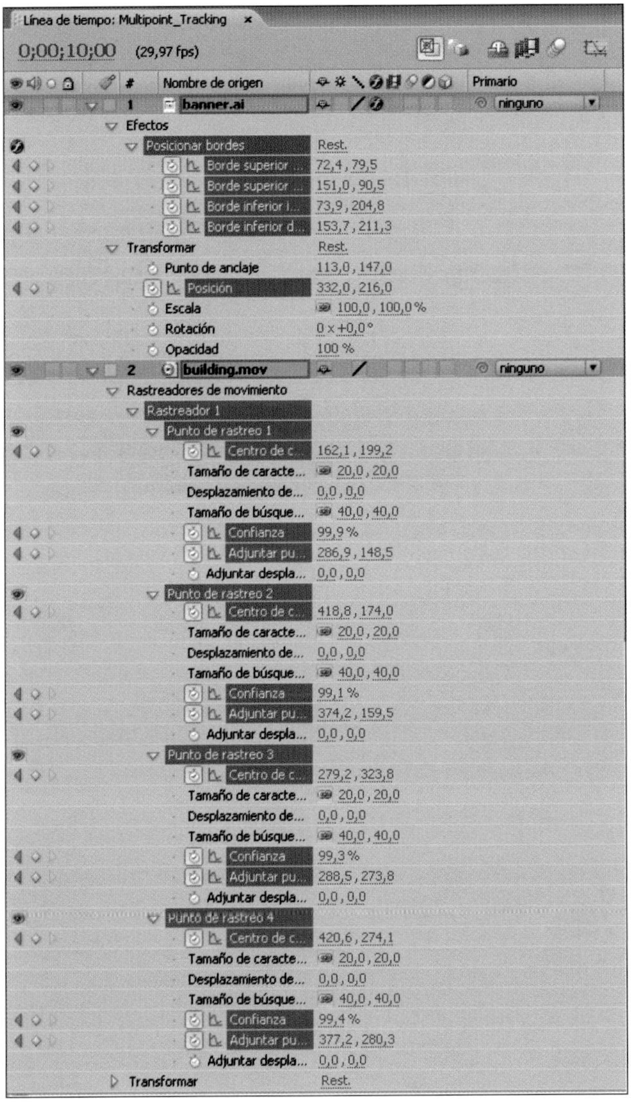

Figura 11.28.

Añadir un efecto de sombra paralela y de desenfoque

Ahora, la pancarta parece como si estuviera pegada al edificio y sigue el movimiento de la cámara portátil, pero como originalmente era un elemento de Illustrator, su aspecto es muy poco realista con respecto al fondo fotográfico, así que esto es lo siguiente de lo que nos vamos a ocupar (véase la figura 11.29).

Figura 11.29.

1. Seleccione la capa banner.ai en el panel Línea de tiempo. Observe que el panel Controles de efectos, que está abierto, muestra los ajustes del efecto Posicionar bordes de la capa.

2. Seleccione Efecto>Perspectiva>Sombra paralela (véase la figura 11.30).

3. Haga clic en el cuentagotas Color de la sombra de la sección Sombra paralela del panel Controles de efectos, y seleccione con él una zona de sombra debajo de uno de los soportales del edificio en el panel Composición (véase la figura 11.31).

4. Ajuste el control Dirección hasta que el ángulo de la sombra coincida con el entorno (113,0° aproximadamente).

5. Cambie la Distancia a **4,0** y el Suavizado a **5,0**.

6. Reduzca la Opacidad hasta que la sombra se funda con el entorno, es decir, más o menos el **40%** (véase la figura 11.32).

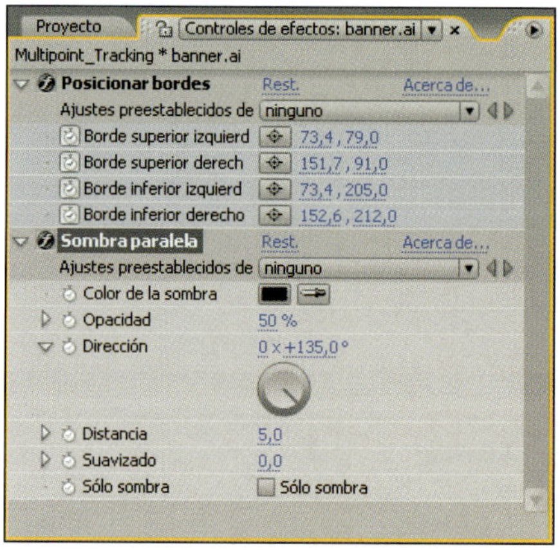

Figura 11.30.

Los bordes de la pancarta todavía están excesivamente nítidos, así que aplicaremos un poco de desenfoque para arreglarlo.

7. Cierre la sección Sombra paralela del panel Controles de efectos para dejar espacio para el siguiente efecto que vamos a aplicar.

8. Compruebe que la capa banner.ai siga seleccionada en el panel Línea de tiempo y haga clic en Efecto>Desenfocar y enfocar>Desenfoque rápido. Este efecto es muy parecido al efecto Desenfoque gaussiano, pero desenfoca zonas más grandes más rápidamente.

9. Ajuste el valor de Difuminación a **0,3** (véase la figura 11.33).

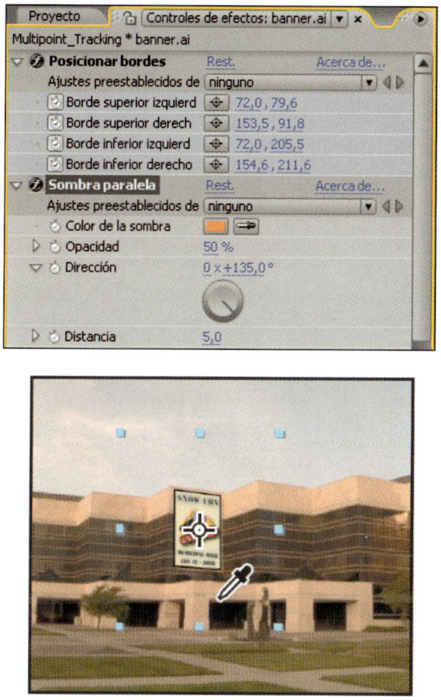

Figura 11.31.

Ahora está mejor.

10. Vea otra previsualización de RAM.

11. Pulse la **barra espaciadora** cuando termine.

12. Seleccione Archivo>Guardar para guardar los cambios y luego, Archivo>Cerrar proyecto.

CREAR UN SISTEMA DE PARTÍCULAS

La versión Profesional de After Effects incluye varios efectos que realizan excelentes simulaciones de partículas. Dos de ellos, CC Particle Systems II y CC Particle World, están basados en el mismo motor, pero se diferencian en que el segundo permite mover las partículas en 3D y el primero solo en 2D.

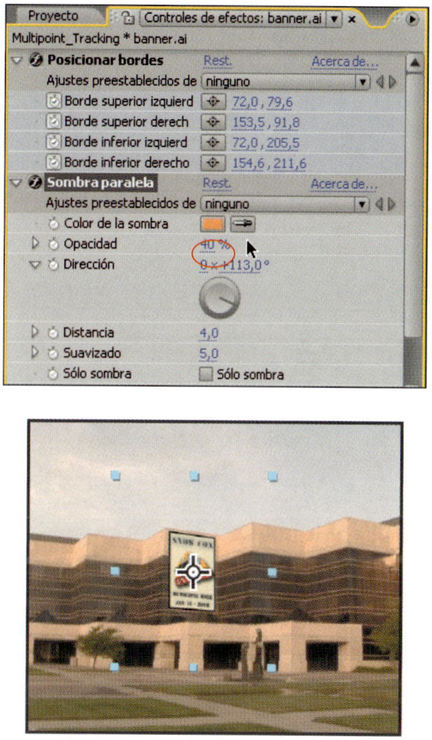

Figura 11.32.

En este ejercicio, aprenderemos a utilizar el efecto CC Particle Systems II para crear una supernova que podríamos utilizar al principio de un documental científico o como elemento móvil de fondo. Si aún no ha previsualizado la película de muestra de esta actividad, hágalo ahora antes de seguir adelante.

NOTA: LOS EFECTOS CC PARTICLE SYSTEMS II Y CC PARTICLE WORLD FORMAN PARTE DEL CONJUNTO DE EFECTOS CYCORE QUE INCORPORA LA VERSIÓN PROFESIONAL DE AFTER EFFECTS, ASÍ QUE ASEGÚRESE DE INSTALAR EL PLUGIN ANTES DE EMPEZAR EL EJERCICIO.

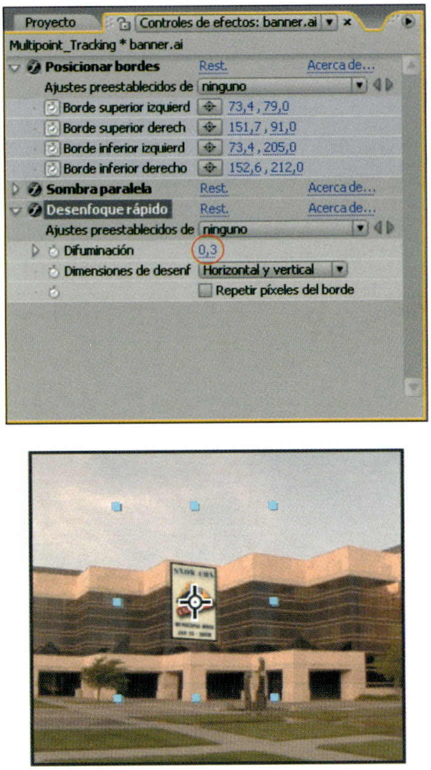

Figura 11.33.

PREPARACIÓN DEL PROYECTO

Para empezar, abriremos After Effects y crearemos un proyecto nuevo.

1. Inicie la versión Profesional de After Effects, si no la tiene ya abierta, y pulse **Control-Alt-Mayús** para restaurar las preferencias predeterminadas. Cuando el programa le pregunte si quiere borrar el archivo de preferencias, haga clic en **Aceptar**.

After Effects se abre y aparece un proyecto vacío sin título.

ADVERTENCIA: SI HACE ESTE EJERCICIO INMEDIATAMENTE A CONTINUACIÓN DEL ANTERIOR Y AFTER EFFECTS ESTABA YA ABIERTO, SUSTITUYA EL PASO 1 POR LO SIGUIENTE: SELECCIONE Ventana>Espacio de trabajo>Restablecer "Estándar" Y LUEGO Archivo>Nuevo>Nuevo proyecto SI NO SE ABRE UN PROYECTO VACÍO SIN TÍTULO EN LA VENTANA DE LA APLICACIÓN.

2. Seleccione Archivo>Guardar como.

3. En el cuadro de diálogo Guardar como, acceda a la carpeta AE7_CIB>Lessons>Lesson11>Finished_Projects.

4. Asigne al proyecto el nombre **Lesson11_Particles_Finished.aep** y haga clic en **Guardar**.

Crear la composición

No hace falta importar elementos de material de archivo para este ejercicio, así que lo primero que haremos será crear la composición.

1. Pulse **Control-N** (Windows).

2. En el cuadro de diálogo Ajustes de composición, escriba **Supernova** en el campo Nombre de la composición.

3. Seleccione la opción NTSC D1 en el menú emergente Ajuste preestablecido para ajustar automáticamente el ancho, la altura, la proporción de píxeles y la frecuencia de fotogramas de la composición..

4. En el campo Duración, escriba **1000** para indicar 10 segundos y haga clic en **Aceptar**.

Crear un sistema de partículas

Construiremos el sistema de partículas a partir de una capa de color sólido, así que eso es lo primero que hay que crear.

1. Seleccione Capa>Nuevo>Sólido o pulse **Control-Y** para crear una nueva capa de color sólido.

2. En el cuadro de diálogo Ajustes de sólido, escriba **Particles** en el campo Nombre.

3. Haga clic en el botón **Hacer tamaño comp.** para ajustar el tamaño de la capa al de la composición, y haga clic en **Aceptar** (véase la figura 11.34).

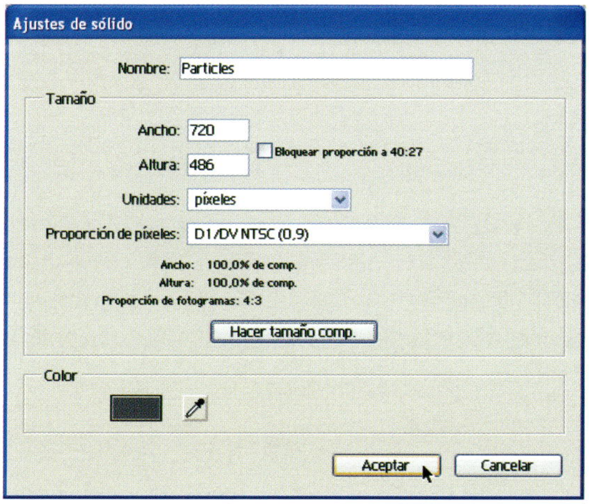

Figura 11.34.

4. Con la capa Particles seleccionada en el panel Línea de tiempo, haga clic en Efecto> Simulation>CC Particle Systems II.

5. Avance al momento 4:00 para ver el sistema de partículas (véase la figura 11.35).

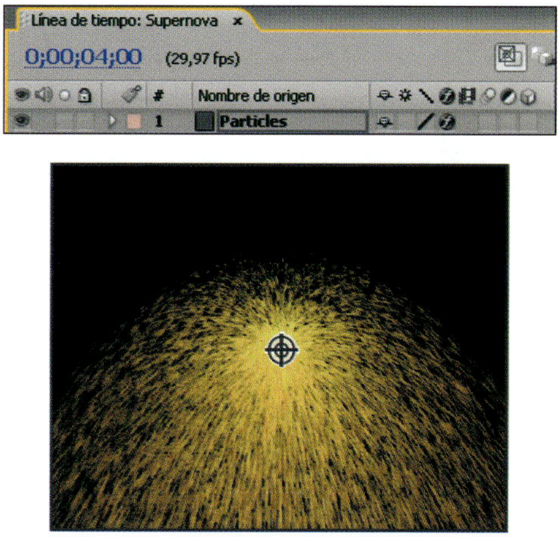

Figura 11.35.

Aparece una especie de lluvia de partículas amarillas en el panel Composición.

Personalizar el efecto CC Particle Systems II

El siguiente paso es transformar esta lluvia de partículas en una supernova personalizando los ajustes en el panel Controles de efectos.

1. En el panel Controles de efectos, amplíe el grupo de propiedades Physics. La animación llamada Explosive funciona bastante bien para este proyecto, pero en vez de que las partículas lluevan hacia abajo, queremos que fluyan en todas direcciones, así que cambiaremos el valor de gravedad a **0,0** (véase la figura 11.36).

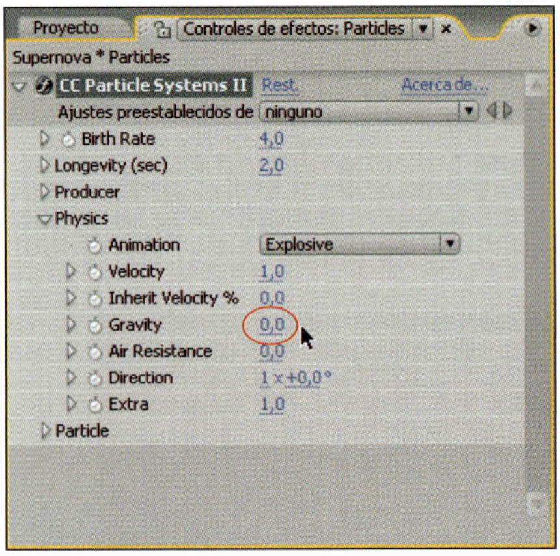

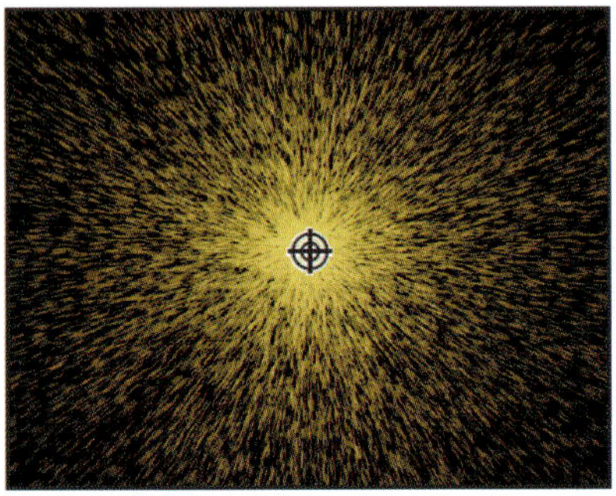

Figura 11.36.

Entender las propiedades del efecto CC Particle Systems II

LOS SISTEMAS DE PARTÍCULAS POSEEN SU PROPIO VOCABULARIO ESPECÍFICO. A CONTINUACIÓN SE ENUMERAN ALGUNOS DE LOS AJUSTES CLAVE SEGÚN EL ORDEN (DE ARRIBA ABAJO) EN QUE ESTÁN DISPUESTOS EN EL PANEL CONTROLES DE EFECTO.

- Birth Rate: CONTROLA EL NÚMERO DE PARTÍCULAS QUE SE GENERAN POR SEGUNDO. SE TRATA DE UN VALOR ARBITRARIO QUE NO REFLEJA EL NÚMERO REAL DE PARTÍCULAS GENERADO. CUANTO MAYOR ES EL NÚMERO, MÁS DENSO ES EL EMPAQUETAMIENTO DE LAS PARTÍCULAS.
- Longevity: DETERMINA EL TIEMPO DE VIDA DE LAS PARTÍCULAS.
- Producer Position: CONTROLA EL PUNTO CENTRAL U ORIGEN DEL SISTEMA DE PARTÍCULAS. LA POSICIÓN VIENE DETERMINADA POR LAS COORDENADAS X E Y, Y SE CARACTERIZA PORQUE TODAS LAS PARTÍCULAS EMANAN DE UN MISMO PUNTO FOCAL. ES POSIBLE MODIFICAR EL TAMAÑO DEL PRODUCTOR AJUSTANDO LOS VALORES Radius X Y Radius Y. CUANTO MÁS ALTOS SON, MÁS GRANDE ES EL PUNTO DE PRODUCTOR. SI EL VALOR DE X ES ELEVADO Y EL DE Y 0 (CERO), EL RESULTADO ES UNA LÍNEA RECTA.
- Velocity: CONTROLA LA VELOCIDAD DE LAS PARTÍCULAS. CUANTO MÁS ALTO, MÁS RÁPIDO EL MOVIMIENTO.
- Inherent Velocity %: CUANDO SE ANIMA LA PROPIEDAD PRODUCER POSITION, ESTE VALOR DETERMINA QUÉ CANTIDAD DE VELOCIDAD ES TRANSFERIDA A LAS PARTÍCULAS. UN VALOR NEGATIVO HACE QUE LAS PARTÍCULAS SE MUEVAN EN SENTIDO CONTRARIO.
- Gravity: CUANTO MÁS ALTA LA GRAVEDAD, MÁS RÁPIDO CAEN LAS PARTÍCULAS. UN VALOR NEGATIVO HACE QUE LAS CAUSAS SUBAN EN VEZ DE BAJAR.
- Air Resistance: SIMULA LA INTERACCIÓN DE LAS PARTÍCULAS CON EL AIRE O EL AGUA.
- Direction: DETERMINA LA DIRECCIÓN EN QUE FLUYEN LAS PARTÍCULAS. SE RECOMIENDA USAR CON EL TIPO DIRECTION ANIMATION.
- Extra: INTRODUCE ALEATORIEDAD AL MOVIMIENTO DE LAS PARTÍCULAS.
- Birth/Death Size: DETERMINA EL TAMAÑO DE LAS PARTÍCULAS EN EL MOMENTO DE CREACIÓN Y DE EXPIRACIÓN.
- Opacity Map: CONTROLA LOS CAMBIOS DE OPACIDAD DE LA PARTÍCULA DEL TIEMPO DE VIDA.
- Color Map: SE USA CON LOS COLORES BIRTH Y DEATH PARA SOMBREAR LAS PARTÍCULAS GRADUALMENTE CON EL TIEMPO.

2. Oculte el grupo de propiedades Physics y abra el de Particle. Luego, cambie el valor de Death Size a **1,50** e incremente la Size Variation a **100,0%** para que las partículas puedan variar aleatoriamente de tamaño en el momento de su nacimiento.

3. Reduzca el valor Max Opacity a **55,0%** para que las partículas se tornen semitransparentes (véase la figura 11.37).

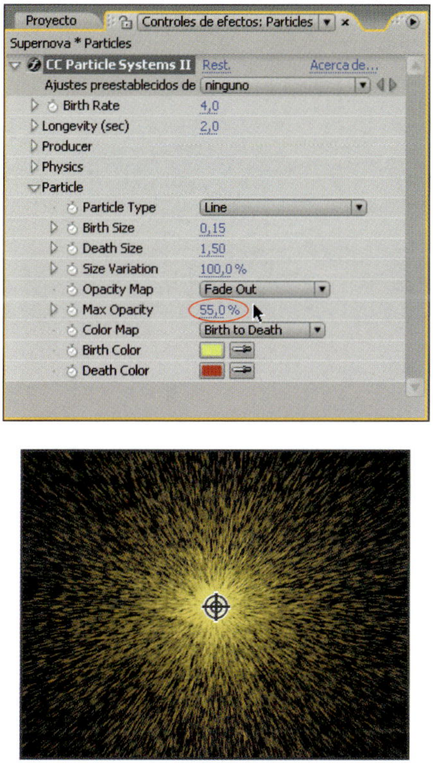

Figura 11.37.

En este momento, las partículas no destacan mucho porque el tipo de partícula seleccionado es una línea.

4. Seleccione Particle Type>Faded Sphere (véase la figura 11.38).

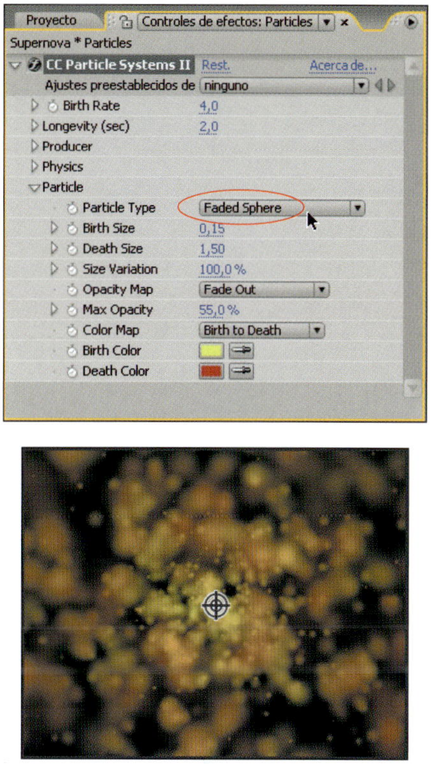

Figura 11.38.

¡Menudo cambio! Ahora las partículas parecen intergalácticas de verdad. Pero eso no es todo.

5. Haga clic en la muestra de color Birth Color, seleccione un amarillo (RGB 255, 200, 50) como color de nacimiento de las partículas y haga clic en **Aceptar**.

6. Haga clic en la muestra de color Death Color, seleccione un tono grisáceo (RGB 180, 180, 180) como color para su desaparición y haga clic en **Aceptar** (véase la figura 11.39).

7. Para que las partículas no permanezcan demasiado tiempo en pantalla, reduzca el valor Longevity a **0,8** segundos.

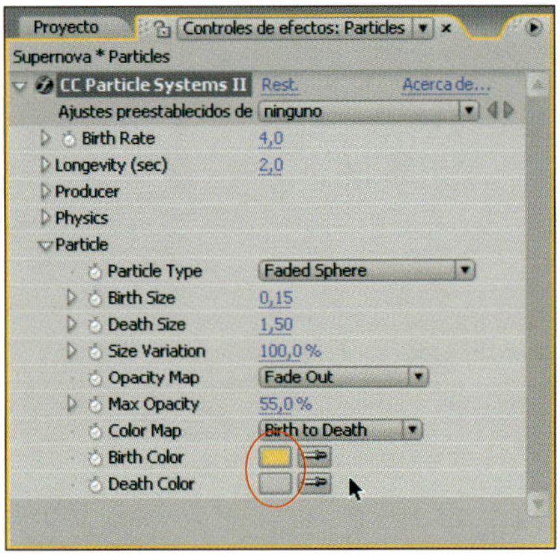

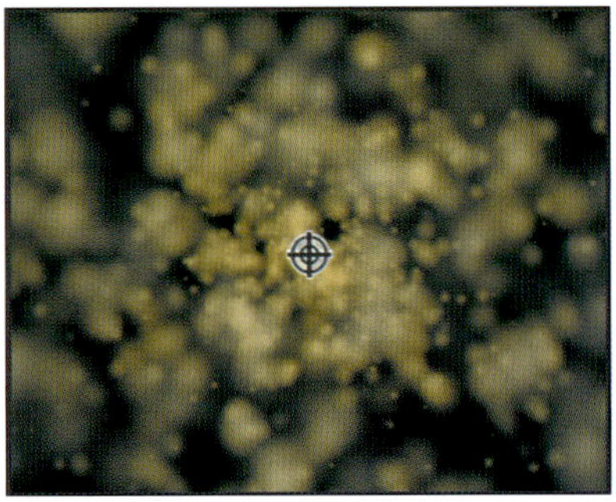

Figura 11.39.

NOTA: AUNQUE ESTÁN EN LA PARTE SUPERIOR DEL PANEL CONTROLES DE EFECTOS, A MENUDO RESULTA MUCHO MÁS PRÁCTICO AJUSTAR LOS VALORES LONGEVITY Y BIRTH RATE DESPUÉS DE HABER AJUSTADO LOS DEMÁS (VÉASE LA FIGURA 11.40).

El tipo Faded Sphere ha suavizado bastante el aspecto de las partículas, pero las formas siguen siendo demasiado nítidas. Lo arreglaremos desenfocando un poco la capa para fundir las partículas unas con otras.

8. Seleccione Efecto>Desenfocar y enfocar> Desenfoque rápido.

9. En el área Desenfoque rápido del panel Controles de efectos, aumente el valor Difuminación a **10,0** y marque la casilla Repetir píxeles del borde para evitar que las partículas sufran recortes en el borde del fotograma (véase la figura 11.41).

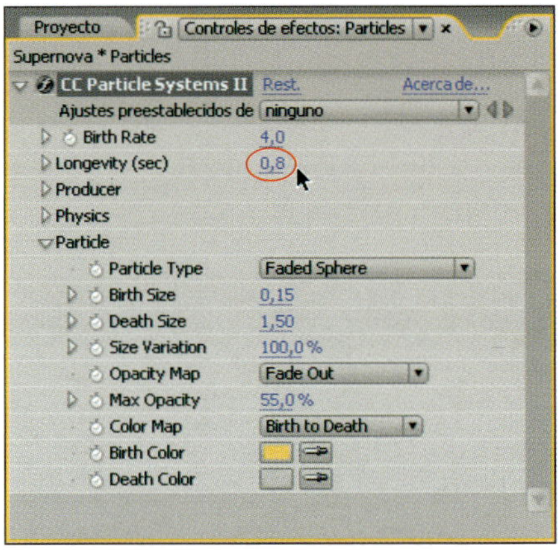

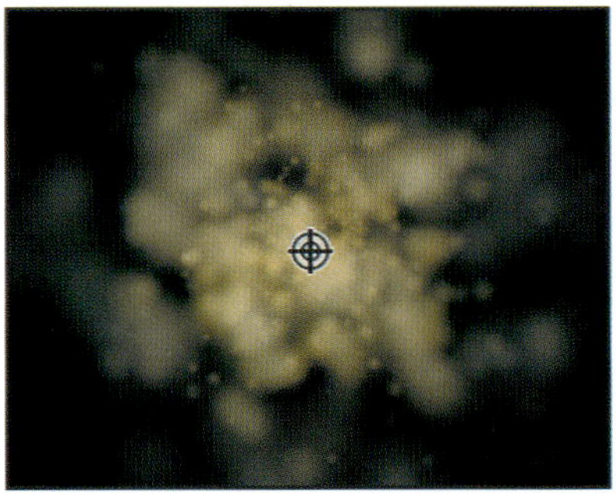

Figura 11.40.

Aquí viene el sol

Ahora crearemos un halo de luz brillante detrás de las partículas.

1. Retroceda al momento 0:07.

2. Pulse **Control-Y** para crear una capa de color sólido nueva.

3. En el cuadro de diálogo Ajustes de sólido, haga lo siguiente:

- Escriba **Sun** en el campo Nombre.

- Haga clic en el botón **Hacer tamaño comp.** para ajustar el tamaño de la capa al de la composición.

- Haga clic en la muestra de color para teñir la capa del mismo color amarillo que el color de nacimiento de las partículas (RGB=255, 200, 50) (véase la figura 11.42).

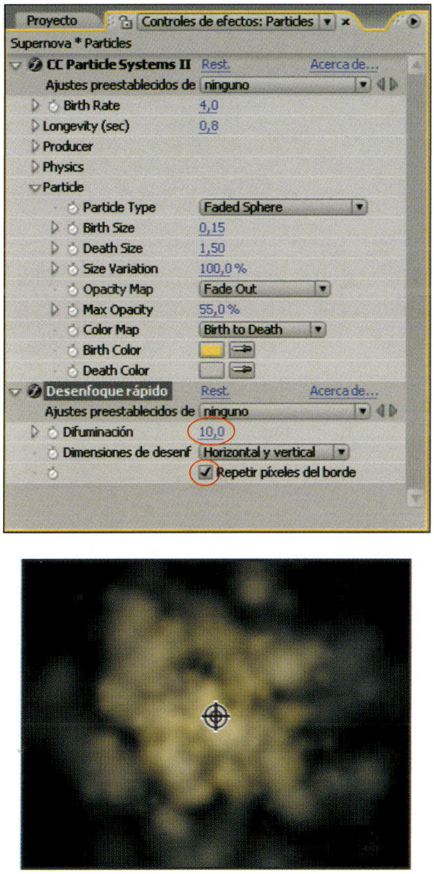

Figura 11.41.

4. En el panel Línea de tiempo, coloque la capa Sun debajo de la capa Particles (véase la figura 11.43).

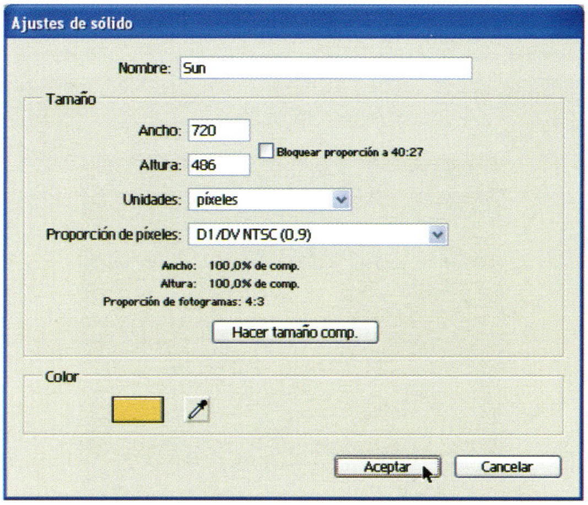

Figura 11.42.

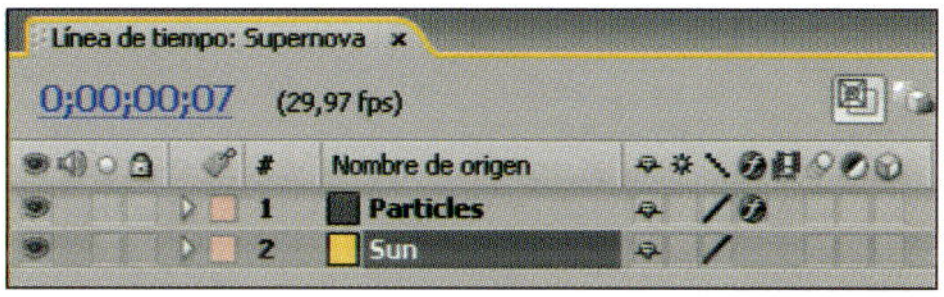

Figura 11.43.

5. Seleccione la herramienta **Máscara elíptica** en el panel Herramientas y, pulsando **Mayús**, trace un círculo en el panel Composición que tenga un radio de aproximadamente 100 píxeles o una cuarta parte de la anchura de la composición (véase la figura 11.44).

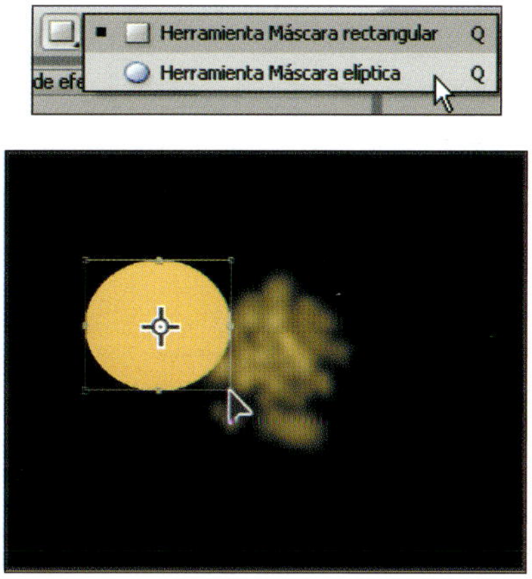

Figura 11.44.

6. Haga clic en la herramienta de **Selección** y desplace el círculo amarillo al centro del panel Composición (véase la figura 11.45).

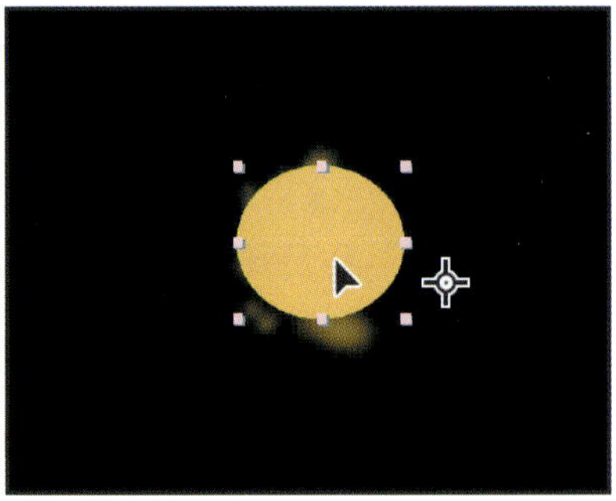

Figura 11.45.

7. Con la capa Sun seleccionada en el panel Línea de tiempo, pulse la tecla **F** para ver la propiedad Calado de máscara y aumente su valor a **100,0** y **100,0** píxeles (véase la figura 11.46).

8. Pulse **Alt-¡** para desplazar el Punto de entrada de la capa al tiempo actual (véase la figura 11.47).

9. Haga clic en el triangulito que está a la izquierda del nombre de la capa Sun para ocultar sus propiedades.

Iluminar la oscuridad

Si el sol da luz, debería iluminar la oscuridad circundante.

1. Compruebe que el indicador de tiempo actual esté todavía en el momento 0:07.

2. Pulse **Control-Y** para crear una capa de color sólido nueva.

3. En el cuadro de diálogo Ajustes de sólido, escriba **Background** como nombre para la capa, haga clic en el botón **Hacer tamaño comp.** para ajustar el tamaño de la capa al de la composición, y haga clic en **Aceptar**.

4. En el panel Línea de tiempo, arrastre la capa Background debajo de las otras dos capas (véase la figura 11.48).

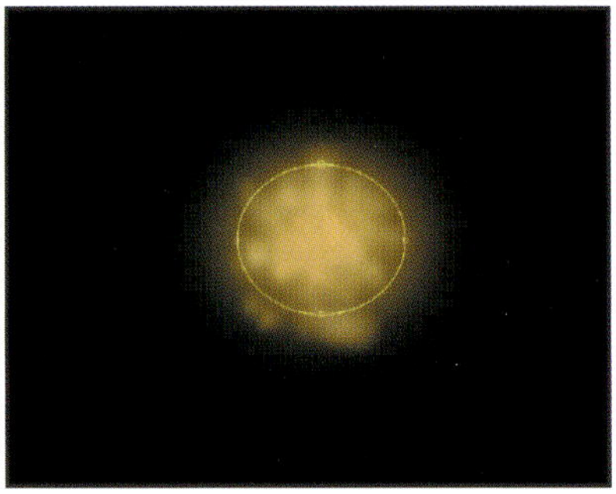

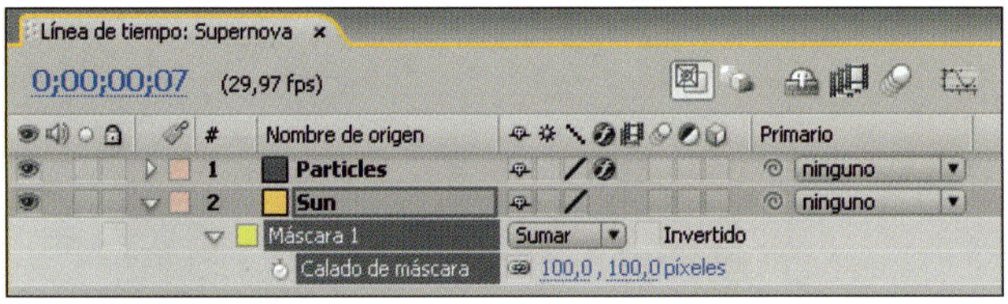

Figura 11.46.

Figura 11.47.

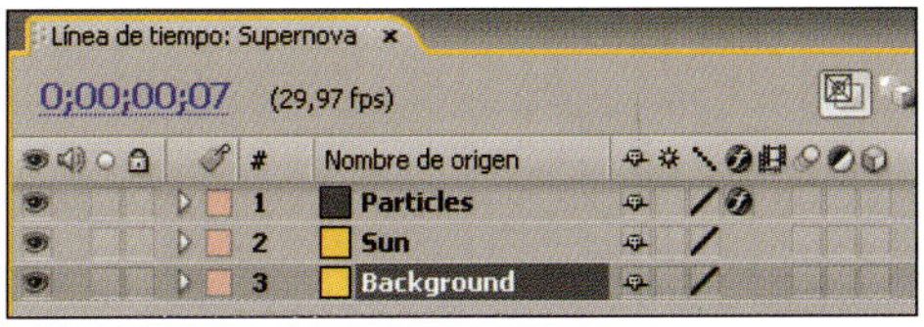

Figura 11.48.

5. Con la capa Background seleccionada en el panel Línea de tiempo, haga clic en Efecto> Generar>Pendiente (véase la figura 11.49).

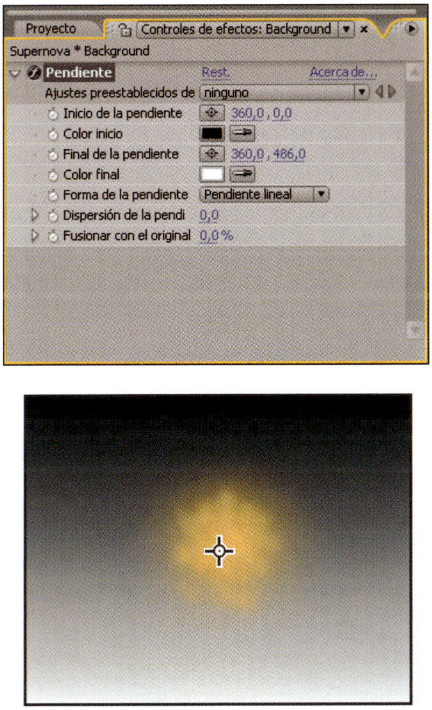

Figura 11.49.

El efecto Pendiente crea un degradado de color y lo funde con la imagen original. Las pendientes pueden ser lineales o radiales y variar en posición y color a lo largo del tiempo. Los valores Inicio de la pendiente y Final de la pendiente se usan para especificar las posiciones iniciales y finales, respectivamente. Por su parte, el valor Dispersión de la pendiente se usa para dispersar, como su propio nombre indica, los colores de la pendiente y eliminar el efecto de banda.

6. En el área Pendiente del panel Controles de efectos, haga lo siguiente:

- Cambie el valor Inicio de la pendiente a **360,0** y **240,0**, y el valor Fin de la pendiente a **360,0** y **525,0**.
- Seleccione Forma de la pendiente> Pendiente radial.
- Haga clic en la muestra Color inicio y elija un azul oscuro (RGB=0, 25, 135).
- Haga clic en la muestra Color final y elija el color negro (RGB=0, 0, 0) (véase la figura 11.50).

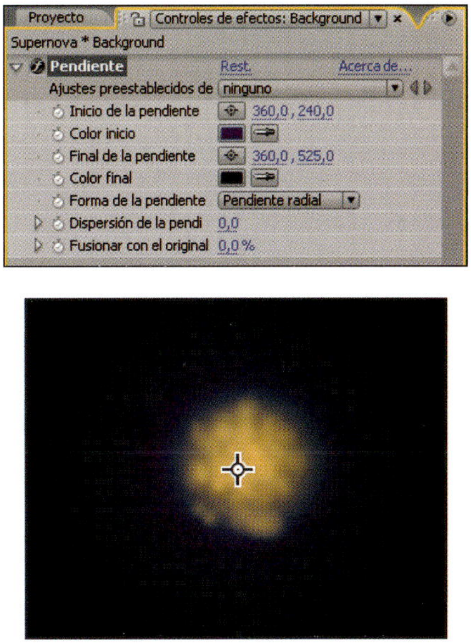

Figura 11.50.

7. Pulse **Alt-¡** para desplazar el Punto de entrada de la capa al tiempo actual.

Añadir un efecto Destello de lente

A fin de que todos los elementos queden bien enlazados, añadiremos un efecto Destello de lente que simule una explosión.

1. Pulse la tecla **Inicio** para desplazar el indicador de tiempo actual al principio de la regla de tiempo.

2. Pulse **Control-Y** para crear una capa de color sólido nueva.

3. En el cuadro de diálogo Ajustes de sólido, asigne a la capa el nombre **Nova**, haga clic en el botón **Hacer tamaño comp.** para adaptar el tamaño de la capa al de la composición, elija el color negro en la muestra Color (RGB=0, 0, 0) y haga clic en **Aceptar**. La capa Nova debe aparecer ahora encima de todas las demás en el panel Línea de tiempo (véase la figura 11.51).

Figura 11.51.

4. Con la capa Nova seleccionada en el panel Línea de tiempo, haga clic en Efecto>Generar> Destello de lente (véase la figura 11.52).

5. En el área Destello de lente del panel Controles de efectos, haga lo siguiente:

- Cambie el valor Centro del destello a **360,0** y **240,0**.

- Compruebe que el tipo de lente sea Zoom de 50-300mm.

- Reduzca el valor Brillo del destello a **0%** y haga clic en el **Cronómetro de variación de tiempo** para insertar un fotograma clave de inicio (véase la figura 11.53).

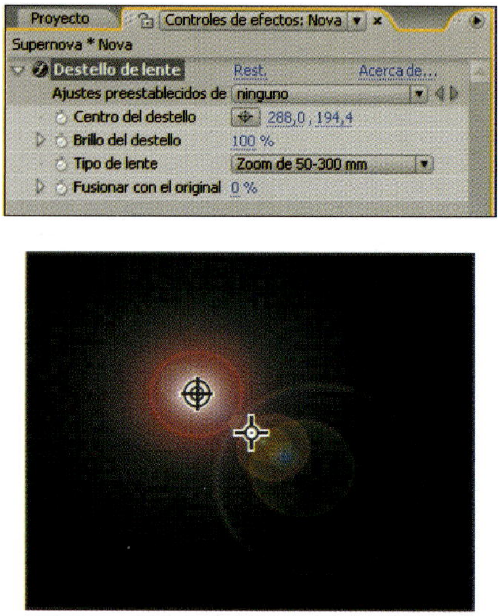

Figura 11.52.

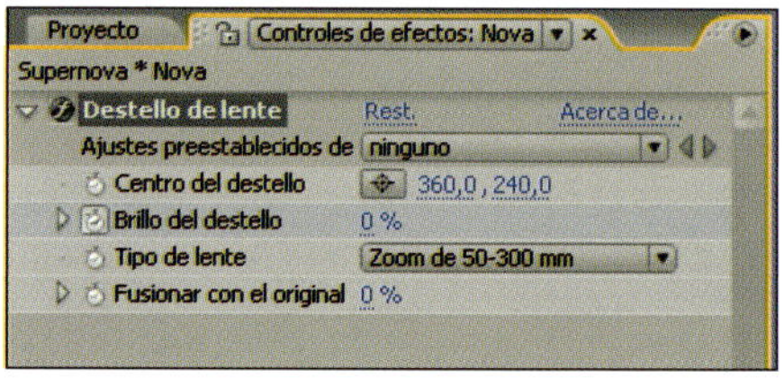

Figura 11.53.

6. Avance al momento 0:10.

7. Aumente el valor Brillo del destello a **240%**.

8. Avance al momento 1:04 y reduzca el valor Brillo del destello a **100%**.

9. Con la capa Nova seleccionada en el panel Línea de tiempo, pulse la tecla **U** para poder ver la propiedad Destello de lente (véase la figura 11.54).

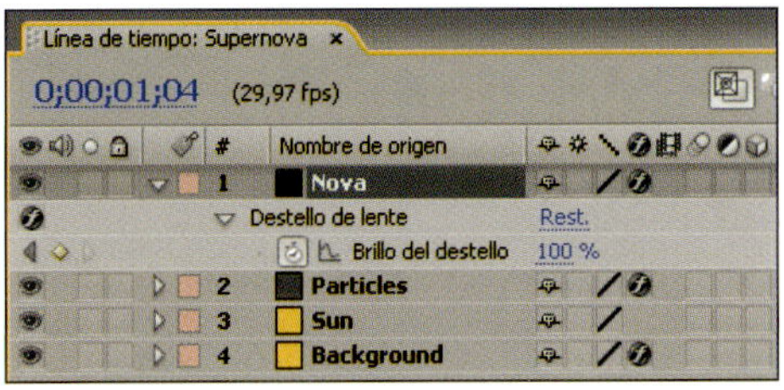

Figura 11.54.

10. Haga clic con el botón derecho del ratón (Windows) o **Control**-clic (Mac OS) en el último fotograma clave de destello de lente y seleccione Asistente de fotogramas clave>Inicio de Fácil (véase la figura 11.55).

11. Haga clic con el botón derecho del ratón (Windows) o **Control**-clic (Mac OS) en el primer fotograma clave de destello de lente y seleccione Asistente de fotogramas clave>Fin de Fácil.

Finalmente, queda hacer visibles las diferentes capas que están debajo de la capa Nova (véase la figura 11.56).

12. Seleccione Columnas>Modos en el menú emergente del panel Línea de tiempo y haga clic en Pantalla (véase la figura 11.57).

Figura 11.57.

Ahora, previsualice su trabajo.

13. Vea una previsualización de RAM y, cuando termine, seleccione Archivo>Guardar y luego Archivo>Cerrar proyecto.

Figura 11.55.

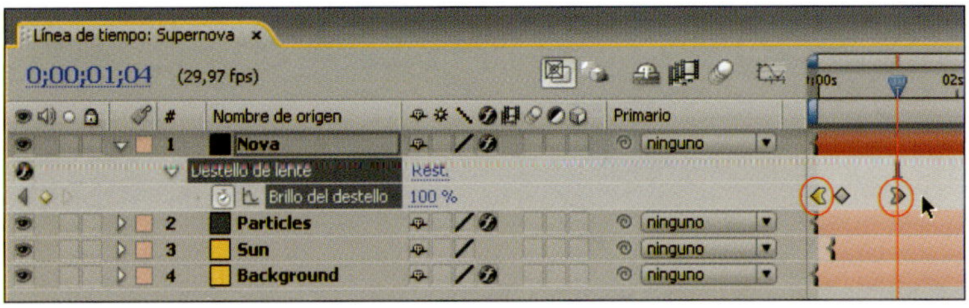

Figura 11.56.

Acerca del material de archivo HDR (rango dinámico alto)

OTRA DE LAS DISTINTAS FUNCIONES AVANZADAS DE LA VERSIÓN PROFESIONAL DE AFTER EFFECTS ES EL SOPORTE DE COLOR HDR.

EL RANGO DINÁMICO (O PROPORCIÓN ENTRE LAS REGIONES OSCURAS Y LAS REGIONES CLARAS) DEL MUNDO FÍSICO SUPERA CON CRECES EL RANGO DE LA VISTA HUMANA Y DE LAS IMÁGENES QUE SE IMPRIMEN O MUESTRAN EN UN MONITOR. PERO MIENTRAS EL OJO HUMANO ES CAPAZ DE ADAPTARSE A GRADOS MUY DISTINTOS DE LUZ, LA MAYORÍA DE LAS CÁMARAS Y PANTALLAS DE ORDENADOR SOLO PUEDEN CAPTURAR Y REPRODUCIR UN RANGO DINÁMICO LIMITADO. LOS FOTÓGRAFOS, ARTISTAS DE IMÁGENES EN MOVIMIENTO Y OTROS PROFESIONALES QUE TRABAJAN CON IMÁGENES DIGITALES SE VEN OBLIGADOS A DECIDIR QUÉ ES LO REALMENTE IMPORTANTE EN UNA ESCENA PRECISAMENTE POR LA LIMITACIÓN DE RANGO DINÁMICO.

LAS IMÁGENES HDR ABREN LA PUERTA A TODO UN MUNDO DE POSIBILIDADES PORQUE PUEDEN REPRESENTAR UNA GAMA MUY AMPLIA DE RANGOS DINÁMICOS MEDIANTE EL USO DE VALORES NUMÉRICOS DE COMA FLOTANTE DE 32 BITS. ÉSTOS SON REPRESENTACIONES NUMÉRICAS QUE ADMITEN LA MISMA CANTIDAD DE BITS PARA DESCRIBIR RANGOS DE VALORES MUCHO MAYORES QUE LOS VALORES ENTEROS (DE PUNTO FIJO). LOS VALORES HDR PUEDEN CONTENER GRADACIONES DE BRILLO, INCLUIDOS OBJETOS TAN BRILLANTES COMO LA LLAMA DE UNA VELA O EL SOL, QUE EXCEDEN CON MUCHO A LOS DEL MODO DE 8 BPC O 16 BPC (NO DE COMA FLOTANTE). LOS MODOS DE RANGO DINÁMICO MENOR DE 8 BPC Y 16 BPC PUEDEN REPRESENTAR NIVELES RGB QUE VAN SOLO DEL NEGRO AL BLANCO, ES DECIR, UN SEGMENTO MUY LIMITADO DEL RANGO DINÁMICO EXISTENTE EN EL MUNDO REAL.

ACTUALMENTE, LAS IMÁGENES HDR SE USAN, SOBRE TODO, EN LAS PELÍCULAS DE MOVIMIENTO, EN LOS EFECTOS ESPECIALES, EN LOS PROYECTOS 3D Y EN ALGUNAS FOTOGRAFÍAS DE ALTA GAMA. LA VERSIÓN PROFESIONAL DE AFTER EFFECTS SOPORTA IMÁGENES HDR DE UNA AMPLIA VARIEDAD DE FORMAS. POR EJEMPLO, SE PUEDEN CREAR PROYECTOS DE 32 BPC PARA TRABAJAR CON MATERIAL DE ARCHIVO HDR Y AJUSTAR LA EXPOSICIÓN O CANTIDAD DE LUZ DE UNA IMAGEN. SI DESEA MÁS INFORMACIÓN, CONSULTE LA AYUDA DE AFTER EFFECTS.

EFECTO DEFORMACIÓN DE TIEMPO

El efecto Deformación de tiempo en la versión Profesional de After Effects permite controlar con total precisión una amplia gama de parámetros al modificar la velocidad de reproducción de una capa, incluidos los métodos de interpolación, el desenfoque de movimiento y el recorte de origen para eliminar elementos indeseados que no deben aparecer en nuestra composición. Este efecto funciona independientemente del interruptor Fusión de fotograma del panel Línea de tiempo.

En este ejercicio, usaremos el efecto Deformación de tiempo para cambiar la velocidad de un clip y ralentizarlo de forma dramática. Si aún no ha visto la película de muestra de esta actividad, hágalo ahora antes de seguir adelante.

PREPARACIÓN DEL PROYECTO

Para empezar, abriremos After Effects y crearemos un proyecto nuevo.

Inicie la versión Profesional de After Effects, si no la tiene ya abierta, y pulse **Control-Alt-Mayús** para restaurar las preferencias predeterminadas. Cuando el programa le pregunte si quiere borrar el archivo de preferencias, haga clic en **Aceptar**.

1. After Effects se abre y aparece un proyecto vacío sin título.

ADVERTENCIA: SI HACE ESTE EJERCICIO INMEDIATAMENTE A CONTINUACIÓN DEL ANTERIOR Y AFTER EFFECTS ESTABA YA ABIERTO, SUSTITUYA EL PASO 1 POR LO SIGUIENTE: SELECCIONE Ventana>Espacio de trabajo>Restablecer "Estándar" Y LUEGO Archivo>Nuevo>Nuevo proyecto SI NO SE ABRE UN PROYECTO VACÍO SIN TÍTULO EN LA VENTANA DE LA APLICACIÓN.

2. Seleccione Archivo>Guardar como.

3. En el cuadro de diálogo Guardar como, acceda a la carpeta AE7_CIB>Lessons> Lesson11>Finished_Projects.

4. Asigne al proyecto el nombre **Lesson11_ Timewarp_Finished.aep** y haga clic en **Guardar**.

Importar el material de archivo y crear la composición

Para este ejercicio, tenemos que importar dos elementos de material de archivo.

1. Haga doble clic en un área vacía del panel Proyecto para abrir el cuadro de diálogo Importar archivo.

2. Navegue a la carpeta AE7_CIB>Lessons> Lesson11>Assets de su disco duro, seleccione el archivo `Group_Approach[DV].mov` y haga clic en **Abrir**.

3. Haga clic en **Aceptar** en el cuadro de diálogo Interpretar material de archivo.

Ahora, crearemos una composición nueva con el mismo índice de aspecto y duración del material de archivo.

4. Arrastre el archivo `Group_Approach[DV].mov` al botón **Crear una nueva composición**, que está en la parte inferior del panel Proyecto, para que After Effects cree una nueva composición para el archivo de origen y la muestre en los paneles Composición y Línea de tiempo (véase la figura 11.58).

5. Seleccione Archivo>Guardar para guardar los cambios.

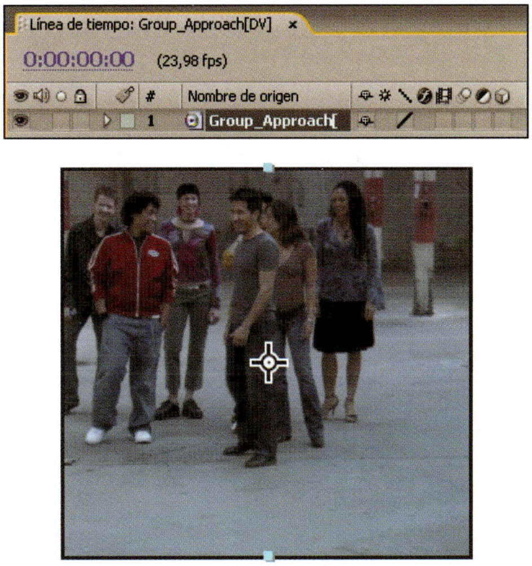

Figura 11.58.

Usar el efecto Deformación de tiempo

En el material de archivo original vemos a un grupo de jóvenes que se acercan a la cámara a paso lento pero constante. A los 2 segundos aproximadamente, al director le gustaría que el movimiento fuera un 10 por 100 más lento para ir aumentando gradualmente a partir de ahí hasta alcanzar la velocidad máxima en el momento 7:00.

1. Con la capa Group_Approach seleccionada en el panel Línea de tiempo, seleccione Efecto> Tiempo>Deformación de tiempo.

2. En el área Deformación de tiempo del panel Controles de efectos, compruebe que el menú contextual Método tenga seleccionada la opción Movimiento de píxel para que el efecto cree nuevos fotogramas analizando el movimiento de los píxeles de los cuadros cercanos y creando vectores de movimiento. Asegúrese, además, que el Ajustar tiempo por tenga seleccionada la opción Velocidad para que el ajuste de tiempo se realice por porcentajes y no por cuadros específicos (véase la figura 11.59).

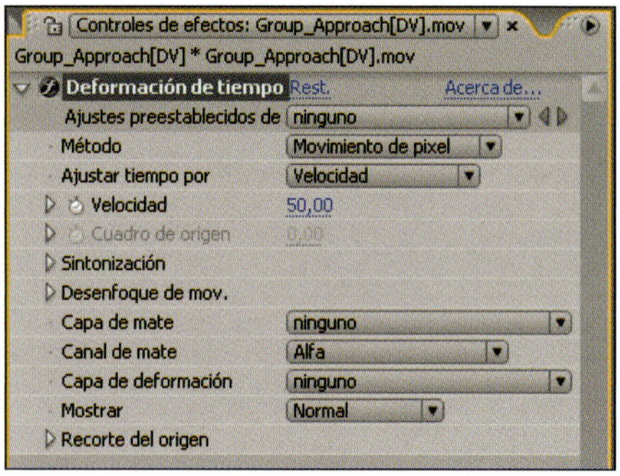

Figura 11.59.

3. Avance al momento 2:00.

4. En el panel Controles de efectos, ajuste la velocidad a **100,00** y haga clic en el **Cronómetro de variación de tiempo** para insertar un fotograma clave y mantener la velocidad del clip al 100 por 100 hasta el segundo 2 (véase la figura 11.60).

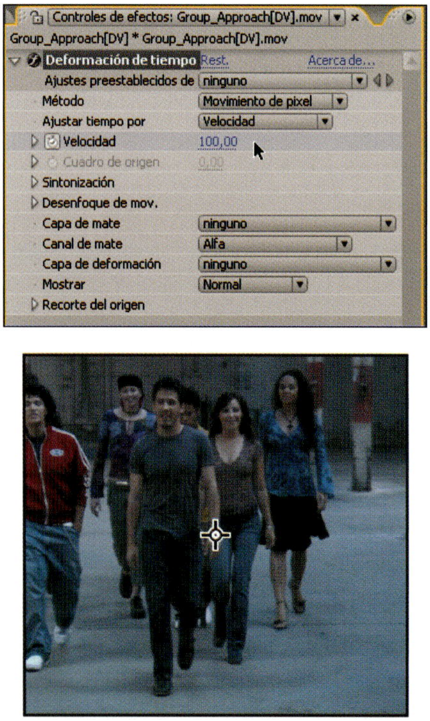

Figura 11.60.

5. Avance al momento 5:00 y cambie la velocidad a **10,00** para que After Effects añada un fotograma clave.

6. Avance al momento 7:00 y ajuste la velocidad a **100,00** para que After Effects agregue otro fotograma clave.

7. Pulse la tecla **Inicio** para retroceder al principio de la regla de tiempo y mire una previsualización de RAM del efecto.

NOTA: TENGA PACIENCIA. LA PREVISUALIZACIÓN DE RAM PUEDE TARDAR ALGUNOS SEGUNDOS EN CALCULAR, PERO EL RESULTADO ES MÁS PRECISO QUE EL QUE SE OBTIENE CON LA PREVISUALIZACIÓN DE LA **BARRA ESPACIADORA**.

Observe que los ajustes de velocidad resultan algo bruscos, no siguen una curva amortiguada propia de un efecto profesional. Esto se debe a que los fotogramas clave son lineales en vez de curvos, así que eso es lo siguiente que vamos a modificar.

8. Cuando termine, pulse la **barra espaciadora** para detener la previsualización.

9. Con la capa Group_Approach[DV] seleccionada en el panel Línea de tiempo, pulse la tecla **U** para ver la propiedad animada Deformación de tiempo (véase la figura 11.61).

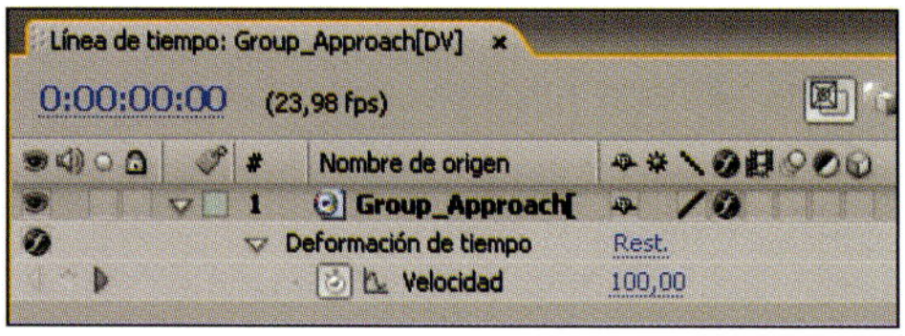

Figura 11.61.

10. Haga clic en el botón **Editor de gráficos** que está en el panel Línea de tiempo para ver la gráfica en vez de barras en la regla de tiempo.

Luego, seleccione el nombre de la propiedad Velocidad de la capa Group_Approach[DV] para ver su gráfica (véase la figura 11.62).

11. Haga clic en el primer fotograma clave de velocidad (el del momento 2:00) y clic en el botón **Fácil** que está en la parte inferior del Editor de gráficos, para ajustar la influencia de entrada y salida al fotograma clave y amortiguar cambios repentinos.

TRUCO: TAMBIÉN SE PUEDE APLICAR EL AJUSTE FÁCIL PULSANDO LA TECLA **F9**.

12. Repita el paso 11 para los otros dos fotogramas clave de velocidad (5:00 y 7:00) (véase la figura 11.63).

El gráfico de movimiento presenta ahora una curva más suave, pero aún podemos suavizarla más desplazando los reguladores bézier.

13. Con los reguladores bézier de los fotogramas clave 2:00 y 5:00, ajuste la curva para que se parezca a la de la figura 11.64.

14. Vea otra previsualización de RAM y observe que ahora, el movimiento lento sí parece profesional.

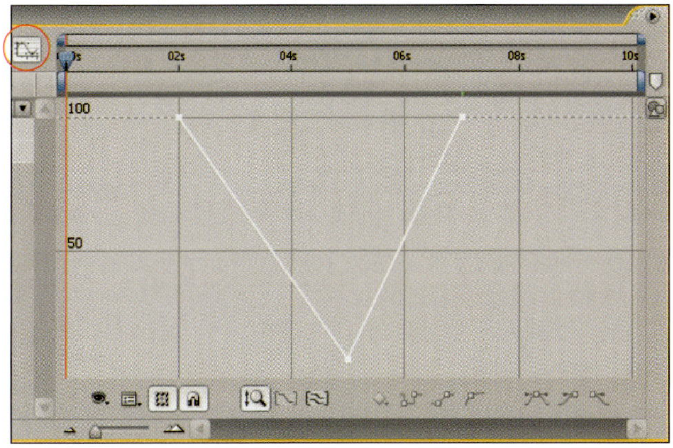

Figura 11.62.

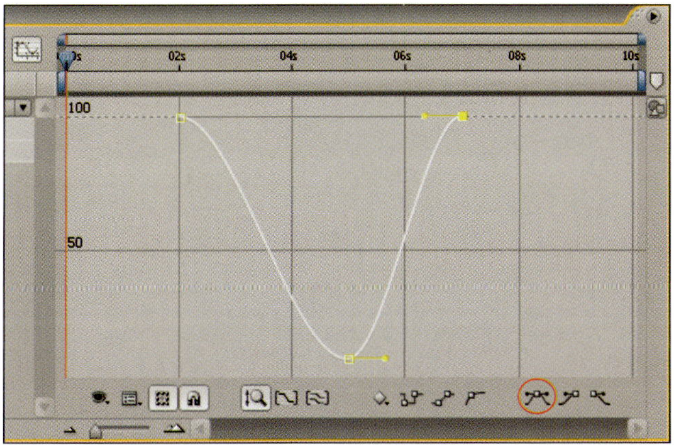

Figura 11.63.

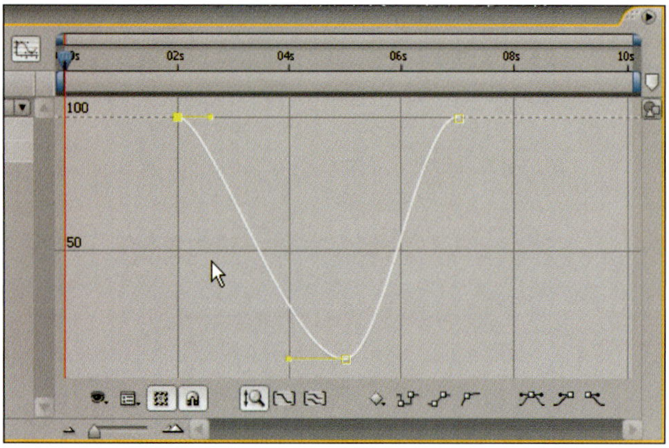

Figura 11.64.

15. Seleccione Archivo>Guardar para guardar el proyecto y, luego, Archivo>Cerrar proyecto para cerrarlo.

Buen trabajo. Ya ha terminado de practicar con algunas de las funciones avanzadas de la versión Profesional de After Effects, como la estabilización de movimiento, el rastreo de movimiento, los sistemas de partículas y el efecto Deformación de tiempo. Para procesar alguno o todos los ejercicios de este capítulo, pase al siguiente, donde se describen las etapas de procesamiento y salida.

REPASO

Preguntas

1. ¿Qué es la estabilización de movimiento y cuándo se usa?

2. ¿Qué es la desviación?

3. ¿Cuál es la diferencia entre el posicionamiento de bordes en paralelo y en perspectiva?

Respuestas

1. Disparar materiales de archivo con una cámara portátil suele producir tomas muy movidas. A menos que quiera que salgan así, lo normal es estabilizarlas para eliminar el exceso de movimiento. La función de estabilización de movimiento de After Effects analiza el movimiento y la rotación de la capa de destino, aplica los valores opuestos al punto de anclaje y a la rotación de dicha capa. Al reproducir la secuencia, el movimiento aparece amortiguado porque la propia capa se mueve progresivamente para compensar el movimiento no deseado

2. La desviación se produce cuando la región de características pierde la característica que está rastreando. Cuando una imagen se mueve en una toma, cambian varias cosas: la luz, los objetos que hay alrededor y el ángulo del objeto principal, y puede ocurrir que una característica que antes era muy evidente, ahora apenas puede identificarse a nivel de subpíxeles. Educar al ojo para que distinga características rastreables es una destreza que requiere tiempo y práctica, y muchas veces, ni la experiencia nos salva de que se nos desvíen las regiones de características. Reajustar regiones de características y de búsqueda, cambiar las opciones de rastreo y volver a intentarlo son pasos ineludibles del proceso estándar de rastreo digital.

3. Cuando se rastrea el movimiento mediante el posicionamiento de bordes en paralelo, se rastrean simultáneamente tres puntos del material de archivo original. After Effects calcula automáticamente la posición de un cuarto punto para que las líneas entre los puntos sigan siendo paralelas. Al aplicar el movimiento a una capa de destino, el efecto Posicionar bordes distorsiona la capa como si se estuviera sesgando, escalando y rotando, pero no le aplica perspectiva, es decir, las líneas paralelas continúan paralelas y no se modifican las distancias. Cuando se rastrea el movimiento mediante el posicionamiento de bordes en perspectiva, se rastrean simultáneamente cuatro puntos del material de archivo original. Al aplicar el movimiento en destino, el efecto Posicionar bordes distorsiona la capa a partir del movimiento de los cuatro puntos, simulando cambios en la perspectiva.

TRUCOS DE LOS PROFESIONALES: PATRICK SIEMER

Formas creativas de usar el efecto Deformación de tiempo

Patrick Siemer es un artista de efectos visuales de Pixar Animation Studios (véase la figura 11.65).

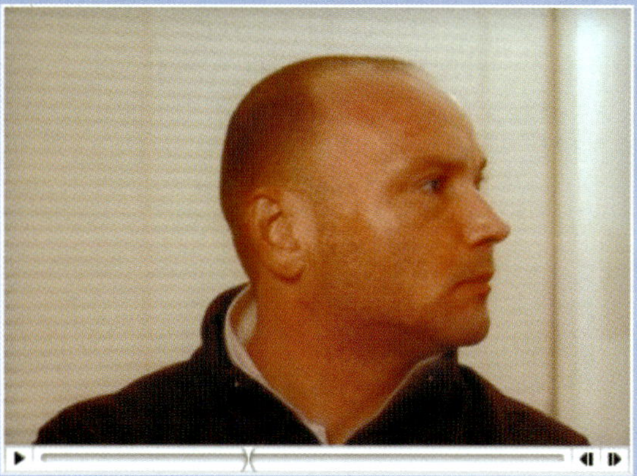

Figura 11.65.

EN LA CARPETA AE7_CIB>Lessons>Lesson11>Patrick Siemer HAY DOS PELÍCULAS DE QUICKTIME PRODUCIDAS POR PATRICK SIEMER.

EN LA QUE SE MUESTRA EN LA FIGURA 11.65 A LA IZQUIERDA, SIEMER UTILIZA EL EFECTO DEFORMACIÓN DE TIEMPO PARA CREAR UN EFECTO DE DEFORMACIÓN.

EN LA DE LA DERECHA, APLICA EL MISMO EFECTO A UNA COLECCIÓN DE IMÁGENES FIJAS PARA MOSTRARLAS DE FORMA SURREALISTA EN UN CLIP DE VÍDEO CON MOVIMIENTO. A CONTINUACIÓN SE INCLUYEN ALGUNOS DE LOS TRUCOS QUE SUELE EMPLEAR SIEMER PARA CREAR EFECTOS DE ESTE TIPO.

Cómo transformar un puñado de fotos digitales en un clip con movimiento surrealista:

- CREAR PELÍCULAS HD DE ALTA CALIDAD CON UNA CÁMARA BARATA DE 4 MEGAPÍXELES. CON UNA CÁMARA FIJA SE OBTIENEN EFECTOS IMPOSIBLES DE CONSEGUIR CON UNA CÁMARA DE VÍDEO, COMO SON LAS EXPOSICIONES AJUSTADAS A TIEMPO.
- TOMAR AL MENOS 30 FOTOS DEL OBJETO PROTAGONISTA. ES SEGURO QUE DESCARTARÁ ALGUNAS. CUANTAS MÁS FOTOS, MÁS SUAVE SERÁ EL MATERIAL DE ARCHIVO. HAGA ANIMACIONES CON LA CÁMARA: SI EL SUJETO NO SE MUEVE, MUEVA USTED LA CÁMARA. LO MEJOR ES LA ALTA RESOLUCIÓN.
- USAR PHOTOSHOP PARA ALTERAR LAS IMÁGENES Y HACER QUE PAREZCAN MÁS RARAS. IMPORTAR IMÁGENES EN AFTER EFFECTS COMO SECUENCIAS.
- APLICAR EL EFECTO DEFORMACIÓN DE TIEMPO Y EXPERIMENTAR CON SUS AJUSTES.
- AÑADIR MOVIMIENTO AL DESENFOQUE PARA REDUCIR EL "DESGARRO" O "ROTURA" DE LA IMAGEN.
- EL EFECTO INCREMENTA CUANTO MÁS DISTINTAS SEAN LAS FOTOS.

Un comentario personal a otros locos de la fotografía:

TAMBIÉN ME ENCANTA HACER FOTOS, QUIZÁ DEMASIADO. LA CULPA ES DEL EFECTO DEFORMACIÓN DE TIEMPO DE AFTER EFFECTS, PUES FOMENTA MÁS SI CABE MI ADICCIÓN A ADQUIRIR DISCOS DUROS CADA VEZ MÁS GRANDES, MÁS POTENTES Y MÁS EFICIENTES, Y ORDENADORES MÁS NUEVOS Y RÁPIDOS.

OJO: EN COMPARACIÓN CON LA MAYORÍA DE LOS EFECTOS, LA DEFORMACIÓN DE TIEMPO PUEDE SER MUY DIVERTIDA, PERO TAMBIÉN PUEDE OBLIGARLE A ESPERAR MUCHO PORQUE TARDA BASTANTE TIEMPO EN PROCESAR MATERIALES DE ARCHIVO DE ALTA RESOLUCIÓN, ASÍ QUE PROCURE TRABAJAR CON IMÁGENES PEQUEÑAS HASTA FAMILIARIZARSE CON ÉL.

CUIDADO: UNA VEZ QUE LA ADICCIÓN ATACA, YA NO HAY FORMA DE DETENERLA HASTA SATURAR EL DISCO DURO....

Capítulo 12

El éxito de un proyecto depende de que se entregue o no a tiempo y de que el formato sea el exigido por el cliente, ya sea para publicar en la Web o para emitir en un medio. En este último capítulo, crearemos plantillas que nos permitirán ahorrar tiempo y procesaremos una composición final en varios formatos y a resoluciones distintas.

Procesamiento y producción final

Procesamiento y producción final

En este capítulo, nos detendremos en los pormenores del procesamiento. Con este objetivo, produciremos varias versiones de una misma animación y exploraremos las opciones del panel Cola de procesamiento. Y después, crearemos plantillas de ajustes de procesamiento y de módulo de salida, y procesaremos tanto la versión para emisión como la versión Web de la película final.

El tiempo necesario para completar este capítulo depende en gran medida de la velocidad del procesador que esté utilizando y de la cantidad de memoria RAM que tenga disponible, pero el tiempo de trabajo manual propiamente dicho se reduce a menos de 1 hora.

PUNTO DE PARTIDA

Compruebe que los siguientes archivos se encuentran en la carpeta AE7_CIB>Lessons>Lesson12 de su disco duro. Si no es así, cópielos ahora desde el DVD que incluye este manual:

- En la carpeta denominada `Sample_Movies`: `Lesson12_Sorenson_Final.mov`, `Lesson12_Cinepak_Final.mov` y `Lesson12_NTSC_Final.mov`.

- En la carpeta `Start_Project_File`: `Lesson12_Start.aep`.

- `Car_Ride_Flatter.psd`, `GordonsHead.mov`, `HeadShape.ai`, `piano.wav`, `studer_Corporate_Politics.jpg`, `studer_Crash1.jpg`, `studer_Full_Speed.jpg`, `studer_Red_Herring_Cover2.jpg` y `studer_Schwab.jpg`.

Abra y reproduzca las películas de este capítulo. Como verá, las tres son versiones finales distintas de una misma animación, la misma que creamos en el capítulo 4. Cuando termine, cierre el reproductor de QuickTime y borre el archivo si anda justo de espacio en disco.

PREPARACIÓN DEL PROYECTO

Este capítulo comienza donde terminan todos los demás, es decir, en el momento de procesar la composición final. Para nuestro ejercicio, proporcionamos como proyecto de inicio la versión final del archivo que trabajamos en el capítulo 4. Como siempre, antes de empezar, restauraremos las preferencias predeterminadas de After Effects.

1. Pulse **Control-Alt-Mayús** durante el inicio de After Effects. En la ventana que le pregunta si está seguro de querer eliminar el archivo de preferencias, haga clic en **Aceptar**.

2. Seleccione Archivo>Abrir proyecto.

3. Acceda a la carpeta AE7_CIB>Lessons>Lesson12>Start_Project_File, seleccione el archivo `Lesson12_Start.aep` y haga clic en **Abrir** (véase la figura 12.1).

4. Seleccione Archivo>Guardar como.

5. En el cuadro de diálogo Guardar como, navegue a la carpeta AE7_CIB>Lessons>Lesson12>Finished_Project.

6. Asigne al proyecto el nombre **Lesson12_Finished.aep** y haga clic en **Guardar**.

7. Seleccione Ventana>2 Cola de procesamiento para abrir el panel Cola de procesamiento.

8. Arrastre hacia arriba el extremo inferior del panel Composición para ampliar el panel Cola de procesamiento a fin de que podamos ver mejor todo lo que contiene (véase la figura 12.2).

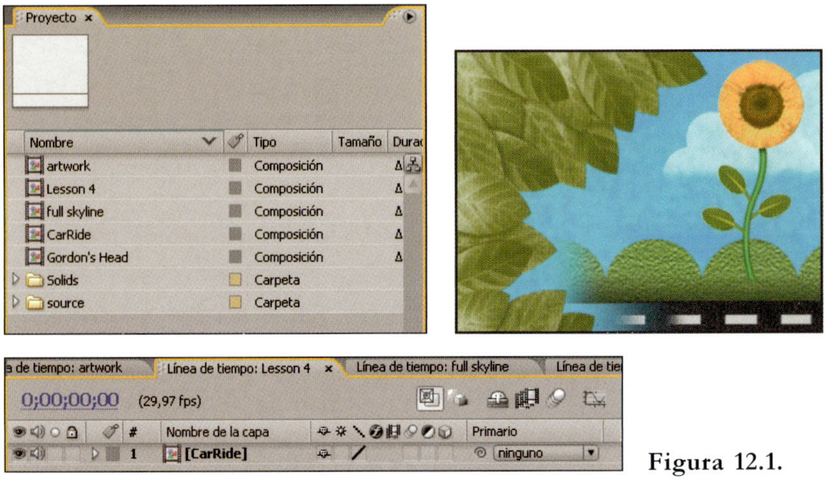

Figura 12.1.

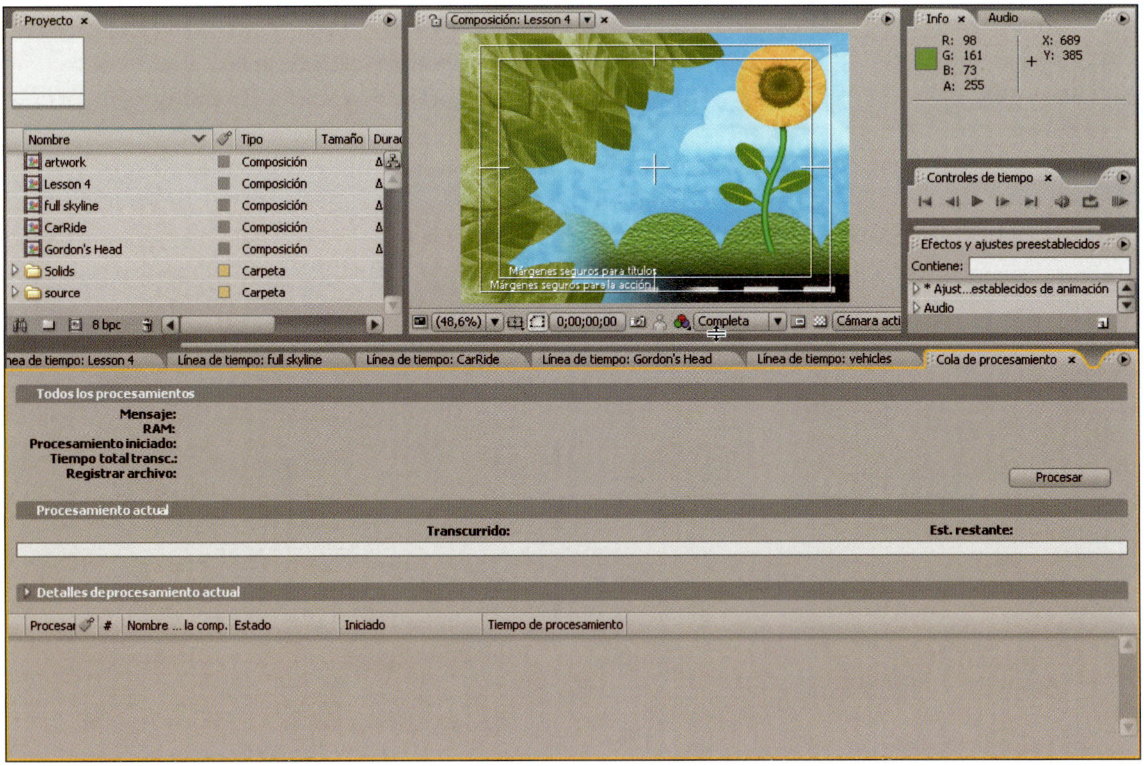

Figura 12.2.

CREAR PLANTILLAS PARA EL PROCESAMIENTO

En capítulos anteriores, cuando procesábamos una composición, seleccionábamos los ajustes de procesamiento y de módulo de salida que mejor nos convenían, pero a partir de ahora, aprenderemos a crear plantillas que definan ambos tipos de ajuste. Estas plantillas son funciones preestablecidas que permiten dinamizar el proceso de configuración mediante el ajuste de una serie de características que se repiten en el procesamiento de los diferentes formatos de entrega. Una vez definidas, se muestran en el panel Cola de procesamiento o en el menú emergente (Ajustes de procesamiento o Módulo de salida) que corresponda. Así, cuando ya todo está listo para procesar un trabajo, solo tenemos que seleccionar la plantilla que necesitamos en función del formato en que vayamos a entregar el proyecto, y ella se encarga del resto.

Crear una plantilla de ajustes de procesamiento para resolución completa

La primera plantilla que vamos a crear es para salida de resolución completa.

1. Seleccione Editar>Plantillas>Configuración de procesamiento para abrir el cuadro de diálogo Plantillas de ajustes de procesamiento (véase la figura 12.3).

2. En la sección Ajustes, haga clic en **Nuevo** para abrir el cuadro de diálogo Ajustes de procesamiento.

3. En la sección Configuración de procesamiento, seleccione Calidad>Óptima y Resolución>Completa.

4. En la sección Muestreo de tiempo, haga lo siguiente:

- En Fusión de fotogramas, seleccione Activado para capas verificadas.
- En Desenfoque del movimiento, seleccione Activado para capas verificadas.
- En Espacio de tiempo, seleccione Longitud de la comp.
- En Frecuencia de fotogramas, compruebe que esté seleccionada la opción Utilizar velocidad de fotogramas de la comp (véase la figura 12.4).

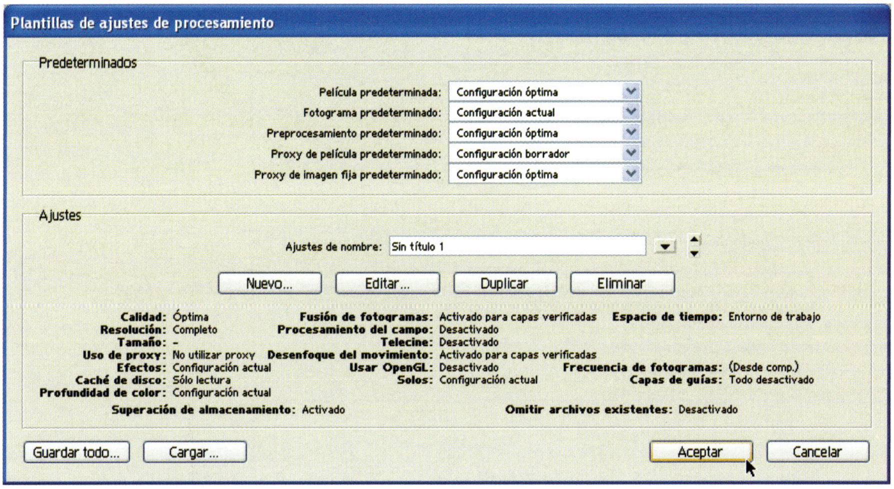

Figura 12.3.

5. Haga clic en **Aceptar** para volver al cuadro de diálogo Plantillas de ajustes de procesamiento y fíjese en que ahora todos los ajustes seleccionados aparecen en la mitad inferior del cuadro. En el caso de que hubiera que realizar más cambios, solo habría que hacer clic en el botón **Editar** y aplicarlos (véase la figura 12.5).

6. En Ajustes de nombre, escriba **Final Render_fullres** (para indicar resolución completa).

7. En la parte superior del cuadro, en la sección Predeterminados, seleccione Película predeterminada>Final Render_ fullres y haga clic en **Aceptar** (véase la figura 12.6).

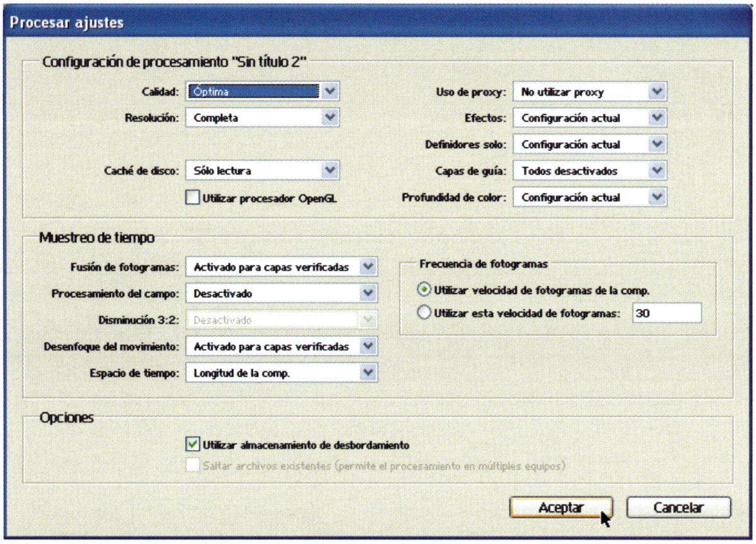

Figura 12.4.

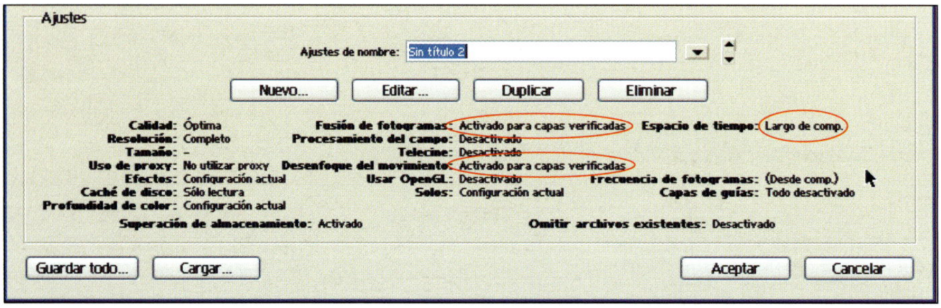

Figura 12.5.

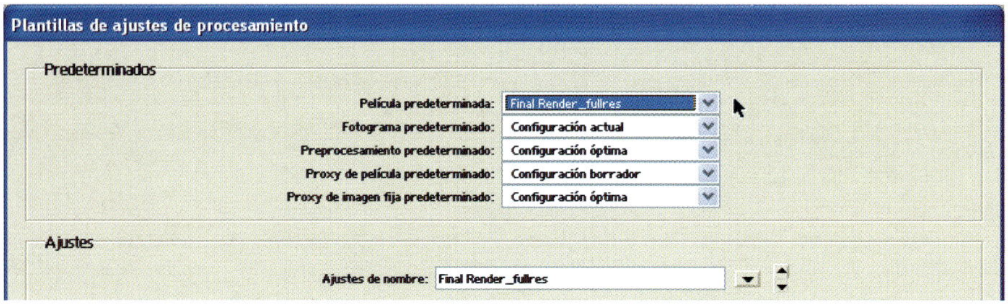

Figura 12.6.

En resumen, lo que hemos hecho ha sido incluir Final Render_fullres como la opción de ajustes de procesamiento predeterminada para que aparezca en el lugar de la opción de ajustes actuales al agregar una composición al panel Cola de procesamiento en el momento de hacer una película (que es lo que haremos más adelante en este capítulo).

TRUCO: SI DESEA GUARDAR UNA PLANTILLA DE AJUSTES DE PROCESAMIENTO PARA PODER USARLA EN OTRO SISTEMA, HAGA CLIC EN EL BOTÓN **GUARDAR TODO** QUE ESTÁ EN LA PARTE INFERIOR DEL CUADRO DE DIÁLOGO Plantillas de ajustes de procesamiento ANTES DE CERRARLO EN EL PASO 7 (O VUELVA A ABRIRLO SELECCIONANDO Editar>Plantillas>Ajustes de procesamiento). LUEGO, GUARDE EL ARCHIVO EN ALGÚN LUGAR DE SU DISCO DURO, COMO LA CARPETA DE LA APLICACIÓN AFTER EFFECTS (LOS ARCHIVOS QUE CONTIENEN LOS AJUSTES DE PROCESAMIENTO TIENEN LA EXTENSIÓN .ARS) Y CÓPIELO EN EL DISCO DEL OTRO SISTEMA. CUANDO INICIE AFTER EFFECTS EN EL OTRO ORDENADOR, SELECCIONE Editar>Plantillas>Ajustes de procesamiento, HAGA CLIC EN EL BOTÓN **CARGAR** Y CLIC EN EL NUEVO ARCHIVO .ARS PARA CARGAR LOS AJUSTES GUARDADOS.

Crear una plantilla de ajustes de procesamiento para procesamientos de prueba

A continuación, crearemos una segunda plantilla de ajustes de procesamiento que contendrá los ajustes necesarios para procesar una versión de prueba de nuestra película final. Normalmente, las versiones de prueba son más pequeñas y se procesan más rápido que las películas de resolución completa. Por eso, cuando se trabaja con proyectos altamente complejos que tardan mucho tiempo en procesarse, lo más conveniente es procesar siempre primero una versión de prueba a fin de localizar y corregir los posibles saltos o errores antes de procesar la película final.

1. Seleccione Editar>Plantillas>Configuración de procesamiento para abrir el cuadro de diálogo Plantillas de ajustes de procesamiento.

2. En la sección Ajustes, haga clic en **Nuevo** para abrir el cuadro de diálogo Ajustes de procesamiento.

3. A continuación, seleccione los siguientes ajustes:

- En Calidad, seleccione Óptima.

- En Resolución, seleccione Tercio para reducir en un tercio la dimensión lineal de la composición.

4. En Muestreo de tiempo, haga lo siguiente:

- En Fusión de fotogramas, seleccione Configuración actual.

- En Desenfoque del movimiento, seleccione Configuración actual.

- En Espacio de tiempo, seleccione Longitud de la comp.

5. En Frecuencia de fotogramas, marque la casilla Utilizar esta velocidad de fotogramas y escriba **12** (fps). Al final, haga clic en **Aceptar** para volver al cuadro de diálogo Plantillas de ajustes de procesamiento (véase la figura 12.7).

6. En Ajustes de nombre, escriba **Test_lowres** (para indicar baja resolución).

7. Observe sus ajustes, que ahora aparecen en la mitad inferior del cuadro de diálogo, y si desea hacer algún cambio, haga clic en el botón **Editar**. Al final, haga clic en **Aceptar** (véase la figura 12.8).

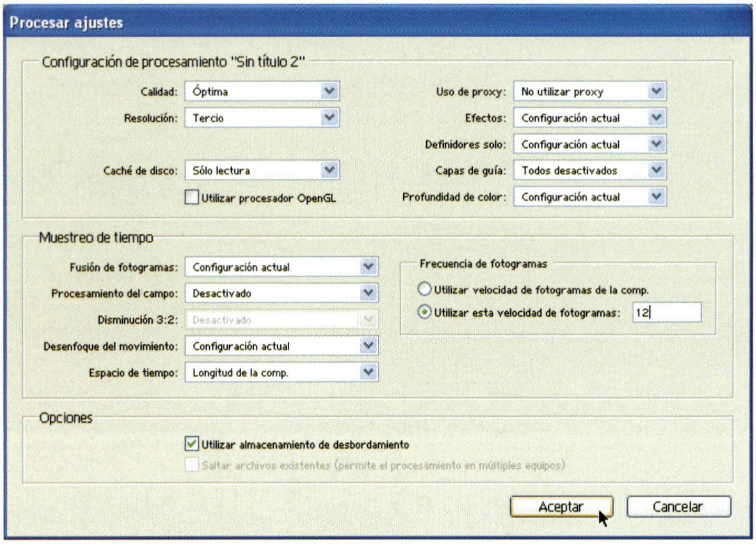

Figura 12.7.

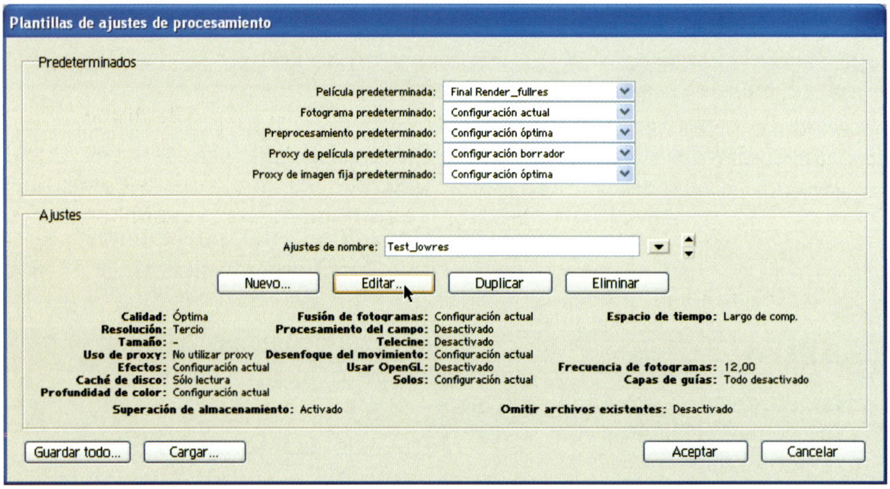

Figura 12.8.

A partir de este momento, el menú emergente Ajustes de procesamiento del panel Cola de procesamiento incluye también la opción **Test_lowres**.

Y ya hemos creado dos plantillas de ajustes de procesamiento: una para la versión final de resolución completa y otra versión de prueba a baja resolución.

CREAR PLANTILLAS PARA MÓDULOS DE SALIDA

Con métodos muy parecidos a los descritos en la sección anterior, crearemos ahora plantillas que definan los ajustes de módulo de salida. Cada plantilla contendrá combinaciones de ajustes únicas que se adaptarán de forma específica y exclusiva a un determinado tipo de salida.

Crear una plantilla de módulo de salida para emisiones

La primera plantilla de ajustes de módulo de salida que crearemos tiene como objetivo procesar una versión de nuestra película final a una resolución NTSC con destino a ser difundida en un medio de emisión.

1. Seleccione Editar>Plantillas>Módulo de salida.

2. En la sección Ajustes, haga clic en **Nuevo** para abrir el cuadro de diálogo Ajustes del módulo de salida.

3. En la sección Módulo de salida, haga lo siguiente:

- En Formato, seleccione Película QuickTime. Si de repente, en Windows, le aparece el cuadro de diálogo Ajustes de compresión, haga clic en **Aceptar** y ciérrelo por el momento.

- En Acción de postprocesamiento, seleccione Importar.

- En la sección Salida de vídeo, haga clic en el botón **Opciones de formato** para abrir el cuadro de diálogo Ajustes de compresión (véase la figura 12.9).

Figura 12.9.

4. En la parte superior del cuadro, seleccione Tipo de compresión>Animación, y en la sección Compresor, seleccione Profundidad> Millones de colores. Finalmente, haga clic en **Aceptar** (véase la figura 12.10).

5. Repase los ajustes del cuadro de diálogo Ajustes del módulo de salida para comprobar que en Canales esté seleccionada la opción RGB y en Profundidad la opción Millones de colores (véase la figura 12.11).

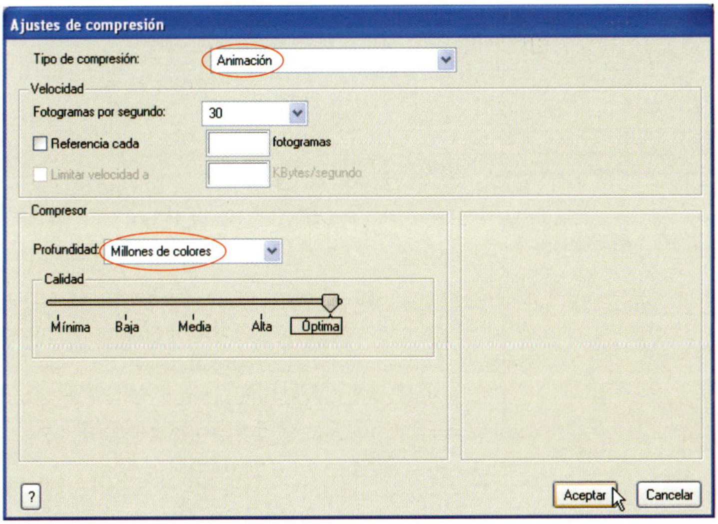

Figura 12.10. *Windows*

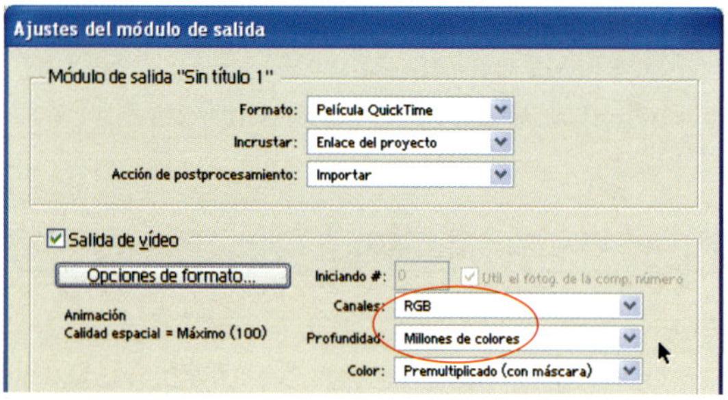

Figura 12.11.

6. Compruebe la sección Salida de audio y asegúrese de que los menús emergentes tengan seleccionadas (de izquierda a derecha) los siguientes ajustes: 44,100 kHz, 16 bits y Estéreo (véase la figura 12.12).

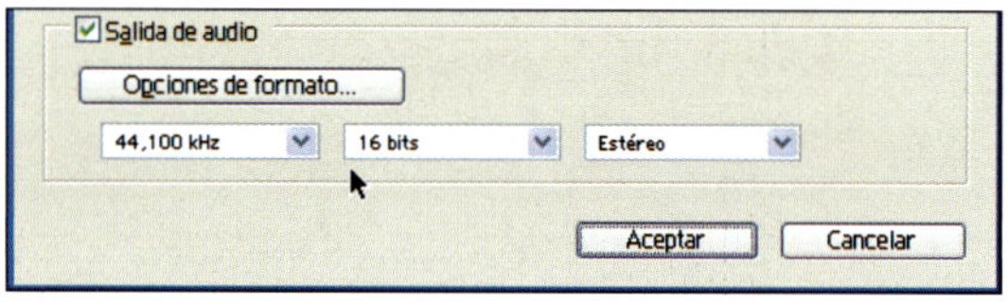

Figura 12.12.

7. Haga clic en **Aceptar** para volver al cuadro de diálogo Plantillas de módulo de salida. Repase los ajustes de la mitad inferior y haga clic en **Editar** si ve que es necesario retocar alguno (véase la figura 12.13).

8. En Ajustes de nombre, escriba **Final Render_QT_audio** (para acordarnos de que ésta es la plantilla para QuickTime que incluye audio).

9. En la sección Predeterminados, seleccione Película predeterminada>Final Render_ QT_audio y haga clic en **Aceptar** (véase la figura 12.14).

Ahora, la plantilla Final Render_ QT_audio es la opción predeterminada del menú emergente Módulo de salida y aparece (en vez de Sin pérdida) cada vez que agreguemos una composición al panel Cola de procesamiento.

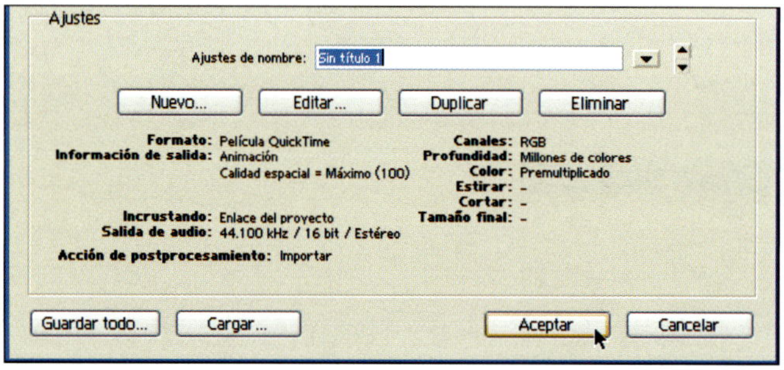

Figura 12.13.

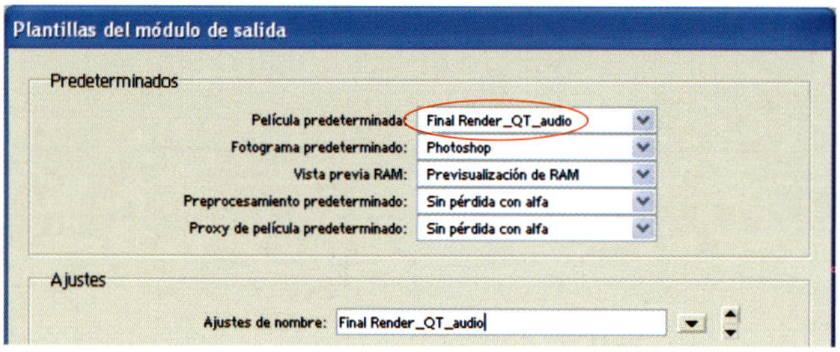

Figura 12.14.

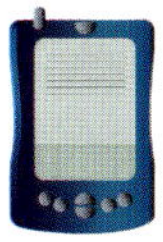

NOTA: AL IGUAL QUE EN EL CASO DE LAS PLANTILLAS DE AJUSTES DE PROCESAMIENTO, LAS DE MÓDULO DE SALIDA TAMBIÉN SE PUEDEN GUARDAR PARA USARLAS EN OTROS SISTEMAS. PARA ELLO, HAGA CLIC EN EL BOTÓN **GUARDAR TODO** DEL CUADRO DE DIÁLOGO Plantillas del módulo de salida, PONGA UN NOMBRE AL ARCHIVO Y GUÁRDELO EN ALGÚN LUGAR DE SU DISCO DURO, COMO LA CARPETA DE LA APLICACIÓN AFTER EFFECTS (LOS ARCHIVOS QUE CONTIENEN LOS AJUSTES DE PROCESAMIENTO TIENEN LA EXTENSIÓN `.aom`). LUEGO, CÓPIELO EN EL OTRO SISTEMA E INICIE AFTER EFFECTS. SELECCIONE Editar>Plantillas>Módulo de salida, HAGA CLIC EN EL BOTÓN **CARGAR** Y CLIC EN EL NUEVO ARCHIVO .AOM PARA CARGAR LOS AJUSTES GUARDADOS.

Crear una plantilla de módulo de salida de baja resolución

A continuación, crearemos una segunda plantilla de módulo de salida con ajustes adecuados para procesar una versión de prueba a baja resolución de la película, que en este caso concreto, nos servirán también como versión para la World Wide Web.

1. Seleccione Editar>Plantillas>Módulo de salida para abrir el cuadro de diálogo Plantillas del módulo de salida.

2. En la sección Ajustes, haga clic en **Nueva** para crear una plantilla nueva y abrir el cuadro de diálogo Ajustes del módulo de salida.

3. En Formato, seleccione Película QuickTime y cierre el cuadro de diálogo Ajustes de compresión si se abre automáticamente en Windows.

4. En Acción de postprocesamiento, seleccione Importar.

5. Haga clic en el botón **Opciones de formato** en la sección Salida de vídeo y aplique los siguientes ajustes en el cuadro de diálogo Ajustes de compresión:

- Seleccione Tipo de compresión> Sorenson Video para que la compresión determine automáticamente la profundidad del color.

- Ajuste el regulador de Calidad en Alta.

- En la sección Velocidad, marque la casilla Referencia cada y escriba **30** (fotogramas).

- Marque la casilla Limitar velocidad a y escriba **150** (KBytes/segundo) (véase la figura 12.15).

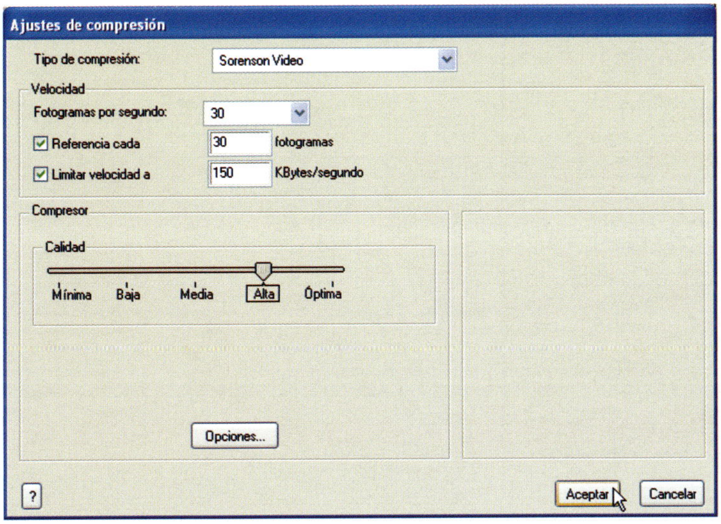

Figura 12.15.

6. Haga clic en **Aceptar** para cerrar el cuadro de diálogo y volver al de Ajustes del módulo de salida.

7. En la sección Salida de audio, haga clic en el botón **Opciones de formato** para abrir el cuadro de diálogo Ajustes de sonido y aplique los siguientes ajustes:

- En Compresor, seleccione IMA 4:1.
- En Frecuencia, seleccione 22.050.
- En Tamaño, seleccione 16 bits.
- En Uso, seleccione Estéreo y haga clic en **Aceptar**. Los ajustes de sonido que acabamos de aplicar aparecen ahora en la sección Salida de audio del cuadro de diálogo Ajustes del módulo de salida. Haga clic en **Aceptar** para cerrar también este cuadro (véase la figura 12.16).

Figura 12.16.

8. Verifique los ajustes de la mitad inferior del cuadro de diálogo Plantillas del módulo de salida y haga clic en **Editar** si observa que necesita hacer alguna modificación.

9. En Ajustes de nombre, escriba **Test_Sorenson** y haga clic en **Aceptar** para que la plantilla se incluya como opción en el menú emergente Módulo de salida del panel Cola de procesamiento (véase la figura 12.17).

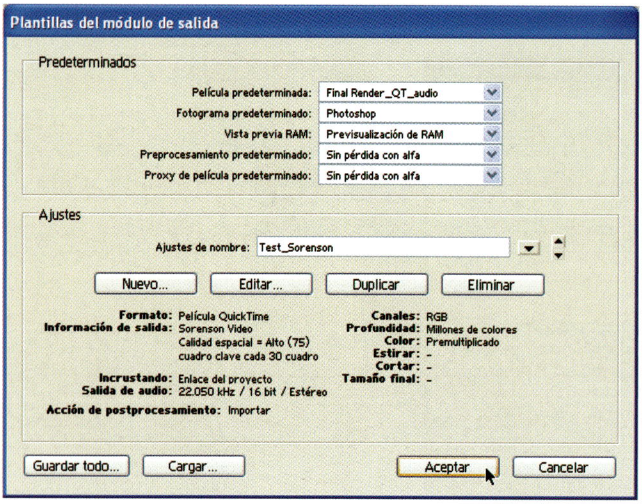

Figura 12.17.

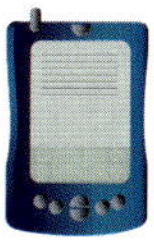

NOTA: LA OPCIÓN DE COMPRESIÓN SORENSON VIDEO SE ENCUENTRA DISPONIBLE EN LA VERSIÓN QUICKTIME 4.0 O POSTERIOR. EL PROGRAMA QUICKTIME ESTÁ EN EL DISCO DE INSTALACIÓN DE AFTER EFFECTS AUNQUE TAMBIÉN SE PUEDE DESCARGAR DESDE EL SITIO WEB DE APPLE. LA COMPRESIÓN IMA 4:1 SE SUELE UTILIZAR PARA COMPRIMIR ARCHIVOS DE AUDIO DESTINADOS A LA WEB O A SER REPRODUCIDOS EN UN ORDENADOR DE SOBREMESA.

Como cabe esperar, cuanto mayor es la compresión y menor es la frecuencia de audio, más se reduce el tamaño de los archivos y peor es también la calidad de salida. De todos modos, este tipo de plantillas de baja resolución son suficientes para crear películas de prueba o películas para la Web.

PROCESAR A LOS DISTINTOS MEDIOS DE SALIDA

Una vez que ya hemos creado plantillas para los ajustes de procesamiento y los módulos de salida, ha llegado el momento de utilizarlas para procesar versiones distintas de nuestra película.

Preparativos para procesar una película de prueba

En primer lugar, procesaremos la versión de prueba aplicando la plantilla de ajustes de procesamiento Test_lowres y la plantilla de módulo de salida Test_Sorenson que creamos antes.

Procesamiento con OpenGL

SI SU EQUIPO TIENE INSTALADA UNA TARJETA OPENGL COMPATIBLE CON LA VERSIÓN OPENGL 1.5 O SUPERIOR, PUEDE EJECUTAR OPENGL EN AFTER EFFECTS PARA PROCESAR MEDIANTE ACELERACIÓN POR HARDWARE. SI DESEA CONOCER INFORMACIÓN SOBRE SU TARJETA OPENGL, SELECCIONE Editar>Preferencias>Vista previa Y HAGA CLIC EN EL BOTÓN **INFORMACIÓN OPENGL**.

PERO, OJO. SOLO SE PROCESAN EN LA PELÍCULA FINAL LAS FUNCIONES QUE EFECTIVAMENTE SOPORTEN OPENGL Y SU TARJETA GRÁFICA, RAZÓN POR LA QUE RECOMENDAMOS NO EMPLEAR OPENGL COMO FORMA DE PROCESAMIENTO SI SU TARJETA NO SOPORTA FUNCIONES AVANZADAS OPENGL. PARA VER UNA LISTA DE LAS FUNCIONES QUE SOPORTA OPENGL, CONSULTE LA AYUDA DE AFTER EFFECTS.

PARA PROCESAR CON SOPORTE OPENGL, SIGA UNO DE LOS SIGUIENTES MÉTODOS:

- AÑADA UNA COMPOSICIÓN AL PANEL COLA DE PROCESAMIENTO, HAGA CLIC EN EL TEXTO SUBRAYADO QUE ESTÁ A LA DERECHA DE Configuración de procesamiento Y MARQUE LA CASILLA Utilizar procesador OpenGL.
- HAGA CLIC EN UNA DE LAS COMPOSICIONES DEL PANEL PROYECTO, SELECCIONE Composición>Ajustes de la composición, HAGA CLIC EN LA FICHA Avanzado Y SELECCIONE Plugin de procesamiento>Hardware de OpenGL. A CONTINUACIÓN, PROCESE LA COMPOSICIÓN.

Acerca de la compresión

LA COMPRESIÓN ES UNA VALIOSA HERRAMIENTA QUE PERMITE REDUCIR EL TAMAÑO DE LAS PELÍCULAS PARA PODER ALMACENARLAS Y REPRODUCIRLAS EFICIENTEMENTE. AL EXPORTAR O PROCESAR UN ARCHIVO QUE SE VA A REPRODUCIR EN UN DISPOSITIVO CONCRETO A UN ANCHO DE BANDA ESPECÍFICO, DEBEMOS SELECCIONAR UN COMPRESOR / DESCOMPRESOR (TAMBIÉN LLAMADO CODIFICADOR/ DECODIFICADOR), O CÓDEC, QUE COMPRIMA LA INFORMACIÓN Y GENERE UN ARCHIVO LEGIBLE POR ESE TIPO DE DISPOSITIVO A ESE ANCHO DE BANDA.

LA GAMA DE CÓDECS DISPONIBLES ES MUY AMPLIA Y NO EXISTE EL CÓDEC PERFECTO PARA TODAS LAS SITUACIONES. POR EJEMPLO, EL CÓDEC QUE MEJOR COMPRIME DIBUJOS ANIMADOS NO SIRVE PARA COMPRIMIR VÍDEOS DE ACCIÓN. AL COMPRIMIR EL ARCHIVO DE UNA PELÍCULA, PODEMOS MANIPULAR LOS AJUSTES PARA VERLA CON LA MEJOR CALIDAD POSIBLE EN UN ORDENADOR, EN UN REPRODUCTOR DE VÍDEO, EN LA WEB O EN UN REPRODUCTOR DE DVD. DEPENDIENDO DEL CODIFICADOR QUE UTILICE, PODRÁ REDUCIR EL TAMAÑO DE LOS ARCHIVOS COMPRIMIDOS DESCARTANDO ELEMENTOS QUE INTERFIERAN EN LA COMPRESIÓN, COMO SON LOS MOVIMIENTOS ALEATORIOS DE LAS CÁMARAS O EL EXCESO DE GRANULADO EN LA IMAGEN.

OTRO DATO IMPORTANTE ES QUE DEBEMOS PROCURAR QUE EL CÓDEC QUE ELIJAMOS ESTÉ AL ALCANCE DE NUESTRO PÚBLICO, ES DECIR, QUE SI UTILIZAMOS, POR EJEMPLO, UN CÓDEC DE HARDWARE EN UNA TARJETA DE CAPTURA, DEBEMOS ASEGURARNOS QUE NUESTRA AUDIENCIA TENGA LA MISMA TARJETA INSTALADA EN SU EQUIPO O UN CÓDEC DE SOFTWARE QUE DESEMPEÑE LA MISMA FUNCIÓN.

- **PARA REPRODUCCIÓN EN LA WEB O EN EL ORDENADOR DE SOBREMESA:** LOS COMPRESORES ESTÁNDAR PARA REPRODUCIR PELÍCULAS EN UN ORDENADOR (DESDE UN CD) O EN LA WEB SON SORENSON VIDEO Y CINEPAK. AMBOS REDUCEN EL TAMAÑO DE LOS ARCHIVOS CON SUFICIENTE EFECTIVIDAD SIN PERJUDICAR EXCESIVAMENTE LA CALIDAD DE IMAGEN.
- **PARA EMITIR VÍDEO EN TIEMPO REAL POR INTERNET:** LA VELOCIDAD DE TRANSMISIÓN DEBE COINCIDIR CON LA DEL MOVIMIENTO DE LAS IMÁGENES EN TIEMPO REAL. EN CONEXIONES DE BANDA ANCHA, LO IDEAL ES AJUSTAR LA VELOCIDAD DE VÍDEO CONTINUO A 128 KILOBITS POR SEGUNDO.
- **PARA REPRODUCIR O TRANSMITIR CON RESOLUCIÓN DE VÍDEO:** SI SU EQUIPO TIENE INSTALADA UNA TARJETA DE CAPTURA DE VÍDEO O DE REPRODUCCIÓN (O AMBAS) EN SU SISTEMA, LO LÓGICO ES QUE QUIERA PROCESAR SUS ANIMACIONES CON EL COMPRESOR O CÓDEC ESPECÍFICO DE DICHA TARJETA. LA MAYORÍA DE LOS FABRICANTES DE ESTE TIPO DE TARJETAS BASA SUS CÁLCULOS EN LOS SIGUIENTES ALGORITMOS DE COMPRESIÓN: COMPRESIÓN DV, MOTION JPG, MPEG-2 O UNCOMPRESSED SERIAL DIGITAL. CON EL COMPRESOR ADECUADO (Y EL TAMAÑO DE FOTOGRAMA CORRESPONDIENTE), SE PUEDEN APROVECHAR AL MÁXIMO LAS VENTAJAS DEL HARDWARE INSTALADO (REPRODUCIR LA ANIMACIÓN EN TIEMPO REAL Y A RESOLUCIÓN DE VÍDEO EN UN MONITOR EXTERNO NTSC O PAL). Y SI CONECTAMOS LUEGO EL SISTEMA A UNA PLETINA, PODEMOS UTILIZAR EL HARDWARE TAMBIÉN PARA PASAR LA ANIMACIÓN A UNA CINTA DE VÍDEO.
- **PARA PRODUCIR EN DVD:** LA VELOCIDAD DE TRANSMISIÓN DEBERÍA OPTIMIZAR LA CALIDAD Y AJUSTAR AL MISMO TIEMPO EL PROGRAMA COMPLETO PARA QUE ENTRE EN EL ESPACIO DISPONIBLE DEL DVD. AFTER EFFECTS BRINDA LA CAPACIDAD DE CREAR VÍDEOS EN FORMATO MPEG, INCLUIDOS EL FORMATO MPEG-2 DE WINDOWS Y MPEG-4 DE MAC OS (REQUIERE QUICKTIME) Y OFRECE, AL MISMO TIEMPO, VARIOS AJUSTES MPEG PREESTABLECIDOS DESTINADOS A OPTIMIZAR LA CALIDAD DE SALIDA DE VARIOS TIPOS DE PROYECTOS. SI TRABAJA HABITUALMENTE O CONOCE CÓMO FUNCIONA LA CODIFICACIÓN MPEG, PODRÁ PERFECCIONAR SUS PROYECTOS DE REPRODUCCIÓN PERSONALIZANDO ESTOS VALORES PREDETERMINADOS EN EL CUADRO DE DIÁLOGO Ajustes de exportación.

SI DESEA SABER MÁS SOBRE LA COMPRESIÓN Y LOS CÓDECS, CONSULTE LA AYUDA DE AFTER EFFECTS.

1. Arrastre la composición Lesson 4 desde el panel Proyecto al panel Cola de procesamiento.

TRUCO: COMO ALTERNATIVA, PUEDE SELECCIONAR LA COMPOSICIÓN DEL CAPÍTULO 4 EN EL PANEL PROYECTO Y HACER CLIC EN Composición>Agregar a la cola de procesamiento (VÉASE LA FIGURA 12.18).

Con la composición Lesson 4 en el panel Cola de procesamiento, observe los ajustes predeterminados de los menús emergentes Configuración de procesamiento y Módulo de salida. Vamos a cambiarlos para adaptarlos a nuestras plantillas de baja resolución.

2. Seleccione Configuración de procesamiento>Test_lowres en el menú emergente.

3. Seleccione Módulo de salida>Test_Sorenson.

4. A la derecha de Salida a, haga clic en las palabras azules subrayadas Todavía no especificado.

5. En el cuadro de diálogo Salida de la película, localice la carpeta `AE7_CIB` y haga clic en el botón **Nueva carpeta**.

6. Escriba **Final_Renders** como nombre para la carpeta y ábrala, si es necesario.

7. Ponga al archivo el nombre **Final_Sorenson.mov** y haga clic en **Guardar** para volver al panel Cola de procesamiento (véase la figura 12.19).

8. Seleccione Archivo>Guardar para guardar los cambios.

Haremos un par de cosas más antes de procesar la película, así que deje el panel Cola de procesamiento abierto para el siguiente ejercicio.

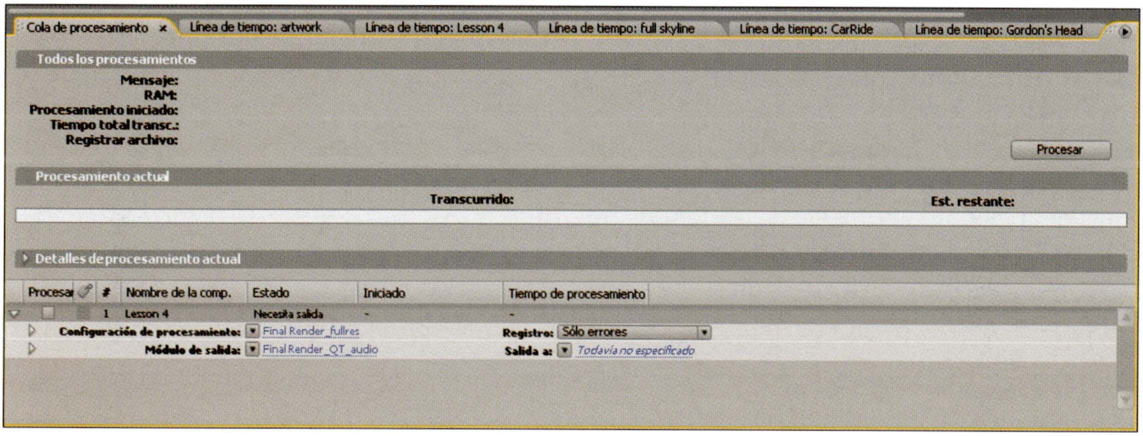

Figura 12.18.

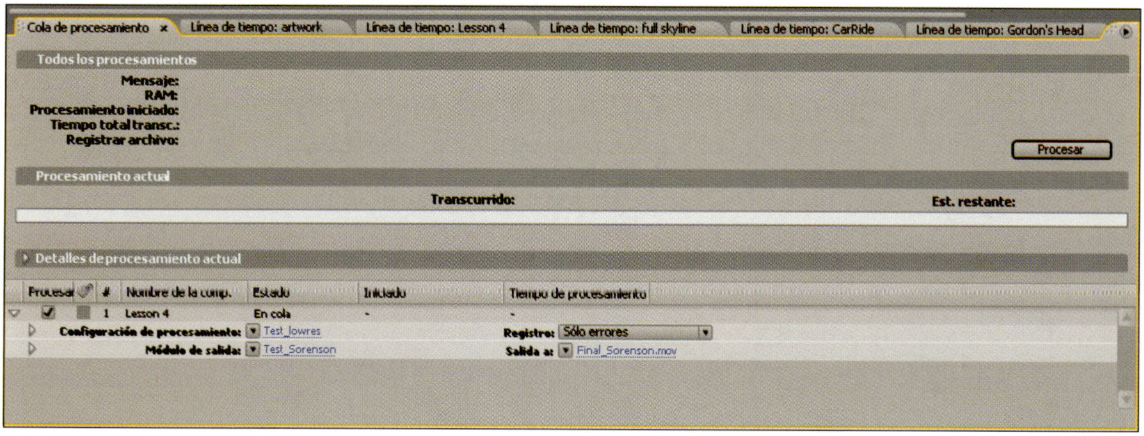

Figura 12.19.

Trabajar con múltiples módulos de salida

A continuación, agregaremos otro módulo de salida a esta cola de procesamiento para poder comparar los resultados de ambas compresiones. Éste lo ajustaremos para compresión Cinepak.

1. Con la composición Lesson 4 aún seleccionada en el panel Cola de procesamiento, haga clic en Composición>Agregar módulo de salida para que aparezca un segundo conjunto de opciones de Módulo de salida y Salida a debajo del primero (véase la figura 12.20).

2. En el segundo menú emergente Módulo de salida, seleccione Test_Sorenson.

3. Haga clic en las palabras azules subrayadas Test_Sorenson para abrir el cuadro de diálogo Ajustes del módulo de salida, y haga clic en el botón **Opciones de formato** que está en la sección Salida de vídeo (véase la figura 12.21).

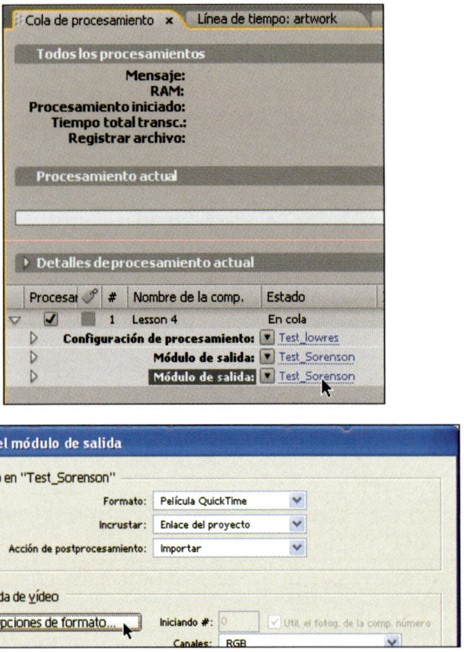

Figura 12.21.

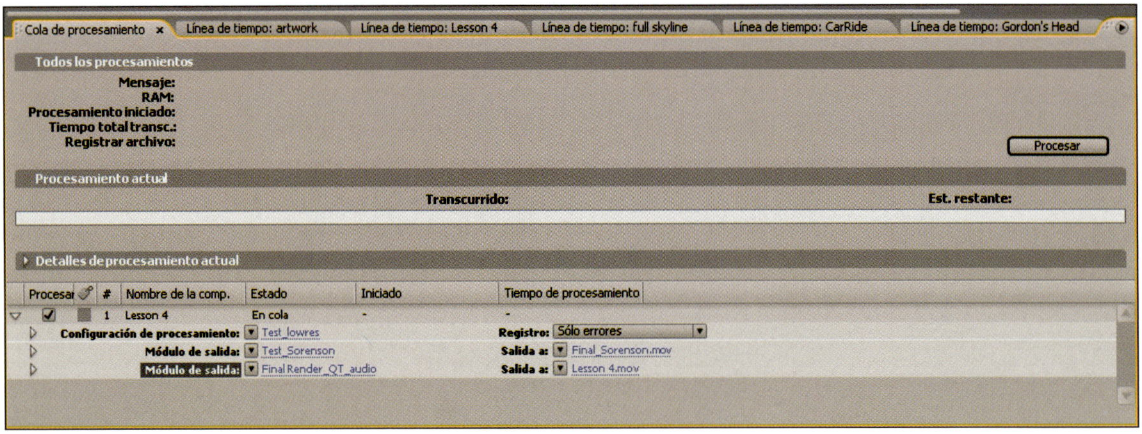

Figura 12.20.

4. En el cuadro de diálogo Ajustes de compresión, haga lo siguiente:

- En Tipo de compresión, seleccione Cinepak.
- En Profundidad, seleccione Millones de colores.
- Compruebe que están seleccionados los siguientes ajustes: regulador de Calidad en Alta, Fotogramas por segundo en **12**, Referencia cada **30** fotogramas y Limitar velocidad a 150 KBytes/segundo. Al final, haga clic en **Aceptar** para cerrar el cuadro de diálogo (véase la figura 12.22).

5. Vuelva a hacer clic en **Aceptar** para cerrar el cuadro de diálogo Ajustes del módulo de salida.

6. A la derecha de Salida a, haga clic en las palabras azules subrayadas Lesson 4.mov para abrir el cuadro de diálogo Salida de la película.

7. Escriba como nombre **Final_Cinepak.mov** y guárdela en la carpeta AE7_CIB>Final_Renders (véase la figura 12.23).

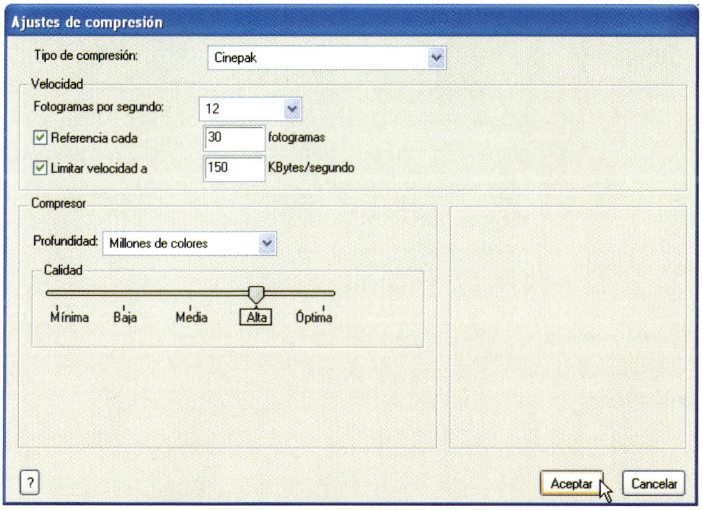

Figura 12.22.

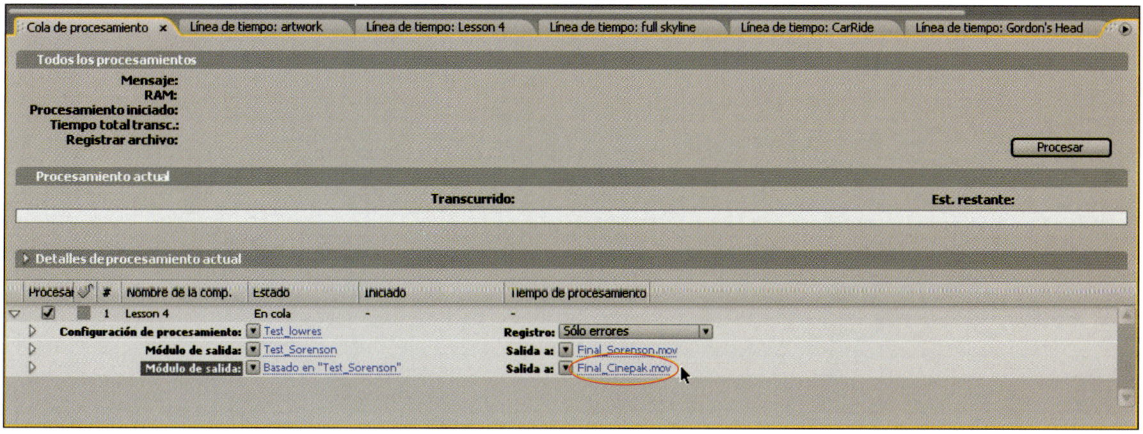

Figura 12.23.

8. Seleccione Archivo>Guardar para guardar el proyecto y haga clic en el botón **Procesar** que está en el panel Cola de procesamiento para que After Effects procese ambos formatos simultáneamente (véase la figura 12.24).

Cuando termina el procesamiento, aparecen en el panel Proyecto ambas películas, **Final_Sorenson.mov** y **Final_Cinepak** (véase la figura 12.25).

Ahora, si quiere, puede hacer doble clic en las películas una por una para previsualizarlas en el panel Material de archivo y comparar los resultados. Luego, seleccione la película que se vea mejor y llámela **Final_Web.mov** (en el escritorio; no la renombre en After Effects). Ésta será la versión que los clientes potenciales de Gordon Studer podrán visualizar en la Web.

NOTA: CUANDO TERMINA EL PROCESAMIENTO, A VECES ES ÚTIL REDUCIR AÚN MÁS EL TAMAÑO DE LA PELÍCULA ANTES DE SUBIRLA A UN SITIO WEB. EN ESTE CASO, CABEN DOS POSIBILIDADES: CREAR VÍDEO CONTINUO O SIMPLEMENTE REDUCIR EL TAMAÑO EN FUNCIÓN DEL ANCHO DE BANDA QUE EMPLEA LA MAYORÍA DE LA AUDIENCIA CON UNA APLICACIÓN DE COMPRESIÓN DE MEDIOS DISEÑADA ESPECÍFICAMENTE PARA ELLO.

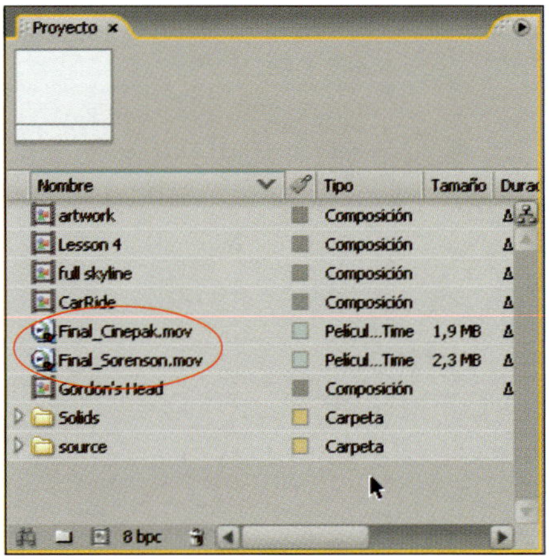

Figura 12.25.

Si necesita hacer alguna modificación final a la animación, vuelva a abrir la composición y hágalas ahora, y no olvide guardar los cambios cuando termine y procesar la película de prueba otra vez con los nuevos ajustes. Y cuando termine de ver el procesamiento de prueba y de hacer los retoques necesarios, prepárese para proceder con el procesamiento final.

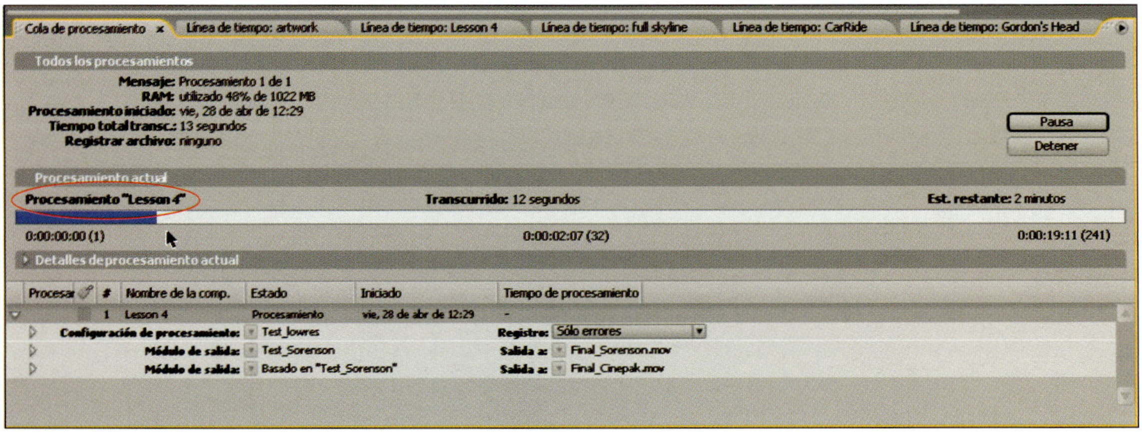

Figura 12.24.

Exportar a SWF

AFTER EFFECTS TAMBIÉN EXPORTA COMPOSICIONES COMO ARCHIVOS DE MACROMEDIA FLASH (SWF) PARA SU REPRODUCCIÓN EN UN NAVEGADOR WEB, SI BIEN ALGUNOS TIPOS DE ELEMENTOS ARTÍSTICOS RESULTAN MÁS ADECUADOS O EXPORTABLES QUE OTROS. LAS IMÁGENES RASTERIZADAS, POR EJEMPLO, Y CIERTOS EFECTOS NO ADMITEN SER REPRESENTADOS POR VECTORES Y, POR LO TANTO, NO SE GUARDAN BIEN EN FORMATO SWF, Y SI BIEN ACEPTAN SER EXPORTADOS, EL RESULTADO SUELE DAR ARCHIVOS DE GRAN TAMAÑO.

ADEMÁS, OTRA CUESTIÓN CLAVE A LA HORA DE EXPORTAR ELEMENTOS A SWF ES ACOPLAR TODAS LAS CAPAS DE LA COMPOSICIÓN PARA REDUCIR AÚN MÁS EL TAMAÑO DEL ARCHIVO.

PARA APRENDER A EXPORTAR UNA COMPOSICIÓN A FORMATO SWF, CONSULTE EL CAPÍTULO 2 DE ESTE LIBRO.

Preparativos para procesar la composición a resolución completa

A continuación, haremos los preparativos necesarios para procesar la composición final. El objetivo principal de esta animación es transmitirla en formato de vídeo NTSC, así que empezaremos por colocar nuestra composición final en una nueva que crearemos y cuyo tamaño adaptaremos al formato de entrega final.

1. Seleccione Composición>Nueva composición.

2. En el cuadro de diálogo Ajustes de la composición, haga lo siguiente:

- En Nombre de la composición, escriba **Final Comp NTSC**.
- Seleccione Ajuste preestablecido>NTSC D1 para ajustar automáticamente las dimensiones a **720** x **486**, la proporción de píxeles a **D1/DV NTSC** y la frecuencia de fotogramas a **29,97**.
- En Resolución, seleccione Completa (o inferior, si así lo requiere su sistema).
- Compruebe que Código de tiempo inicial marque **0:00**.
- En Duración, escriba **2000** para especificar 20 segundos, y haga clic en **Aceptar**. Ahora, una nueva composición vacía se abre en los paneles Composición y Línea de tiempo (véase la figura 12.26).

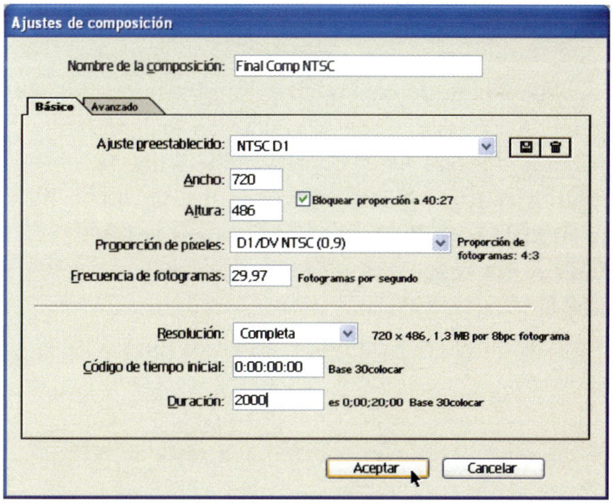

Figura 12.26.

3. En el panel Proyecto, seleccione la composición Lesson 4 y arrástrela encima de la composición Final Comp NTSC (véase la figura 12.27).

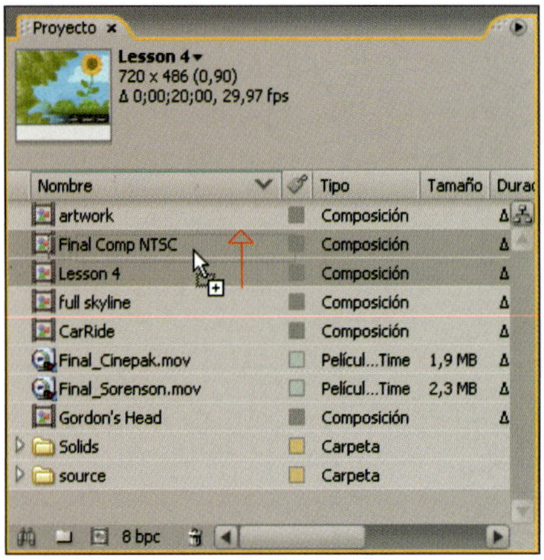

Figura 12.27.

Usar corrección de la proporción del aspecto de los píxeles

Si echa un vistazo a, o previsualiza, la animación, probablemente detecte que hay elementos en el panel Composición que se ven ahora un poco más grandes que antes. Esto se debe a que la composición D1 NTSC consta de píxeles no cuadrados, cuando el monitor del ordenador muestra las imágenes con píxeles que sí son cuadrados. Por eso, las imágenes se presentan como si estuvieran estiradas, a menos que habilitemos una función llamada Corrección de la proporción del aspecto de los píxeles, encargada de dar un pequeño pellizco a la vista de la composición para que ofrezca la imagen tal y como aparecería en un monitor de vídeo. Por defecto, esta función se encuentra siempre deshabilitada. Éstos son los pasos para activarla:

1. Avance al momento 3:00, en que ya hay algunos elementos en pantalla como la cabeza de Gordon Studer (véase la figura 12.28).

2. Seleccione Opciones de vista en el menú emergente del panel Composición.

Figura 12.28.

3. En el cuadro de diálogo Opciones de vista, dentro de la sección Ventana, marque la casilla Corrección de la proporción de aspecto de píxeles y haga clic en **Aceptar** (véase la figura 12.29).

Figura 12.29.

Observe cómo se ha encogido ligeramente la imagen en el panel Composición. El aspecto que tiene ahora es el mismo (después de haber modificado el índice de aspecto de los píxeles) que tendrá al procesarla, al pasarla a una cinta de vídeo y al visualizarla en un monitor de vídeo. Cuando se activa esta vista, a veces las capas del panel Composición se ven un poco irregulares, así que desactívela para ver las imágenes sin solapamiento. Esta vista no tiene ningún efecto sobre el procesamiento.

4. Active y desactive varias veces la corrección de la proporción de aspecto de los píxeles haciendo clic en el botón **Conmutar corrección de la proporción de píxeles** que está en la parte inferior del panel Composición (véase la figura 12.30).

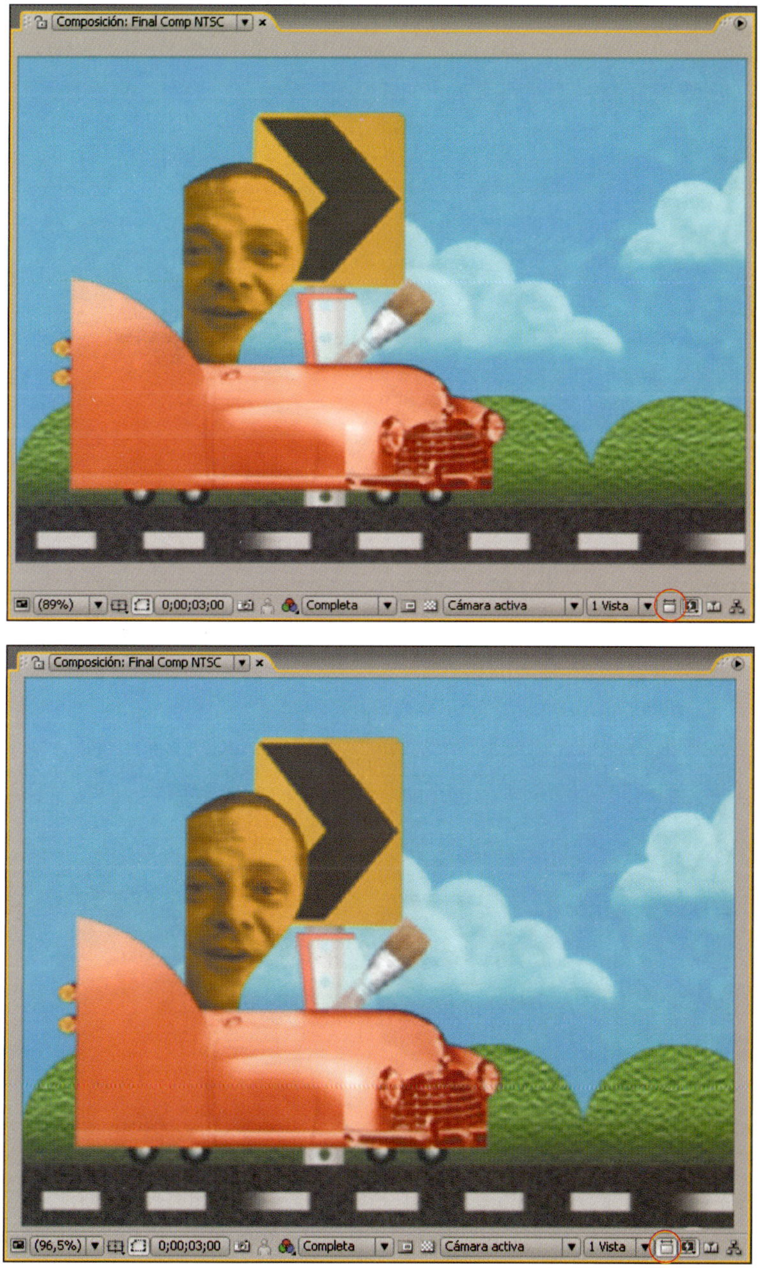

Figura 12.30.

Esta función permite trabajar en una composición con un índice de aspecto de píxeles no cuadrados y seguir visualizando las imágenes tal y como se verían en un monitor de vídeo.

Procesar la película final para emisión

Ahora, procesaremos la versión de emisión NTSC de la animación final, lo cual le puede llevar una hora o más, dependiendo del sistema con el que trabaje.

1. Haga clic en el nombre del panel Cola de procesamiento para traerlo al frente y arrastre la composición Final Comp NTSC desde el panel Proyecto a él. Colóquela debajo de la composición Lesson 4.

2. A la derecha de Salida a, haga clic en las palabras azules subrayadas Final Comp NTSC.mov para abrir el cuadro de diálogo Salida de la película.

3. Asígnele el nombre **Final_NTSC.mov** (para indicar que el elemento se va a procesar a resolución NTSC D1), navegue a la carpeta AE7_CIB>Final_Renders y haga clic en **Guardar** para volver al panel Cola de procesamiento.

Hecho esto, aparece seleccionada la opción Final Render_fullres en el menú emergente Configuración de procesamiento porque la hemos definido como ajuste predeterminado al crear la plantilla.

Por su parte, el ajuste Final Render_QT_audio aparece seleccionado en el menú Módulo de salida, también por la misma razón, es decir, por haberlo definido como predeterminado anteriormente. La composición está ahora lista para ser procesada (véase la figura 12.31).

4. Vuelva a guardar el proyecto y haga clic en el botón **Procesar**.

5. Cuando termine, cierre el panel Cola de procesamiento.

6. En el panel Proyecto, haga doble clic en Final_NTSC.mov para abrirlo en el panel Material de archivo.

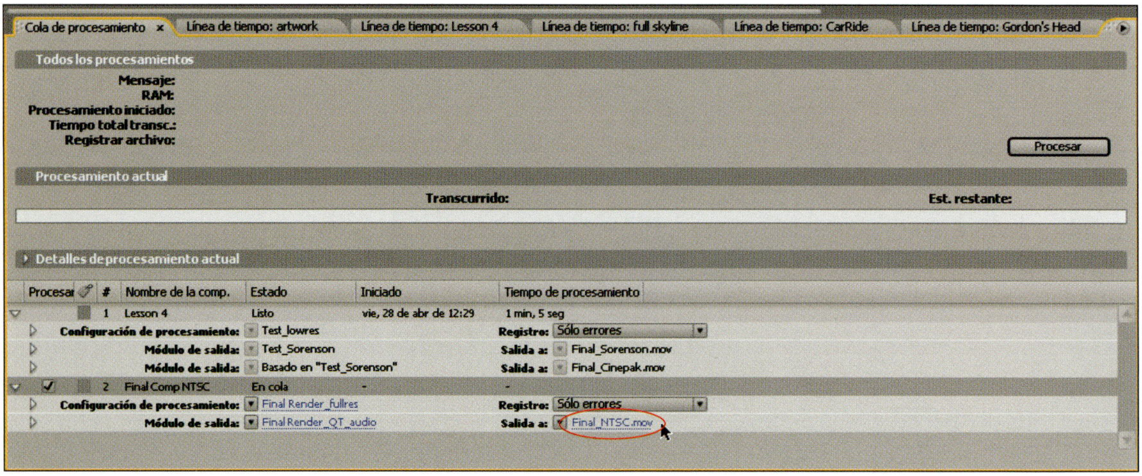

Figura 12.31.

Mientras visualiza por fin la versión definitiva de la película, compárela con la versión NTSC que vimos al principio del capítulo. Si lo cree necesario, puede volver a abrir la composición y aplicar las modificaciones que estime convenientes, pero no olvide guardar el proyecto y volver a procesarlo.

NOTA: COMO LA PELÍCULA ES TAN LARGA, ES PROBABLE QUE NO SE REPRODUZCA A TIEMPO REAL EN EL REPRODUCTOR QUICKTIME. SI SU SISTEMA TIENE INSTALADA UNA TARJETA DE REPRODUCCIÓN DE VÍDEO, PROCÉSELA INDICANDO LA COMPRESIÓN ADECUADA Y LA FRECUENCIA DE FOTOGRAMAS CORRESPONDIENTE EN EL CUADRO DE DIÁLOGO Ajustes de compresión. LUEGO, IMPÓRTELA A SU SOFTWARE DE EDICIÓN Y REPRODÚZCALA CON SU HARDWARE PARA VER LA SECUENCIA EN TIEMPO REAL.

Y por fin tenemos nuestra animación en versión Web y en versión para emisión, así que ¡enhorabuena! Ha logrado seguir el libro hasta el final. Si desea ampliar conocimientos sobre After Effects, no dude consultar la página de After Effects en el sitio Web de Adobe.

REPASO

Preguntas

1. Nombre dos tipos de plantillas y explique cuándo se utilizan y para qué.

2. ¿Qué es la compresión? Comente algunas cuestiones relacionadas con ella.

Respuestas

1. En After Effects, se pueden crear plantillas para ajustes de procesamiento y para ajustes de módulo de salida. Se trata de ajustes preestablecidos que se utilizan para acelerar el proceso de configuración a la hora de procesar elementos destinados al mismo tipo de formato de salida. Una vez definidas, las plantillas aparecen en el panel Cola de procesamiento dentro del menú emergente correspondiente (Configuración de procesamiento o Módulo de salida). Luego, cuando todo está preparado y ya se puede procesar el trabajo, solo hay que seleccionar la plantilla correspondiente y ella se encarga de aplicar todos los ajustes necesarios.

2. La compresión es una valiosa herramienta que permite reducir el tamaño de las películas para poder almacenarlas, transmitirlas y reproducirlas eficientemente. Al exportar o procesar un archivo que se va a reproducir en un dispositivo concreto a un ancho de banda específico, debemos seleccionar un compresor/descompresor (también llamado codificador /decodificador), o códec, que comprima la información y genere un archivo legible por ese tipo de dispositivo a ese ancho de banda. La gama de códecs disponibles es muy amplia y no existe el códec perfecto para todas las situaciones. Por ejemplo, el códec que mejor comprime dibujos animados no sirve para comprimir vídeos de acción. Al comprimir el archivo de una película, podemos manipular los ajustes para verla con la mejor calidad posible en un ordenador, en un reproductor de vídeo, en la Web o en un reproductor de DVD. Dependiendo del codificador que utilicemos, podremos reducir el tamaño de los archivos comprimidos descartando elementos que interfieran en la compresión, como son los movimientos aleatorios de las cámaras o el exceso de granulado en la imagen.

Apéndice

Contenido del DVD

He aquí un esquema de los contenidos del DVD de Adobe After Effects.

ARCHIVOS DE PRÁCTICAS... Y MUCHO MÁS

El DVD que acompaña a este manual de Adobe After Effects 7.0 incluye los archivos de los capítulos necesarios para completar los ejercicios de este libro, además de otros contenidos orientados a saber más sobre After Effects y a usarlo con más eficiencia y facilidad. A continuación, presentamos un esquema de los contenidos del DVD que le ayudará a localizar los archivos que necesite.

Lessons (lecciones)

Cada capítulo tiene su propia carpeta de ejercicios prácticos dentro de la carpeta `Lessons`. Antes de empezar cada capítulo, debe copiar las carpetas correspondientes en su disco duro.

Movies (películas)

Las películas del tutorial de QuickTime creadas por Total Training (www.totaltraining.com) están situadas en la carpeta `Movies`. Para descargar la última versión de Apple QuickTime, puede hacerlo desde http://www.apple.com/es/quicktime/download/win.html.

COPIAR LOS ARCHIVOS DE PRÁCTICAS

La carpeta denominada `Lessons` del DVD de Adobe After Effects 7.0 contiene archivos de origen específicos, como imágenes creadas en Adobe Photoshop® y Adobe Illustrator®, archivos de audio y películas preparadas en QuickTime. Para trabajar con ellos, tiene que copiar los archivos del DVD (que se encuentra en un bolsillo al final de este libro) y pegarlos en su disco duro.

1. En el disco duro, cree una nueva carpeta en el lugar que usted elija y llámela `AE7_CIB`, aplicando el procedimiento estándar de su sistema operativo:

   - Windows: En el Explorador, seleccione la carpeta o directorio en el que desee crear la carpeta nueva y seleccione **Archivo>Nuevo>Carpeta**. A continuación, escriba el nombre de la carpeta.

   - Mac OS: En el Finder, seleccione **Archivo>Carpeta nueva**. Escriba el nombre y arrastre la carpeta al lugar que usted elija.

   Ahora, ya puede copiar los archivos de origen en su disco duro.

2. Copie la carpeta `Lessons` (que contiene las carpetas `Lesson01`, `Lesson02`, etc.) del DVD en su disco duro arrastrándola a la carpeta `AE7_CIB` que acaba de crear.

Siempre que vaya a empezar un capítulo, navegue a la carpeta que tenga el número de ese capítulo para localizar los recursos (`Assets`), muestras de películas (`Sample_Movie`) y demás archivos de proyecto que necesitará para trabajar.

Si el espacio de almacenamiento de su ordenador es limitado, puede copiar las carpetas de cada capítulo una por una conforme las vaya necesitando, y borrarlas cuando haya terminado para liberar espacio en disco. Hay capítulos que parten de trabajos empezados en otras, en cuyo caso el DVD proporciona un proyecto de partida en el nuevo capítulo para que no tenga que guardar el anterior. Así que si no quiere, no tiene que guardar ningún proyecto terminado.

Si usa After Effects en un ordenador que opera bajo Windows 2000, quizá tenga que desbloquear los archivos antes de usarlos. Si el sistema operativo de su ordenador es Windows XP o Mac OS, esto no es necesario.

(Sólo para Windows 2000). Para desbloquear los archivos copiados:

Haga clic-botón derecho sobre la carpeta que contiene los archivos bloqueados, como Lessons, y seleccione la opción de **Propiedades**, del menú contextual.

Dentro de **Propiedades**, en la parte correspondiente a **Atributos** (Propiedades>Atributos), deseleccione la opción de **Sólo Lectura** y haga clic en Aplicar.

En el cuadro de diálogo **Confirmar cambios de atributos** seleccione la opción **Aplicar cambios a esta carpeta y a todas las subcarpetas y archivos**.

Haga cic-**OK** para cerrar el cuadro de diálogo Confirmar cambios de atributos y pulse clic otra vez para cerrar el cuadro de diálogo Propiedades.

Sobre la copia de películas y proyectos de muestra

En algunos capítulos de este libro habrá que crear y reproducir una o más películas de QuickTime. Los archivos de estas películas guardados en las carpetas `Sample_Movie` de cada capítulo son ejemplos en baja resolución, cuyo objetivo es que usted vea los resultados finales que se pretenden y los compare con los suyos propios. Suelen ser archivos muy grandes, así que quizá sea buena idea no pasarlos todos a su disco duro al principio si tiene problemas de espacio, sino copiarlos uno por uno según los vaya necesitando. (No es posible reproducir las películas directamente desde el DVD.) Y cuando termine de verlos, no olvide eliminarlos para liberar espacio en disco.

Los archivos de la carpeta `End_Project` contiene los proyectos terminados de cada capítulo. Úselos como referencia para comparar si las distintas etapas de su trabajo responden al resultado esperado, es decir, las películas de muestra que son el objetivo final. El tamaño de estos archivos de proyecto varía bastante. Pueden ocupar desde unos pocos bytes a varios megabytes, de ahí que dependa de usted si quiere copiarlos todos al principio o hacerlo gradualmente y borrarlos al final de cada capítulo para liberar espacio en disco.

MÁS RECURSOS

Adobe Certified

Esta carpeta contiene información sobre los programas de formación y certificación de Adobe. Con ellos podrá llegar a convertirse en un experto (Certified Expert) o instructor de Adobe.

Resource Center

Esta carpeta contiene un documento en formato PDF, denominado ResourceCenter. Al pincharlo se accede a la página Web `www.adobe.com/designcenter/` (en inglés) en la que podrá encontrar consejos y herramientas de Adobe muy útiles para los profesionales de las artes gráficas, el diseño Web y el mundo audiovisual. Resource Center está disponible en el sitio Web de Adobe de EE.UU. y en determinados sitios regionales.

ÍNDICE ALFABÉTICO

B

C

D

E

F

G

H

I

L

M

O

P

R

S

V

Z